Abdallah Frangi
Der Gesandte

Lieber Arno Tobias,

dies ist mein Beitrag
für einen gerechten Frieden
im Nahen Osten.

A. Frangi.

5. 4. 2014

Abdallah Frangi

Der Gesandte

Mein Leben für Palästina
Hinter den Kulissen der Nahost-Politik

HEYNE ‹

Verlagsgruppe Random House FSC-DEU-0100
Das für dieses Buch verwendete FSC®-zertifizierte Papier
EOS liefert Salzer Papier, St. Pölten, Austria.

Redaktion: Dr. Annalisa Viviani

Copyright © 2011 by Wilhelm Heyne Verlag, München,
in der Verlagsgruppe Random House GmbH
Umschlaggestaltung: David Hauptmann, Hauptmann & Kompanie
Werbeagentur, Zürich, unter Verwendung eines Fotos von
© ullstein bild – Reiche
Satz: EDV-Fotosatz Huber/Verlagsservice G. Pfeifer, Germering
Druck und Bindung: GGP Media GmbH, Pößneck
Printed in Germany 2011
ISBN 978-3-453-19354-3

www.heyne.de

Dieses Buch widme ich unserem Sohn Baschar, der am Abend des 3. Februar 2011 in seiner Berliner Wohnung an einem Herzinfarkt starb.

Baschars Lebensmotto war Freiheit und Gerechtigkeit für alle Völker. Er hat mich in meiner Arbeit durch Kritik und Ermutigung unterstützt. Ein freier, unabhängiger Staat Palästina war sein Traum. Er hat mich auch gedrängt, dieses Buch zu schreiben. Leider durfte er weder das Erscheinen dieser Biografie noch einen freien Staat Palästina erleben.

Baschar, du wohnst in meinem Herzen, und ich bin stolz, dein Vater zu sein.

Baschar, du fehlst so sehr. Wir alle vermissen dich.

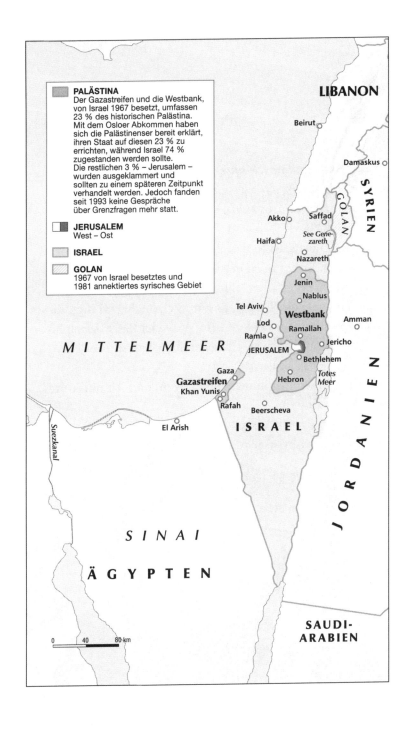

PALÄSTINA
Der Gazastreifen und die Westbank,
von Israel 1967 besetzt, umfassen
23 % des historischen Palästina.
Mit dem Osloer Abkommen haben
sich die Palästinenser bereit erklärt,
ihren Staat auf diesen 23 % zu
errichten, während Israel 74 %
zugestanden werden sollte.
Die restlichen 3 % – Jerusalem –
wurden ausgeklammert und
sollten zu einem späteren Zeitpunkt
verhandelt werden. Jedoch fanden
seit 1993 keine Gespräche
über Grenzfragen mehr statt.

JERUSALEM
West – Ost

ISRAEL

GOLAN
1967 von Israel besetztes und
1981 annektiertes syrisches Gebiet

LIBANON

Beirut

Damaskus

SYRIEN

GOLAN

Akko   Saffad
Haifa   See Gene-
         zareth
        Nazareth

Jenin
    Nablus

Tel Aviv   **Westbank**   Amman
    Lod   Ramallah
Ramla   Jericho
JERUSALEM   Bethlehem

Gaza   Totes
Gazastreifen   Hebron   Meer
Khan Yunis
    Rafah   Beerscheva
El Arish   **ISRAEL**

M I T T E L M E E R

Suezkanal

J O R D A N I E N

S I N A I

Ä G Y P T E N

SAUDI-
ARABIEN

0   40   80 km

Inhalt

Vorwort

Bereits im Jahr 2004 tauchte die Idee auf, mein Leben niederzuschreiben. Die Anregung kam von meiner Frau Benita; zu diesem Zeitpunkt konnte sie mich jedoch nicht von der Notwendigkeit einer Biografie überzeugen. Trotzdem begann sie 2005 mit einer Gliederung, verfasste die ersten Abschnitte über meine Herkunft, meine Familie und zeichnete meinen politischen Werdegang auf. Wann immer sie Gelegenheit fand, fügte sie Erlebnisse und Begebenheiten hinzu und puzzelte an meiner Biografie, sodass im Lauf der Zeit ein Gerüst entstand. Sie notierte alle meine Aktivitäten, sammelte sämtliche Veröffentlichungen und führte in dieser Weise ein »politisches Tagebuch«. Immer wieder versuchte Benita mich zu überzeugen, dass es an der Zeit wäre, sich an einen Verlag zu wenden, stieß bei mir aber auf taube Ohren – ich hatte zu viel zu tun und brachte die Energie nicht auf. Später erwies sich Benitas Vorarbeit als außerordentlich hilfreich.

Den eigentlichen Anstoß, Benitas Idee in die Tat umzusetzen, gab Peter Brinkmann, ein Berliner Journalist, den ich seit mehr als vierzig Jahren kannte und dessen Weitsicht, politische Erfahrung und Ausgewogenheit ich schätzte. Peter Brinkmann besuchte mich 2009 in Palästina, wohin ihn eine Reportage über den Tunnelbau der Hamas im Gazastreifen geführt hatte. Bei unseren Gesprächen über die alten Zeiten und die aktuelle Entwicklung Palästinas schnitt er auch das Thema einer Biografie an – gerade beim derzeitigen Stand der Dinge, sagte er, halte er ein Buch über mein politisches Leben für sinnvoll. Aber, so fügte er hinzu, man werde sich für dieses

Projekt der Mitarbeit eines versierten Schreibers versichern müssen. Er versprach, sich darum zu kümmern, rief mich im März 2010 an und sagte: »Ich habe nicht nur einen guten, ich habe den besten Schreiber für dein Buch gefunden – Leo G. Linder.«

Der Name sagte mir nichts, und ich blieb skeptisch. Ein Buch, gerade jetzt, da ich mich nicht in Deutschland befand und in Ramallah mehr als genug zu tun hatte? Wie würde sich der Zeitaufwand mit meiner Arbeit vereinbaren lassen? Ich hielt den Zeitpunkt immer noch für ungünstig und gab meine Reserve erst auf, als ich Leo G. Linder kennenlernte.

Er besuchte mich in Ramallah, blieb fünf Wochen und führte täglich stundenlange Gespräche mit mir, oder besser: ließ mich erzählen, legte auch auf scheinbar Nebensächliches wert und öffnete mir den Weg zurück in die Kindheit, holte selbst verschüttete Erinnerungen aus der Tiefe hervor. Mit ihm lebte ich mein Leben noch einmal durch. Wie gut er sein Gegenüber verstand, zeigte sich auch, als es ans Schreiben ging und Linder für meine Erinnerungen eine überzeugende, ausdrucksvolle Sprache fand. Sein Einfühlungsvermögen hat die Zusammenarbeit für mich zu einem Erlebnis gemacht, und der Erfolg, den dieses Buch für mich bedeutet, ist auch seinem Einsatz, seiner Geduld und seinem Können zu verdanken.

»Aber es gibt kein Palästina …«

Am Abend des 28. November 1962 landete ich in Frankfurt am Main. Zum ersten Mal betrat ich deutschen Boden.

Meine Maschine kam aus Kairo, aber aufgebrochen war ich zu dieser Reise in Gaza, wo meine Familie seit ihrer Vertreibung lebte, wo ich zur Schule gegangen war, wo ich kurz zuvor das Abitur gemacht hatte. Der Frankfurter Flughafen war damals nicht groß, nach wenigen Schritten stand man vor dem Schalterhäuschen, in dem der Zollbeamte saß, der die Passkontrolle durchführte. Ich reichte ihm meinen Pass. Er betrachtete ihn, wendete ihn hin und her, schaute dann auf und fragte: »Was ist das?« – »Mein Pass«, sagte ich. Die Antwort befriedigte ihn nicht. »Woher kommen Sie denn?«, wollte er wissen. »Aus Palästina«, antwortete ich. Er nahm die Auskunft mit einem Kopfschütteln zur Kenntnis. »Aber es gibt kein Palästina …«, sagte er. Nicht unfreundlich, nur ratlos.

Tatsächlich war das, was er in Händen hielt, ein »Laissez-passer«, ausgestellt von einer ägyptischen Verwaltungsstelle, ein Reisedokument, das mich nicht als Palästinenser, sondern als palästinensischen Flüchtling auswies. »Also, es gibt kein Palästina«, stellte der Beamte im Schalterhäuschen noch einmal fest. Und dann benutzte er ein deutsches Wort, das mir nur allzu vertraut werden sollte, er sagte: »Mithin staatenlos.« Ich verstand kein Deutsch, aber es klang wie »stateless«, und ich machte mir meinen Reim darauf. In jenem Augenblick wurde mir mein Zustand zum ersten Mal bewusst. Das Land, aus dem ich kam, existierte gar nicht. Dieses Erlebnis saß mir fortan wie ein Stachel im Fleisch.

11

Ich kam mit der Absicht, in Frankfurt Medizin zu studieren. Dieser Grund hatte mich, den 19-Jährigen, von der Küste des östlichen Mittelmeers nach Deutschland geführt. Und eigentlich hätte es bei einem Gastspiel von absehbarer Dauer bleiben sollen, denn ich war entschlossen, als Arzt nach Hause zurückzukehren. Dass mir stattdessen die Aufgabe zufallen würde, Freundschaft zwischen meinem Gastland und meinem Volk, zwischen Deutschland und den Palästinensern, zu stiften, habe ich mir nicht im Traum vorgestellt. Dass diese Aufgabe erfüllbar wäre, hätte ich nach meinen ersten Erfahrungen in Deutschland wiederum nicht zu hoffen gewagt.

Es war verwirrend. Was die Welt als Nahostkonflikt bezeichnete, ließ sich für mich bis dahin auf die einfache Formel bringen: Uns war Unrecht geschehen. Unrecht durch die Engländer, die als Kolonialherren die Einwanderung der Juden nach Palästina begünstigt hatten, Unrecht durch die Israelis, die uns unserer Heimat beraubt hatten. In Deutschland verstand ich allmählich, dass dieser Konflikt aus westlicher Sicht eine ganz andere Dimension hatte. Denn für Europäer wie Amerikaner waren Recht und Moral im Nahen Osten in einen scheinbar unauflöslichen Widerspruch geraten: hier der aus moralischen Erwägungen nicht zu bezweifelnde Anspruch der Juden auf einen eigenen Staat, dort der rechtlich begründete Anspruch der ehemaligen Bewohner Palästinas auf Heimat. Wie in einer griechischen Tragödie stand das eine gegen das andere, war das eine nicht durchzusetzen, ohne das andere zu verletzen.

Bei der Zuteilung von Sympathie nun gab das schlechte Gewissen der westlichen Welt den Ausschlag. Ich stellte fest, dass Israel in jedem Fall ein höheres moralisches Recht zugebilligt wurde als den Arabern, und das Recht der Palästinenser auf Heimat wog wenig, wenn auf der anderen Seite die Leidensgeschichte der Juden in die Waagschale geworfen wurde. Nicht verwunderlich, dass Anfang der 60er-Jahre vor allem in Deutschland die moralische Betrachtungsweise vorherrschte, dass die Parteinahme für Israel bare Selbstverständlichkeit war. Dem Standpunkt des Rechts dagegen Geltung zu verschaffen, musste aussichtslos erscheinen.

In den zweiundvierzig Jahren, die ich als Sprecher, Fürsprecher und Vertreter Palästinas in Deutschland verbrachte, habe ich es dennoch versucht. Ich habe dabei Rückschläge erlebt wie im Spätsommer 1972 nach dem Terroranschlag auf die Olympischen Spiele in München, als sich die verständliche Empörung der Deutschen in der Ausweisung von mehr als dreihundert Palästinensern Luft machte – auch ich wurde damals des Terrorismus beschuldigt und abgeschoben. Umso erstaunlicher, dass ich mit der Zeit Gehör fand, bei der deutschen Bevölkerung wie bei den deutschen Politikern. Und schließlich waren es die Deutschen, denen ich meinen ersten ordentlichen palästinensischen Pass verdankte.

1994 sah es so aus, als stünde einem Staat Palästina nichts mehr im Wege. Arafat war in die von Israel besetzten Gebiete zurückgekehrt, und mit ihm alle, die in den vergangenen Jahrzehnten mit den Mitteln des bewaffneten Kampfes und der Diplomatie auf diese Rückkehr hingewirkt hatten. Und vor meinem Bonner Büro wehte seit Kurzem die Flagge Palästinas. In dieser Situation machte sich der Bundestagsabgeordnete Hans-Jürgen Wischnewski dafür stark, die neuen palästinensischen Pässe in Deutschland herzustellen. Ben Wisch, wie er allenthalben genannt wurde, lag die arabische Sache seit Langem am Herzen, und es gelang ihm, die Bundesdruckerei in Berlin für diesen Plan zu gewinnen. Der damalige Minister für wirtschaftliche Zusammenarbeit und Entwicklung, Carl-Dieter Spranger, unterstützte das Vorhaben, und 1996 wurden tatsächlich 1,5 Millionen Pässe gedruckt und an die palästinensische Autonomiebehörde ausgeliefert – als Geschenk der Bundesrepublik Deutschland. Vierunddreißig Jahre, nachdem mich ein deutscher Beamter auf dem Frankfurter Flughafen darüber belehrt hatte, dass es kein Palästina gebe, hielt ich einen in Deutschland gedruckten Pass in Händen, der mich als Bürger eben dieses Landes auswies! Für mich ging damit ein politischer Traum in Erfüllung.

Seitdem gehört die Bundesrepublik zu den zuverlässigsten Freunden Palästinas, unabhängig davon, welche Partei die Regierung stellt – eine bemerkenswerte Entwicklung. Es ist wohl so: Nur weil Deutschland unbezweifelbar zu seiner Schuld und seiner Verantwortung gegenüber Israel steht, kann es eine Politik betreiben, die dem Anspruch der Palästinenser gerecht wird, ohne gegen das moralisch Gebotene zu verstoßen.

Jahrzehntelang war ich zwischen Bonn und dem Nahen Osten gependelt, hatte Kontakte zwischen deutschen Politikern und den führenden Köpfen des palästinensischen Widerstands hergestellt und politische wie persönliche Beziehungen zwischen Vertretern beider Völker geknüpft. Am 11. November 2004 saß ich wieder einmal in einem Flugzeug. Diesmal war ich auf dem Weg nach Kairo, und diesmal war es die Maschine des französischen Staatspräsidenten Jacques Chirac, die den Leichnam Yassir Arafats von Paris nach Ägypten brachte. Während des Flugs beschloss ich, in Palästina zu bleiben und meine politische Arbeit in Gaza fortzusetzen. Es ging nun darum, das Werk Arafats weiterzuführen, und an Ort und Stelle konnte ich mehr dazu beitragen als aus der Ferne.

Damit kehrte ich einem Land den Rücken, dem ich viel verdankte. Ein Land, in dem ich mich von Anfang an beheimatet gefühlt hatte, ein Land, das mir lange Jahre die Heimat ersetzt und offenbar auf mich abgefärbt hatte. In einer Diskussion hatte sich Daniel Cohn-Bendit einmal erlaubt, mich als »germanisierten Palästinenser« zu bezeichnen – ich muss bei diesem Gedanken schmunzeln. Und Arafat pflegte uns spöttisch, aber keineswegs unfreundlich, »die deutsche Bande« zu nennen, mich und die anderen Mitglieder des Zentralkomitees von al Fatah, die wie ich in Deutschland studiert hatten. Wir besaßen ein Gespür für die Stimmung in Deutschland und Europa. Wir hatten das politische Handwerk in Deutschland erlernt, deutsche Politiker waren unsere Vorbilder oder Mentoren gewesen, und auch nachdem wir in Schlüsselpositionen aufgerückt waren, behielten wir unseren deutschen Stil bei.

Bis zum heutigen Tag aber haben wir unser Ziel eines unabhängigen, lebensfähigen palästinensischen Staates nicht erreicht. Nach wie vor ist der Nahostkonflikt die schwärende Wunde, die die Welt vergiftet. Als jemand, der 1943 geboren wurde, vermag ich die Geschichte dieses Konflikts als Lebensgeschichte zu erzählen. Und als jemand, der hinter die Kulissen der palästinensischen wie der deutschen Politik geblickt hat, glaube ich, einiges zur Erhellung dieser Geschichte beitragen zu können. Was mich in diesem Unterfangen zusätzlich bestärkt, ist eine Erfahrung, die ich als Gefangener der Israelis im Jahr 1967 in den Gefängnissen von Hebron und Bethlehem gemacht habe.

Nach monatelangen Verhören saß ich eines Tages nicht mehr einem israelischen Offizier gegenüber, sondern gewöhnlichen Israelis, eingewandert aus den verschiedensten Ländern Europas und Nordafrikas, aus Polen, Marokko, dem Jemen und Griechenland, und alle erzählten einfach die Geschichte ihres Lebens. Ein jüdisches Schicksal nach dem anderen rollte vor mir ab, in alltäglichen Worten geschildert, mit ruhiger Stimme vorgetragen, und aus der anonymen Masse meiner Feinde schälten sich mit einem Mal einzelne Menschen mit individuellen Biografien heraus. Die Gründe für meinen Kampf um Palästina wurden durch diese Erfahrung nicht hinfällig, aber seither habe ich auch nach den Gründen derer gefragt, die in diesem Kampf auf der Gegenseite standen.

Eine Welt ohne Angst

Mein Leben beginnt vor meiner Geburt. Vielleicht mit der englischen Gewehrkugel, die meinem Vater die Lende zerriss und nicht entfernt wurde, weil er als Aufrührer hingerichtet worden wäre, sobald er ein Krankenhaus betreten hätte – im Jahr 1939 wurden alle Krankenhäuser Palästinas von den Engländern kontrolliert. Ein Freund schleppte den Schwerverletzten von Versteck zu Versteck, bis endlich ein arabischer Arzt gefunden war, der ihm den gesplitterten Hüftknochen bei vollem Bewusstsein wieder richtete und die Wunde versorgte. Mein Vater schwieg vor uns Kindern über seine Vergangenheit, wie er zu seinen Schmerzen geschwiegen hatte. Aber wenn Männer geritten kamen und sich in einem der großen Zelte niederließen, von denen fast ein Dutzend im Halbkreis zwischen den Schatten spendenden Bäumen des eingezäunten Grundstücks aufragte, dessen Mittelpunkt der Palast des Scheichs Hassan Juma Suleiman Ibrahim al-Frangi bildete, dann kam es vor, dass wir Kinder aus ihrem Mund Geschichten von gemeinsam bestandenen Gefechten vernahmen, Geschichten aus einer kriegerischen Zeit, in der mein Vater sich durch Heldentaten hervorgetan hatte. Er hinkte seither und versuchte, dieses Gebrechen durch einen langsamen Gang zu verbergen, aber das war nicht der Grund, weshalb er danach den Kampf nie mehr gesucht hat. Mein Vater war immer noch stark genug, einen Jeep anzuheben, bis seine Hinterräder in der Luft hingen, und ein grundsätzlicher Verzicht auf Waffengewalt wäre ihm als Beduine ohnehin nicht in den Sinn gekommen – meine beiden älteren Brüder kamen noch in den

Genuss von Schießübungen, wie sie zur beduinischen Erziehung gehörten. Nein, mein Vater zog sich aus einem anderen Grund zurück: Er hatte die Hoffnung verloren, dass der Kampf gegen die Engländer und ihre Verbündeten, die Zionisten, zu gewinnen wäre.

Mit welchen inneren Kämpfen muss mein Vater seinen Entschluss bezahlt haben! Schon durch seine Vornamen war er mit der Geschichte dieses Landes verbunden. Denn Hassan, Suleiman und Ibrahim bilden eine geistige Ahnenreihe, die bis auf die früheste Zeit Palästinas zurückgeht, so weit überhaupt das Gedächtnis von Juden, Christen und Muslimen reicht. Hassan leitet sich von einem Verwandten des Propheten her, bezieht sich also auf eine rein muslimische Tradition. Suleiman wiederum ist das arabische Wort für Salomon, den König Israels, der nach muslimischem Verständnis ein Prophet, nach jüdischem wie christlichem ein Weiser war. Und mit Ibrahim ist Abraham gemeint, der Begründer des Monotheismus, den Juden wie Muslime gleichermaßen als ihren Stammvater verehren. Hier kam also ein geistiger Kosmos zum Ausdruck, der mehr als dreitausend Jahre palästinensischer Geschichte umfasste.

Unser Familienname Frangi weist hingegen nach Europa. Ursprünglich bezeichneten die Araber damit die Franken, die Nordeuropäer, eigentlich jeden, der als Kreuzritter nach Palästina kam. Für einige aus meiner Familie spricht dieser Name für eine Herkunft aus Korsika, wo er häufig vorkommen soll. Mein Vater allerdings wollte von dieser Erklärung nichts wissen. Er konnte sich eher mit der Idee anfreunden, diesen Namen auf Vorfahren zurückzuführen, die sich nach europäischer Mode kleideten, als das in Palästina noch ganz und gar unüblich war. In jedem Fall ist es ein ungewöhnlicher Name für eine Beduinenfamilie.

Davon abgesehen war mein Vater mit diesem Land natürlich in einem praktischen Sinn verwurzelt. Als Großgrundbesitzer lebte er vom Ertrag seiner Felder. Und als Scheich, der die Verantwortung für die Hukuk-Sippe trug und damit eine Untergliederung des größten Beduinenstamms Palästinas, der Tayaha, vertrat, saß er im Rat der Stämme, der mit den britischen Kolonialbehörden verhandelte, wenn es um die Geschicke des Landes ging. Er war über die politische Entwicklung unterrichtet und muss damals bereits das Ausmaß der drohenden Katastrophe erfasst haben. Selbstverständlich bestritt er den Engländern weiterhin das Recht, Einwanderer nach Palästina zu holen und das Land jüdischen Siedlern zu geben; er sah voraus, wohin diese Politik führen würde: dass den Arabern erst das Land genommen wird, bevor sie selbst hinausgeworfen werden.

Auch wenn mein Vater das Thema der drohenden Vertreibung zu Hause, vor seiner Familie, nicht anschnitt, wird diese Aussicht als beklemmende Vorstellung auf ihm gelastet haben. Das Einzige, was man als einen Hinweis auf die innere Spannung deuten mag, unter der er stand, war ein gerahmter Spruch auf seinem Schreibtisch. Er ist mir aus unserer Zeit in Gaza in Erinnerung, aber er dürfte schon vorher in seinem Arbeitszimmer an der gleichen Stelle gestanden haben, wo ihn mein Vater täglich vor Augen hatte. Es war ein altes arabisches Sprichwort, das er sich zum Lebensmotto und obersten Gebot erkoren hatte. Es lautete: »Ich werde Geduld bewahren, bis die Geduld selbst die Geduld verliert.« Was immer geschehen sollte, er hielt sich daran. Aber er scheint es doch für nötig gehalten zu haben, sich selbst wieder und wieder daran zu erinnern.

Ich bin überzeugt, dass sich der innere Kampf meines Vaters auf mich übertrug – auf Wegen, die sich eine enge mentale Verbundenheit sucht – und als eine stete Unruhe in mir weiterlebte. Als Kind aber bekam ich von all dem, was die Erwachsenen mit zunehmender Sorge erfüllte, einstweilen nichts mit.

In der Welt, deren Licht ich 1943 erblickte, gab es keine Angst. Ich lebte im Paradies. Für mich wölbte sich an jedem neuen Tag ein strahlend blauer Himmel über ein grünes Land aus Feldern, Plantagen und Viehweiden, das sich von Horizont zu Horizont erstreckte. Weizen-, Gerste- und Maisfelder wechselten mit Gemüsegärten und Obstplantagen, und diese grenzenlose, fruchtbare Weite gehörte uns, der Familie al-Frangi, so wie uns auch die großen Schafherden gehörten, die unsere Hirten unter der glühenden Sonne vor sich hertrieben, und die Kamele, die in der Erntezeit zu Karawanen zusammengestellt wurden, um Getreide zum Markt von Gaza oder Melonen zum Markt von Jaffa zu schaffen. Wie eh und je wurde der Ferntransport bei uns mit Tieren bewerkstelligt, Lastwagen sah man selten, aber mein Vater hatte durchaus ein offenes Ohr für die Verheißungen moderner Technik. Möglich, dass ihm das Reiten aufgrund seiner Verletzung schwerfiel, denn auch Pferde besaßen wir genug, jedenfalls bewegte er sich meist mit einem Jeep durch seine Ländereien, und auf seinen Feldern kamen Caterpillar-Traktoren zum Einsatz, deren Wartung übrigens in den Händen zweier jüdischer Mechaniker lag – schon sein Wirklichkeitssinn verbot meinem Vater, Unterschiede zu machen, die nichts mit den Fähigkeiten eines Menschen zu tun hatten. Ungewöhnlich genug für einen Scheich, liebte er körperliche Arbeit und ließ sich auch von der größten Hitze nicht davon abhalten, selbst das Steuer eines Traktors zu übernehmen oder sich in einem Orangenhain an der Ernte zu beteiligen.

Die nächstgelegene Stadt hieß Beerscheva – ein Städtchen am nördlichen Rand der Negev-Wüste, das schon fast außerhalb unseres Gesichtskreises lag, denn das eigentliche Leben spielte sich auf dem weitläufigen umzäunten Grundstück ab, dessen Mittelpunkt unser Palast bildete und auf dem immer nur für wenige Nachtstunden Ruhe einkehrte.

Diesen Palast hatte mein Vater vor meiner Geburt errichten lassen, vermutlich nach eigenen Vorstellungen, denn er hatte eine Schwäche für Architektur und griff gern in die Bauplanung ein. Die architektonischen Besonderheiten habe ich mir als Kind nicht eingeprägt, aber ich erinnere mich an ein kolossales, ziemlich prächtiges Gebäude mit flachem Dach, an dessen Ausmaße kein anderes Haus der ganzen Gegend heranreichte. Es kam vor, dass ich mich in seinem Inneren verlief – alle Gänge, Zimmer, Kammern und Winkel zu erforschen, reichten jene fünf Jahre, die mir nach meiner Geburt bis zu unserer Flucht blieben, nicht aus. Erbaut war er aus massiven Blöcken von weißem Hebronstein, der im Licht der Abendsonne in einem warmen Roséton aufleuchtete. Dieser rötliche Schimmer war ein Zeichen außergewöhnlichen Wohlstands, denn nur besonders wertvoller Hebronstein nahm im späten Abendlicht diese Färbung an.

Das Leben spielte sich allerdings vorwiegend im Umkreis unseres Palastes ab, draußen, zwischen den alten Bäumen, die ringsum wohltuende Schatten warfen, und großen Beduinenzelten aus schwarzem Ziegenfell, die aus Nomadentagen in die Zeit unserer Sesshaftigkeit hinübergerettet worden waren und sich auf der Rückseite des Hauptgebäudes in einem weitgezogenen Halbkreis aneinanderreihten, jedes geräumig genug, zwanzig Dauergäste aufzunehmen. Auch gekocht wurde unter freiem Himmel, auf offenen Feuerstellen in großen, bauchigen Kesseln, und zwar ohne Unterlass, von morgens bis abends, denn unser Grundstück glich in der Regel einem Heerlager.

Eines der Zelte bewohnten unsere Hirten. In weiteren Zelten wurden die Arbeiter untergebracht, die zur Erntezeit auf den Feldern aushalfen, die meisten von ihnen hitzeerprobte Leute aus den Küstenstädten des heutigen Gazastreifens. Andere Zelte waren Besuchern vorbehalten, die nur für ein paar Tage vorbeischauten. Und dazu kamen die Tagesgäste, Verwandte, Nachbarn, Freunde, Fremde – das Haus des Scheichs war aus den verschiedensten Gründen für viele eine Anlaufstelle. Oft handelte es sich um Leute seines Stammes, die sich nach einem Streit auf der Suche nach einem Schlichter oder Richter der Weisheit meines Vaters anvertrauten – er zog sich dann mit ihnen in einen bestimmten Raum des Hauses zurück, wo sie unter sich waren, oder man begab sich in eines der Zelte und tagte dort. Und bisweilen waren es Zigeuner, die uns ihre Dienste anboten, wozu die Beschneidung der Knaben und die Tätowierung der Mädchen gehörten. Die Zigeuner Palästinas lebten von solchen Dienstleistungen. Sie ritten auf ihren Eseln von Stamm zu Stamm, und wenn sie zu uns kamen, wurde ihnen wie allen anderen ein Zelt als Wohnung zugeteilt, wo sie so lange blieben, bis alle Mädchen aus der weiteren Nachbarschaft verschönert und an Stirn und Mundwinkeln tätowiert waren.

Jedenfalls ging der übliche Tumult schon morgens los, wenn nach und nach aus allen Himmelsrichtungen Reiter eintrafen, den Weg zum Hauptgebäude hochtrabten, von den Pferden sprangen und sich ins Haus begaben oder die Zelte ansteuerten. Hielten sich meine älteren Brüder in der Nähe auf, rissen sie sich darum, die Pferde der Ankömmlinge zu übernehmen und an einer der Eisenstangen festzubinden, die zu diesem Zweck unter den Baumkronen in die Erde eingelassen waren. Und es verstand sich von selbst, dass alle diese Menschen von uns verköstigt wurden.

Kaum waren die ersten Gäste eingetroffen, wurde geschlachtet – an Schafen herrschte kein Mangel –, und bald darauf verbreitete sich der Duft von köchelndem Lammfleisch über das ganze Grundstück. Undenkbar, dass ein Gast ohne ausgiebige Mahlzeit wieder abzog, dass Hirten und Arbeiter nicht wie die eigene Familie bewirtet wurden. Es war wie in den alten, ja den ältesten Zeiten, wie bei Abraham: Nichts war wichtiger, als jedem Gast Brot, Reis und Fleisch anbieten zu können. In unserem Fall handelte es sich allerdings um unvorstellbare Mengen. Meine Mutter war folglich tagsüber unentwegt mit Essenszubereitung beschäftigt, unterstützt von meinen älteren Schwestern und allen weiblichen Verwandten, soweit sie mit ihren Familien in der Nähe wohnten. Gekocht wurden der Reis und das Fleisch in Messingkesseln, die sich über Generationen vererbt hatten und von denen gewöhnlich zehn bis zwanzig im Einsatz waren.

Gegessen wurde ebenfalls in den Zelten, und selbstverständlich mit der Hand. Die Gäste knieten dann im Kreis – oft in vielen Kreisen – um die flachen Schüsseln herum, auf denen das Essen serviert wurde. Uns Kindern fiel die Aufgabe zu, gegen Ende der Mahlzeit mit Seife, Kännchen und Handtuch von einer Gruppe zur anderen zu gehen und denen Wasser anzubieten, die sich das Fett von den Händen spülen wollten. Zum Essen kamen wir erst, wenn alle fertig waren. Meinem Vater ging es oft genug nicht anders. Vor allem bei hohem Besuch, wenn etwa die Oberhäupter der Stämme uns ihre Aufwartung machten, verlangte es seine Rolle als Gastgeber, von Zelt zu Zelt zu gehen und sich um alle zu kümmern. Er erkundigte sich, ob jeder zufrieden war, und setzte sich hier und da zum Chef einer Gruppe, griff in die Schüssel, nahm ein Stück Fleisch heraus und reichte es ihm, eine Geste der Freundschaft und Ehrerbietung. Nur wenn sich Verwandte oder gute Bekannte zum Essen einfanden, aßen wir alle mit, zuweilen sogar meine Mutter. Gewöhnlich wurde jedoch die Trennung der Geschlechter strikt eingehalten.

Aus heutiger Sicht muss unser damaliges Leben wie ein einziges Fest anmuten. Jedenfalls war der Aufwand entsprechend, und zum Erstaunlichsten gehört für mich, dass dieser ausufernde Haushalt einer jungen Frau von Ende zwanzig unterstand, die nie lesen und schreiben gelernt hatte. Ich spreche von meiner Mutter. Zwar lebte auch eine Großmutter bei uns, die Mutter meines Vaters, doch rührte sie im Haushalt nichts an – ihre Funktion erschöpfte sich darin, Würde auszustrahlen. Ich habe sie als schöne Frau mit einem vornehmen, weißen Gesicht und hennarot gefärbtem Haar in Erinnerung, die sich die meiste Zeit damit begnügte, in edler Zwecklosigkeit majestätisch umherzuschreiten. Ihr Vater war das Oberhaupt eines ganzen Stammes gewesen, und sie ließ jeden spüren, dass sie einer Herrscherfamilie entstammte. Als einzige Frau hielt sich diese Großmutter von jeder nützlichen Tätigkeit fern und war damit das genaue Gegenteil meiner Mutter, die selbst nachts keine Ruhe fand, solange irgendjemand noch etwas brauchte.

Möglicherweise lebte sie in dem Glauben, ihren Platz in diesem Haus durch Leistung täglich neu erkämpfen zu müssen, denn meine Mutter war eine schlichte und zudem über alle Maßen ängstliche Frau, die in Gefahrensituationen, wie sie später eintraten, allerdings über sich hinauswachsen konnte und dann einen Mut bewies, der alle in Erstaunen versetzte. Vorläufig erlebten wir sie als einen Menschen, der sich unentwegt Sorgen machte – vor allem um mich, das lebhafteste und unbändigste ihrer Kinder – und unablässig Gott anflehte, dieses oder jenes zu verhindern oder von uns abzuwenden, und schon aufschrie, wenn eine Maus durchs Zimmer lief. Ihr seismografisches Gespür für Gefahr bezeugt vielleicht am besten eine Episode, die ins Jahr 1969 fällt. Ich war bei einer Abendveranstaltung in Frankfurt zusammengeschlagen worden und hatte schwere Kopfverletzungen davongetragen. In derselben Nacht träumte meine Mutter, ein israelisches Kampfflugzeug fliege über sie hinweg, während sie auf dem Dach ihres Hauses die Wäsche aufhänge, und streife dabei ihren Scheitel. Mit dem Gedanken an mich schreckte sie aus dem Schlaf auf, eine Hand schützend auf ihren Kopf gelegt. Am folgenden Tag kam über den arabischen Dienst der BBC die Meldung, ich sei von einer Schlägerbande lebensgefährlich verletzt worden. Meine Mutter fiel in Ohnmacht. »Ich wusste, dass dieser Traum mit dir zusammenhing«, sagte sie mir später.

Meine Verbindung zu ihr war von anderer Art als die zu meinem Vater, aber nicht weniger eng. Ein – sozusagen technischer – Grund dafür war sicherlich, dass meine Mutter gegen alle Gepflogenheiten der Zeit die einzige Ehefrau meines Vaters war und blieb. Sämtliche übrigen Scheichs von Beerscheva waren mit vier Frauen verheiratet. Das gehörte sich so, das war auch eine Frage der Stärke, so brachte man es auf eine größere Kinderzahl, und der Stamm wuchs schneller. Nur mein Vater begnügte sich mit einer einzigen Frau, deren Beitrag zum Wachstum des Stammes sich allerdings sehen lassen konnte: Alle anderthalb Jahre brachte sie einen Sohn oder eine Tochter zur Welt und schenkte insgesamt zehn Kindern das Leben, sieben Knaben und drei Mädchen. Ich war das fünfte. Vor mir kamen Mohammed, Fatima, Achmed und Mariam. Von den nächsten fünf waren alle Knaben, bis auf das letzte.

Ein weiterer Grund könnte sein, dass meine Mutter sich bei meiner Namensgebung zum ersten Mal durchsetzte, denn Abdallah war der Name ihres Vaters gewesen, mit dem es eine besondere Bewandtnis hatte. Besagter Abdallah war nämlich gegen Ende der osmanischen Herrschaft über Palästina von den Türken gefangen genommen und als Meuterer zum Tode verurteilt worden. Bei der Urteilsvollstreckung waren alle Nachbarn zugegen, auch meine Mutter musste als kleines Mädchen zuschauen, und es traten ihr jedes Mal die Tränen in die Augen, wenn sie uns erzählte, wie ihr Vater an einen Lkw gebunden über den steinigen Boden zu Tode geschleift worden war. Die blutverschmierte Leiche muss ein entsetzliches Bild geboten haben, das meine Mutter zeitlebens verfolgte.

In der Erinnerung an ihren Vater mischten sich bei meiner Mutter gleichermaßen Stolz und Schrecken, und mit der Zeit musste ich den Eindruck gewinnen, dass sie beide Gefühle auch mir entgegenbrachte, stärker jedenfalls als ihren anderen Kindern. Sie bangte mehr um mich, sie umsorgte mich auch in einer Weise, die eine besondere Beziehung zu mir verriet. Meine Unbändigkeit lieferte ihren Befürchtungen allerdings auch ständig neue Nahrung. So kletterte ich beispielsweise gern am Mittelmast der Zelte hoch und rutschte, in der Zeltspitze angekommen, an dem glatten Stamm wieder herunter. In manchen dieser Masten steckten Nägel, an denen man Beutel und Kleider aufhängte, und einmal riss ich mir an einem solchen Nagel beim Hinunterrutschen die rechte Achsel auf. Meine Mutter, die schon bei geringen Mengen Bluts außer sich geriet, machten ihrem Schrecken in einer Flut von Entsetzensschreien Luft. »Was hat dich da hochgetrieben? Was hast du da oben zu suchen? Bete ich nicht schon genug für dich?« – in dieser Art ging es eine ganze Weile.

Wir Kinder belächelten insgeheim ihre bekümmerte Art. Aber ich erlebte auch Momente größter Nähe und Vertrautheit mit ihr. Das Schönste war für mich, nach dem ersten Gebet des Tages, in der letzten Dunkelheit der Nacht mit ihr an dem Lehmofen vor unserem Haus zu sitzen und ihr beim Brotbacken zuzuschauen. Dieses Brot war für die Familie reserviert und schmeckte so gut, dass ich den ersten Bissen kaum erwarten konnte. Und obwohl völlig ungebildet, war meine Mutter auch meine erste Lehrerin. Denn bei all der Arbeit, die sie hatte, fand sie abends oft noch die Zeit, uns draußen am Feuer Geschichten zu erzählen, Gutenachtgeschichten, mit denen sie uns endlich zur Ruhe bringen wollte.

Es waren Märchen darunter, die man auch in Europa kennt, »Schneewittchen und die sieben Zwerge« zum Beispiel. Manchmal erzählte sie auch aus ihrer eigenen Kindheit oder bediente sich aus dem Fundus der arabischen Sagengestalten – ich erinnere mich besonders gut an die Gestalt des Antar, einen unbesiegbaren Kämpfer mit riesigem Schnurrbart, der seine Feinde im Handumdrehen erledigt und am Ende mit Abla, der schönsten aller Frauen, auf seinem Pferd Säbel schwingend davonstürmt. Aber die meisten ihrer

Geschichten waren moralischer Natur. Personal und Schauplätze dieser Geschichten waren unserer Religion entlehnt, Dschinns (arabische Naturgeister) und Teufel, Höllenfeuer und Paradies tauchten unweigerlich darin auf. Und immer siegte das Gute, nie behielt der Teufel die Oberhand. So geht einem Kind mit der Zeit die Gewissheit in Fleisch und Blut über, dass das Böse auf Dauer keine Chance hat, und selbst schlechten Menschen sieht man ihre Bosheit nach, weil man ihnen zugute hält, von einem Dschinn besessen zu sein. Ich bin sicher, dass solche Geschichten ein Leben lang nachwirken. Auch Judentum und Christentum stärken die Kräfte des Guten, ich würde das nie bezweifeln – aber ich glaube, dass der Geist unserer Religion in Verbindung mit dieser Art der Vermittlung, dieser Darbietung in märchenhafter Form in der Stunde zwischen Wachen und Schlafen, sich Kindern doch besonders tief einprägt.

Heute hört man derartige Geschichten noch in den Dörfern Tunesiens oder den Wüstenorten Libyens und Marokkos. Mir haben die Erzählungen meiner Mutter im empfänglichsten Alter nicht nur schöne Bilder geschenkt, sondern auch die Liebe zur Gerechtigkeit und Vorbilder für Tapferkeit eingepflanzt. Sie waren jedenfalls Teil meiner Kindheit, und sie durchwirkten diese Kindheit mit der Atmosphäre des Traums.

Mein Vater, Scheich Hassan

Irgendwann einmal, in meiner Zeit in Bonn, war einem Journalisten während eines Interviews mit mir der kleine Finger meiner linken Hand aufgefallen, der steif und krumm ist. Er fragte nicht nach der Ursache. Bei einem Palästinenser konnte eine solche Verkrüppelung nur von einer Verwundung herrühren, die er sich im Widerstandskampf zugezogen hatte, und in diesem Sinne ließ sich der Journalist in seinem Artikel auch über meinen Finger aus. Es stimmte nur nicht.

Als es passierte, war ich kaum ein Jahr alt. Ich hatte einen Teekessel, der auf einem kleinen Kocher am Boden stand, zu fassen bekommen und heruntergerissen, und das kochend heiße Wasser ergoss sich über meine linke Hand. Meine Mutter wusste sich nicht anders zu helfen, als mir die verbrühte Hand sofort zu verbinden; sonst unternahm sie, soviel ich weiß, nichts. Mit drei oder vier Jahren wurde mir bewusst, dass mit dem kleinen Finger dieser Hand etwas nicht stimmte – er war gekrümmt und ließ sich nicht bewegen.

Die Sache hatte ein Nachspiel. 1954 – ich war zehn – eröffnete ein bosnischer Arzt in Gaza-Stadt eine Praxis. Er war Hals-Nasen-Ohren-Arzt, stand aber bald in dem Ruf, Gebrechen jeder Art zu heilen, und als mein ältester Bruder Mohammed ihn auf meinen Finger ansprach, sagte er: »Bring Abdallah zu mir.« Der Mann untersuchte meine Hand, entschloss sich zur Operation und machte sich, mit mehr Zuversicht als seine chirurgischen Kenntnisse gerechtfertigt hätten, ans Werk. Es war die Hölle. Mohammed saß dabei, tröstete mich und bescheinigte mir den Mut eines Partisanen. Aber es half nicht, ich zitterte vor Schmerz am ganzen Leib, während der Arzt mir den Finger der Länge nach aufschnitt, die Fingerkuppe durchbohrte, einen Draht hindurchzog und den Finger mit einem Holzstäbchen schiente. Ein arabischer Heilkundiger – genau der, der meinen Vater nach seiner Schussverletzung seinerzeit behandelt und gerettet hatte – nahm den operierten Finger später in Augenschein. Was er sah, überzeugte ihn nicht. Im besten Fall, meinte er, würde ein gerader steifer Finger statt eines krummen steifen Fingers dabei herauskommen.

Doch der beste Fall trat nicht ein, die Sache nahm vielmehr eine noch kuriosere Wendung. Der bosnische Arzt hatte mir nämlich empfohlen, viel zu schwimmen, weil Salzwasser den Heilungsprozess fördere. Also trieb ich eines Tages vor der Küste im Meer, auf einem dieser arabischen Boote liegend, die wie große Surfbretter nur aus einem ovalen Holzbrett bestehen, und ließ die Hände zu beiden Seiten ins Wasser hängen, als das Unwahrscheinliche eintrat und ein zweites Boot, das ich nicht bemerkt hatte, von einer starken Welle gegen mein eigenes geschleudert wurde und mich mit Wucht an der linken Hand traf. Danach war mein kleiner Finger krummer denn je und so steif wie immer.

Es fällt mir schwer, nicht an eine schicksalhafte Fügung zu glauben. Kaum auf der Welt, hatte ich etwas mit meinem Vater gemeinsam, nämlich die Verletzung, und der Versuch, dieses sichtbare Merkmal unserer Verbundenheit zu beseitigen, war durch einen seltsamen Zufall vereitelt worden. Es sollte wohl so sein. Wie verführerisch dieser Gedankengang für mich war, versteht man vielleicht besser, wenn man weiß, wie ich meinen Vater erlebt habe, nämlich als einen Menschen von unantastbarer Würde und Autorität, einer Welt zugehörig, die mittlerweile unwiderruflich versunken ist.

Dieser groß gewachsene, gut aussehende Mann, der sich zeitlebens in ein schlichtes, einfarbiges Gewand mit langen

Ärmeln kleidete, eine Art Tunika aus weißem, grauem oder hellblauem Stoff, der sich selbst ans Steuer eines Traktors setzte und familiären Umgang mit seinen Arbeitern pflegte, war anders als alle anderen, nämlich von einer bezwingenden, hoheitlichen Ausstrahlung. Zwischen ihm und dem Rest der Menschheit bestand ein gleichsam natürlicher Abstand, und dieser Distanz waren strikte Regeln angemessen, die wir Kinder im Umgang mit ihm einzuhalten hatten. So hätte niemand von uns gewagt, ihn zu rufen oder auch nur unvermittelt anzusprechen, nicht einmal meine Mutter – an ein vertrauliches »Hassan, hör mal!« war nicht zu denken –, vielmehr näherten wir uns ihm schweigend und redeten erst, wenn er uns durch ein Nicken oder einen Blick dazu aufforderte. Sprach er selbst, dann mit erhobenem Kopf. Widerspruch duldete er nicht, und die einzige Möglichkeit, ihn umzustimmen, bestand darin, seine Mutter, jene majestätische Großmutter, einzuschalten, weil sie der einzige Mensch war, auf den er hörte – ein entschiedenes »Hassan, mach das!« ließ er sich von ihr durchaus gefallen. Für einen modernen Menschen der westlichen Welt dürfte es kaum begreiflich sein, dass Kinder unter einer solchen Vatergestalt nicht leiden und seelischen Schaden nehmen. Aber das Gegenteil war der Fall. Weit davon entfernt, uns einzuschüchtern, steigerte die Unnahbarkeit meines Vaters das Bewusstsein unserer eigenen Bedeutung. Widersprochen habe ich ihm nie, zu keiner Zeit seines Lebens.

Die Prügelstrafe war bei uns unbekannt, geschlagen wurde nicht, dazu ließ sich mein Vater nicht herab, aber Strenge war selbstverständlich, und mit besonderer Strenge hielt er uns dazu an, die Gebote der Religion zu befolgen, die er seinerseits sehr ernst nahm. Beim ersten Gebet des Tages morgens gegen halb fünf durfte keiner von uns fehlen; wir reihten uns dann hinter ihm auf, und er vertrat die Stelle des Imams, er war unser Vorbeter. In den Pausen zwischen den Gebeten las er aus dem Koran mit einer schönen, melodischen Stimme, die mir unter die Haut ging. Bei der Bevölkerung Beerschevas stand mein Vater im Ruf eines Wohltäters. Beerscheva war damals nicht sehr groß, man kannte einander, man wusste, wer in Not geraten war, und mein Vater ließ Bedürftigen regelmäßig Geld zukommen. Diese Gewohnheit behielt er bis zum Ende seines Lebens bei. Später, in Gaza, war es an mir, mit einer Liste der Namen armer Familien und einem Geldbetrag für jede auf meinem Fahrrad loszufahren und zu verteilen, was mein Vater jedem Empfänger zugedacht hatte, wobei er großen Wert auf Diskretion legte. Was deine rechte Hand gibt, darf deine linke nicht wissen, schärfte er mir ein.

Ebenso wie den Koran kannte er die Gesetzestexte, die er als Schlichter anwenden musste. Als höchste Autorität der Stammes bekam er es ja nicht nur mit harmlosen Fällen zu tun – auch wenn der Frieden massiv gestört und Blut geflossen war, wurde er geholt und arbeitete dann in separaten Verhandlungen mit jeder Partei eine Regelung aus, die den Umgang miteinander wieder ermöglichte und dem vorbeugte, was zweifellos die hässlichste Seite des beduinischen Lebens darstellte, die Blutrache. Seine Schiedssprüche waren in jedem Fall verbindlich. Ihnen zuwiderzuhandeln kam in jenen Tagen für niemanden in Betracht.

Wenn es darum ging, sich ein genaueres Bild von meinem Vater zu machen, waren wir Kinder allerdings auf die Mitteilungsfreude Dritter angewiesen, da er selbst die Geselligkeit nie so weit trieb, uns oder irgendjemanden sonst mit Erzählungen aus seinem Leben zu unterhalten. Es begeisterte uns daher umso mehr, wenn die Männerrunden in den Zelten von ihm in den höchsten Tönen redeten, von seiner Entschlossenheit, seiner Furchtlosigkeit im Gefecht, seiner Mannhaftigkeit beim Ertragen der Schmerzen nach der Verwundung. Es hatten sich damals viele aus unserem Stamm dem Kampf gegen die britischen Kolonialherren und zionistischen Untergrundorganisationen angeschlossen, und diese Leute saßen zehn Jahre später bei uns auf der Veranda oder in den Zelten und ließen ihren Erinnerungen freien Lauf. Ich sog ihre Geschichten auf und konnte nie genug davon bekommen. Gleichgültig, in welcher Rolle, ob als Krieger, Stammesoberhaupt oder Familienvorstand – dieser Vater war für uns Kinder eine nie versiegende Quelle des Stolzes, und durch sein Vorbild stellte er selbst die wirkungsvollste Erziehungsmaßnahme dar, denn Zweck und Ziel unserer Erziehung war Stolz. Wir sollten zu Menschen heranwachsen, die es unter ihrer Würde fänden, zu lügen oder zu betrügen. Die einfach zu stolz dazu wären, Schlechtes zu tun.

So gesehen war er ein unvergleichlicher Vater, und mit diesem Mann hatte ich etwas gemeinsam, etwas, das mich gewissermaßen in seine Sphäre versetzte: eine Verletzung. Im Übrigen war an Gemeinsamkeiten natürlich nicht zu denken, als hätte ich es wagen dürfen, mich mit ihm zu vergleichen, und ich gebe zu, dass ich meinem Vater eher Verehrung als Liebe entgegenbrachte. Wen ich über alles liebte, das war sein jüngerer Bruder, mein lebenslustiger Onkel Abed Rabu.

Dieser Onkel wohnte in der Nähe, war ähnlich groß gewachsen, ähnlich gut aussehend wie mein Vater, aber viel zugänglicher als er, ein Draufgänger, frisch verheiratet und noch kinderlos. Er adoptierte mich sozusagen, hatte immer für mich Zeit, kam einfach auf unser Grundstück geritten, hob mich auf sein schwarzbraunes Pferd und gab ihm die Sporen – und dann ging es los, im Galopp, hinein in das weite, offene Land. Er war ein ausgezeichneter Reiter, und wenn ich später in amerikanischen Western Indianer reiten sah, überkam mich noch einmal die Lust, die ich auf diesen Ausritten mit meinem Onkel verspürt hatte. Meist hatte er eine Schrotflinte dabei. Flog ein Vogelschwarm über uns hinweg, feuerte er im Reiten zwei, drei Schüsse ab, und ich musste vom Pferd springen und wie ein Jagdhund die getroffenen Vögel einsammeln.

Onkel Abed Rabu liebte mich, und ich liebte ihn. Wenn wir uns, beide noch atemlos, irgendwo niedersetzten, strich er mir oft übers Haar und nannte mich »ars«, was so viel wie Streuner oder Herumtreiber bedeutet – eigentlich eine ziemlich abfällige Bezeichnung, die aus seinem Mund aber freundschaftlich und anerkennend klang.

An einem solchen Tag mit ihm geriet ich, vermutlich auf der Suche nach einem Vogel, in ein Maisfeld und verirrte mich. Wenn ich mich so deutlich an diese Begebenheit erinnere, dann vielleicht deshalb, weil ich in diesem Maisfeld mit einer Angst Bekanntschaft machte, die mich bis heute begleitet. Der Mais stand dicht und hoch, er überragte mich, und ich verlor die Orientierung, lief in die eine, lief in die andere Richtung, aber der Mais hörte nicht auf, es gab kein Entrinnen, und mich überfiel die panische Angst eines Tiers, das in die Falle gegangen ist. Wenn ich später im Leben in einer gepanzerten Limousine saß, beschlich mich ein ähnliches Gefühl panischer Beklemmung, ich war machtlos dagegen und musste aussteigen, selbst wenn die Situation es ratsamer erscheinen ließ, im Fahrzeug sitzen zu bleiben. Kein Entrinnen … In meiner Not begann ich zu schreien. Irgendwann hörte mein Onkel diese Schreie und kam auf seinem Pferd durchs Maisfeld geritten wie ein rettender Engel.

Am Vorabend des Tages, an dem meine Kindheit abrupt endete, ließ er mich in seinem Haus übernachten. Das kam gelegentlich vor, und es erfüllte mich mit Stolz, zu dieser Gesellschaft von Männern zu gehören, die dann bis tief in die Nacht vor seinem Haus saß, Mokka aus kleinen Tassen trank und Dinge besprach, von denen ich nichts verstand. Diesmal hatte ich einen besonderen Grund, bei ihm unterzuschlüpfen, denn an jenem Tag hatte ich mich ums Morgengebet gedrückt und fürchtete den Zorn meines Vaters. Als ich spätabends auf meiner Matratze neben seinem Bett lag, suchte ich aus Dankbarkeit dafür, dass er mir Zuflucht gewährt hatte, nach einem

Kosenamen für ihn, der ähnlich anrüchig wie »ars« klingen sollte und genauso scherzhaft gemeint war, und sagte vor dem Einschlafen zu ihm: »Amo (Onkel), du bist ein Hund.« Mein Scherz kam nicht gut an. »Hund« ist im Arabischen eines der übelsten Schimpfwörter, dem deutschen »Schwein« vergleichbar, und jetzt zürnte mir auch mein Onkel. Er sprang auf, packte mich und lieferte mich zu Hause ab, wir wohnten ja praktisch in Sichtweite.

Am nächsten Tag ließ er sich nicht blicken. Es tat mir in der Seele weh, meinen Lieblingsonkel beleidigt zu haben, ich wollte mich entschuldigen, aber er tauchte nicht auf. Am Abend desselben Tages rief uns mein Vater zusammen. Sein Gesichtsausdruck verhieß nichts Gutes. Ich war bereit, jede Strafe auf mich zu nehmen, aber es ging gar nicht um mich. Vielmehr überbrachte er uns die erschütternde Nachricht, dass unser Onkel Abed Rabu tot sei, erschossen – er und drei weitere Verwandte sowie vier seiner Freunde.

Mein Onkel, so erfuhren wir, war mit den Verwandten im Jeep meines Vaters in der Nähe von Gaza unterwegs gewesen, und seine Freunde waren ihnen in einem zweiten Fahrzeug gefolgt, als der Panzerwagen einer zionistischen Untergrundorganisation auf sie zukam und das Feuer eröffnete. Mein Onkel und die anderen hatten das Feuer erwidert, aber der Gegner war mit automatischen Waffen ausgerüstet und in seinem Panzerfahrzeug auf jeden Fall besser geschützt gewesen, und unsere Leute hatten mit ihren Gewehren nicht viel ausrichten können. Nur einer von uns hatte diese Begegnung überlebt, ein Vetter meines Onkels. Als ihm die Munition ausging, hatte er sich zwischen den Erschossenen zu Boden fallen lassen und sich totgestellt. Einer der Zionisten war dann mit seiner Maschinenpistole näher gekommen und hatte jedem einzelnen Gefallenen in die Hand geschossen, auch diesem Vetter, der keinen Laut von sich gegeben, ja, nicht einmal gezuckt hatte, als seine Hand von der Gewehrsalve durchlöchert wurde. Am selben Tag noch waren die acht Getöteten in Gaza beigesetzt worden. Der Vetter meines Onkels verlor alle Finger seiner Hand.

An jenem Februartag des Jahres 1948 begriff ich, dass mit meinem Paradies etwas nicht stimmte. Der Einbruch der Gewalt bedeutet für ein Kind, aus einem Traum zu erwachen. Ich hätte nicht einmal sagen können, wer diese Zionisten waren, aber der Tod meines Onkels war das Schlimmste, was mir passieren konnte, und ich ahnte, dass ein unbestimmtes Verhängnis drohte. Ich war noch keine fünf Jahre alt, doch von diesem Tag an war ich hellwach – immer noch ein Kind, aber eines, dessen Kindheit vorbei war. Ich bin solchen Kindern nach 2004 in Gaza zu Hunderten begegnet: Als Zehnjährige reden sie bereits wie erwachsene Männer. Ein solches Kind registriert viel genauer als jedes andere Kind, was in seiner Umgebung vorgeht, weil das geringfügigste Vorkommnis als Anzeichen eines Unheils ernst genommen zu werden verdient. Es lauscht und horcht darauf, worüber sich die Älteren unterhalten, es verfolgt ihre Gespräche mit ängstlich gespitzten Ohren, immer darauf gefasst, aus der belanglosesten Bemerkung Anhaltspunkte für eine Bedrohung herauszuhören.

Von nun an entging mir nichts mehr. Den Rest des Jahres 1948 verbrachte ich in einer Art Alarmzustand, und auch den im Spätherbst gefassten Beschluss, alles aufzugeben und fortzugehen, bekam ich mit, bevor es dazu kam.

Die Vertreibung

Es hieß, unser Onkel sei als Märtyrer gestorben, als Held. Das war ein Trost für uns, auch für mich, und umso glaubhafter, als eine große Menschenmenge seinem Sarg auf dem Weg zum Friedhof durch die Straßen von Gaza gefolgt war. Der Gedanke an ihn wurde indes bald von anderen Schreckensmeldungen verdrängt. Mal hieß es, nach dem Überfall auf ein Dorf seien soundso viele Araber ums Leben gekommen, dann wieder, es habe Tote unter den Zionisten gegeben. In den folgenden Monaten beherrschten jedenfalls die Nachrichten von Attentaten, Überfällen und Massakern das Tagesgespräch der Erwachsenen. Die ethnischen Säuberungen des Jahres 1948 waren in vollem Gang, wenn auch nicht in unserer Region, weil es im Süden Palästinas nur vereinzelte jüdische Siedlungen gab, wohl aber weiter nördlich, auf jenem Territorium, das nach dem Willen der Zionisten das künftige Staatsgebiet Israels ausmachen sollte. Und diese Säuberungen erfolgten nicht spontan, aus der Aufwallung irgendeines Volkszorns heraus, sondern nach Plan, sorgfältig vorbereitet und systematisch. Was in jenem Jahr geschah, ist heute kein Geheimnis mehr, auch israelische Journalisten und Schriftsteller haben viel zur Aufklärung der damaligen Vorkommnisse beigetragen, ich will mich daher auf eine kurze Zusammenfassung der politischen Entwicklung beschränken, soweit sie uns Palästinenser betraf.

Die heftigste Erschütterung löste das Massaker von Deir Yassin unter der alteingesessenen arabischen Bevölkerung Palästinas aus. Das Dorf im Westen Jerusalems wurde am

9. April 1948, also gut einen Monat vor der Staatsgründung Israels, von den Kommandos zweier zionistischer Terrorgruppen überfallen. Männer, Frauen und Kinder wurden aus ihren Häusern geholt und mit Maschinengewehren niedergeschossen; das Rote Kreuz zählte anschließend 254 Leichen. Diese Mordaktion sprach sich wie ein Lauffeuer herum und löste die erste große Fluchtwelle aus. Es war allerdings nur der vorläufige Höhepunkt einer Gewaltkampagne, mit der die Zionisten bereits seit den 1930er-Jahren versuchten, bei der arabischen Bevölkerung Palästinas ein Klima der Angst zu erzeugen.

Bis 1939 konzentrierten sich die zionistischen Terrorangriffe auf arabische Märkte, Cafés, Hotels und öffentliche Verkehrsmittel. Züge wurden in die Luft gejagt, aber auch Ölpipelines und Öllager gesprengt. Anfang der 40er-Jahre nahmen die Anschläge auf Banken zu, die bei diesen Gelegenheiten in der Regel auch ausgeraubt wurden. Als Hauptakteure traten dabei die Haganah, die paramilitärische Organisation der Zionisten, sowie zwei Terrororganisationen auf, die im Untergrund agierten: die Irgun und die sogenannte Stern-Gruppe. Die beiden Letztgenannten gingen 1942 dazu über, auch Vertreter der britischen Mandatsmacht zu beseitigen, weil sie die Präsenz der Briten nun als Haupthindernis auf dem Weg zur Staatsgründung betrachteten. Britische Kommissare und Polizisten wurden erschossen, und 1946 sprengte die Irgun einen Flügel des King-David-Hotels in Jerusalem in die Luft, wo die zivile Verwaltung der britischen Mandatsmacht ihre Amtsräume hatte. Unter den Angestellten waren zahlreiche Briten und Palästinenser, aber auch Juden, deren Tod für das höhere Ziel eines jüdischen Staates in Kauf genommen wurde.

Als die Briten im April 1948 mit dem Abzug ihrer Truppen aus Palästina begannen, waren Haganah, Irgun und Stern-Gruppe bereits dabei, vollendete Tatsachen zu schaffen. In Jerusalem, Haifa, Jaffa und Tiberias kam es zu Straßenkämpfen. In Haifa etwa griffen jüdische Truppen in der Nacht vom 22. auf den 23. April an, besetzten arabische Wohnhäuser, erschossen dreißig Bewohner und verwundeten zweihundert weitere. Als sich die übrigen Araber Haifas daraufhin nach Akko in Sicherheit bringen wollten, wurden auf dem Weg dorthin nochmals etwa hundert von ihnen getötet und zweihundert verletzt – fliehende Zivilisten, wohlgemerkt. Auch die Überfälle auf Dörfer häuften sich jetzt. Zwischen dem 12. Dezember 1947 und dem 20. April 1948 wurden mindestens siebzehn palästinensische Dörfer angegriffen, ihre Bewohner erschossen und ihre Häuser in die Luft gejagt. Das Wort »rechtmäßig« erhielt in diesen Tagen eine ganz neue Bedeutung – als rechtmäßig galt alles, was die Zionisten ihrem Ziel näher brachte. So nannte Menachem Begin, zu jener Zeit Chef der Irgun und später israelischer Ministerpräsident, das Massaker von Deir Yassin rechtmäßig, weil es ohne den »Sieg« von Deir Yassin keinen israelischen Staat gegeben hätte.* Die panische Angst, die solche Aktionen unter den Arabern in ganz Palästina verbreiteten, bewogen die Bewohner Dutzender weiterer Dörfer zur Flucht, kaum dass ihre Ortschaften von jüdischen Angreifern umstellt waren – die Belagerer brauchten nur einen Korridor als Fluchtweg freizuhalten, und die verängstigten Menschen suchten Hals über Kopf das Weite.

Jüdische Terrorspezialisten arbeiteten in einem Büro für psychologische Kriegsführung Pläne aus, die den Einsatz von Waffengewalt überflüssig machen sollten. Wie der erste Ministerpräsident Israels, David Ben Gurion, selbst in seinen Lebenserinnerungen beschreibt, veranstalteten jüdische Stoßtrupps einen regelrechten Spuk, indem sie mit phosphoreszie-

---

* Walter Hollstein: *Kein Frieden um Israel: Zur Sozialgeschichte des Pa-*
lästina-Konflikts. Frankfurt a. M. 1973, S. 173.

renden Dämonenfratzen vor dem Gesicht zu nächtlicher Stunde in Dörfer einfielen – die einfachen Leute glaubten tatsächlich, Teufel zu sehen, und nahmen Reißaus. Derselbe Ben Gurion reagierte bei einem Besuch in Nazareth mit einem Wutausbruch, als er feststellen musste, dass sich immer noch Araber in der Stadt aufhielten. Alles in allem war die Vertreibungspolitik aber so erfolgreich, dass ganze Landstriche Palästinas schon vor der Proklamation des Staates Israel am 14. Mai 1948 araberfrei waren.

Als eine vereinigte Streitmacht der arabischen Staaten nach dem Abzug der Briten eingriff, um der weiteren Eroberung Palästinas Einhalt zu gebieten, befanden sich die israelischen Einheiten längst in der Offensive, und die arabischen Truppenkontingente hatten diesem gut ausgebildeten Gegner nichts entgegenzusetzen. Auch zahlenmäßig waren die Israelis erdrückend überlegen: Einem arabischen Aufgebot von knapp 20 000 Mann standen 45 000 reguläre Soldaten und 65 000 Reservisten auf israelischer Seite gegenüber. Hinzu kam, dass die arabischen Einheiten ohne gemeinsames Oberkommando operierten und sich in Einzelaktionen verzettelten. Am Ende des ersten israelisch-arabischen Kriegs herrschte Israel über ein weitgehend »befreites« Gebiet: Hatten vor der Staatsgründung 1 200 000 Araber in Palästina gelebt, so war ihre Zahl bis 1950 auf weniger als 200 000 geschrumpft.

Die Sieger gingen unverzüglich daran, auch noch die Spuren der bisherigen Bewohner Palästinas zu verwischen. Insgesamt 450 arabische Dörfer wurden gesprengt. In vielen Fällen wurden sogar die Reste dieser Dörfer vollständig abgetragen, sodass nichts mehr an sie erinnerte, nicht einmal ihre Namen. An ihre Stelle traten neue Siedlungen mit jüdischen Einwohnern und hebräischen Namen. So schreibt man mit Dynamit die Geschichte eines Landes um. Ob Wochen, Monate oder Jahre nach unserer Flucht, jedenfalls machten sich die Israelis die Mühe, auch unseren Palast zu sprengen. Als ich Jahrzehnte später den Ort meiner Kindheit aufsuchte, fand ich nur noch einen kümmerlichen Trümmerhaufen vor. Im Laufe der Zeit hatte sich mancher dort bedient – es war ja ein sehr wertvoller Stein. Verrostet, aber unversehrt lag etwas abseits der Panzerschrank meines Vaters. Und an einem der beiden Zementpfosten, die einst das Tor zu unserem Grundstück bildeten, entdeckte ich die Worte, die mein Vater seinerzeit in den frischen Zement geritzt hatte. »Dies ist ein Geschenk Gottes« steht da in arabischer Schrift bis heute zu lesen.

1948 brach innerhalb weniger Monate also eine ganze Welt zusammen. Wir Palästinenser fassen die Erfahrungen dieses Jahres in dem Wort »nakba« zusammen, das so viel wie »Katastrophe« bedeutet. Im November 1948 wurde auch meine Familie in diese Katastrophe hineingezogen.

Was genau meinen Vater letztlich zum Aufgeben bewog, weiß ich nicht. Wochen vorher war es ganz in der Nähe zu einer Schießerei gekommen, bei der er selbst an der Hand verletzt wurde und sein Freund ein Auge verlor. Möglich, dass dieser Zwischenfall den Ausschlag gegeben hatte. Auch denkbar, dass er seine Familie in Sicherheit bringen wollte, bevor er durch einen gezielten Angriff der Israelis gezwungen würde, noch einmal selbst zur Waffe zu greifen. Es wird jedenfalls kein einsamer Beschluss meines Vaters gewesen sein. Diese Flucht konnte nur mit der Hilfe vieler anderer vorbereitet und durchgeführt werden; außerdem war nicht nur meine Familie zur Flucht entschlossen, auch eine große Zahl von Nachbarn und Verwandten wollte sich uns anschließen.

Ich war in ihre Pläne natürlich nicht eingeweiht, wusste aber, was es zu bedeuten hatte, als eines Mittags Ende November Maultiere, Esel, Pferde und Lastkamele auf unserem Grundstück zusammengezogen wurden. Es ging dann alles in großer Eile vor sich, weil unsere Karawane bis zum Einbruch der Dunkelheit startbereit sein musste. Matratzen, Decken und Essensvorräte wurden aus dem Haus geschafft und den

Eseln und Maultieren aufgepackt, die Zelte wurden abgebaut und die Kamele damit beladen. Als die kleineren Karawanen der anderen Familien eintrafen, wurde auch ich verstaut, in einem der Sattelkörbe, die den Maultieren zu beiden Seiten herabhingen. Dann brachen wir auf.

Es war ein langer Zug aus Packtieren, Reittieren und Menschen, der sich da nach Einbruch der Nacht in Bewegung setzte. Ihre Zahl vermag ich nicht zu schätzen, aber ich stelle mir vor, dass wir einen ähnlichen Anblick geboten haben wie die Kinder Israels bei ihrem Auszug aus Ägypten – nur dass wir im Begriff waren, das Gelobte Land zu verlassen. Unter der Führung eines ortskundigen Beduinen schlugen wir einen Weg in südwestlicher Richtung quer durch die Wüste ein, weil uns die Straße nach Gaza zu gefährlich erschien, wo auch nachts israelische Militärfahrzeuge patrouillierten. Keiner sprach. Der ganze Zug bewegte sich schweigend fort, allenfalls wurde hier und da geflüstert, und ich wusste, warum – damit sie uns nicht hörten. Bis zum Morgengrauen wurde keine Rast gemacht; wer Hunger bekam, aß im Reiten oder Laufen – Wasser und Brot hatten wir dabei, und es gab jemanden, der damit von einem Ende des Zugs zum anderen lief. Ich schlief die meiste Zeit, musste aber hin und wieder aus dem engen Sattelkorb befreit werden, um meine Beine zu bewegen, und lief dann eine Weile nebenher.

Bei Sonnenaufgang lagerten wir, um nicht entdeckt zu werden und den Tieren Ruhe zu gönnen, und stellten nun im Tageslicht fest, dass wir falsch gelaufen und zu weit nach Süden abgekommen waren. Unser Führer war ein erfahrener Mann, aber nachts gibt es in der Wüste keine Anhaltspunkte, und jetzt hatte es uns fast in den Sinai verschlagen. Als wir am Abend erneut aufbrachen, mussten wir also ein ganzes Stück zurücklaufen und bewegten uns parallel zur ägyptischen Grenze durch wüstenartiges Gelände nach Norden. Im Nachhinein erfuhren wir, dass in diesem Gebiet verstreute jüdische

Siedlungen lagen; ein glücklicher Zufall hatte uns in sicherer Entfernung an ihnen vorbeigeführt. Am folgenden Morgen erreichten wir die Grenze des Gazastreifens, wo Freunde uns erwarteten, und gegen Mittag schlugen wir sieben Kilometer südlich von Gaza-Stadt unsere Zelte in einem Flüchtlingslager auf. Ringsum erstreckten sich Orangenhaine.

Erst jetzt brach meine Mutter in Tränen aus. Allen Aufregungen und Anstrengungen der letzten Tage hatte sie sich gewachsen gezeigt und die gesamte Strecke sogar zu Fuß bewältigt – als Tochter von Beduinen war sie ausdauernd und kräftig –, aber in dieser Stunde ließ sie sich von ihren Gefühlen überwältigen und weinte hemmungslos, laut klagend. Auch meine Großmutter sah ich an diesem Tag zum ersten und einzigen Mal weinen, aber sie vergoss ihre Tränen still für sich; nicht einmal hier verlor sie ihre Selbstbeherrschung.

Das Leben wurde ein anderes, und ich wurde ein anderer. Wer in diesen Monaten nach Gaza kam, fand sich in einem Käfig wieder, 40 Kilometer lang, 10 Kilometer schmal und vollgestopft mit Flüchtlingen – damals schon eine der am dichtesten besiedelten Regionen der Erde. Das Flüchtlingshilfswerk der Vereinten Nationen (United Nations Relief and Works Agency for Palestine Refugees in the Near East, UN-RWA) bemühte sich, dem Chaos entgegenzuwirken, registrierte die Ankömmlinge, verteilte Milch, Lebertran, Kleidung, organisierte den Schulbetrieb. Und ich entdeckte in diesem Durcheinander die Politik als Ersatz für die verlorene Weite der alten Heimat und das Gefühl der Freiheit, das damit verbunden gewesen war. Man könnte es als meinen Einstieg in die aktive Politik bezeichnen, dass ich als Zwölfjähriger konspirative Botengänge übernahm und Zettel mit geheimen Anweisungen überbrachte – im Auftrag einer Widerstandsorganisation, die aus meinem ältesten Bruder Mohammed sowie einer Handvoll seiner Freunde bestand und Kontakte zu einem Bauingenieurstudenten namens Yassir Arafat in Kairo unterhielt.

Vier Jahre später nahm mich diese Splittergruppe, die sich inzwischen den Namen Fatah gegeben hatte, als Mitglied auf. Damit gehörte ich als Sechzehnjähriger bereits einer regelrechten Untergrundorganisation an.

Auf diese Art wuchs ich zwangsläufig in eine Art Doppelleben hinein, denn das Familienleben der Frangis ging natürlich in Gaza weiter, und es nahm bald nach unserer Flucht schon fast wieder die alten Formen an. Mit anderen Worten: Nach einer kurzen Zwischenzeit ging es uns besser als den meisten.

Mein Vater, der uns übrigens erst Tage später gefolgt war, war nach Ablauf eines Jahres des Lagerlebens überdrüssig und mietete eine Wohnung im Norden von Gaza-Stadt. Was den Grundbesitz und die Herden anging, hatten wir zwar alles verloren, doch mittellos waren wir nicht; schon im Flüchtlingslager genossen wir das Privileg, in eigenen Zelten zu wohnen. Fortan verfolgte mein Vater konsequent das Ziel, aus unserer neuen Situation das Beste zu machen. Anfang 1952 nahm er Kontakt zu den ägyptischen Behörden auf, erwirkte die nötige Lizenz und gründete mit einigen Freunden zusammen eine Baufirma, die ihren Hauptsitz in Kairo und ihr Einsatzgebiet vorwiegend im Sinai hatte. Von da an stürzte er sich in die Arbeit, war nur noch selten zu Hause und überwachte selbst in der heißesten Jahreszeit den Bau von Straßen und Flugplätzen persönlich. Von jungen Jahren an daran gewöhnt, für eine große Zahl von Menschen Verantwortung zu tragen, hatte er jetzt nur noch eins im Sinn: den Seinen in den Wirren dieser Zeit eine gesicherte Existenz zu verschaffen – er entsagte dafür sogar dem Familienleben. Nicht nur uns ermöglichte er damit ein gutes und geregeltes Leben, auch viele unserer Verwandten und nicht wenige unserer Schicksalsgenossen, die bis dahin untätig in den Flüchtlingslagern herumgesessen hatten, fanden in seiner Firma wieder Arbeit.

Das Unternehmen hatte Erfolg, mein Vater kam wieder zu Geld, und 1954 bezogen wir ein großes, ebenfalls angemietetes Haus inmitten eines ausgedehnten Orangenhains, der seit Kurzem uns gehörte. Der Wohnsitz meines Vaters musste von Bäumen umgeben sein, so war er es von früher gewohnt, und das Haus, das er zwei Jahre später für uns fand, kam unserer ehemaligen Wohnsituation noch näher: Es war ein regelrechter Gutshof südlich von Gaza-Stadt mit mindestens zehn Zimmern, auf drei Seiten von Olivenhainen umgeben. Und wiederum zwei Jahre später betätigte sich mein Vater noch einmal als sein eigener Architekt: Kaum 800 Meter vom Meer entfernt ließ er in Gaza-Stadt ein Haus bauen, das in seinen Dimensionen an unseren einstigen Palast heranreichte. Von 1959 an bewohnten wir also eine zweiflügelige, eingeschossige Villa mit einer Wohnfläche von 390 Quadratmetern, einer großen Veranda zur Küste hin und einem Speiseraum, der sich für Festmähler eignete. Wenn mein Vater baute, dann wie für die Ewigkeit, und auch dieses Haus war wieder aus massiven Steinblöcken errichtet. Im Jahr 1994 gingen meine Brüder und ich daran, es um vier Etagen aufzustocken, und das einzige Problem, das dieser Umbau aufwarf, war eine Zwischenwand aus den Tagen meines Vaters – sie widerstand all unseren Versuchen, sie zu durchbrechen.

Ich hätte mich also aus allem heraushalten können, und meinem Vater wäre es sicherlich am liebsten gewesen, wenn wir Kinder uns seinen Pragmatismus zum Vorbild genommen hätten. Aber jungen Menschen gelingt es nicht, erlittenes Unrecht auf sich beruhen zu lassen. Sie müssen reagieren, dem Unrecht etwas entgegensetzen; sie erfahren Leid und Schmerz so stark, dass sie selbst in die Geschehnisse eingreifen wollen. Deshalb haben sie keine andere Wahl, als in kurzer Zeit erwachsen zu werden. Die Schlüsselfigur in diesem Prozess war für mich mein Bruder Mohammed, und die prägenden Erfahrungen machte ich im täglichen Umgang mit den Flüchtlingen.

Kaum ein Tag verging in diesem ersten Jahr nach unserer Flucht, an dem nicht neue Zelte aufgeschlagen wurden. Dabei war unser Lager nicht das einzige und nicht einmal das größte – das Hauptlager befand sich südwestlich von uns zur Küste hin. Viele kamen übers Meer, auf überladenen Booten, und nicht alle schafften es bis Gaza. In ihrer Panik bestiegen die Menschen alles, was gerade in den Häfen lag, auch kleine Boote, deren Motoren zu schwach waren, eine solche Menschenfracht zu transportieren. Und von denen, die Gaza glücklich erreichten, hatten viele auf die Nachricht eines Massakers in ihrer Nähe hin fluchtartig ihre Häuser verlassen und nichts als das nackte Leben gerettet.

Unter diesen Bedingungen war meine Mutter als Erzählerin nicht mehr gefragt. Gegen die Realität des Flüchtlingslagers hatten ihre Dschinns und Teufel keine Chance, und von nun an hatte ich nur noch Ohren für das, was an Angst und Hoffnung in den Stimmen der Erwachsenen mitschwang. Alle redeten miteinander, überall schnappte man Gespräche, Gerüchte, Berichte und Spekulationen auf, und plötzlich war man Teil dieser Katastrophe und mittendrin. In der Schule standen die älteren Schüler in den Pausen beisammen und tauschten die neuesten Nachrichten aus; wir Jüngeren hielten uns in ihrer Nähe auf und bekamen vieles mit. Und in den Flüchtlingslagern versammelte sich jeden Abend alles vor den großen englischen Radioapparaten, um die politischen Sendungen des ägyptischen Rundfunks zu verfolgen. Noch klammerten sich diese Gestrandeten an die Hoffnung, bald zurückkehren zu können, und auch im Rundfunk klang es mitunter so, als wäre noch nicht alles verloren.

Das Schicksal Palästinas schien jedenfalls nicht endgültig besiegelt. Die Weltgemeinschaft hatte sich des Falls angenommen, nachdem die überforderten Briten das Palästinaproblem im Februar 1947 der UNO übertragen hatten, und die Nachrichten aus New York ließen immer noch die Möglichkeit eines guten Ausgangs zu.

Allerdings waren die beiden Lösungsvorschläge, die die UNO im Mai 1947 zur Debatte stellte, auf die einhellige Ablehnung der arabischen Seite gestoßen. Der erste Vorschlag sah die Teilung des Landes in einen jüdischen und einen arabischen Staat vor, während der zweite sich für einen gemeinsamen Staat aussprach, in dem Juden und Araber auf Bundesstaaten verteilt werden sollten. Die arabischen Staaten lehnten beide Pläne ab, weil sie in jedem Fall auf die Zerstörung der territorialen Einheit Palästinas hinausliefen. Aus heutiger Sicht muss man ergänzen, dass die Europäer weder mit dem einen noch mit dem anderen Plan eine gerechte Lösung anstrebten, sondern den Juden aus Schuldbewusstsein so weit wie möglich entgegenkommen wollten. Mit dem Verlust ihres Landes sollten die Palästinenser für das Unrecht bezahlen, das den Juden unter der Hitlerdiktatur zugefügt worden war.

Im November trat dann der aus arabischer Sicht denkbar schlimmste Fall ein, als die Vollversammlung der UNO über die Köpfe der Palästinenser hinweg der Teilung des Landes zustimmte – der Vorschlag, die Araber Palästinas in einem Referendum zu befragen und selbst über ihre Zukunft entscheiden zu lassen, war abgelehnt worden. Immerhin setzte die UNO anschließend eine Kommission ein, die die rechtlichen Probleme des Teilungsplans untersuchen sollte. Sie kam im Wesentlichen zu zwei Ergebnissen, und beide ließen die Menschen in den Flüchtlingslagern wieder hoffen. Zum einen sprach die Kommission der UNO grundsätzlich das Recht ab, einen neuen Staat zu schaffen – ein Staat könne nur durch die freie Willensentscheidung eines Volkes ins Leben gerufen werden; im Übrigen sei den Palästinensern seit 1918 in zahlreichen Erklärungen die nationale Unabhängigkeit versprochen worden. Und zum anderen hob die Kommission hervor, dass der Teilungsplan die Araber in eklatanter Weise benachteilige.

Daran gab es nun ohnehin keinen Zweifel. Denn die Araber, die bis dahin immer noch eine deutliche Mehrheit bildeten

(1 200 000 gegenüber 600 000), sollten mit knapp 43 Prozent der Gesamtfläche Palästinas abgefunden werden, während mehr als 56 Prozent den Juden zufallen sollten, obwohl sie nicht nur in der Minderheit waren, sondern bislang auch lediglich 6 Prozent des Bodens erworben hatten. In der Region Beerscheva stellte der Teilungsplan die bestehenden Verhältnisse geradezu auf den Kopf: Obwohl der jüdische Bevölkerungsanteil hier weniger als 1 Prozent betrug, sah der Plan vor, auch dieses Gebiet dem jüdischen Staat zuzuschlagen. Die UNO-Kommission hatte mithin Gründe genug, das Ergebnis ihrer Untersuchung in der Warnung zusammenzufassen: »Weit davon entfernt, das Palästinaproblem zu lösen, [wird] der Teilungsvorschlag [...] ein anderes Problem von größerem Ernst und größeren Dimensionen schaffen.«[*] Die Zuhörer der abendlichen Nachrichtensendungen durften also einstweilen weiter hoffen. Die Einzigen, die längst wussten, dass es keine Rückkehr geben würde, waren die Regierung Israels und das israelische Militär, weil sie entsprechende Maßnahmen ergriffen hatten.

Die politische Entwicklung machte beide Pläne der Vereinten Nationen hinfällig. Schon vor der Staatsgründung war die Politik der Zionisten darauf hinausgelaufen, die Welt vor vollendete Tatsachen zu stellen, bevor man die Unrechtmäßigkeit ihres Vorgehens feststellen konnte. Jetzt, nach dem Sieg der Israelis im ersten arabisch-israelischen Krieg, besaß nicht einmal mehr die Grenzziehung Gültigkeit, die der Teilungsplan vorsah. Israel hatte sein von der UNO zugestandenes Staatsgebiet mit Waffengewalt beträchtlich erweitert und umfasste nun mehr als vier Fünftel Palästinas. Von den Briten unterstützt, annektierte Jordanien daraufhin das Westjordanland einschließlich Ost-Jerusalems. Auch dies geschah gegen

---

[*] Walter Hollstein: *Kein Frieden um Israel: Zur Sozialgeschichte des Palästina-Konflikts.* Frankfurt a. M. 1973, S. 161.

den Willen der Palästinenser; immerhin verhinderten die Jordanier auf diese Weise, dass sich Israel auch noch das Westjordanland aneignete.

Damit genossen allein die Palästinenser im Gazastreifen noch ein gewisses Maß an politischer Freiheit. Zwar stand der Gazastreifen unter ägyptischer Verwaltung, doch war das Verhältnis freundschaftlich. Nichts hätte Ägypten daran hindern können, dem jordanischen Vorbild zu folgen und den Gazastreifen zu annektieren – stattdessen sprach sich Gamal Abdel Nasser, der 1952 an die Macht gekommen war, sogar für eine Selbstregierung der Palästinenser aus. Nasser stand dem palästinensischen Volk auf jeden Fall näher als jeder andere arabische Führer, und die Palästinenser hatten allen Grund, Ägypten als ihren zuverlässigsten Verbündeten zu betrachten – während die Ägypter ihrerseits die Palästinenser so weit gewähren ließen, dass Gaza zum Ausgangspunkt des palästinensischen Widerstands werden konnte.

»Unser Gott ist nicht der ihrige«

Man muss sich das Gaza jener Jahre als großes Labor vorstellen. Ein Labor, in dem Menschen aller Gesellschaftsschichten, der verschiedensten kulturellen Milieus und der unterschiedlichen regionalen Identitäten vermengt und allmählich miteinander verschmolzen wurden. Heraus kam eine gemeinsame, palästinensische Identität.

Etwas Derartiges gab es vor 1948 nicht. Was es bis dahin gab, das waren die Beduinen, die sesshaften Bauern, die bürgerliche Oberschicht der Städte, und einer wusste vom anderen wenig – im Land der Stämme fühlte man sich einer Sippe, einem Dorf, einer Region zugehörig, nicht einem Volk. Doch nun kamen sie von überallher, von Jaffa, Askalon, Haifa, Beerscheva, aus den Dörfern des Landesinneren, und tauschten ihre Erfahrungen aus, lebten in den Flüchtlingslagern auf engstem Raum zusammen, fühlten sich durch das gemeinsame Schicksal verbunden und nahmen sich erstmals als Angehörige eines Volkes wahr. Im Gaza der 50er-Jahre konnte man eine Nation im Anfangsstadium studieren. Und nur hier konnte die Idee eines Befreiungskampfes entstehen, der von den Palästinensern selbst ausgeht.

Im Westjordanland verlief die Entwicklung anders. Wenn ich später in Frankfurt Palästinenser aus dem Westjordanland nach ihrer Herkunft fragte, bezeichneten sie sich als Jordanier – was sie seit der Annexion durch Jordanien im Jahr 1949 rechtlich gesehen auch waren. Wer dort Widerstand gegen Israel leisten wollte, der schloss sich der Baath-Partei an, deren Programm vom Geist der arabischen Einheit inspiriert war, in deren Praxis jedoch nationale Interessen den Ausschlag gaben. Oder er trat den arabischen Nationalisten bei, die von George Habash geführt wurden und ebenfalls panarabische Ideale vertraten. Der Traum von einer Rückgewinnung Palästinas aus eigener Kraft wurde allein im Gazastreifen geträumt. Und während die Kinder in den Schulen des Westjordanlands Lieder auf die haschemitische Königsfamilie sangen, begann für uns jeder Schultag mit dem Lied *Aiduna, aiduna* – Wir kehren zurück. Es war ein gesungenes Gelübde, das kollektive Versprechen einer neuen Generation, die verlassenen Häuser nicht aufzugeben, die verlorenen Plantagen nicht dem Verfall zu überlassen, das geraubte Land zurückzuerobern, und es sprach mir aus der Seele. In der Überzeugung, dass uns Unrecht geschehen war, und in der Sehnsucht nach der Heimat wurden wir alle einander ähnlich.

Mit der Demütigung unserer Vertreibung hatte ich mein Lebensthema gefunden. Natürlich wusste ich das nicht. Ein Lebensthema macht sich anfangs nur als quälender Gedanke bemerkbar, der sich einnistet. Erst allmählich lernt man, ihn als Leitmotiv der eigenen Existenz zu begreifen. Unwillkürlich sucht man trotzdem nach einem Zustand, der einen in die Zeit vor der Besitzergreifung durch das Lebensthema zurückversetzt; niemand erträgt eine beständige innere Unruhe, ohne sich von Zeit zu Zeit selbst vergessen zu können. Ich hatte das Glück, im Alter von zehn Jahren die Entdeckung zu machen: Der Zustand der Selbstvergessenheit tritt bei mir ein, wenn ich im Meer schwimme.

Wir lebten damals bereits seit Langem im Gazastreifen, ohne dass ich oder einer meiner Brüder und Freunde auf die Idee gekommen wäre, die wenigen Kilometer bis zum Strand zu laufen. Was mich anging, mochten auch die Warnungen meiner Mutter ihre Wirkung nicht völlig verfehlt haben. Wie alle Alten bei uns, insbesondere die Frauen, hegte meine Mutter das tiefste Misstrauen gegenüber dem Meer und beschwor mich, nicht nach Westen zu laufen, nicht dem Meer zu nahe zu kommen – das Meer sei heimtückisch, es verschlinge jeden. Also blieb ich dem Meer fern.

Dann zogen wir in das Haus, das inmitten unseres Orangenhains lag. Zwischen den Bäumen dort draußen gab es ein großes gemauertes Brunnenbecken, in dem ich mir selbst das Schwimmen beibrachte. Später einmal kam ein Bademeister in einem deutschen Freibad auf mich zu und sagte: »Sie schwimmen falsch.« Wahrscheinlich hatte er recht, und deshalb befriedigte ihn meine Erklärung, ich sei mein ganzes Leben lang so geschwommen, nicht wirklich. Falsch ist falsch ... Jedenfalls ließ ich mich von meinem guten Freund Mahmud Ayyad eines Tages dann doch mit ans Meer nehmen, und es war überwältigend. Ich erlebte eine nie gekannte Freude, als die ersten Wellen über mich hinwegschwappten. Eintauchen, wieder auftauchen, es war eine Lust. Von diesem Tag an kannte ich nichts Schöneres. In kurzer Zeit wurde ich zu einem sehr guten Schwimmer, schwamm immer weiter hinaus, um die Tiefe unter mir zu spüren, kilometerweit, ließ mich dann auf dem Rücken liegend treiben und meine Gedanken schweifen. Erinnerungen stellten sich ein und wurden von anderen Erinnerungen abgelöst, Wünsche stiegen auf und erschienen erfüllbar, ich kam zu mir selbst, und jedes Mal kehrte ich gut gelaunt und mit neuer Kraft vom Schwimmen zurück. Drei oder vier Jahre später, während ich mich gerade mit meinem Vater im Sinai aufhielt, schwamm mein Freund Mahmud allein hinaus und ertrank. Andere wären danach vorsichtiger geworden – meine Beziehung zum Meer wurde dadurch noch enger.

Am verlockendsten war das Meer für mich des Nachts oder bei Regen. Auf meinen späteren Reisen nach Algerien, Tunesien und in den Libanon habe ich mir, wann immer es sich einrichten ließ, ein Hotel am Strand genommen. Natürlich war es auch der Anblick des Meers, aber mehr noch das Rauschen, die Sinfonie der Wellen, das Einschlafen und Aufwachen bei dieser Musik. Als ich im Sommer 1994 vorübergehend nach Gaza zurückkehrte, schwamm ich täglich morgens um sechs hinaus, für eine ganze Stunde – aus dem gesamten Mitarbeiterstab Arafats war ich der Einzige, der seinen Arbeitstag auf diese Weise begann. Ich versuchte, Arafat zu überreden, sich mir anzuschließen. Es hätte sich leicht machen lassen – die großen Fenster seines Büros im ehemaligen Clubhaus eines Tennisvereins gaben den Blick aufs Mittelmeer frei, es lag direkt am Strand, und ein gelegentlicher Sprung ins Meer hätte Arafat, der Entspannung dringend nötig gehabt hätte, der sich in den letzten Jahren zur Ablenkung von seinen Geschäften allenfalls einmal aufs Pferd gesetzt hatte, gutgetan. Aber er winkte ab, weil seine Sicherheit im Wasser kaum zu gewährleisten war. Das stimmte natürlich; bei ihm hätte nicht, wie in meinem Fall, ein einzelner Leibwächter auf einem Surfbrett gereicht. Ich ließ trotzdem nicht locker, ich schlug ihm vor, nach Einbruch der Nacht mit mir schwimmen zu gehen – keiner würde uns sehen. Doch für jemanden wie Arafat war das Sicherheitsproblem auch damit nicht gelöst, und er blieb bei seiner Weigerung.

Vielleicht hatte ihn auch sein untrüglicher Instinkt für Gefahr gewarnt. Eines Morgens nämlich geriet ich in einen Schwarm von Feuerquallen, die sich in unseren Gewässern ungeheuer vermehrt hatten. Mein Leibwächter schlug mit dem Paddel nach den Tieren, während ich mich auf sein Surfbrett rettete. Als Arafat mich anderntags sah, mein Gesicht dunkelrot, wie mit heißem Olivenöl übergossen, zeigte er mit einem Grinsen auf meinen Kopf, sagte aber kein Wort. Ich erzählte ihm von meiner Begegnung mit den Feuerquallen, und sein Grinsen wurde breiter – er war nie undankbar für eine Gelegenheit, seine Leute aufziehen zu können. »Weißt du«, sagte er lachend, »diese Feuerquallen habe ich dorthin bestellt, damit sie aufmüpfigen Mitgliedern des Zentralkomitees eine Lektion erteilen.« Wir kannten seinen robusten Humor, wir wussten aber auch, dass sein Spott nötigenfalls unverzüglich in Fürsorge umschlagen würde, und im nächsten Moment griff Arafat zum Telefonhörer und bestellte einen Arzt …

Zu der Zeit, als ich das Schwimmen entdeckte, wurde ich zum ersten Mal Zeuge einer israelischen Militäraktion. Auch wenn immer wieder von Kämpfen zu hören war, hatte ich bis dahin doch von der gewaltsamen Wirklichkeit abgeschirmt gelebt. In einer Februarnacht des Jahres 1955 aber wurden wir von Schüssen geweckt. Es klang nach einem längeren Feuergefecht ganz in unserer Nähe.

Unser Haus im Orangenhain lag nur wenige hundert Meter von der Stelle entfernt, wo die Überlandstraße nach Beerscheva von der Hauptverkehrsachse abzweigt, die Rafah im Süden des Gazastreifens mit Erez im Norden verbindet, und am frühen Morgen ging ich mit einem Freund dorthin, um nachzusehen. Die Straße verläuft dort zwischen Weizenfeldern und Orangenhainen, an der Straßengabelung gab es damals eine Station der ägyptischen Militärpolizei, und genau unterhalb dieses Postens stand, halb im Feld, das qualmende Wrack eines Militärlastwagens, wie sie für Mannschaftstransporte benutzt werden. Der Geruch von verbranntem Menschenfleisch mischte sich mit beißendem Rauch. Als wir näher kamen, sahen wir auf der Ladefläche die verkohlten Leichen von vierundzwanzig jungen Männern. Einige hatten offenbar in höchster Verzweiflung versucht, die Dachplane mit ihren Bajonetten aufzuschlitzen, um ins Freie zu springen, hatten es aber nicht mehr geschafft.

Die Aktion war, wie sich herausstellte, mit der üblichen Präzision geplant worden. Israelisches Militär hatte tags zuvor eine ägyptische Kaserne im Norden von Gaza angegriffen und zwölf Soldaten getötet. In der zutreffenden Erwartung, dass die Ägypter umgehend Verstärkung aus dem Süden herbeischaffen würden, legten sie noch in der Nacht einen Hinterhalt auf halber Strecke, eben kurz vor der Abzweigung nach Beerscheva. Als sich der Lkw mit den Rekruten, palästinensischen Freiwilligen, in der Dunkelheit näherte, blockierte ein brennender Benzinkanister die Straße. Der Fahrer wollte ausweichen, geriet von der Straße ab und fuhr sich im Schlamm fest, woraufhin das israelische Kommando das Feuer eröffnete und Handgranaten auf die Ladefläche warf. Von den Rekruten überlebte keiner, die Israelis entkamen ohne Verluste. Mein Freund und ich standen lange vor dem ausgebrannten Wrack, und es war das Bild dieser verkohlten jungen Männer, das mir Jahrzehnte später noch in den Kopf schoss, wenn wir das Opfer eines israelischen Mordkommandos zu Grabe trugen. Geleitet hatte diese Aktion ein junger Oberst namens Ariel Scharon.

Danach berichtete der israelische Rundfunk von einer »erfolgreichen Aktion gegen Terroristen«. Das entsprach dem üblichen Sprachgebrauch – die Israelis bezeichneten von Anfang an jede Gegenwehr der arabischen Seite als Terror und betrachteten vom Augenblick der Vertreibung an grundsätzlich jeden Palästinenser als potenziellen Terroristen. Die unverhältnismäßige Gewalt ihrer sogenannten Gegenschläge entsprang dann auch weniger militärischer Notwendigkeit als vielmehr dem Kalkül, die Palästinenser durch überzogene Gewaltanwendung von der Sinnlosigkeit ihres Widerstands zu überzeugen. Der Begriff Terrorist bürgerte sich allerdings auf beiden Seiten sehr schnell ein. Auch die Palästinenser bezeichneten die Gewaltaktionen der Israelis als Terror; insbesondere die jüdischen Untergrundorganisationen während der britischen Mandatszeit wurden als Terrororganisationen betrachtet. Mit anderen Worten: Der Terror hatte Einzug in unsere Welt gehalten.

Die Absicht eines Terroristen ist, Schrecken zu verbreiten, und Schrecken ist wahrhaftig in reichlichem Maße von diesem Stück Erde ausgegangen. Wenn man auf den israelisch-palästinensischen Konflikt zurückblickt, könnte man meinen, der Schrecken habe die Herrschaft in unserem Teil der Welt übernommen. Ich jedenfalls stand damals unter diesem Eindruck, und die Frage nach den Ursachen ließ mir keine Ruhe. Ich begann, historische Bücher zu lesen, ich entwickelte ein immer stärkeres Interesse am Geschichtsunterricht in der Schule, und als ich etwas älter geworden war, fertigte ich Wandzeitungen an und hielt Vorträge vor meiner Klasse. Was kam nun bei meiner Ursachenforschung heraus?

Zunächst einmal: Wir redeten nie von Juden, sondern von Zionisten. Und wenn ich mich heute frage, was ich mit elf, zwölf Jahren über die Zionisten wusste, muss ich zugeben: wenig. Für uns hatten die Zionisten lange Zeit im Schatten der Engländer gestanden. Über das Verhältnis Englands zur arabischen Welt hingegen war ich gut unterrichtet, das wurde in der Schule behandelt, zu diesem Thema hatte ich auch Bücher gelesen. Ich wusste, dass die Engländer die Araber im Ersten Weltkrieg mit falschen Versprechungen auf ihre Seite gezogen hatten. Mir war klar, dass sie in Wahrheit Palästina unter ihre Kontrolle bringen wollten, um über einen strategischen Brückenkopf zwischen Asien und Afrika zu verfügen. Ich hatte das Bild von General McMahon und Scherif Hussein ibn Ali von Mekka vor Augen, wie sie mit einem Handschlag das Bündnis zwischen Briten und Arabern im Ersten Weltkrieg besiegeln – ein Bündnis, das an das Versprechen Londons geknüpft war, den Arabern anschließend die Unabhängigkeit zu gewähren. Und soweit ich es verstand, hatten die Zionisten bei diesem Betrugsmanöver lediglich die Rolle eines Handlangers gespielt, als eine Art fünfte Kolonne des britischen Imperialismus.

Wovon in meinen Büchern nie etwas zu lesen war, das waren die Leiden der Juden in der Vergangenheit. In unseren Köpfen setzte sich nur fest, dass sie überall auf der Welt unbeliebt waren. Wohin sie auch gingen, so hieß es, würden sie auf Ablehnung stoßen. Das verstand ich gut. Dabei war es in Palästina anfangs keineswegs so gewesen – mein Vater hatte, wie gesagt, fast bis zum Schluss zwei jüdische Techniker beschäftigt. Ganz allgemein waren die jüdischen Siedler, von denen die ersten bereits 1882 in Palästina eintrafen, freundlich aufgenommen worden. Wie mit den Christen fühlten sich die muslimischen Araber auch mit den Juden durch dieselben religiösen Wurzeln verbunden, und als es 1929 zu ersten Ausschreitungen gegen die Juden von Hebron kam, hatten palästinensische Familien manche von ihnen gerettet. Inzwischen waren aus guten Nachbarn erbitterte Feinde geworden, und für diese Entwicklung reichten die geostrategischen Ambitionen der Briten als Erklärung nicht mehr aus.

Im Laufe der Zeit verstand ich, dass die Zionisten unabhängig von den kolonialen Interessen Englands eigene Ziele verfolgt hatten. Für sie stellte sich die Gründung des Staates Israel als logische Folge eines Einwanderungsprojekts dar, das sie als lang ersehnte Rückkehr in das Land ihrer Väter verstanden wissen wollten. Die Zionisten nahmen mithin nur in Besitz, was ihnen immer schon gehörte. Da ich Palästina noch selbst als Land meines Vaters, unserer Väter erlebt hatte, galt mein besonderes Interesse in der Schule nun der Frühgeschichte unserer Region, also jener Zeit, als Palästina noch Kanaan hieß, als sich Philister und Israeliten hier gegenüberstanden. Später, in Deutschland, war es dann unumgänglich, mich mit der Geschichte der Juden und der Geschichte Palästinas gründlicher zu befassen, und ich kam zu keinem wesentlich anderen Ergebnis als damals im Geschichtsunterricht meiner Schule in Gaza: Einem Historiker leuchtet die zionistische Sichtweise nicht ein. Für den Historiker waren die Juden in dieser Region nur eine unter vielen Besatzungsmächten gewesen. Ich möchte meine historische Sicht hier so skizzieren, wie sie für mich bis heute Gültigkeit hat.

Die Geschichte des östlichen Mittelmeerraums rechnet ja nach Jahrtausenden. Hier liegen einige der ältesten Städte der Menschheitsgeschichte; für Jericho etwa lässt sich ein Alter von 10 000 Jahren nachweisen; Damaskus, Nablus, Hebron und Beerscheva sind nicht wesentlich jünger. Das Land hatte also bereits eine lange und bewegte Geschichte hinter sich, als die Kundschafter der Israeliten sich in Kanaan umschauten und hinterher von einem Land berichteten, in dem Milch und Honig fließen. Tatsächlich war es ein reiches Land mit einer blühenden Stadtkultur, zu dessen Eroberung die Israeliten vermutlich gegen Ende des 13. Jahrhunderts v. Chr. ansetzten. Und die rund 630 Jahre staatlicher Eigenständigkeit, auf die es die Vorfahren der Juden hier insgesamt brachten, erscheinen als eine relativ kurze Zeitspanne im Vergleich zu den Jahrtausenden, in deren Verlauf sich die verschiedensten Völker um dieses Land stritten.

Jedenfalls waren die Kanaaniter, die Amoniter, die Samariter, die Philister (deren Name in dem Wort Palästina fortlebt) und andere bereits dort ansässig, als die Israeliten, aus Ägypten kommend, mit ihren Eroberungszügen begannen. Und unabhängig davon, welches Volk in Zukunft diese Region beherrschen sollte, blieben diese Völker auch dort wohnen – die Philister sollten sich als die hartnäckigsten Gegner der Israeliten erweisen.

Nach der Eroberung Kanaans behauptete sich das Reich der Israeliten als einheitliches Staatswesen nur für kurze Zeit, nämlich von etwa 1000 bis 930 v. Chr. unter den Königen Saul, David und Salomon. Danach zerfiel es in zwei Staaten, in ein Nordreich, das zehn der zwölf Stämme unter dem Namen Israel vereinigte, und ein Südreich, in dem sich die übrigen zwei Stämme zu Judäa zusammenschlossen. Von langer Dauer waren aber auch diese Teilstaaten nicht. Das Nordreich hatte bis 722 v. Chr. Bestand, dann wurde es von den Assyrern erobert, seine Bevölkerung verschleppt; das Südreich erlitt 586 v. Chr. dasselbe Schicksal.

Die Vorherrschaft der Juden in Palästina fand damit ein vorläufiges Ende. Sie lebte noch einmal auf, als es zwischen 150 v. Chr. und 70 n. Chr. im selben Gebiet erneut zu einem jüdischen Staat kam. Staatliche Eigenständigkeit genoss dieses Judäa allerdings nur bis zum Jahr 63 v. Chr., also keine neunzig Jahre lang – danach verleibten die Römer es als Provinz Palästina dem Römischen Reich ein. Mit der Eroberung Jerusalems durch eine römische Armee im Jahr 70 n. Chr. endete die politische Geschichte der Juden, nicht aber die Geschichte des Judentums. Denn zahlreiche Juden hatten sich schon Jahrhunderte zuvor außerhalb Palästinas niedergelassen, zunächst in einem Gebiet, das die heutigen Staaten Irak, Syrien und Ägypten umfasst, später in allen Ländern rund ums Mittelmeer. Wie die Phönizier besaßen auch die Juden schon früh einen weit gefassten Begriff von Heimat, und seit dem 3. Jahrhundert n. Chr. machten sie nur noch einen geringen Teil der Bevölkerung Palästinas aus. Wer dieses Land aber weiterhin und bis zur Mitte des 20. Jahrhunderts bewohnte, das waren die Nachfahren der Philister, der Kanaaniter und anderer Ureinwohner – die Palästinenser.

Rückkehr in das Land ihrer Väter? Nun, meinetwegen. Aber ein Argument für die zionistische Vertreibungspolitik liefert die historische Betrachtungsweise nicht. Für uns Araber ergab sich aus der Geschichte jedenfalls kein Grund, das ausschließliche Recht der Juden auf unser Land anzuerkennen. Ich erinnere mich in diesem Zusammenhang an ein Gespräch mit dem jüdischen Schriftsteller und Knesset-Abgeordneten Uri Avnery. Anfang der 80er-Jahre trafen wir uns auf einer Konferenz in Graz und machten bei herrlichem Sommerwetter einen Spaziergang durch die üppigen Weizenfelder der Umgebung. Im Gespräch wies mich Avnery darauf hin, man könne mit dem Alten Testament in der Hand Israel durchwandern und alle dort verzeichneten Orte heute noch wiederfinden. Ich machte ihn darauf aufmerksam, dass unsere Erinnerung an eben diese Orte jüngeren Datums sei und unsere Verbundenheit mit ihnen sogar bis in vorbiblische Zeit zurückreiche. Dagegen verwahrte er sich nicht – er wollte mit seiner Bemerkung nur zum Ausdruck bringen, dass sie, die Juden, ebenfalls ein Wohnrecht in dieser Region beanspruchen könnten. Wogegen ich wiederum nichts einzuwenden hatte. Ich bestritt lediglich die These eines exklusiven Wohnrechts, wie es die Zionisten geglaubt hatten durchsetzen zu dürfen.

Im Grunde jedoch war die geschichtliche Beweisführung auch für die Zionisten nicht ausschlaggebend. Ihrer historischen Argumentation war eine religiöse unterlegt, die weit eher die Radikalität der zionistischen Vorgehensweise zu erklären vermochte und die Unbeugsamkeit israelischer Politiker bis heute erklärt. Diese Argumentation lautet sehr einfach: Gott hat unseren Vorfahren dieses Land verheißen und vermacht – folglich ist es, selbst wenn wir nicht dort leben, unser Besitz. Da hier jede Beweisführung endet, will ich mich darauf beschränken, Ben Gurion zu zitieren, der dazu sagte: »Wenn ich ein arabischer Führer wäre, würde ich niemals ein Abkommen mit Israel unterzeichnen. Es ist normal; wir haben ihnen das Land weggenommen. Es stimmt zwar: Gott hat es uns versprochen. Aber wieso sollte sie das interessieren? Unser Gott ist nicht der ihrige.«

Dem hätte ich nichts hinzuzufügen.

Die Geschichte bot sich also an, um zu verstehen, was geschehen war. Die Politik wiederum bot sich an, um rückgängig zu machen, was geschehen war. Und bevor ich daran dachte zu verstehen, überlegte ich schon, in irgendeiner Weise daran mitzuwirken, das Geschehene rückgängig zu machen. Mein stärkstes Interesse galt daher der Politik, und Politik wurde in meinem allernächsten Umkreis gemacht – von meinem um acht Jahre älteren Bruder Mohammed. Ihm verdanke ich, dass ich dem erfahrenen Unrecht schon in meiner Jugend tatsächlich etwas entgegenzusetzen hatte.

Es begann damit, dass Mohammed Anfang der 50er-Jahre die Clubs der Muslimbrüder in Gaza besuchte. Die Muslimbrüder waren stramm islamisch ausgerichtet – sie hatten sich 1928 als erste politische Partei Ägyptens gebildet und verstanden sich als Bollwerk gegen westliche Einflüsse –, aber ihre Clubs hatten eher den Charakter von Freizeitstätten. Da wurde debattiert, aber auch Tischtennis und Fußball gespielt, da gab es Trainingsräume mit Sportgeräten, kurzum, diese Clubs waren aus den verschiedensten Gründen bei jungen Männern als Treffpunkte beliebt. In einem dieser Clubs begegnete der siebzehnjährige Mohammed 1953 dem um ein Jahr älteren Khalil el-Wazir, der bald unter seinem Decknamen Abu Dschihad bekannt werden sollte. Es ist nicht übertrieben, diese Begegnung als die Geburtsstunde der Fatah zu bezeichnen. Beide gehörten sechs Jahre danach zu den Gründungsmitgliedern der Fatah. Mohammed schied später aus, aber Abu Dschihad war mehr als dreißig Jahre lang die Nummer zwei nach Arafat, mit dem ihn eine lebenslange Freundschaft verband.

An dieser Stelle sind zwei kurze Erklärungen angebracht. Bei einem Namen wie Abu Dschihad handelt es sich um die unter arabischen Männern gebräuchliche Form der vertraulichen Anrede. Sie wird aus dem arabischen Wort für Vater, Abu, und dem Namen des ältesten Sohnes gebildet. Etwas anders lag der Fall bei Abu Dschihad. Der damals kinderlose Khalil el-Wazir hatte sich diesen Namen zugelegt, um es Geheimdiensten schwerer zu machen, den Träger dieses Namens zu identifizieren – es gab Hunderte von Abu Dschihads. Das Wort Dschihad selbst bedeutet »Kampf«, aber nicht zwangsläufig »bewaffneter Kampf«. Im Deutschen ist es ja nicht anders: Ein Wahlkampf wird genauso wenig mit Waffen ausgetragen wie ein Ringkampf. Mit Dschihad ist also jede Art von Bemühen oder Auseinandersetzung gemeint – bis hin zur Anwendung von Waffengewalt.

Vermutlich hatte Mohammed Abu Dschihad bei einem seiner Auftritte kennengelernt. Abu Dschihad zog nämlich als Redner durch die Clubs der Muslimbrüder und rief die Menschen auf, ihr Flüchtlingsschicksal nicht gottergeben hinzunehmen in der Hoffnung, die arabischen Staaten würden sich eines Tages doch noch zur Rückeroberung ihrer Heimat aufraffen, sondern ihr Schicksal in die eigenen Hände zu nehmen und das eigene Leben für die eigene Sache einzusetzen – warum sollten Syrer, warum sollten Ägypter für Palästina sterben? Insofern war sein Codename Programm. Und er bewegte die Menschen. Seine Zuhörerschaft setzte sich ja aus den Kindern der Flüchtlingslager und der Vertreibung zusammen, und Abu Dschihad war ein emotionaler Redner, mitreißend, aber nicht demagogisch. Er stand da und sprach, und jeder hatte das Gefühl, dass seine Worte aus einem ehrlichen und leidenschaftlichen Herzen kamen. Heimat, Ehre, Würde – das waren die Schlüsselworte, mit denen er die Gemüter seiner Zuhörer erregte, und seine Appelle fielen nicht zuletzt bei Mohammed auf fruchtbaren Boden.

Man versteht die Wirkung seiner Vorträge besser, wenn man weiß, dass Abu Dschihad die Unerschrockenheit in Person war. Nie bin ich einem Menschen von solchem Mut, solcher Unerschütterlichkeit begegnet. 1980, während der Kämpfe im Libanon, fuhr ich mit ihm in einem Jeep durch die Berge, als keine zehn Meter von uns entfernt eine Rakete einschlug und explodierte, auf der Seite, wo Abu Dschihad saß. Alle anderen gingen in Deckung – er zuckte nicht einmal zusammen. Er reagierte überhaupt nicht ... Ich kann mich nicht entsinnen, dass Abu Dschihad jemals die Nerven verloren hätte, und Gelegenheiten dazu gab es genug. Von solchen wahrhaft furchtlosen Menschen geht eine ungemein starke Faszination aus.

Abu Dschihad und Mohammed freundeten sich rasch an. Ein Dritter kam hinzu, Hamad el-Aydi, auch er fest entschlossen, alles zu unternehmen, um dem Zustand des vergeblichen Wartens und Hoffens ein Ende zu machen. Als der ägyptische Präsident Gamal Abdel Nasser 1954 ein Verbot der Muslimbrüder erließ, wurden ihre Clubs auch im Gazastreifen geschlossen, und die drei jungen Männer trafen sich von nun an in unserem Orangenhain. Es gab dort ein kleines Haus, das Wächtern und Mechanikern als gelegentliche Unterkunft diente und meistens leer stand; dort waren sie ungestört, dort waren sie vor ungebetenem Besuch sicher, und dort fanden nun ihre geheimen Unterredungen statt.

Die drei beließen es nicht beim Reden. Mohammed hatte in den Flüchtlingslagern Hunderte von Bekannten, ebenso viele Verwandte, der Name al-Frangi tat ein Übriges, und bald verfügte er über gute Kontakte zu jenen Leuten, die von den Israelis als Eindringlinge bezeichnet wurden. Es hatte nämlich nicht lange gedauert, bis die ersten Vertriebenen heimlich, bei Nacht und Nebel sozusagen, in israelisches Gebiet eindrangen und zu ihren Dörfern zurückkehrten, um nachzusehen, ob ihre Häuser noch standen, um zurückgelassene Gerätschaften herauszuholen oder einen Teil der Ernte in Sicherheit zu bringen. Hamad el-Aydi war selbst ein solcher Eindringling. Diese Menschen riskierten ihr Leben, denn die Israelis erschossen jeden, den sie aufgriffen. Die nächsten Angehörigen dieser heimlichen Rückkehrer wussten natürlich Bescheid, sie bekamen auch mit, wenn von zehn Männern, die sich aufgemacht hatten, nur drei zurückkamen. Später gingen die Israelis dazu über, an den Leichen der Erschossenen Sprengladungen anzubringen für den Fall, dass Freunde versuchen sollten, die Toten zu bergen. Nach solchen Erfahrungen trauten sich die Leute nur noch bewaffnet auf israelisches Territorium.

Was ohne jede politische Absicht begonnen hatte, entwickelte sich zur ersten palästinensischen Partisanenbewegung, denn Mohammed, Abu Dschihad und Hamad el-Aydi verstanden es, die Eindringlinge für gezielte militärische Aktionen gegen israelisches Militär und israelische Einrichtungen zu gewinnen. Die drei planten die Anschläge, sie rekrutierten auch die Freiwilligen in den Flüchtlingslagern, und so kam es tatsächlich zu einem bewaffneten Widerstand, wie ihn Abu Dschihad in zahllosen Reden beschworen hatte, wie ihn Mohammed, er und Hamad el-Aydi bei ihren konspirativen Treffen in unserem Orangenhain in seinen Grundzügen entworfen hatten. Wir nannten diese Partisanen Fedajin – ein Name, der auch im Ausland bekannt wurde.

Unterstützung erhielten die Fedajin bald auch von ägyptischer Seite. Was keineswegs selbstverständlich war, denn die Ägypter hatten sich verpflichtet, den Waffenstillstand mit Israel zu respektieren und Widerstandskämpfer, deren sie habhaft wurden, ins Gefängnis zu werfen. In Wirklichkeit hielt keine Seite den Waffenstillstand ein. Entlang der Grenze kam es immer wieder zu Gefechten zwischen ägyptischen und israelischen Soldaten, die Aktionen der Fedajin fanden also vor dem Hintergrund permanenter Kämpfe statt, und natürlich waren die Kenntnisse und Informationen der Fedajin dem ägyptischen Geheimdienst willkommen. Doch auch das ägyptische Militär gab seinen anfänglichen Widerstand gegen die Partisanen auf. 1954 beschossen die Israelis Gaza-Stadt mit Kanonen, woraufhin der ägyptische Offizier Mustafa Hafez alle inhaftierten Fedajin aus den Gefängnissen holte und ihnen die Zerstörungen zeigte, die das israelische Bombardement angerichtet hatte. Danach war es ein Leichtes, sie für Racheaktionen in Israel zu gewinnen. Die Ägypter entschlossen sich sogar zur Aufstellung einer eigenen palästinensischen Armee, die den Namen Palestine Liberation Army (PLA) erhielt. Im Februar 1955 kam es dann zu dem Anschlag auf die vierundzwanzig Rekruten, dessen entsetzter Zeuge ich geworden war. Von den Israelis als Abschreckungsmaßnahme gedacht, war er Wasser auf die Mühlen von Mohammed, Abu Dschihad und Hamad el-Aydi.

Was bekam ich, der Elf-, Zwölfjährige, von der Untergrundarbeit dieser drei mit? Ich bewunderte Abu Dschihad, seitdem ich ihn als Redner erlebt hatte. Zu den geheimen Treffen im Orangenhain war ich natürlich nicht zugelassen. Aber wenn Mohammed auch Stillschweigen bewahrte, so machten seine Freunde doch Andeutungen, ließen hier und da ein Wort fallen, auf das ich mir einen Reim machen konnte, oder ich erlebte, wie Eindringlinge mit ihren Waffen aus Israel zurückkehrten und von ihren Erlebnissen berichteten. Ich wurde nicht fortgeschickt. Sie brachen ihre Gespräche nicht ab, wenn ich dazukam. Und mit der Zeit konnte ich mir aus diesen Andeutungen und Erzählungen ein Bild machen. Vielleicht war es sogar die Absicht meines Bruders, mich auf diese beiläufige Art einzuweihen. Auf jeden Fall genossen Mohammed, Abu Dschihad und Hamad el-Aydi meine Sympathie.

Der Suezkrieg

Wenn man bedenkt, wie nervös mancher arabische Führer später auf die Gründung der Fatah reagierte, auf welche Skepsis die Strategie der Fatah in der arabischen Welt stieß, wer sich alles zum Vormund der Palästinenser berufen fühlte, wie viele arabische Staaten die Befreiung Palästinas zu ihrer ureigenen Angelegenheit erklärten – dann hätten Abu Dschihad, Mohammed und ihre Fedajin eigentlich nie eine Chance haben dürfen, in den Gang der Ereignisse einzugreifen. Allein von einer autonomen palästinensischen Befreiungsbewegung zu sprechen, war für Staaten wie Syrien, Irak oder Jordanien schon nicht hinnehmbar. Da gab es eifersüchtig gehütete Machtmonopole, die man durch solche palästinensischen Eigenmächtigkeiten gefährdet sah, und davon abgesehen – konnten die Aktionen der Fedajin die arabische Welt nicht in einen Krieg mit Israel stürzen, für den sie nicht gerüstet wäre? Wenn die Gründer der Fatah dennoch erfolgreich gegen den Strom schwammen, dann nicht zuletzt wegen jenes Mannes, den Mohammed und Abu Dschihad im Jahr 1954 in Kairo aufsuchten: Yassir Arafat.

Es war ihre erste Begegnung. Arafat, 1929 geboren und damit um einiges älter als seine beiden Besucher, absolvierte zu dieser Zeit ein technisches Studium an der Universität Kairo mit dem Ziel, Tiefbauingenieur zu werden, war als Vorsitzender des Vereins palästinensischer Studenten in Kairo aber auch schon politisch aktiv. Unabhängig voneinander hatten Mohammed und Abu Dschihad einerseits, Arafat und etliche seiner Kommilitonen andererseits, dieselben Vorstellun-

64

Abdallah Frangis Vater Hassan Suleiman Ibrahim Frangi 1955.

Bild oben
Beerdigung des Lieblingsonkels Abed Rabu und seiner
sieben Freunde in Gaza, die 1948 von einer zionistischen Untergrundorganisation überfallen und erschossen worden sind.

Linke Seite von oben nach unten
Das alte Palästina: Das Dorf Bethanien in der Nähe von Jerusalem.

Der Ort Kafr Malik in Samarien, im nördlichen Teil des heutigen
Westjordanlandes.

Blick vom Ölberg auf Bethanien, Ende 19. Jahrhundert.

Mit Schulfreunden 1961 in Gaza, Abdallah Frangi rechts.

Links: Abdallah (rechts) und sein Freund Amin am Strand von Gaza, 1961
Rechts: Frangis ältester Bruder Mohammed mit der jüngsten Schwester
Khadra auf dem Arm, links ein Cousin von ihnen, Gaza 1954.

Mutter und Vater Frangi (vorne rechts) mit ihren Söhnen in
Kairo 1968 – links neben ihnen ihr ältester Sohn Mohammed,
Abdallah stehend der Zweite von links.

Frangi ist ein leidenschaftlicher Schwimmer.

Aufbaukurs Deutsch im Studienkolleg, Frankfurt 1963,
Abdallah oben Mitte.

Das erste Jahr
in Deutschland,
Anfang 1964.

Frangi (Mitte) mit zwei Freunden im Krankenhaus, kurz nachdem er auf einer Podiumsveranstaltung in Frankfurt am 12. Juni 1968 zusammengeschlagen geworden ist.

Im militärischen Ausbildungscamp in Bleda, Algerien, in dem sich Frangi mit anderen palästinensischen Studenten aus Frankfurt auf den Einsatz gegen die Israelis im Zuge des Sechstagekriegs 1967 vorbereitete.

Benita und Abdallah ein Jahr nach ihrer Hochzeit, 1973 in Kairo.

gen von einem rein palästinensischen Widerstand entwickelt. Eine weitere Gemeinsamkeit war, dass sie ideologisch neutral waren, ihren Freiheitsbegriff also nicht von den Gesellschaftstheorien des Sozialismus ableiteten, ihr Heil aber auch nicht im politischen Zusammenschluss aller arabischen Nationen suchten. Einig waren sie sich auch im Ziel, nämlich dem Aufbau einer Untergrundorganisation, die aus eigener Kraft und mit Waffengewalt das Recht der Palästinenser auf Rückkehr in ihre Heimat durchsetzte. Die Rückkehr war und blieb ihre einzige Utopie. Im Unterschied zu Arafat und seinen Leuten praktizierten die beiden Besucher aus Gaza allerdings schon, was in Kairo bisher nur theoretisch erarbeitet worden war.

Die Idee eines bewaffneten Befreiungskampfes an sich war nicht originell. Überall in der arabischen Welt gab es Menschen, die der Ansicht waren, Palästina müsse mit Gewalt zurückerobert werden, aber angesichts der militärischen Stärke Israels versprach man sich Erfolg bis dahin allein von einer gemeinsamen Kraftanstrengung aller Araber. Jetzt ging es darum, den kühnen, vielleicht sogar vermessenen Gedanken einer rein palästinensischen Befreiungsbewegung zu verbreiten. In Anbetracht der Zersplitterung der Palästinenser keine leichte Aufgabe, denn als Flüchtlinge verteilten sie sich auf alle arabischen Länder von Ägypten bis zum Irak, und als politisch Interessierte waren viele inzwischen in die bereits existierenden Parteien eingetreten und damit ideologisch festgelegt. Man musste also zunächst einmal Kontakte knüpfen, eine innere Entwicklung unter den Palästinensern anstoßen, aber auch Beziehungen zum Ausland knüpfen, und hier erwies sich Yassir Arafat als die treibende Kraft. Arafat war überzeugt, dass die Idee eines palästinensischen Widerstands nur lebensfähig wäre, wenn sie auch in nichtarabischen Ländern Anhänger fände – andernfalls würde sich die gleiche Situation wie 1948 ergeben: Während Israel sich auf Freunde in aller Welt stützen konnte, waren die Palästinenser auf sich allein gestellt gewesen.

Schon an diesem Fall zeigt sich, dass Arafats außerordentliches taktisches Geschick nicht zuletzt auf seiner Fähigkeit zur scharfen politischen Analyse beruhte. Tatsächlich hatten sich Europäer und muslimische Palästinenser bis dahin kaum zur Kenntnis genommen.

Die wenigen Europäer, die in der ersten Jahrhunderthälfte zu uns gekommen waren, hatten Schulen, Kirchen und Krankenhäuser gebaut, und ihre Kontakte beschränkten sich auf die Christen Palästinas. Die Muslime ihrerseits schickten ihre Kinder, wenn sie es sich leisten konnten, zum Studium nach Kairo oder Istanbul, nicht nach Europa – auch mein Vater wollte von meinem Wunsch, in Deutschland zu studieren, zunächst einmal nichts wissen. Während die Zionisten von Anfang an im besten Einvernehmen mit den Kolonialmächten standen, hatten wir Palästinenser keinen einzigen Verbündeten, weder in einem der europäischen Staaten noch in den USA. Später legte Arafat größten Wert darauf, die palästinensische Sache durch gute Leute in Europa vertreten zu lassen. Und als ich 1994 meinen Wohnsitz nach Palästina verlegen wollte, um nun endlich im Land selbst am Aufbau eines palästinensischen Staates mitzuwirken, machte Arafat mir in einer langen nächtlichen Sitzung klar, dass meine Arbeit in Deutschland für die Zukunft Palästinas von größerer Bedeutung sei.

Im Jahr 1954 allerdings war Arafat derjenige, der über die besten Möglichkeiten verfügte, internationale Beziehungen zu knüpfen, denn in Kairo gab es die Botschaften, und durch den Studentenverein stand er in engem Kontakt mit den sozialistischen Ländern Osteuropas wie mit den westeuropäischen Ländern. Arafat war der Erste, der den Schritt über die Grenzen der arabischen Welt hinaus wagte. Die weitere Entwicklung sollte ihm recht geben – ohne die beharrliche diplomati-

66

sche Unterstützung der Europäer wäre die Fatah wohl
gescheitert.

Zwei Jahre nach der Begegnung von Mohammed, Abu
Dschihad und Arafat, im Herbst 1956, herrschte erneut
Krieg, und die israelische Armee besetzte im Zuge ihres Angriffs auf Ägypten auch den Gazastreifen. Das Vorgehen der
Israelis war mit Frankreich und England abgestimmt, wobei
jeder der drei Beteiligten seinen eigenen Kriegsgrund hatte.
England wollte den Suezkanal, den Präsident Nasser verstaat-
licht hatte, durch eine Militäraktion wieder unter seine Kontrolle bringen. Frankreich hatte es vor allem auf Nasser selbst
abgesehen, der die Aufständischen im algerischen Unabhän-
gigkeitskampf mit Waffen belieferte – er sollte gestürzt und
durch einen genehmen Politiker ersetzt werden. Israel wiederum verfolgte das Ziel, die Sinai-Halbinsel zu erobern, um sein
eigenes Staatsgebiet ein weiteres Mal zu vergrößern. Und
noch bevor die Engländer am 31. Oktober die Kanalzone
bombardierten, marschierten die Israelis am 29. Oktober in
Gaza ein.

Die Aussicht, es mit israelischen Soldaten zu tun zu bekommen, versetzte meine Mutter in panische Angst. Mein Vater
hielt sich in diesen Tagen auf einer Baustelle in Ismaelia am
Suezkanal auf, Mohammed vertrat ihn als Familienober-
haupt, und meine Mutter war nicht davon abzubringen, dass
es lebensgefährlich wäre, im Haus zu bleiben. Wir hatten inzwischen den bereits erwähnten großen Gutshof südlich von
Gaza-Stadt bezogen, der in der Tat an exponierter Stelle lag,
nämlich unmittelbar an der Hauptstrecke von Süden nach
Norden. Hinter unserem Haus erstreckten sich Olivenpflan-
zungen bis zur Küste, und meine Mutter wollte nun unter keinen Umständen abwarten, bis die ersten israelischen Panzer
auftauchten, sie war nicht mehr zu halten, und wir Kinder
konnten uns ihrer Flucht nur anschließen – ohne irgendetwas
an Vorräten oder Wertsachen mitgenommen zu haben, liefen

wir zwischen den Olivenbäumen hinter ihr her in Richtung Meer. Wie es ihre Art war, wenn die Angst sie übermannte, flehte sie unterwegs ständig Gott an, uns vor dieser Plage zu befreien und die Israelis durch ein Wunder einfach verschwinden zu lassen, aber Gott erhörte sie nicht. Da Mohammed auch nichts Besseres einfiel, verbrachten wir die Nacht inmitten des Olivenhains in einer kleinen Lehmhütte, die von Bauern als Geräteschuppen benutzt wurde.

Am anderen Morgen lasen wir israelische Flugblätter auf, in denen die Bewohner des Gazastreifens aufgefordert wurden, ihre Häuser nicht zu verlassen, das israelische Oberkommando habe eine Ausgangssperre verhängt. Meine Mutter dachte gar nicht daran, zurückzugehen, und sie in dieser Hütte allein zu lassen, kam für uns selbstverständlich nicht infrage. Andererseits konnten sie und ihre zehn Kinder nicht länger ohne Essen bleiben, und da ich besonders flink war, bestimmte Mohammed mich dazu, zum Haus zurückzulaufen, etwas zu essen zu holen und Geld mitzubringen, das er in seinem Schreibtisch zwischen den Seiten eines Reader's Digest-Bandes versteckt hatte. Ich rannte los.

Unserem Haus gegenüber standen die Blechhütten von Flüchtlingen, die in keinem Lager Aufnahme gefunden hatten. Sie waren leer, ihre Bewohner hatten ebenfalls die Flucht ergriffen. Über der Gegend lag eine gespenstische Stille, die immer wieder von entferntem Kanonendonner unterbrochen wurde; von Zeit zu Zeit waren auch in der Nähe Schüsse zu hören. Ich beeilte mich, das große Tor zu unserem Anwesen zu öffnen, betrat den Innenhof, und im selben Moment fiel mein Blick auf zehn oder zwölf leblose Körper gleich neben dem Hauseingang, übereinandergeworfen, blutig, mit offenen Mündern und aufgerissenen Augen. Lauter Männer, alle unbewaffnet, soweit ich sehen konnte, und alle erschossen. Zivilisten, die wohl das Pech gehabt hatten, auf der Straße zu sein, als israelische Soldaten vorbeikamen, und vergeblich in unserem Hof Zuflucht gesucht hatten. Starr vor Entsetzen, vermochte ich den Blick lange Zeit nicht von den Toten abzuwenden. Dann fasste ich mir ein Herz, lief an den Leichen vorbei ins Haus, raffte ein paar Essensvorräte zusammen, fand auch das Geld und machte mich gleich wieder auf den Rückweg.

Am ganzen Leib zitternd, erzählte ich, was ich gesehen hatte, und meine Mutter unterbrach mich mit dem Aufschrei: »Bei Gott, ich werde dieses Haus nie mehr betreten!« Um bei uns keinen Zweifel daran aufkommen zu lassen, dass ihr Entschluss unumstößlich sei, wiederholte sie diesen Schwur mehrmals. Was nun? Wir hielten in der Hütte Kriegsrat, und während ich Mohammed meine Beobachtungen noch einmal in allen Einzelheiten schilderte, drang von draußen das tiefe Brummen eines Motors, gepaart mit dem Rasseln von Ketten an unsere Ohren. Das Geräusch schwoll an, kam von der Straße her genau auf uns zu und erstarb unmittelbar vor unserer Hütte. Als Nächstes hörten wir die Stimmen gut gelaunter junger Männer – Zurufe auf Hebräisch, Unterhaltungen, unterbrochen von lautem Lachen.

Wir erstarrten. Keine zehn Meter von uns entfernt machte die Panzerbesatzung Mittagspause. Durch Ritzen in der Hüttenwand sahen wir, wie die Soldaten ihren Proviant auspackten, blickten einander an und wagten kaum zu atmen. Meine Mutter flüsterte ohne Unterlass Gebete. Achmed, mein zweitältester Bruder, machte die Geste des Kehledurchschneidens. Gott möge ihnen die Augen verschließen, betete meine Mutter. Die Minuten dehnten sich zu Ewigkeiten, bis nach etwa einer halben Stunde der Motor wieder ansprang und das Kettenrasseln sich entfernte. Wir fühlten uns wie zum Tode Verurteilte, die soeben von ihrer Begnadigung erfahren haben.

Die Hütte war meiner Mutter jetzt genauso verleidet wie unser Haus, aber wohin sollten wir uns wenden? Außer unserem Mechaniker Ismael Silmi fiel uns niemand ein. Im Schutz der Olivenbäume machten wir uns auf den Weg, und natürlich nahm Ismael Silmi uns auf. Sein Haus war klein, viel zu klein für elf Gäste, trotzdem hielten wir uns bei ihm zwei Tage lang versteckt, bis die Ausgangssperre für ein paar Stunden aufgehoben wurde. Als Nächstes wollten wir es bei der Familie Ayyad in Gaza-Stadt versuchen. Kamel Ayyad war der arabische Arzt, der meinem Vater seinerzeit das Leben gerettet hatte; die beiden waren seither wie Brüder – und auch der alte Kamel Ayyad nahm uns selbstverständlich auf. Sein Haus war wesentlich größer als das des Mechanikers, aber seine Familie war ebenfalls groß, und deshalb war es trotzdem zu klein für uns alle. Mehr als ein Zimmer konnte er nicht an uns abtreten, und mehr als ein Badezimmer gab es nicht. Da wir immer noch keine Nachricht von meinem Vater hatten, richteten wir uns dennoch notdürftig dort ein. Und mein Bruder Mohammed nahm seine konspirative Tätigkeit wieder auf.

Die Israelis waren bei ihrer Besetzung von Gaza anfangs auf Gegenwehr gestoßen, doch war dieser Widerstand mit der gewohnten Brutalität unterdrückt worden. An gewaltsamen Widerstand war vorläufig nicht mehr zu denken, weshalb sich Mohammed einstweilen an den Aktionen der Einheitsfront beteiligte, einem Zusammenschluss aus Fedajin, Kommunisten und Muslimbrüdern, die nach dem Verbot ihrer Partei in den Untergrund gegangen waren. Jetzt half er, Streiks und Demonstrationen zu organisieren. Und nun bestätigte sich mein Eindruck, dass Mohammed schon seit längerer Zeit mit mir rechnete, denn eines Tages übergab er mir einen gefalteten Zettel, nannte einen Namen, warnte mich eindringlich, mich nicht erwischen zu lassen, schärfte mir genauso streng ein, den Zettel nicht zu lesen, und schickte mich los. Das wiederholte sich in den folgenden Wochen häufig, und ich war stolz, endlich eine Rolle in dieser geheimnisvollen und gefährlichen Welt des Widerstands zu spielen. Jedes Mal steckte ich mir den Zettel in die Unterhose und lief los, immer zu Fuß –

das war unauffälliger, so ließ sich auch mal die Ausgangssperre der Israelis umgehen. Erwischt wurde ich nie – aber einmal lief ich bei einem dieser geheimen Botengänge beinahe Ben Gurion, dem Ministerpräsidenten Israels, in die Arme.

Ich erkannte ihn an seinem unverwechselbaren, zerzausten Haarschopf. Er war es, und er lief, bekleidet mit einer blousonartigen, khakifarbenen Armeejacke und einer gleichfarbigen Armeehose, flankiert von einem Dutzend Leibwächtern, mitten auf einer belebten Straße in Gaza-Stadt auf mich zu. Er versuchte, mit den Leuten zu reden, er wandte sich nach links und rechts und sprach sie an, und für mich sah es aus, als würde er sie fragen: »Was macht ihr hier?« Ich blieb stehen, schaute mir den Mann an, und um die Wahrheit zu sagen: Seine Furchtlosigkeit beeindruckte mich. Da lief dieser Ben Gurion mitten im Krieg unter Tausenden feindlich gesinnter Palästinenser in Gaza-Stadt herum! Der Mann hatte Courage – Mohammed gab mir recht, als ich ihm später davon erzählte. Ich wartete, bis er vorübergegangen war, und lieferte dann meinen Brief an der Adresse ab, die Mohammed mir genannt hatte.

Eigentlich hätten die Israelis den Gazastreifen längst verlassen müssen, denn im Grunde war der Suezkrieg eine Woche, nachdem er begonnen hatte, schon wieder vorbei. Die Amerikaner hatten Briten und Franzosen zum Einlenken gezwungen, und bereits am 6. November 1956 war ein Waffenstillstand in Kraft getreten – für die ehemaligen Kolonialmächte eine Blamage, aber auch ein peinlicher Fehlschlag für Israel, das dieses eine Mal sein Kriegsziel nicht erreichte. Die israelische Armee ließ sich dann auch mit dem Rückzug ihrer Truppen Zeit; Gaza wurde erst im März 1957 geräumt.

Die Israelis nutzten diese Monate dazu, die Führer des Widerstands aufzuspüren und zu verhaften. Es war zu erwarten, dass ihnen dabei auch Mohammed ins Visier geraten würde, jedenfalls tauchten eines Abends israelische Soldaten in Kamel Ayyads Haus auf und nahmen ihn mit. Als Mohammed anderntags zurückkam, war er bleich und verstört. In der Nacht wachte er schreiend auf, und am Morgen sagte er: »Ich muss weg. Ich gehe nach El-Arish.« Mehr, als dass sie ihn stundenlang verhört hatten, war aus Mohammed nicht herauszubekommen, aber jeder sah, dass er um sein Leben fürchtete.

Wir organisierten seine Flucht. Die ägyptische Küstenstadt im Sinai war nicht mehr von Israel besetzt, dort wäre er in Sicherheit. Jemand nahm ihn im Auto bis zur Grenzstadt Rafah mit, und in derselben Nacht noch machte er sich in Begleitung eines Führers zu Fuß auf den 80 Kilometer langen Weg nach El-Arish, wo er ganz unverhofft auf meinen Vater traf, der zur gleichen Zeit aus Ismailia kam.

Zwei Tage nach Mohammeds Flucht kehrten die israelischen Soldaten zurück. Morgens um drei standen sie plötzlich im Haus und befahlen, uns draußen im Hof an einer Wand aufzustellen. Wo Mohammed sei, wollten sie wissen – die Israelis hatten immer genügend Leute dabei, die fließend Arabisch sprachen. Das, was auf diese Frage folgte, hat sich mir, wie alle Erfahrungen der eigenen Machtlosigkeit, tief eingeprägt. Als Kamel Ayyad nämlich entgegnete, den Aufenthaltsort von Mohammed nicht zu kennen, bekam er einen Schlag ins Gesicht. Wir waren entsetzt. Keiner von uns konnte die Demütigung des alten Mannes mit ansehen, doch nur Achmed wagte es, den Schläger zurechtzuweisen. »Hast du nie gehört, dass man alte Menschen nicht misshandelt?«, fuhr er ihn an. Als Antwort erhielt er einen Fausthieb in den Magen. Und als meine Mutter nun auf den Soldaten losging, der Achmed niedergeschlagen hatte, wurde auch sie gepackt und zu Boden gestoßen. Damit war das Verhör beendet, und die Soldaten zogen ab. Meine Schwester Fatima hatte mich mit aller Kraft zurückhalten müssen, sonst hätte ich mich dazwischengeworfen.

Am nächsten Morgen beschloss meine Mutter, mit uns ebenfalls nach El-Arish zu gehen. Sie fand, dass wir unseren

Freunden genügend zur Last gefallen wären – jetzt mussten sich die Ayyads unseretwegen auch noch die Demütigungen der Israelis gefallen lassen. Eine Tante und ein Onkel schlossen sich uns an, Freunde in Rafah gaben uns zwei Führer und zwei Reitkamele mit, und so brachen wir auf, ein Zug von neun Kindern, fünf Erwachsenen und zwei Kamelen auf dem Weg durch die Sandwüste des Sinai.

Meine Mutter war als Beduinin das Laufen gewohnt. Die Tante aber war eine Städterin aus Jaffa und obendrein dick und stand nun vor der Wahl, die 80 Kilometer nach El-Arish zu laufen oder auf einem der Kamele zurückzulegen. Ich weiß nicht, was sie in den beiden Tagen unserer Wüstenwanderung mehr verfluchte, denn ein Kamel zu reiten ist für Ungeübte eine Qual, und sie hatte noch nie auf einem gesessen. Eine halbe Stunde Laufen hielt sie durch, dann verlangte sie ein Kamel, und jedes Mal war es dasselbe Drama – schon das Erklimmen des Höckers brauchte seine Zeit, anschließend der kritische, stets von einem lauten Angstschrei begleitete Moment, in dem das Kamel sich aufrichtete, und dann das beständige Schwanken, nachdem sich das Tier in Bewegung gesetzt hatte. Die Arme hat sehr gelitten; dazu die Nacht im dürftigen Schutz eines Pferchs aus Dorngestrüpp, dicht aneinandergedrängt, bei eisigem Wind, der einem den Sand ins Gesicht peitschte, und tagsüber der Anblick der ausgebrannten Fahrzeug- und Panzerwracks der ägyptischen Armee … Als wir am späten Abend des zweiten Tags in El-Arish eintrafen, brachen beide zusammen, die Tante und meine Mutter – die eine aus Erschöpfung, die andere vor Glück, ihren ältesten Sohn, vor allem aber ihren Mann wohlbehalten wiederzuhaben. (Sie war in den letzten zwei Tagen mit ihren Gedanken nur noch bei ihm gewesen.) Mein Vater hatte uns bereits erwartet und für alles gesorgt. Während der nächsten drei Monate, bis zum Abzug der Israelis aus Gaza, wohnten wir in einem der Lehmhäuser, aus denen ganz El-Arish damals bestand.

Zum ersten Mal berichtete mein Vater uns, was er erlebt hatte. Völlig ahnungslos war er mit dem Auto am Suezkanal entlanggefahren, als die Engländer mit der Bombardierung der Kanalzone begannen. Er sei aus dem Wagen gesprungen, erzählte er, habe sich flach auf die Erde geworfen und hätte seinen Kopf vor Angst am liebsten in den Sand gegraben, während die Flugzeuge in Wellen über ihn hinwegdonnerten. Er selbst blieb gottlob unverletzt, aber seinen Bruder Salem hatte es getroffen. Wie viele andere starb er im Hagel von Napalmbomben bei einem Angriff der israelischen Luftwaffe auf Bauarbeiterzelte im Sinai. Es war das erste Mal, dass die Israelis Napalm einsetzten.

Zur Untätigkeit verurteilt, hingen wir stundenlang am Radio und hielten uns über die Entwicklung auf dem Laufenden: die UNO-Beschlüsse, den Versuch der Israelis, sich in Gaza festzusetzen, das Machtwort des amerikanischen Präsidenten Eisenhower und die darauffolgende Rückkehr der Ägypter nach Gaza. Damit stand auch unserer eigenen Rückkehr nichts mehr im Wege. Jeder in meiner Familie war auf irgendeine Weise mit Gewalt und Tod in Berührung gekommen, doch letztlich war unsere Familie glimpflich davongekommen. Einen tiefen Einschnitt bedeutete dieser Krieg hingegen für die Geschichte unserer Region. Denn mit dem Suezkrieg übernahmen die USA die Rolle von England und Frankreich als Vormacht im Nahen Osten.

Die Fatah wird gegründet

Die Freude war allgemein. Tief bewegt überschritten wir die Grenze bei Rafah, mit großer Herzlichkeit wurden wir von unseren Verwandten, Freunden und Bekannten in Gaza-Stadt willkommen geheißen. Die Familie Ayyad empfing uns mit einem üppigen Abendessen, zur Feier unserer Heimkehr, zur Feier der Befreiung von der israelischen Besatzung. Und da meine Mutter bei ihrer Weigerung blieb, unser altes Domizil jemals wieder zu betreten, mietete mein Vater ein Haus in Al-Shijaiya. Die Bewohner dieses Viertels von Gaza-Stadt waren als Hitzköpfe bekannt und auch gefürchtet, einem Streit mit ihnen ging man besser aus dem Weg, aber ich verstand mich gut mit diesen Leuten, ich fühlte mich in El Shijayia wohl.

Abu Dschihad und Mohammed reisten in diesem Jahr 1957 gemeinsam als Lehrer nach Saudi-Arabien und Kuwait, wo Yassir Arafat sich mittlerweile als Ingenieur niedergelassen hatte. Abu Dschihad knüpfte nebenbei ein Netz von Beziehungen zu Leuten, die wie er die Initiative zum Widerstand ergreifen wollten und auf jemanden wie ihn nur gewartet hatten. 1958 kamen beide nach Gaza zurück, und Abu Dschihad war den Sommer über ein häufiger Gast in unserem Haus. Nachdem ich bis dahin eher aus der Distanz für ihn geschwärmt hatte, war ich jetzt wie elektrisiert bei der Vorstellung, ihn besser kennen zu lernen.

Eines Tages hatte er eine Rollei-Fotokamera dabei. Ich träumte damals von einer eigenen Kamera und bewunderte seine Rollei. »Wenn man bei uns etwas lobt, möchte man es haben«, sagte er lächelnd. »Aber von dieser Kamera werde

ich mich nicht trennen. Du wirst eine andere bekommen.«
Und wirklich schenkte er mir beim nächsten Besuch eine deutsche Agfa-Kamera – mit der Auflage, Fotos in den Flüchtlingslagern für ihn zu schießen. Was dabei herauskäme, dürfte ihn zunächst weniger interessiert haben; viel eher lag ihm wohl daran, mir die Augen für das Elend von Menschen zu öffnen, deren Welt mir inzwischen fremd geworden war. Wie auch immer – beides machte mich überglücklich, die Kamera genauso wie sein Auftrag.

Ich suchte also noch einmal die Lager auf. Die provisorischen Zeltunterkünfte waren inzwischen zwar Baracken und Steinhäusern gewichen, aber die Lager waren schon aufgrund des Kinderreichtums ihrer Bewohner noch weiter gewachsen, und ich bekam die Bilder, die Abu Dschihad brauchte. Bilder von Männern, vor allem aber Frauen, die apathisch, wie versteinert, mit leeren Gesichtern vor ihren Häusern saßen; Bilder von gebrochenen Menschen, aber auch von solchen, in deren Augen sich so etwas wie Hoffnung spiegelte. Sie gefielen Abu Dschihad, und tatsächlich veröffentlichte er einige davon in einer Zeitschrift, die er bald darauf ins Leben rief. Von nun an schenkte er mir immer größere Aufmerksamkeit, nahm mich gewissermaßen unter seine Fittiche und stand meinem Herzen bald so nahe wie mein Bruder Mohammed.

Erstaunlicherweise hatte mein Vater nicht das Geringste gegen die häufigen Besuche dieses Widerstandkämpfers einzuwenden. Im Gegenteil, er schätzte Abu Dschihad außerordentlich. Dabei wusste mein Vater schon, was sein Sohn und dessen Freund da trieben. Hätte Mohammed ihn in ihre geheimen Aktivitäten eingeweiht, wäre er zweifellos auf rigorose Ablehnung gestoßen, doch wenn Abu Dschihad darüber sprach, verwandelte sich mein Vater in einen wohlwollenden Zuhörer, der den Argumenten seines jungen Gesprächspartners bereitwillig folgte. Ich war verblüfft, so kannte ich meinen Vater nicht. Allem Anschein nach war er nicht grundsätzlich gegen eine gewaltsame Befreiung unserer Heimat – er wollte uns Kindern wohl lediglich seine eigenen Erfahrungen mit einem hoffnungslos überlegenen Gegner ersparen. Noch erstaunlicher aber war: Er ließ es nicht bei freundlichen Worten bewenden, er war sogar bereit, eine Widerstandsbewegung, der sein eigener Sohn angehörte, finanziell zu unterstützen!

Mohammed und Abu Dschihad waren nämlich übereingekommen, das Nächstliegende zu tun und zwei Männer anzupumpen, die im Widerstandskampf gegen die Engländer eine führende Rolle gespielt hatten – meinen Vater und Abdallah Abu Site, denjenigen seiner Mitstreiter, der ihn nach seiner Verletzung in Sicherheit gebracht hatte. Die beiden gingen davon aus, dass diese zwei ihrer Sympathie für den Befreiungskampf auch finanziell Ausdruck verleihen würden, und sie hatten sich nicht verkalkuliert – beide stellten ihnen eine beträchtliche Summe zum Kauf von Waffen zur Verfügung. Allerdings war Mohammed so klug gewesen, mit Abu Site zu sprechen und Abu Dschihad auf meinen Vater anzusetzen.

Dann bezogen wir gegen Ende des Jahres 1959 die große Villa in Gaza-Stadt, die mein Vater für uns gebaut hatte. Ich vermute, dass er damit zumindest äußerlich einen Schlusspunkt unter unsere Vertreibung setzen wollte, denn von nun an unterschied sich unser Lebensstil kaum noch von dem, den wir vor der Vertreibung gewohnt waren. Etwa zur gleichen Zeit kam es zu einem Ereignis, das mein Leben wie kein anderes prägen sollte, denn am 10. Oktober desselben Jahres wurde in einer Privatwohnung in Kuwait die Gründung der Untergrundorganisation Fatah beschlossen.

An diesem Tag also mündeten die spontanen und sporadischen Widerstandsaktionen der Anfangszeit in den gezielten Aufbau einer militärischen Organisation. Als Vorbilder dienten die Algerier, die den Befreiungskampf gegen Frankreich in die eigenen Hände genommen hatten, die Vietnamesen mit ihrem Aufbegehren gegen die französische Kolonialherrschaft sowie die Jugoslawen, die sich erfolgreich gegen Hitler zur Wehr gesetzt hatten. Bestand über den Zweck der neuen Organisation unter den Gründungsmitgliedern Einigkeit, so bereitete ihr Name zunächst Kopfzerbrechen. Denn die offizielle Bezeichnung lautete Harakat al-Tahrir al watani al-Falestini (Nationale Bewegung für die Befreiung Palästinas), und die üblicherweise benutzten Initialien ergaben folglich HTF, was sich auf Arabisch wie »plötzlicher Tod« liest. Arafat war damit unzufrieden und machte den originellen Vorschlag, die Initialienreihe einfach umzudrehen. Dadurch entstand die Buchstabenfolge FTH, und aus dem plötzlichen Tod wurde ein Wort, das mit »Sieg« oder »Eroberung« übersetzt werden kann: Fatah.

Die Namen derer, die am 10. Oktober dort in Kuwait versammelt waren, werden von nun an immer wieder auftauchen, weil diese Männer jahrzehntelang die Säulen der Fatah bildeten und als Mitglieder des Zentralkomitees zu denjenigen gehörten, mit denen ich ab 1967 regelmäßig zu tun hatte. Außer Yassir Arafat, Abu Dschihad und meinem Bruder Mohammed waren es Salah Khalaf (Abu Iyad), Faruk Kadumi (Abu Lutuf), Mahmud Abbas (Abu Mazen), Khaled el-Hassan (Abu Said), Yusef el-Najjar (Abu Yusef), Kamal Adwan und einige andere. Sie werden in diesem Buch in aller Regel mit ihrem jeweiligen Decknamen genannt werden, weil es bei uns so üblich war. Natürlich wäre auch keinem von uns eingefallen, Arafat mit »Arafat« oder »Yassir« anzusprechen – für uns hieß er Abu Amar (wobei »amar« mit »der Aufbauende« zu übersetzen wäre). Jeder redete ihn mit diesem Namen an, als »Bruder Abu Amar«; Yassir Arafat kam erst später in Gebrauch, vorwiegend bei offiziellen Anlässen.

Dieser Zusammenschluss kämpferischer, junger Männer unterschied sich stark von der Kaste altgedienter Politiker an der Spitze der bereits existierenden arabischen Parteien. Er markierte einen Generationenwechsel in der arabischen Politik und erklärt auch die Dynamik, die einer unbedeutenden Gruppierung binnen fünfzehn Jahren dazu verhalf, sich als überlegene Kraft im palästinensischen Befreiungskampf durchzusetzen. Die eigentliche Stärke der Fatah aber lag meiner Ansicht nach in einer Führungsriege, die durchweg aus Akademikern, Intellektuellen und Gebildeten bestand. Jeder von ihnen besaß eine schnelle Auffassungsgabe und einen Horizont, der ihm erlaubte, vernünftige und weitsichtige Entschlüsse zu fassen, wobei auch die Auslandserfahrung vieler Fatah-Mitglieder zu Buche schlug. Weniger umsichtigen Leuten hätte es wohl nicht eingeleuchtet, dass man in der Arena der internationalen Politik mitmischen und auch mit diplomatischen Mitteln kämpfen muss. Europa, die USA, die gesamte christliche Welt wurden bei den Entscheidungen der Fatah jedenfalls stets berücksichtigt und einbezogen.

Keine Berührungsangst! Allen voran dachte und handelte Arafat nach dieser Maxime. So wie er Menschen gern berührte, anfasste, in einem ganz physischen Sinne anzog, an sich heranzog, so aufgeschlossen war er Ideen, Religionen, neuen Einsichten gegenüber. Stets legte er größten Wert darauf, palästinensische Christen in seiner Mannschaft zu haben. Jedes islamische Frömmlertum, jeder religiöse Fanatismus lag ihm fern. Keine Frage, er war ein guter Muslim, er hielt die fünf täglichen Gebete ein, er las im Koran, er zitierte den Koran auch gern in seinen Reden – er hätte kaum so viel erreicht, wenn er weniger auf die Religion gegeben hätte. Aber er instrumentalisierte sie nicht, und vor allem: Nie, auch nach den erschütterndsten Erlebnissen nicht, empfand er antijüdische Ressentiments. Als er in Ost-Berlin einer KZ-Überlebenden, einer kommunistischen deutschen Jüdin, begegnete, hörte er sich ihre Leidensgeschichte lange an und umarmte sie anschließend herzlich. Arafat, Abu Dschihad, Abu Iyad – sie alle waren mit jüdischen Spielkameraden aufgewachsen, und sie bekämpften eine bestimmte Form des Kolonialismus, nicht Menschen eines bestimmten Glaubens. Antisemitismus war ihnen fremd.

Im Übrigen war Yassir Arafat von Anfang an der unbestrittene Führer der Fatah. Er wuchs nicht allmählich in diese Position hinein. Seine Führungsrolle stand auch nie ernsthaft infrage. Mein Eindruck war immer, dass er allen anderen jederzeit um einige Schritte voraus war. An Zähigkeit konnte es niemand mit ihm aufnehmen, und genauso ausgeprägt war seine Fähigkeit, im geeigneten Augenblick einen unvorhergesehenen Kompromiss einzugehen. Als genialer Taktiker wusste er, wann er die Pistole aus der Hand zu legen und den Ölzweig zu ergreifen hatte, aber auch, wann es geraten war, den Ölzweig gegen die Pistole zu tauschen. Natürlich kam es an der Spitze bisweilen zu einem Gerangel, selbstverständlich zog Arafat mit seinem autokratischen Führungsstil immer wieder Kritik auf sich – aber er diktierte nicht. Er diskutierte, und zwar so lange, bis ein Konsens gefunden war, wenn es sein musste bis 3 Uhr morgens. Wer will ihm vorwerfen, dass dieser Konsens sich in aller Regel ziemlich genau mit seiner eigenen Auffassung deckte?

Eins waren die führenden Köpfe der Fatah jedenfalls nicht: Fanatiker. Und deshalb vermochten sie, einen magnetischen Kern zu bilden, der Menschen jeder Couleur anzog: Marxisten, Nationalisten, Muslime, auch Christen und in einzelnen Fällen sogar Juden. Ihre Aufgabe bestand darin, das Divergierende und eigentlich Unvereinbare auf einen Nenner zu bringen, eine überwölbende Identität zu stiften, und diese Identität versprach sich die Fatah vom Kampf um die verlorene Heimat gegen Israel.

Das war richtig, dieser Ansicht bin ich bis heute. Nicht, weil eine reelle Chance bestanden hätte, Israel zurückzuerobern, sondern weil dieser Kampf die einzige Garantie für das Überleben der Palästinenser als Volk darstellte. Zweck der israelischen Politik war ja nicht nur, den Vertriebenen durch die Sprengung ihrer Dörfer jeden Grund für eine Rückkehr zu nehmen – sie zielte auch auf die Zerstörung dessen, was die versprengten Flüchtlinge noch miteinander verband, nämlich die Hoffnung auf eine Lösung, die ihnen als Volk gerecht würde. Das Fernziel der israelischen Politik war, eine Situation der Ausweglosigkeit zu schaffen, in der den Palästinensern nichts anderes übrig blieb, als sich in den anderen arabischen Nationen aufzulösen – sodass kommende Generationen in Israel unbelastet vom Schicksal der Vertriebenen aufwachsen könnten, als hätte es die Palästinenser nie gegeben. Mit anderen Worten: Wir sollten spurlos verschwinden. Diesem Verschwinden hat die Fatah erfolgreich entgegengearbeitet.

Wie informiert man nun die Öffentlichkeit über die Existenz einer Untergrundorganisation? Abu Dschihad gründete im selben Jahr eine Monatszeitschrift mit dem Titel *Filistinuna* (Unser Palästina). Die Redaktion saß im Libanon. Niemand wusste, dass Abu Dschihad dahintersteckte – kein Beitrag war namentlich gekennzeichnet –, aber wer ihn kannte, dürfte den Stil seiner Reden in seinen Artikeln wiedererkannt haben. Berichte über die alte Heimat spielten darin eine große Rolle, es erschienen Reportagen über Jaffa, über Haifa, um in Erinnerung zu rufen, was wir verloren hatten, aber sie enthielt natürlich auch Aufrufe zum Widerstand. Wartet nicht auf die Hilfe eurer arabischen Brüder, nehmt euer Schicksal selbst in die Hand! – das war das Motto von *Filistinuna*, und deshalb wurde Abu Dschihads Zeitschrift von manchen heftig attackiert, von der Baath-Partei, von den arabischen Nationalisten. Es ging so weit, dass die Redakteure von *Filistinuna* der Zusammenarbeit mit der CIA oder dem Geheimdienst der NATO bezichtigt wurden. Auch mir gefielen nicht alle Artikel, manches war übertrieben emotional, aber das war natürlich kein Grund, einen Vorschlag abzulehnen, den Abu Dschihad mir im Sommer 1960 machte, nämlich Mitglied der Fatah zu werden.

Es war, weiß Gott, ein feierlicher Moment. Fast wie der Beitritt zu einer Geheimreligion. Ich musste erklären, für die politischen Ziele der Fatah einzutreten – wozu ich sofort bereit war. Ich musste hoch und heilig schwören, mein Leben in den Dienst der Fatah zu stellen, die Bewegung nie zu verraten und für die Befreiung Palästinas zu kämpfen – was mir ebenfalls nicht schwerfiel. Aber ich spürte doch plötzlich die Last der Verantwortung auf meinen Schultern, und das Gefühl, die Zukunft Palästinas hänge nun von mir ab, hat mich seit dieser Stunde nie mehr verlassen. Dazu kam das Gebot absoluten Stillschweigens. Natürlich durfte ich niemandem davon erzählen, durfte mich nicht einmal meinen engsten Freunden gegenüber zu erkennen geben, denn die Mitgliedschaft in der Fatah war grundsätzlich geheim. Schon deshalb, weil die Ägypter nach dem Schock des Suezkriegs die Waffenstillstandsbedingungen einzuhalten gedachten und Partisanen ins Gefängnis warfen. Abu Dschihad konnte sich nur durch Flucht seiner Verhaftung entziehen, auch Mohammed stand unter Verdacht, wir mussten vorsichtig sein. *Filistinuna* immerhin wurde nicht verboten.

Ich muss zugeben: Am Lebensstil des leichtsinnigen jungen Mannes, der ich damals war, änderte sich nach der Aufnahme in die Fatah nicht das Geringste. Ich genoss meine Tage. Morgens fuhr ich im bunt geblümten, offenen Hemd mit dem Jeep meines Vaters zur Schule, und die Nachmittage verbrachte ich meist am Strand, immer häufiger in der Begleitung von Mädchen (vorläufig aus der weiteren Verwandtschaft). Weder von dem geblümten Hemd noch von dem Jeep hätte mein Vater wissen dürfen, und auch die Nachmittage am Strand wären kaum in seinem Sinne gewesen, denn eigentlich hätte ich mich aufs Abitur vorbereiten müssen. Geschadet haben mir meine Eskapaden aber nicht, denn 1962 bestand ich das Abitur. Und in der Folgezeit freundete ich mich mit dem Gedanken an, zum Studium nach Deutschland zu gehen.

Es war nicht mein erster Gedanke gewesen. Gleich nach dem Abitur hatte ich etliche arabische Staaten angeschrieben und um Aufnahme in eine Militärschule gebeten. Mein Plan war, Offizier zu werden. Zu meiner großen Enttäuschung wurde ich überall abgelehnt. Die ägyptische Armee nahm keine Palästinenser an, aus Syrien erhielt ich einen abschlägigen Bescheid, und mein Brief an den Irak ist bis heute unbeantwortet geblieben. Inzwischen war mein bester Freund Amin el-Hindi nach Deutschland abgereist, um in Frankfurt am Main Volkswirtschaft zu studieren, und erst jetzt, nach diesem Fehlschlag, dachte ich daran, ebenfalls nach Deutschland zu gehen.

Warum nach Deutschland?

Deutschland war mir sympathisch, wie es durchweg bei allen Palästinensern der Fall war. Sympathischer als andere westeuropäische Länder jedenfalls. England und Frankreich waren als Kolonialmächte bei uns ohnehin in Verruf und nach dem Suezkrieg völlig diskreditiert. Deutschland hingegen hatte sich in unserer Region nie unbeliebt gemacht, und außerdem gab es dort Arbeit, auch für Studenten, die in den Semesterferien jobben wollten. Hinzu kam, dass die deutschen Universitäten gebührenfrei waren. Es entsprach also der Stimmung im Land, dass sich die meisten Palästinenser, die in Europa arbeiten oder studieren wollten, nach 1956 für Deutschland entschieden, aber es gab auch handfeste praktische Gründe dafür. Und da mich der Beruf des Arztes reizte – schon des Ansehens wegen, den er in der arabischen Gesellschaft genoss –, nahm Amin in Frankfurt die Sache für mich in die Hand und besorgte mir einen Studienplatz für Medizin.

Mohammed unterstützte meinen Plan, aber mein Vater war dagegen. Er brachte das Thema selbst auf. »Hast du deine Unterlagen an der Universität in Kairo eingereicht?«, fragte er mich eines Tages. Ich zögerte. Ich wolle auf eine Offiziersschule gehen, sagte ich. »Mit deinem Finger nehmen sie dich nicht«, meinte er. »Gut«, erwiderte ich, »dann möchte ich nach Deutschland. Amin ist auch schon da.« – »Auf keinen Fall«, entgegnete er. Wie üblich war nicht mit ihm zu diskutieren. Er blieb bei seinem Nein, und auch Mohammed war machtlos dagegen.

Abu Dschihad wusste ich ebenfalls auf meiner Seite. Vor Jahren hatte er selbst einmal überlegt, nach Deutschland zu gehen, hatte in Kairo sogar einen Deutschkurs belegt und verwendete seine Überredungskunst nun darauf, meinen Vater umzustimmen. Mit einem gewissen Erfolg, denn mein Vater gab seine strikte Ablehnung auf. Um seine letzten Bedenken zu zerstreuen, griff ich zu einer List. Ich wusste, dass mein Vater große Stücke auf Amin hielt – mein Freund war ein ausgeglichener, zurückhaltender, feiner Mensch. Ich hatte ihn 1957 gleich nach unserer Rückkehr aus El-Arish kennen gelernt, und seither war er oft bei uns zu Gast gewesen. Jetzt rief ich Amin in Frankfurt an und bat ihn, mir einen Brief zu schreiben. »Er soll freundliche Worte über Deutschland enthalten und am besten ein wenig religiös angehaucht sein«, sagte ich ihm. Natürlich machte Amin mit.

Mein Plan konnte nur funktionieren, weil meine gesamte Post an die Adresse der Firma meines Vaters in Kairo ging und mein Vater diesen Brief voraussichtlich lesen würde. Als ich mich kurze Zeit später in Kairo aufhielt, ließ mein Vater mich auch tatsächlich rufen und händigte mir Amins Brief aus. Ich nahm das geöffnete Kuvert entgegen und las. Wie vereinbart, enthielt dieser Brief viel Erfreuliches über Deutschland und endete mit dem geradezu genialen Satz: »Bitte vergiss nicht, mir einen Koran mitzubringen, wenn du kommst, und denke auch an einen Gebetsteppich für mich.« Ich legte den Brief zur Seite. »Ein anständiger Junge«, sagte mein Vater. »Wenn du dir Amin zum Vorbild nimmst, habe ich nichts dagegen, dass du nach Deutschland gehst.«

Am Morgen des 28. November 1962 verabschiedete ich mich auf dem Flughafen von Kairo von meinem Vater, und etwas Seltsames geschah. Er hatte mich immer härter angefasst als seine übrigen Kinder, weil ich derjenige war, der aus der Reihe tanzte, ständig Dummheiten im Kopf hatte, für jede Extravaganz zu haben war. Außerdem war ihm nicht entgangen, dass ich in denselben Widerstandskreisen verkehrte wie Mohammed und Abu Dschihad. Eines Tages hatte er in meinem Zimmer einen Zettel gefunden, auf dem ich notiert hatte, wie ich mir die Befreiung Palästinas vorstellte. Daraufhin hatte er mich zur Rede gestellt und mich eindringlich gewarnt: »Lass deine Finger davon. Das ist nicht deine Aufgabe.« Was er Mohammed durchgehen ließ, war ihm in meinem Fall nicht recht; für mich wünschte er sich ein unauffälliges, bürgerliches Leben. Er hatte sich schließlich damit abgefunden, dass ich nach Deutschland ging, aber nur unter der Bedingung, fleißig zu studieren und mit einem ordentlichen Diplom zurückzukommen. Und nun, am Flughafen, sah ich zum ersten Mal einen feuchten Schimmer in seinen Augen. Er sah mich an und sagte: »Nichts auf Erden geht einem Menschen über seinen Sohn. Er liebt ihn mehr als sich selbst.« Dann umarmte er mich. Das war alles. Im nächsten Moment wandte er sich um und ging. Aber dieser Blick und diese Umarmung haben mich mein Leben lang begleitet.

Ein faszinierendes Land

Ich lief mit meinem Freund Amin durch das schon nachtdunkle, erleuchtete Frankfurt. Da, wo er wohnte, waren Mädchen auf der Straße, die sangen hinter den beiden Koffer schleppenden, schwarzhaarigen jungen Männern her: »Zwei kleine Italiener ...« Ein bekannter Schlager damals. Ich sah Amin fragend an. »Sie singen für dich«, sagte er und übersetzte mir den Text.

Am nächsten Tag schon ging es weiter nach Lüneburg, zum Deutschlernen. Und jetzt, bei Tageslicht, offenbarte sich mir eine völlig fremde, wahrhaft exotische Welt. Die Straßen, der Verkehr, die Menschen, die Geschäfte – mit jedem Blick fing ich Bilder auf, die ich noch nie zu Gesicht bekommen hatte. Als sich der Zug nach Lüneburg in Bewegung setzte, beobachtete ich durchs Abteilfenster, wie im selben Moment der Sekundenzeiger der Frankfurter Bahnhofsuhr um eine Sekunde über die fahrplanmäßige Abfahrtszeit vorrückte. Ich war fasziniert. Keine Sekunde zu früh, keine Sekunde zu spät rollten wir aus dem Bahnhofsgebäude. So etwas hätte ich für unmöglich gehalten. Dann die Sauberkeit der Waggons. Die Fahrgäste, die sich mit gedämpfter Stimme unterhielten. Und niemand, der einem anderen seinen reservierten Platz streitig machte, wie das im Zug von Gaza nach Kairo gang und gäbe war. Oder im Zug von Kairo nach Alexandria. Ich kam mir vor wie auf einem anderen Stern, und ich begann, das Leben auf diesem Stern aufzusaugen wie ein Schwamm.

Im tief verschneiten Lüneburg zog ich bei der Familie Döbbelin ein – Vertriebene wie ich, Leute aus dem ehemaligen Osten Deutschlands. Zwei Monate lang lernte ich tagsüber mit anderen im Goethe-Institut und abends auf meinem Zimmer bei den Döbbelins. Frau Döbbelin, eine korpulente, resolute Person, half meinen Studien nach, indem sie sich neben ihrem arabischen Schützling aufbaute und nicht lockerließ, bis er ihr folgenden Satz fehlerfrei nachsprechen konnte: »Die ... deutsche ... Sprache ... ist ... eine ... schweeere ... Sprache.« Ja, Deutsch war keine leichte Sprache, aber die Hürden sind im Arabischen doch höher. Im Übrigen fand ich die deutsche Sprache eher schön als schwer, was mir das Lernen erleichterte.

Andere hätten sich an der leicht pedantischen Art, in der Frau Döbbelin mir auf die Sprünge zu helfen versuchte, vielleicht gestört. Ich nicht. Mir wäre es nicht eingefallen, ihr solche kleinen Eigenheiten anzukreiden, weil bei mir von Anfang an die Dankbarkeit dafür überwog, von den Deutschen gut, ja herzlich aufgenommen zu werden. Das traf vor allem auf die eine Hälfte der Deutschen zu, die weibliche.

Es begann schon im Zug nach Lüneburg. Mein Blick fiel bald auf eine junge Frau in der anderen Ecke des Abteils. Er wurde erwidert. Und dann geschah das Unglaubliche: Sie setzte sich neben mich und begann eine Unterhaltung. Vollkommen ungezwungen. In Gaza absolut undenkbar. Am Ende tauschten wir unsere Adressen aus, aber das war nur der Auftakt. Unter den Nachbarskindern in Lüneburg waren jede Menge Mädchen, und kaum hatte sich herumgesprochen, dass ein Araber bei den Döbbelins eingezogen war, lauerten sie mir auf. Vier Namen habe ich mir gemerkt: Angelika, Elisabeth, Hannelore und Heidi. Elisabeth war die fleißigste. Sie half mir beim Deutschlernen, sie besuchte mich fast jeden Abend, und sonntags nahm sie mich zum Schlittenfahren mit. Dann kaufte ich mir ein Fahrrad, landete beim Linksabbiegen auf der Kühlerhaube eines Autos und lernte im Krankenhaus Schwester Ingeborg kennen. Erst pflegte sie mich gesund, dann erschien sie zu später Stunde auf meinem Zimmer. Frau Döbbelin ließ sie ins Haus, nicht ohne ihr einen vielsagenden Blick zuzuwerfen. Nach neunzehn Jahren kulturell bedingter Keuschheit ging mir alles etwas zu schnell, und Ingeborg sah die Lösung merkwürdigerweise in einem nächtlichen Spaziergang. In der Nähe des Bahnhofs erstreckte sich eine große, schneebedeckte Freifläche; hinten bei den Gleisen dirigierte ein Mann im Licht greller Scheinwerfer einen Rangiervorgang, und im nächsten Augenblick zog sich Ingeborg splitternackt aus, griff in den Schnee und rieb sich damit ab … Ein faszinierendes Land, dieses Deutschland. Ich tat es ihr nach, ohne allerdings so weit wie sie zu gehen.

In kürzester Zeit lernte ich viele Gleichaltrige kennen, auch solche männlichen Geschlechts, die mich zum Schwimmen oder Fußballspielen mitnahmen, und Anfang Februar kehrte ich nach Frankfurt zurück, wo dieselbe Atmosphäre freundlichen Entgegenkommens herrschte. Nein, ich machte von Anfang an nur gute Erfahrungen in dieser neuen Welt.

Das Deutschland der frühen 60er-Jahre war allerdings auch ein völlig anderes Land als das Deutschland der Gegenwart. Man war noch nicht die kraftstrotzende Großmacht, die Erfahrungen des Zweiten Weltkriegs wirkten noch nach, die Deutschen waren in ihrem Lebensstil einfach und in ihrem Auftreten das Gegenteil von überheblich. Ich machte also die Bekanntschaft eines sympathischen Volks, für das mir heute Worte wie tolerant, aufmerksam, zurückhaltend, offen und hilfsbereit einfallen. Gleichgültig, mit wem ich sprach, ob in der Universität oder an der Bushaltestelle, immer fand sich jemand, der bereitwillig meine Fragen beantwortete, der mir geduldig den Weg erklärte. In den ersten Jahren waren wir Ausländer sogar eingeladen, den Heiligen Abend in deutschen Familien zu verbringen, und es war wunderschön. Besondere Herzlichkeit schlug mir aus dem großen Kreis der Vertriebenen entgegen. Diese Menschen brachten wirkliches Verständnis für uns Palästinenser auf – Menschen wie mein künftiger Schwiegervater, den ich nun erst einmal als meinen Vermieter kennen lernte.

Durch meine Frau weiß ich, wie ich an mein Zimmer in Langen kam, einer Kleinstadt unweit von Frankfurt. An ihrer Schule wurde in allen Klassen ein Rundschreiben verlesen und jeder Schüler gefragt, ob seine Familie einen ausländischen Studenten aufnehmen würde. Unter anderen meldete sich die Familie Dugas in Langen, und ich bezog ein Zimmer bei ihr im Stadtteil Oberlinden, wo nach dem Krieg eine neue Siedlung für Vertriebene entstanden war. Die Grundstücke der Häuser dort waren nur durch einfachen Maschendrahtzaun voneinander getrennt, weil alle Nachbarn gern miteinander redeten, auch von Garten zu Garten – was mir ebenso gefiel wie die Tatsache, dass man hier zusammenhielt und einander half. Am meisten aber imponierte mir dieser Herr Dugas, der große Ähnlichkeit mit Kirk Douglas hatte, der während des Kriegs als Gefangener der Engländer in Ismailia am Suezkanal interniert gewesen war und dessen Familie, wie auch die seiner Frau, gegen Kriegsende aus Oberschlesien geflohen war. Er nahm lebhaften Anteil an meinen Erzählungen von unserem Leben in Gaza, er war überhaupt ein temperamentvoller, leidenschaftlich parteiergreifender Mensch, und ich kann nichts anderes sagen, als dass ich von der ganzen Familie mit echter Warmherzigkeit aufgenommen wurde.

Ich bin froh, auch in der Politik die Generation der Kriegsteilnehmer noch erlebt zu haben, derjenigen, die die schwersten Zeiten durchgemacht hatten – bei ihnen bin ich oft einer tiefen Menschlichkeit begegnet, wie sie zum Beispiel Hans-Jürgen Wischnewski auszeichnete. Ich habe von ihnen das Beste gelernt, was man von Deutschen lernen kann: sich in den Dienst einer Sache zu stellen, das Persönliche unterzuordnen, sein Vorhaben gründlich zu durchdenken und der Organisation große Aufmerksamkeit zu schenken. Ich war nicht so geboren. Ich brachte die Energie mit – Ernsthaftigkeit und Disziplin kamen in Deutschland erst hinzu. Als Daniel Cohn-Bendit mich später in einer öffentlichen Diskussion als »germanisierten Palästinenser« bezeichnete, war es mir gar nicht unrecht.

Natürlich habe ich in Deutschland die neue, bis dahin unvorstellbare Freiheit genossen – und auf eine sehr persönliche Weise ausgekostet: Ich fahre gern Auto, ich fahre gern schnell, und nach ganz bescheidenen Anfängen wurden meine Autos immer größer (beziehungsweise flacher). Es fing an mit einem »Goggomobil«; das war für ein paar Groschen zu haben, aber der Heckmotor rumorte dermaßen, dass ich schleunigst auf einen »Isar« umstieg (ebenfalls von der Firma Glas), womit man erheblich salonfähiger – und schneller – war als mit einem »Goggomobil«. Und irgendwann, viele Jahre später, schenkte mir ein Freund, der Scheich Hamad Al Thani, einen »de Tomaso« mit 370 PS, ein ziemlich seltenes Fahrzeug, das beim Starten mit einem ähnlichen Geräusch aufwartete wie zehn Motorräder, die alle gleichzeitig angelassen werden. Aber einem »de Tomaso« sieht man nach, was man einem »Goggomobil« nicht verzeiht, und wenn ich sage, dass auf dem Foto der Überwachungskamera über der Autobahn am Elzer Berg mein Nummernschild einmal nur verwischt zu sehen war … Und natürlich die Freiheit, lesen zu können, was ich wollte. Nach Gaza durfte man ja längst nicht jedes Buch einführen, und diese Beschränkung galt nicht nur für den ägyptischen Machtbereich, sondern für alle arabischen Länder. Werke, die sich mit dem palästinensischen Widerstand befassten, wurden gleich konfisziert.

Wenn je ein Ausländer nach Deutschland gepasst hat, dann ich. Dass dieses Land wirklich zu meiner zweiten Heimat geworden war, wurde mir bewusst, als ich zwei Jahre nach meiner Abschiebung im Jahr 1974 zurückkehren durfte. Ich hatte diese Zwischenzeit abwechselnd in verschiedenen arabischen Ländern verbracht, und als ich nun zum ersten Mal wieder im Auto durch Frankfurt fuhr, kam es mir vor, als ob ich endlich heimgekehrt sei. Ich hatte regelrechte Sehnsucht gehabt, nicht nur nach meiner Frau, nach meinen Freunden, auch nach diesem Land und seinen Menschen. Bis heute geht es mir so.

Dem nahöstlichen Drama einstweilen entkommen, hatten wir Palästinenser jedenfalls Grund zum Aufatmen und entdeckten die Unbekümmertheit, die Leichtigkeit des Seins, die sich für mich auch mit folgender Episode aus der Frankfurter Anfangszeit verbindet.

Binnen kurzem hatten wir uns zu leidenschaftlichen Kinogängern entwickelt. Wir waren auf Filme versessen und gingen an manchen Tagen schon mittags ins Kino; besonders beliebt waren bei uns italienische Filmkomödien wie »Scheidung auf Italienisch« mit Marcello Mastroiani oder »Hochzeit auf Italienisch«, ein Film, den man sich schon wegen Sophia Loren nicht entgehen lassen durfte. Einmal hatte jeder von uns vor der Vorstellung eine große Tüte Pommes frites gekauft und war nach der halben Tüte satt. Ins Kino wollten wir sie nicht mitnehmen, also stellten wir sie auf einem Papierkorb ab, der an einem Laternenmast hing – vielleicht würde sich ein armer Schlucker des Rests erbarmen. Nun, die armen Schlucker waren wir selbst. Als wir aus dem Kino kamen, hatten wir wieder Hunger, aber kein Geld mehr. »Und unsere Tüten von vorhin?«, sagte Amin. Sie standen noch da. In einem unbeobachteten Augenblick haben wir sie wieder einkassiert und doch noch geleert.

Sobald ich des Deutschen mächtig genug war, las ich Karl May. Die Indianergeschichten interessierten mich weniger, ich war vielmehr neugierig darauf, welches Bild der damalige Lieblingsschriftsteller der Deutschen seinen Lesern von den Arabern vermittelte, las also *Durch die Wüste* und ähnliche

Bände – und war verblüfft. Ich wollte nicht glauben, dass Karl May diese Länder nie gesehen hatte. Die Schauplätze, die Sitten, die Charaktere, das arabische Leben insgesamt – alles war stimmig und treffend beschrieben und überdies in einer leichten, flüssigen Sprache erzählt. Das Einzige, was mich störte: Hier und da schimmerte eine leichte Überheblichkeit durch. Aber dieser Ton kennzeichnete, wie ich später merkte, fast alle Bücher, die zu Ende des 19. Jahrhunderts von Europäern über den Orient geschrieben wurden. Die Europäer hielten sich eben doch für ein wenig besser. Allerdings hatten diese Schriftsteller die Araber auch in einer Phase der Ermattung erlebt und glaubten, Trägheit und Fatalismus seien typische Merkmale des orientalischen Menschenschlags. Mich haben Verallgemeinerungen, die mein Volk betrafen, immer genauso verärgert wie jene amerikanischen Filme, in denen Deutsche nur als stumpfsinnige Nazis vorkamen. Ich konnte mir solche Filme nicht ohne unterdrückte Wut anschauen, und deshalb irritierte mich, was ich eines Tages mit meinem Nachbarn Hans erlebte.

Hans war etwa gleichaltrig, ein netter, sportlicher Mensch, wir spielten Fußball zusammen. Einmal saßen wir in einem Film, der in der erwähnten Art über die Deutschen herzog – dauernd flogen Arme zum Hitlergruß in die Luft, dauernd brüllte irgendeiner »Heil Hitler!« Hinterher fragte ich Hans, ob er das nicht empörend finde. »Nein«, sagte er. »Es stimmt ja. So war es.« – »Was stimmt?«, wollte ich wissen. Daraufhin rekapitulierte er die jüngere deutsche Geschichte, und ich verstand, dass er alles, was bis 1945 geschehen war, aus einer tief sitzenden Scham in Bausch und Bogen verurteilte. Seine Reaktion war für mich unbegreiflich; ich brauchte noch einige Jahre, bis mir klar wurde, in welchem Maße die Deutschen an ihrer Geschichte litten. Hans jedenfalls verstummte bald und wollte dieses Thema auch später nicht mehr berühren – was für mich nicht nachvollziehbar war, erschien ihm als einzig mögliche, da moralisch gebotene Haltung. Und ich machte noch weitere erstaunliche Erfahrungen.

Am Studienkolleg, wo ich meine Sprachkenntnisse verbesserte, wurden wir von einem kriegsversehrten Lehrer unterrichtet, dem man ein Bein amputiert hatte. Gleich zu Anfang bat er mich, einen Vortrag über Palästina zu halten. Das tat ich. Anschließend kam er auf mich zu und deutete auf sein Holzbein. »Siehst du das?«, sagte er. »Das habe ich im Krieg verloren. Und mit welcher Begeisterung bin ich in diesen Krieg gezogen ...« Er beschwor mich, mir jeden Gedanken an Gewalt, Kampf und Krieg aus dem Kopf zu schlagen. »Als Arzt bist du für deine Heimat wertvoller denn als Freiheitskämpfer. Und mit zwei Beinen nützlicher als mit einem.« Wahrscheinlich ahnte er nicht, wie fremd mir auch dieses Denken war.

Solche Erlebnisse sind bezeichnend für die väterliche Sorge um die Seelen junger Menschen, die damals in Deutschland allgemein anzutreffen war. An dieser Stelle verdient ein weiterer Lehrer genannt zu werden: der Germanistikprofessor Wilhelm Erb, ein Mann, der in vielen Sprachen bewandert war, unter anderem fließend Arabisch sprach und mir aus seiner Privatbibliothek einige Werke lieh, die den Krieg, die Nazizeit, die Judenverfolgung behandelten – Bücher, an die ich sonst nie herangekommen wäre. Ich las sie alle, und meine Irritation wuchs. Von den Leiden der Juden war bei uns, wie gesagt, nie die Rede gewesen, und jetzt ging es mir so, dass ich, solange ich las, für die Juden Partei ergriff, dann aber, wenn ich ein Buch zur Seite legte, die Solidarität mit meinem Volk wieder stärker empfand. Ich war beeindruckt, erschüttert, doch letztlich setzte sich das Erfahrene gegen das Erlesene durch, und es dauerte nicht lange, bis ich in Frankfurt Gelegenheit fand, mich für die Sache Palästinas einzusetzen. Ich war zum Studieren nach Deutschland gekommen, gewiss, aber die Verhältnisse daheim ließen mir auch jetzt keine

Ruhe. Wie sich sehr bald zeigen sollte, war das Frankfurt der frühen 60er-Jahre für politische Arbeit der ideale Ort.

Hayel, Hani und Nabil

Lebendig, weltoffen und gastfreundlich, so habe ich Frankfurt damals erlebt. Was kam dort nicht alles an jungen Menschen aus der Dritten Welt zusammen, vor allem aus Nicaragua und den Ländern Südamerikas! Wir Palästinenser trafen uns mit Vorliebe mit den Lateinamerikanern – sie kochten für uns, dann kochten wir für sie, und zwischendurch nahmen wir an iranischen Abenden teil, hörten iranische Musik oder veranstalteten unsere eigenen, arabischen Abende, natürlich ebenfalls mit Gästen aus der halben Welt … Es ging unglaublich lebhaft zu. Insbesondere der Quadratkilometer, dessen Mittelpunkt die Universität bildete, hatte sich in einen internationalen Kosmos verwandelt. Leben und Denken waren hier in heftige Bewegung geraten, und bei den politischen Diskussionen ging es gewöhnlich heiß her.

Im Februar 1963 besuchte ich mit Amin eine Veranstaltung des arabischen Studentenvereins – mein alter Freund war übrigens der Erste, den ich in Deutschland für die Fatah angeworben hatte. Wir wurden von lauten Stimmen empfangen, in dem Raum war eine Redeschlacht im Gange. Ich stellte schnell fest, dass die Diskussion von den Anhängern der Baath-Partei, die in Syrien und im Irak das Sagen hatte, von den Nationalisten und den Parteigängern Nassers beherrscht wurde, von Leuten also, für die das Ideal der arabischen Einheit ein unumstößliches Dogma darstellte. Jetzt befanden wir uns in Deutschland gerade in der Gründungsphase eines eigenen, palästinensischen Studentenvereins, und irgendwann stand ein palästinensischer Medizinstudent auf und plädierte für eine Doppelmitgliedschaft – Mitglieder des palästinensischen Studentenvereins sollten auch dem arabischen beitreten dürfen. Da ging es mit einem Iraker durch. Für ihn (wie für fast alle anderen) kam das einem Aufruf zum Separatismus, einer Anstiftung zum Verrat gleich, und er sprang auf und versetzte dem Sprecher eine Ohrfeige. Jetzt war ich es, der nicht mehr an sich halten konnte. Ich verschaffte mir Gehör und hielt eine leidenschaftliche Rede, auf die Abu Dschihad vermutlich stolz gewesen wäre. Ich war gut durchtrainiert und ziemlich sicher, dass mich keiner ohrfeigen würde, aber derselbe Iraker brüllte jetzt wieder »Verräter! Agent! CIA!« und stürzte sich auch auf mich. Es kam zu einem Handgemenge, und in der Erregung schlug ich zwei-, dreimal zu.

Der Abend endete jedenfalls in einem Tumult. Offenbar hatte ich aber nicht restlos alle gegen mich aufgebracht, denn beim Hinausgehen kam jemand auf mich zu und sagte: »Du hast gut gesprochen. Anders, als die Palästinenser sonst reden.« Er fragte mich nach meiner Adresse und versprach, mich zu besuchen. Ich war für einen Augenblick sprachlos, denn Hayel Abdel-Hamid, wie er hieß, war mindestens sechs Jahre älter als ich, und bei uns begeben sich die Jüngeren eigentlich zu den Älteren.

Er überraschte mich ein zweites Mal, als ich ihn am folgenden Samstag tatsächlich an der Haltestelle auf meiner Straße aus dem Bus steigen sah. Vierzehn Kilometer, erst mit dem Zug, dann mit dem Bus, hatte er auf sich genommen, um mich, den Neuling, zu sehen! Das hätten nicht viele gemacht. Wir gingen einen Kaffee trinken.

Nun saß er mir also gegenüber – und gab mir in allen Punkten recht. Mir wurde rasch klar, dass dieser freundliche, blauäugige Palästinenser aus Damaskus, Student der Volkswirtschaft und Kettenraucher, viel Erfahrung, großes Wissen und klare Vorstellungen besaß. Im Gegensatz zu mir kannte er sich im arabischen Vereinswesen in Deutschland aus und schlug mir vor, in die Generalunion Palästinensischer Studenten (GUPS) einzutreten, eben jenen Verein, der auf der tumultartig verlaufenen Sitzung des arabischen Studentenvereins den Stein des Anstoßes gebildet hatte. Er riet mir auch, Kontakt zu den Deutschen aufzunehmen. Alles, was Hayel vorbrachte, war klug und durchdacht, und im Verlauf des langen, vertrauensvollen Gesprächs dieses Vormittags entdeckte ich eine Seelenverwandtschaft, die zum Fundament einer engen Freundschaft werden sollte. In allen Situationen hat Hayel Abdel-Hamid später unverbrüchlich zu mir gestanden, hat sich für mich auch dann eingesetzt, wenn ich Flankenschutz oder Rückendeckung brauchte, und bis zu seiner Ermordung knapp dreißig Jahre später war er mir eine ständige Stütze, ein brüderlicher Freund.

Amin und ich traten also unverzüglich der GUPS bei. Ich bat Amin, kein Wort über meine Mitgliedschaft bei der Fatah verlauten zu lassen, denn das ganze Thema des palästinensischen Widerstands besaß innerhalb der arabischen Welt eine Brisanz, die alle Vorsichtsmaßnahmen rechtfertigte, wie folgende Episode aus dem Jahr 1963 zeigt.

Algerien war im Jahr zuvor unabhängig geworden. Abu Dschihad ging davon aus, dass die Algerier nach dem erfolgreichen Ende ihres eigenen Befreiungskampfs mehr Sympathie als andere für die Fatah aufbringen würden und verhandelte in Algier über die Eröffnung eines Fatah-Büros. Bei etlichen Politikern fand er auch Gehör, stieß aber bei Präsident Achmed Ben Bella auf Widerstand. Ben Bella war ein enger Verbündeter Nassers, der einer Konfrontation mit Israel unbedingt vermeiden wollte, und Ben Bella teilte dessen Meinung über die Fatah – er hielt diese Leute nicht unbedingt für Agenten der CIA, aber für Hasardeure, für Abenteurer. Um Ben Bella umzustimmen, bat mich Abu Dschihad, alle mir bekannten Palästinenser aufzufordern, sein Vorhaben in Telegrammen an den algerischen Präsidenten zu unterstützen.

Das tat ich, und es wirkte. Wir bekamen unser Büro in Algier, und zwar in einem Gebäude, das der französischen Armee noch vor nicht allzu langer Zeit zu Verhören und Folterungen gedient hatte.

Ähnlich folgenreich wie meine Freundschaft mit Hayel sollte für mich die Begegnung mit einem anderen Palästinenser werden, mit Hani el-Hassan, dem Vorsitzenden der GUPS in Frankfurt. Wir trafen uns einmal die Woche im Club der ausländischen Studenten in der Robert-Mayer-Straße, und auch mit Hani freundete ich mich bald an. Eine unserer ersten politischen Aktionen im Rahmen des Studentenvereins war ein Protesttelegramm an die syrische Führung, die damals eine Gruppe palästinensischer Offiziere zum Tode verurteilt hatte. Sie waren durch den Strang hingerichtet worden.

Hayel und Hani wären für die Fatah ein großer Gewinn, so viel war klar. Hier handelte es sich um kluge, erfahrene Organisatoren. Ich hielt es für geraten, Abu Dschihad in einem Brief auf die beiden aufmerksam zu machen. Zwei, die sich mit den deutschen Verhältnissen so gut auskennen, wären für uns sehr wertvoll, schrieb ich ihm. Wie sich herausstellte, waren der eine wie der andere Abu Dschihad bereits bekannt, und er führte einen Beschluss herbei, die beiden anzuwerben. Nur – war es ratsam, dass ich, der Jüngere und Unerfahrenere, die Gespräche mit ihnen führte?

Da erlebte ich mit Hayel die nächste Überraschung. Eines Tages besuchte er mich in Langen – und wollte nun seinerseits mich anwerben! »Hani und ich haben über dich gesprochen«, sagte er. »Wir möchten, dass du in unserer Bewegung mitmachst.« – »Welcher Bewegung?«, wollte ich wissen. Er nannte einen Namen, der auf Deutsch »die Rückkehrer« lautet. Ich hatte nie davon gehört. Hayel setzte mich ins Bild. Es handelte sich um eine Gruppe palästinensischer Studenten in Deutschland, die entschlossen waren, die Rückkehr nach Palästina mit allen Mitteln zu erzwingen. Im Lauf unseres Gesprächs stellte sich dann heraus, dass die Rückkehrer praktisch dieselben Ziele wie die Fatah verfolgten. Jetzt war Zurückhaltung nicht mehr angebracht. »Ich kann nicht bei euch mitmachen«, entgegnete ich ihm, »ich fühle mich der Fatah verpflichtet. Ich sage dir das, weil ich Vertrauen zu dir habe.«

Hayel fiel aus allen Wolken. Er verlangte, irgendetwas Schriftliches zu sehen, und ich reichte ihm eine Ausgabe von *Filistinuna*. »Alles pure Emotion«, sagte er nach einem kurzen Blick und legte das Heft beiseite. »Besitzt du irgendwelche persönlichen Dokumente, gibt es einen Schriftverkehr zwischen euch?« Ich zeigte ihm einen Brief von Abu Dschihad. Er las ihn, las ihn ein weiteres Mal und sagte endlich: »Ich mache dir einen Vorschlag. Diejenige Organisation, die als Erste den bewaffneten Kampf aufnimmt, soll unsere gemeinsame politische Heimat werden. Egal, wie sie heißt.« Damit war ich einverstanden. Wir umarmten uns. Ich wusste, dass wir die Ersten sein würden. Ich telefonierte mit Abu Dschihad und bat ihn, jemanden zu schicken, der mit Hani und Hayel sprechen sollte.

Wenig später rief mich Abu Dschihad nach Algier. Er ließ eine gewisse Verlegenheit erkennen. »Weißt du«, sagte er, »diese zwei sind sehr gut. Sie wollen auch zu uns kommen. Aber … du bist zu jung, um die Führung zu übernehmen.« Mir fiel ein Stein vom Herzen. Die beiden waren ja deutlich älter als ich, und meine Erziehung verlangte, Älteren den Vorrang einzuräumen. Am Ende einigten wir uns darauf, dass Hayel, Hani und ich gemeinsam die Führung in Deutschland übernehmen sollten.

Ich war stolz auf meinen Erfolg. Die beiden waren sozusagen große Fische – wie groß, das sollte sich bald zeigen. Auf diese Weise bildete sich bereits im Verlauf meines ersten Jahres in Frankfurt jene Gruppe heraus, die Arafat später als »die deutsche Bande« bezeichnen würde. Außer mir gehörten dazu mein alter Freund Amin el-Hindi, der später zum Geheimdienstchef der Fatah in Gaza aufstieg, Hayel Abdel-Hamid, der lange Jahre dem Zentralkomitee der Fatah angehörte, Hani Hassan, der es zum Chef der Außenpolitik brachte, und in gewisser Weise auch jemand, der bisher noch nicht in Erscheinung getreten ist, nämlich Nabil Nassar.

Nabil, bald mein engster Mitarbeiter, entwickelte sich rasch zur intellektuell prägenden Figur innerhalb meines palästinensischen Freundeskreises, zu einer Art Mentor und treibenden Kraft. Schon durch seine Herkunft fiel Nabil aus der Reihe. Seine Mutter war eine palästinensische Jüdin aus Jerusalem, sein Vater palästinensischer Christ. Nabil selbst war Christ wie sein Vater (was außer mir niemand wusste, genauso wie sonst keinem bekannt war, dass er in Wirklichkeit Robert hieß). Der israelischen Politik gegenüber extrem kritisch eingestellt, also entschieden antizionistisch, verfügte er zugleich über ein umfangreiches Wissen, was die Geschichte der Juden anging. Er studierte Medizin und Philosophie, sprach Deutsch besser als die meisten Araber, beherrschte Englisch und Französisch und zeichnete sich, abgesehen von seiner Intelligenz und Bildung, durch einen nie versagenden Witz aus, der eine Tendenz zum Fantastischen, Absurden hatte. Er trug eine Brille, dick und schwer wie ein Ziegelstein, die seine Augenpartie dermaßen vergrößerte, dass es aussah, als könne er die Außenwelt nicht anders als mit erstaunt aufgerissenen Augen zur Kenntnis nehmen. »Weißt du, Abdallah«, sagte er mir, »wir sind Ausländer. Wenn du in Deutschland etwas erreichen willst, musst du nicht nur die deutsche Sprache perfekt beherrschen. Du musst auch mit der deutschen Geschichte dieses Jahrhunderts vertraut sein. Und du musst dich außerdem in der Geschichte der Juden auskennen.« Niemand vermochte mich besser in die Mentalität und Denkweise dieses Nachkriegsdeutschlands einzuführen als er. Von Nabil lernte ich, mich in die Deutschen hineinzudenken.

Ich arbeitete also mit Hayel und Hani im Führungskomitee zusammen. Zwei gegensätzlichere Menschen hätte es kaum geben können, aber jeder war auf seine Weise wirklich gut. An Hayel gefiel mir besonders seine Selbstlosigkeit. Er hielt sich im Hintergrund, übte aber durch seine korrekte, geradlinige und gewissenhafte Art einen starken Einfluss aus. Hani war wie ein Feuerwerk. Ein großartiger Redner, der das Rampenlicht liebte – von ihm habe ich gelernt, mich rhetorisch gelungen auf Arabisch auszudrücken. Reibereien zwischen den beiden konnten nicht ausbleiben, trotzdem waren wir in dieser Kombination bald sehr erfolgreich.

Die erste Arbeit, die auf uns zukam, bestand darin, überall dort, wo Palästinenser lebten, Studentenvereine und Arbeitervereine aufzubauen. Es gelang uns, einen Großteil der etwa 25 000 Palästinenser in Deutschland zu erreichen, und in kurzer Zeit entstanden in vierundzwanzig Städten Dependancen der GUPS und in sechsundzwanzig Zweigstellen der GUPA (Generalunion Palästinensischer Arbeiter), beide eingetragene deutsche Vereine. Von Hayel kam der Vorschlag, alle Zusammenkünfte der Studenten für die Arbeiter zu öffnen. Diese Regelung bewährte sich, denn auf diese Weise erfuhren wir auf direktem Weg von den Sorgen dieser Menschen und konnten sofort einspringen, wenn Sprachschwierigkeiten zu Problemen mit den Behörden geführt hatten oder jemand eine neue Arbeitsstelle suchte. Die Arbeiter waren auch diejenigen, die den weitaus größten finanziellen Beitrag leisteten – die Studenten waren notorisch knapp bei Kasse, und die Arbeiter verdienten gut. Genauso halfen wir jedem palästinensischen Studenten, der frisch in Deutschland eintraf, einen Sprachkurs, eine Wohnung, einen Studienplatz zu finden.

Was die Fatah anging, bestand Hayel auf klaren Verhältnissen. Zwar fiel der Name Fatah bei den Treffen und Veranstaltungen der GUPS nie, aber wir ließen auch niemanden, der zu uns kam, im Unklaren über unsere Ziele. In Deutschland genossen wir jede Freiheit, solange wir nicht gegen die Gesetze verstießen, und das hatten wir nicht vor. Spätestens 1965 konnte es keinen Zweifel mehr über die Stimmung in den Kreisen der deutschen Palästinenser geben. In jenem Jahr konstituierte sich die Fatah offiziell als Widerstandsorganisation, verließ den Untergrund und nahm den bewaffneten Befreiungskampf auf. Die ersten Partisanenaktionen waren durchweg von sehr begrenzter Wirkung gewesen, aber der entscheidende Schritt war getan, der Kampf hatte begonnen, und der Arbeiter- wie der Studentenverein erklärten sich im selben Jahr auf ihrem Kongress in Mainz mit der Fatah solidarisch. Da gab es ein eindeutiges Votum für den bewaffneten Kampf.

Die deutschen GUPS- und GUPA-Ableger waren seinerzeit mit Abstand die mitgliederstärksten außerhalb der arabischen Welt, und für eine kleine Widerstandsgruppe, die immer noch über wenige Kämpfer, ein dürftiges Waffenarsenal und sehr bescheidene Geldmittel verfügte, war die Unterstützung aus Deutschland viel wert. Aber auch aus anderen Gründen rückte die palästinensische Kolonie in Deutschland nun ins Blickfeld der führenden Köpfe der Fatah. Sie war größer und besser organisiert als die irgendeines anderen europäischen Landes, sie hatte sich zum wichtigsten Außenposten der Fatah in Europa entwickelt, es gab also Gründe genug, in Deutschland mit einer Strategie für ganz Europa anzusetzen. 1965 erhielten wir in Frankfurt daher Besuch von Abu Mazen (Mahmud Abbas), Abu Dschihad und Abu Yusef el-Najjar, 1966 folgte Faruk Kadumi.

In jenem Jahr sprach ich auch zum ersten Mal mit Arafat selbst. Über die eigenmächtige Vorgehensweise der Fatah verärgert, hatten die Syrer ihn für sechzig Tage inhaftiert. Als ich ihn in Damaskus anrief, war er gerade freigelassen worden, und ich erkundigte mich nach seinem Befinden. Er antwortete mir mit dem Standardsatz, den er für solche Fälle stets parat hatte: »Dich, Berg, wird kein Sturm je erschüttern.« Diese poetische Wendung war grundsätzlich auf ihn selbst wie auf uns alle bezogen. Er machte nie viel Aufhebens von seiner Person, und wenn er von sich, wie üblich, in der Mehrzahl sprach, dann weniger im Sinne eines Pluralis majestatis als um auszudrücken, dass er sich als Teil der gesamten Bewegung empfand. Wie kein Zweiter verstand es Arafat, den Durchhaltewillen seiner Leute zu stärken oder einfach nur Zuversicht zu verströmen – und auch dieses erste Telefonat mit ihm war erfrischend.

Mein Medizinstudium hatte natürlich gelitten. Ich hatte ganze Semester ausfallen lassen und mich zum Vorphysikum erst gar nicht angemeldet. Offen gesagt: Ich hatte mit meinem Studium innerlich abgeschlossen, unternahm jedoch nichts, um meinen Vater über den Stand der Dinge aufzuklären – noch konnte ich das Geld, das er mir jeden Monat als Zuschuss zu meinem Studium überwies, gut gebrauchen. Amin, Hayel und Hani ging es im Übrigen mit ihren Studien ähnlich. Nur Nabil schaffte es, Studium und politische Arbeit miteinander zu vereinbaren.

»In Palästina sehen wir uns wieder«

Am 5. Juni 1967 brach der dritte Nahostkrieg innerhalb von neunzehn Jahren aus. In der westlichen Welt hat sich für ihn die Bezeichnung Sechstagekrieg eingebürgert, in der arabischen Welt spricht man vom Junikrieg. Vorausgegangen waren kleinere Gefechte nach der Logik von Schlag und Gegenschlag. Seit 1966 hatten sich Partisanenangriffe und syrischer Artilleriebeschuss mit israelischen Militäraktionen abgewechselt, bei denen – ganz im Sinne der israelischen Abschreckungsstrategie – Panzer und Bombenflugzeuge Zerstörungen anrichteten, die alles übertrafen, was die Gegenseite mit ihren Mitteln erreichte.

Anfang 1967 identifizierte Israel die Regierung in Damaskus als den eigentlichen Unruhestifter und drohte Syrien Vergeltung an. Nasser reagierte mit einem Ablenkungsmanöver und ließ Divisionen im Sinai aufmarschieren, während Jordanien seine Armee dem ägyptischen Oberkommando unterstellte. Daraufhin machte Israel mobil, griff am 5. Juni an und schaltete gleich am ersten Tag die syrischen und ägyptischen Luftstreitkräfte aus. Drei Tage später besetzte Israel das gesamte Westjordanland einschließlich Ost-Jerusalems, weitere zwei Tage später eroberte Israel die syrischen Golanhöhen. Am 10. Juni trat der vom UN-Sicherheitsrat geforderte Waffenstillstand in Kraft. Menachem Begin, ehemaliger Chef der zionistischen Untergrundorganisation Irgun und zu diesem Zeitpunkt Oppositionsführer in der Knesset, kommentierte den Ausgang des Kriegs mit den Worten: «Jetzt geht unser Traum von Groß-Israel in Erfüllung.»

Zufällig hielt sich Abu Dschihad bei Kriegsausbruch in Frankfurt auf. Am Vormittag des 5. Juni trafen wir uns mit ihm zu einer Sitzung der Vorstände des Studenten- und des Arbeitervereins. Die arabischen Sender hüllten sich noch in Schweigen, aber die deutschen Nachrichten meldeten bereits um die Mittagszeit einen vollständigen Sieg Israels. Nach nur fünf Stunden war alles entschieden. Wir waren fassungslos. Es gab kaum einen, der nicht geweint hätte. Andere wollten die Katastrophe nicht wahrhaben. Im Nachhinein war zu erfahren, dass der israelische Geheimdienst seine Fühler bis tief nach Ägypten hinein ausgestreckt hatte. Israel hatte seine Überlegenheit auf allen Gebieten im geeigneten Moment zur Geltung gebracht und selbst flüchtende ägyptische Soldaten mit Napalm bombardiert. Aber natürlich hatte die arabische Seite vorher dazu beigetragen, die Stimmung anzuheizen – durch aggressive Töne, wie sie Nasser angeschlagen hatte, durch die Entsendung der ägyptischen Armee in den Sinai, durch die Schließung des Hafens von Akaba für israelische Schiffe. Einen Krieg allerdings hatte Nasser nicht einkalkuliert. Er wollte Druck auf Israel ausüben und es zwingen, seine Maßnahmen gegen Syrien zurückzunehmen. Nasser hatte hoch gepokert und verloren, und Israel hatte die Spannungen geschickt ausgenutzt.

Wir standen unter Schock. Was nun? Nachdem wir uns einigermaßen gefangen hatten, kam es zu einer hitzigen Debatte, in deren Verlauf sich zwei gegensätzliche Standpunkte abzeichneten; den einen vertrat Nabil, den anderen ich. Ich plädierte dafür, unsere Zelte in Deutschland abzubrechen, das Gewehr zu nehmen und zu kämpfen – es sei an der Zeit, unseren Worten Taten folgen zu lassen, unsere Glaubwürdigkeit stehe auf dem Spiel. Nabil war anderer Auffassung. Kämpfen sei gut und richtig, meinte er, aber es würden sich genug Leute finden, die mehr als wir davon verständen. Als Intellektuelle würden uns andere Aufgaben erwarten, wir seien unersetzlich. Er verglich uns mit kostbaren Perlen, die man nicht den Säuen vorwerfen dürfe.

Abu Dschihad schlug eine Abstimmung vor, und die Mehrheit der Anwesenden schloss sich meiner Auffassung an, stimmte also dafür, so bald wie möglich zu einem – vorerst nicht genauer bestimmbaren – Kampfeinsatz aufzubrechen. Wir baten die Arbeitervertreter, Spenden zu sammeln; das Unternehmen musste ja irgendwie finanziert werden. Gleich darauf reiste Abu Dschihad ab. Da der Nahe Osten von keiner Fluggesellschaft mehr angeflogen wurde, entschloss er sich, mit dem Zug über Istanbul nach Damaskus zu fahren, und versprach, sich in den nächsten Tagen zu melden.

Nabil hatte ja nicht unrecht. Andererseits – alles, was wir den Israelis entgegenzusetzen hatten, war der Wille, niemals aufzugeben, uns nicht einmal durch einen solchen Sieg beeindrucken zu lassen. Zu einer Demonstration der Stärke würde es nicht reichen, aber zu einer Demonstration der Unbeugsamkeit. In dieser Art redete ich zwei Tage später zu den Teilnehmern einer allgemeinen Versammlung des Studentenvereins, und mehr als hundert Freiwillige meldeten sich.

Die Begeisterung hielt nicht lange vor. Nach zwei Tagen war die Sache immer noch in der Schwebe, weil Abu Dschihad nichts von sich hören ließ, und ein Mitstreiter nach dem anderen sprang ab. Der eine wurde plötzlich krank, der andere hatte seinen Pass verloren, der nächste bat um Verständnis dafür, dass … Noch ein paar Tage, und ich würde die Reise allein antreten müssen. Ich begriff, dass keine Zeit zu verlieren war, und rief einen Freund in Algier an. »Besteht die Möglichkeit, in Algerien eine militärische Ausbildung zu machen?« – »Ja«, sagte er, und ich hörte mich um, wer von den Freiwilligen der ersten Stunde noch zu seinem Wort stand. Es waren zwanzig, darunter auch Nabil. Gegen seine tiefste Überzeugung schloss er sich uns an, weil er sich dem Mehrheitsbeschluss gebeugt und sein Wort gegeben hatte. Am

10. Juni saßen wir im Zug nach Marseille. Dort angekommen, bestiegen wir ein Schiff nach Algier.

Unsere Abreise ging nicht unbemerkt vonstatten. Wenn ich mich recht entsinne, berichteten sowohl die *Frankfurter Allgemeine Zeitung* als auch die *Frankfurter Rundschau*, dass eine Gruppe palästinensischer Studenten zu einem Kampfeinsatz gegen Israel aufgebrochen sei. Von einem Geheimunternehmen konnte also keine Rede mehr sein, als wir im Hafen von Algier von unseren Leuten in Empfang genommen und mit Autos nach Bleda, einem Ausbildungscamp für algerische Offiziere, gebracht wurden.

Es wird Leser geben, die sich den Verfasser dieses Buches nur schwer mit einem Gewehr in der Hand auf einem Truppenübungsplatz vorstellen können. Aber der Anblick von Waffen hatte mich schon als Kind begeistert. Vor allem die Schnellfeuergewehre hatten es mir angetan, die Standardwaffe der Fedajin, ein ägyptisches Fabrikat, das sich »Port Said« nannte und der israelischen »Uzi« ähnlich war. Ich muss dreizehn gewesen sein, als ich einen Fedajin bat, mich einmal damit schießen zu lassen. Er warnte mich. »Nur einen Schuss«, bettelte ich. Nach diesem einen Schuss war das Magazin leer. Später habe ich, so oft sich die Möglichkeit bot, mit Pistolen geschossen, ich hatte also zumindest eine gewisse Erfahrung im Umgang mit Waffen.

Das Camp lag in einer weiten, bewaldeten Ebene, die von Bergen eingeschlossen war, und die Zustände dort waren katastrophal. Nichts war vorbereitet, niemand erwartete uns, und bis auf ein Häufchen Palästinenser aus Spanien, Italien und Lateinamerika sowie eine Handvoll Ausbilder war das Lager verlassen, wie ausgestorben. Das Schlimmste aber war der Schmutz. Gleich als Erstes haben Gazi Husseini und ich die Toiletten eigenhändig gesäubert, mit einem Tuch vor Nase und Mund gegen den Gestank und einem Wasserschlauch. Die Algerier waren von unserer Aktion zunächst irritiert,

dann beeindruckt, und als unsere Gruppe in der Frühe auch
noch pünktlich zur Ausbildung erschien, als sie merkten, dass
wir die politischen Diskussionen nach Feierabend ernst nahmen und sogar sachlich dabei blieben, hießen wir bei ihnen
nur noch »die Deutschen«. Die Ausbilder waren im Übrigen
freundlich und hilfsbereit, aber die Ausbildung selbst entsprach in keiner Weise den Anforderungen eines Partisanen-
kriegs. Im Grunde absolvierten wir im Schnellverfahren eine
Grundausbildung für reguläre Soldaten – schießen, marschieren, durchs Gelände robben.

Einer unserer Ausbilder, ein algerischer Offizier, beobachtete mich schon seit einer ganzen Weile. Eines Abends sprach
er mich an: Ihm sei aufgefallen, dass bei mir alles schnell gehen müsse. Ich sei zu ungeduldig. Ich müsse verstehen, dass
wir einen sehr langen Atem brauchen würden. »Wir Algerier
haben hundertsechzig Jahre unter französischer Herrschaft
gelebt«, sagte er, »und als unser Befreiungskampf endlich begann, hat er viel Zeit und Blut gekostet. Wenn du erst einmal
erlebt hast, wie um dich herum deine Kameraden sterben,
wirst du ruhiger werden.« Er sprach freundlich besorgt zu
mir, wie mit einem jüngeren Bruder, aber ich wollte davon
nichts hören. Er dämpfte meinen Eifer. Ich wollte mir meinen
Elan bewahren – meine Überzeugungskraft hing davon ab.
Ich schlug seine Worte damals in den Wind. Später, als die
Kämpfe in Jordanien ausbrachen, als in Beirut während des
Libanonkriegs die israelischen Bomber über mich hinwegflo-
gen, habe ich oft an diesen Mann gedacht.

Dann tauchte Nabils Vater im Camp auf, nahm mich beiseite und beschwor mich, seinen Sohn zur Vernunft zu bringen. »Nabil steht kurz vor seinem Staatsexamen«, sagte er.
»Bitte überrede du ihn, nach Deutschland zurückzugehen.
Wir haben nur zwei Söhne.« Ich war ausgesprochen erleichtert. Ich hatte ohnehin schon nach einem Weg gesucht, den
grundanständigen, aber zum Partisanen völlig ungeeigneten

Nabil aus der Sache herauszuhalten. Jetzt konnte ich mich auf den Wunsch seiner Familie berufen, als ich ihn von seinem Wort entband, und er ergriff die Chance auszusteigen, ohne sein Gesicht zu verlieren.

Aber auch ich wollte keinen Tag länger bleiben. Mir schien die Ausbildung in Bleda sinnlos und reine Zeitverschwendung, deshalb brachen wir unsere Zelte nach zwei Wochen ab und fuhren nach Algier, wo Zuhair, der engagierteste meiner Mitstreiter, und ich beim algerischen Verteidigungsminister vorstellig wurden und darum baten, uns so schnell wie möglich zur Weiterfahrt nach Syrien zu verhelfen. Er stellte uns unverzüglich ein Transportflugzeug der Armee zur Verfügung, und wir flogen über Bengasi nach Damaskus. Dort wurden wir von Abu Dschihad empfangen und gleich zum Abendessen eingeladen. Es gab arabisches Brot mit Tomaten, Oliven, Thymian, Falafel und Labneh, eine einfache Mahlzeit, aber das Beste, was wir seit Langem bekommen hatten.

Von Damaskus aus ging es nun aber keineswegs in ein ordentliches Ausbildungslager, sondern in eine kleine Ortschaft inmitten von Olivenhainen, Feldern und Gärten, wo uns das gleiche Programm wie in Bleda erwartete – also marschieren, Wände hochklettern und robben. In den beiden Wochen in Algerien hatte jeder von uns vielleicht zehn Schüsse abgegeben, und hier war an Schießen gar nicht zu denken, weil wir uns in einer Wohngegend unter syrischen Bauern befanden. Nach weiteren zwei Wochen, die wir uns im Grunde mit Leibesübungen vertrieben, beratschlagte ich mich mit Zuhair. Zuhair kannte sich in Damaskus aus, und ich bat ihn, Abu Dschihad aufzusuchen und zu fragen, ob wir unsere »Ausbildung« beenden und aufbrechen könnten. Zuhair kam mit der Nachricht zurück, dass es am 28. Juli losgehen würde.

Am festgelegten Tag brachten Jeeps zehn Mann von unserer Gruppe nach El Hameh, das Ausbildungscamp für Fatah-Partisanen. Dort erwarteten uns Abu Dschihad und noch jemand, dessen persönliche Bekanntschaft ich im Jahr zuvor am Telefon gemacht hatte: Yassir Arafat. Viel gibt es über unsere erste Begegnung nicht zu sagen. Er trug an diesem Tag nicht sein berühmtes Tuch, sondern einen kakifarbenen Kampfanzug und eine Militärkappe, zeigte sich gut gelaunt, sprach mich in seiner jovialen Art mit Namen an, war aber auch zu allen anderen sehr freundlich und umarmte jeden, nachdem er uns einige aufmunternde Worte mit auf den Weg gegeben hatte. Als er vor mir stand, sagte er, als er seine Umarmung löste: »In Palästina sehen wir uns wieder.«

Als jeder seine Ausrüstung beisammen hatte, bekamen wir einen Ortskundigen als Führer zugeteilt und bestiegen einen Mannschaftswagen, der uns zur syrisch-jordanischen Grenze brachte. Dort wechselten wir das Fahrzeug und fuhren in einem Lkw der irakischen Armee weiter durch den Norden Jordaniens, bis wir unser Ziel erreichten: den Ort Karame auf der Höhe von Jericho. Ganz in der Nähe musste der Jordan fließen.

Das erste Malheur passierte, noch während wir vom Lkw sprangen. Unterdessen war es tiefe Nacht geworden, es mochte gegen 1 Uhr morgens sein, und als einer von uns in der Dunkelheit stolperte, löste sich ein Schuss aus seiner Waffe. Niemand wurde verletzt, aber im nächsten Moment hörten wir jemanden in unserer Nähe rufen: »Wer da?« – »Bei Gott, wir sind Brüder!«, antwortete unser Führer. Es war eine jordanische Patrouille. Hätte sie geschossen, wäre es mit uns aus gewesen.

Sie kamen näher – nette, junge Soldaten – und forderten uns auf, so schnell wie möglich jordanischen Boden zu verlassen. Wenn wir unbedingt ins Westjordanland wollten, sollten wir das bald erledigen. In der Finsternis war allerdings nicht daran zu denken, den Jordan zu durchqueren. Nicht, dass der Fluss zu dieser Jahreszeit tief oder reißend gewesen wäre, aber wir hatten Leute dabei, die nicht schwimmen konnten, dazu das Gepäck und die Waffen, und waren deshalb erleichtert, dass die Jordanier uns schließlich eine Frist bis Tagesanbruch einräumten. Gottlob trug nicht ich die Verantwortung für dieses Unternehmen. Abu Dschihad hatte es ratsam gefunden, Zuhair mit der militärischen Führung dieser Aktion zu betrauen, weil der sich in unserem Operationsgebiet auskannte, und ich war mit dieser Entscheidung sofort einverstanden gewesen. Mir war im Westjordanland ja alles fremd.

Am Morgen machte sich Zuhair mit einem zweiten Mann auf den Weg in die nächste Ortschaft Karame, um ein Seil für die Jordandurchquerung und Säcke zum Verstauen der Waffen zu kaufen. Als sie nach zwei Stunden noch nicht zurück waren, wurden wir unruhig; schließlich widersprach es den Waffenstillstandsvereinbarungen, palästinensische Partisanen frei herumlaufen zu lassen. Wie sich herausstellte, waren die beiden von einem jordanischen Offizier aufgehalten worden, der uns aufgefordert hatte, unverzüglich aus Jordanien zu verschwinden. Also beschlossen wir, vormittags um elf, am helllichten Tag, den Jordan zu durchqueren. Eine törichtere Entscheidung ist kaum vorstellbar, aber wir hatten keine Wahl. Wir konnten nur hoffen, dass der Siegesrausch die Israelis zur Unaufmerksamkeit verleiten würde.

Vorerst ging auch alles gut. Unser Führer watete voraus und befestigte das Seil am gegenüberliegenden Ufer, dann folgten wir Übrigen. Ich stieg als Letzter ins Wasser, um die Nichtschwimmer im Auge zu behalten. Zum Glück war die Strömung gering, denn trotz des sommerlichen Niedrigwassers reichte uns das trübe, grüne Jordanwasser an der tiefsten Stelle bis zur Brust. Als alle das andere Ufer erreicht hatten, löste der Führer das Seil und warf es in den Fluss.

Noch vier Wochen zuvor hätten wir uns jetzt auf jordanischem Gebiet befunden. Mittlerweile war auch dieser Teil Palästinas von Israel besetzt. Ohne einer Menschenseele zu begegnen, gelangten wir zu einem Orangenhain in den

Außenbezirken von Jericho, wo wir unsere Waffen vergruben, um beweglicher zu sein. In der Nacht richtete ein israelisches Patrouillenfahrzeug seine Scheinwerfer genau auf uns; wir konnten uns nur auf den Boden pressen und hoffen, dass sie uns im hohen Gras zwischen den Orangenbäumen nicht entdeckten. Wir hatten Glück.

Am nächsten Morgen trieb Zuhair in Jericho Leute auf, die uns in drei Autos zu unserem Einsatzgebiet fuhren, Richtung Südwesten an Bethlehem vorbei bis in die Gegend von Hebron. Unser Auftrag war ziemlich allgemein gehalten; er lautete, Anschläge auf israelisches Militär zu verüben. Das jeweilige Ziel sollten wir mit unserer Führung in Damaskus abstimmen, aber es wäre gar nicht so leicht gewesen, mit Abu Dschihad oder Arafat Verbindung aufzunehmen, denn Telefone waren eine Seltenheit. Der Gegner, den es zu bekämpfen galt, war jedenfalls die allgegenwärtige israelische Armee, und die war leicht zu treffen. Ihre Patrouillen bewegten sich in Jeeps unbefangen über die Bergstraßen, wo sie zu langsamer Fahrt gezwungen waren und ein bequemes Ziel abgeben würden.

War es Unerfahrenheit, Arglosigkeit, Leichtsinn? Jedenfalls verteilten wir zehn uns jetzt erst einmal auf die Familien jener drei Kameraden, die aus Hebron und Umgebung kamen. Ich landete im Elternhaus von Zuhair, genoss die überströmende Gastfreundschaft einer Beduinenfamilie, und dann kamen sie von allen Seiten, das halbe Dorf, um uns willkommen zu heißen. Wie ein Lauffeuer hatte sich herumgesprochen, dass Zuhair zurückgekommen sei. Jetzt wusste also auch hier jeder Bescheid. Der nächste Fehler. Wahrscheinlich der entscheidende. Natürlich hätten wir ohne Umschweife in die Berge gehen müssen.

Nach drei schönen Tagen in den Familien unserer Kameraden fanden wir es an der Zeit, die Waffen zu holen. Unser Führer Hammad und ich sollten das übernehmen. Ein Taxifahrer, der Zuhairs Vertrauen genoss, brachte uns nach Jericho; den Rest des Weges bis zum Orangenhain legten wir zu Fuß zurück. Wir gruben die Gewehre aus und verbrachten im Schutz des Hains auch die Nacht. Als der Taxifahrer anderntags wie verabredet um die Mittagszeit kam, verstauten wir die Hälfte unserer Gewehre in seinem Kofferraum – mehr passten nicht hinein – und schickten ihn damit nach Hebron zu Zuhair. Am folgenden Tag sollte er zur gleichen Zeit wiederkommen, um uns beide und den Rest der Waffen mitzunehmen, doch am anderen Morgen wurde Hammad plötzlich nervös, wollte nicht mehr warten und schlug vor, dem Taxifahrer auf der Landstraße Richtung Jericho entgegenzugehen.

Wir waren noch keinen Kilometer gelaufen, als ein Kleinflugzeug am Himmel auftauchte und direkt über uns hinwegflog. Hammad beruhigte mich, das habe nichts zu bedeuten. »Nur nicht weglaufen«, sagte er. Wir gingen weiter. Das Flugzeug kam zurück, flog noch einmal im Tiefflug über unsere Köpfe, und Minuten später hörten wir Motorengeräusch von weit her, aber in der Stille deutlich vernehmbar. Es war ein sonores Brummen wie von einer Lkw-Kolonne. Kurz darauf sahen wir Jeeps und Militärlaster in einer langen Reihe über eine Hügelkuppe auf uns zukommen, sicherlich ein Dutzend Fahrzeuge, und damit fand unser Kampfeinsatz ein Ende, noch bevor wir dazu gekommen waren, den ersten Schuss abzugeben (sieht man von dem ab, der sich beim Aussteigen versehentlich gelöst hatte).

Im Gefängnis von Jericho wurde uns klar, dass die Israelis an diesem Tag, dem 5. August, die ganze Gegend durchkämmten und jeden Zivilisten gefangen nahmen, der sich auf der Straße zeigte. In unserer Gefängniszelle saßen wir mit mindestens dreißig anderen. Noch glaubte ich allerdings, nichts zu befürchten zu haben. Zweifellos befanden wir uns in einer ungemütlichen Lage, schon wegen der Enge, der Hitze, des Drecks, des Gestanks in der Zelle, aber Sorgen machte ich mir keine – was konnten sie uns schon nachweisen? Irgendwann riefen sie Hammad heraus. Später verlangte ich, zu einem Arzt gebracht zu werden, weil ich seit der ersten Nacht im Freien Schwierigkeiten mit dem Wasserlassen hatte. Es war ein altes Gefängnis der Engländer, die Zellen gingen alle von einem Innenhof ab und hatten Gittertüren aus Eisenstäben. Auf dem Rückweg vom Arzt entdeckte ich hinter einer dieser Türen Hammad. Vielleicht wusste er inzwischen mehr. Ich blieb kurz bei ihm stehen. »Sie haben alle verhaftet«, murmelte er. »Sie haben auch die Waffen gefunden. Wir sind verraten worden.« In diesem Augenblick befiel mich wie eine plötzliche Übelkeit die Angst.

Am späten Nachmittag holten sie mich aus meiner Zelle und führten mich in einen größeren Innenhof voller Soldaten, die alle gleichzeitig ihre Gewehre auf mich anlegten. In ihrer Mitte saß ein Offizier auf einer Apfelsinenkiste. Meine Wächter dirigierten mich zu ihm, und als ich vor ihm stand, wandte er sich in einem polnisch gefärbten Deutsch an mich: »Siehst du das hier?« Er machte eine Handbewegung, als wollte er mir seine Kompanie vorstellen. »Ein Fluchtversuch, und du bist tot.« Dann bemerkte ich, wie Zuhair neben mich trat; auch ihm stand das Entsetzen ins Gesicht geschrieben. Im nächsten Moment fesselten uns Soldaten mit Handschellen aneinander und führten uns ab, und nach zwei Stunden bangen Wartens wurden wir bei Einbruch der Nacht in einen Jeep gesetzt.

Die Fahrt dauerte ewig. Die Ungewissheit über ihr Ziel und die Befürchtung, dass sie ein schlimmes Ende nehmen werde, können aus einer kurzen Reise eine sehr lange machen. Als wir schließlich im Gefängnis von Hebron ankamen, rechnete ich damit, zusammengeschlagen zu werden, aber nichts dergleichen geschah. Zuhair und ich wurden in eine Zelle gesperrt, und in derselben Nacht noch wurde ich zum Verhör geholt.

Der Geheimdienstmann, dem ich für die nächsten Stunden gegenübersaß, hatte nichts von einem brutalen Verhörspezialisten an sich. Er war ein seriöser älterer Herr, eine durchaus Vertrauen erweckende Erscheinung. Er sprach reinstes palästinensisches Arabisch, und er eröffnete das Verhör mit einem Überraschungsangriff. »Was ist bloß aus dir geworden?«, begann er, beinahe väterlich besorgt. »Wieso lungerst du hier herum und spielst den Wegelagerer? Hat dich dein Vater nicht nach Deutschland geschickt, damit du Medizin studierst? Stattdessen tauchst du hier mit einer Waffe auf. Was willst du mit dieser Waffe? Wozu, glaubst du, kann dir ein Gewehr nützen?« Er fragte mich nach meinem Auftrag. Ich tischte ihm die Geschichte vom besorgten Sohn auf, der seine Eltern besuchen will, und spürte, wie mir der Mund trocken wurde.

So trocken, dass ich kaum ein Wort mehr herausbrachte. Ob ich ein Glas Wasser haben könne, fragte ich ihn. »Wasser? Warum?«, wollte er wissen. Ich sagte es ihm. »Weißt du, warum einem der Mund austrocknet?«, hakte er nach. »Weil man Angst hat«, sagte ich. »Nein, weil man lügt.« Gut, ich erhielt mein Glas Wasser, und dann legte er los. Er schien alles über mich zu wissen. Er überrumpelte mich mit immer neuen und durchaus zutreffenden Einzelheiten aus meinem Leben in Frankfurt; selbst meine Frühstücksgewohnheiten behauptete er zu kennen. In dieser Hinsicht kann man sich auf die Israelis wirklich verlassen – alles, was sie anfassen, ist von langer Hand vorbereitet und perfekt geplant. Trotzdem machte er einen Fehler. Er ließ einfließen, dass ich ein guter und fleißiger Student sei, und da verstand ich: Hundertprozentig zuverlässig waren auch seine Informationen nicht.

Ich überlegte. Sie hatten uns alle verhaftet. Sie hatten unsere Waffen gefunden. Eigentlich gab es keinen Grund mehr, irgendetwas abzustreiten. Warum bekannte ich mich nicht zu unseren Absichten? Was hinderte mich noch, ihm die Wahrheit zu sagen? Ich fasste mir ein Herz. »Wir sind gekommen, um gegen Israel zu kämpfen«, sagte ich – und das Erstaunliche geschah: Er ließ sich auf eine Diskussion mit mir ein, eine Debatte über Sinn und Unsinn des palästinensischen Widerstands. Und während er sich alle Mühe gab, mich von der Aussichtslosigkeit unseres Kampfs zu überzeugen, vertrat ich meinen Standpunkt, ließ mich nicht einschüchtern, gab nicht nach und fand mit der Zeit tatsächlich zu immer größerer Selbstsicherheit zurück. Ich gewann sogar den Eindruck, dass er mich ernst nahm. Ernster als zu Beginn des Verhörs jedenfalls.

Als ich vom Verhör zurückkam, war Zuhair nicht allein in der Zelle. Sie hatten Adnan gebracht, den Pechvogel, aus dessen Waffe sich in der ersten Nacht der Schuss gelöst hatte. Adnan sah übel zugerichtet aus. Er war als Erster verhaftet und zusammengeschlagen worden. Ich berichtete vom Verlauf meines Verhörs und verschwieg auch nicht, dass ich mich zu unseren Absichten und Zielen bekannt hatte. Anderntags wurde Said, ein weiterer aus unserer Gruppe, in unsere Zelle gesteckt, und gemeinsam legten wir die Strategie fest, die wir bei allen künftigen Verhören verfolgen wollten, nämlich die Grundideen der Fatah konsequent zu vertreten und nach jedem Verhör die anderen über alles zu unterrichten, was zur Sprache gekommen war. So hielten wir es von nun an – und diskutierten hinterher in der Zelle stundenlang, wie unsere Strategie noch zu verbessern wäre. Die gute, alte Frankfurter Schule ...

Jedes Mal war die erste Frage: »Warum seid ihr gekommen?« Und jedes Mal war unsere letzte Frage: »Warum seid *ihr* gekommen?« Und in den nächsten Wochen wurden wir immer gelassener, selbstsicherer, sodass uns die Frage, was sie mit uns vorhatten, kaum noch beunruhigte. Aber auch die Israelis änderten ihr Verhalten und behandelten uns mit wachsendem Respekt. Gewiss, als Partisanen hatten wir kläglich versagt, dennoch dürften sie Gefangene wie uns noch nie erlebt haben: palästinensische Studenten aus Europa, aus Deutschland, die ein gutes Leben hinter sich gelassen und allerhand auf sich genommen hatten, um ihren Beitrag zur Befreiung Palästinas zu leisten, die ihrer Sache sicher und obendrein diskussionserprobt waren, abgehärtet durch lange Frankfurter Nächte. Sie begannen, sich ernsthaft für uns zu interessieren, und wechselten die Taktik. Mit einem Mal saß uns bei den Verhören kein Offizier mehr gegenüber, sondern ein Historiker, ein Professor für arabische Geschichte, ein Professor für die Geschichte des Judentums, ein Psychologe, ein Militärexperte, also Fachleute, die zwar alle für den Geheimdienst arbeiteten, aber statt uns auszufragen Vorträge hielten, Vorträge über die Hintergründe und Auswirkungen des Nahostkonflikts. Wir hatten sie dazu gebracht, uns beinahe wie ihresgleichen zu behandeln. Nach zwei Monaten wurden wir ein weiteres Mal verlegt, von Hebron ins Gefängnis von Bethlehem, und hier gingen sie wieder anders und noch raffinierter vor.

Bei dem täglichen Prozedere, das nun in keiner Weise mehr an ein normales Verhör erinnerte, saßen Zuhair, Adnan, Said und ich gemeinsam an dem einen Ende eines langen Tisches, während am anderen nun gewöhnliche israelische Bürger Platz nahmen, mal fünf, mal acht im Laufe eines Tages, und in Gegenwart von zwei Offizieren ihre Lebensgeschichten erzählten. Da traten Juden aus Polen, aus Griechenland, aus Marokko, aus Russland, aus dem Jemen auf, jeder mit seinen ganz persönlichen Gründen, die alte Heimat zu verlassen und nach Israel auszuwandern, und so schälten sich aus der anonymen Masse unserer Feinde und Unterdrücker nach und nach einzelne Gestalten mit individuellen Lebensschicksalen heraus. Vielleicht spekulierten unsere Bewacher darauf, dass wir diesen Menschen unser Mitgefühl nicht versagen könnten – worum es aber eigentlich ging, war Folgendes: Aus den Erzählungen der Israelis entspannen sich Unterhaltungen, in deren Verlauf wir unsererseits die eigenen Lebensgeschichten preisgaben. Nach einer Weile sprach ich tatsächlich über alles, was mir je etwas bedeutet hatte: meine Familie, meinen Vater, meine Erlebnisse und meine Beweggründe. Adnan, Zuhair und Said ging es nicht anders.

Und dann saß eines Tages mein Vater am anderen Ende des langen Tisches. Er hatte in Jerusalem in der Al-Aksa-Moschee gebetet und die Genehmigung erhalten, mich im Gefängnis zu besuchen. »Dein Sohn Abdallah fürchtet dich mehr als uns«, sagte der anwesende israelische Offizier auf Arabisch zu ihm. In dieser Stunde hatte ich allerdings eher Angst *um* ihn als *vor* ihm, denn mein Vater wirkte müde, verstört. Das war nicht der stolze, unnahbare Mann, den ich kannte, fürchtete und liebte, und er klang niedergeschlagen, als er das Wort an mich richtete. »Mein Sohn«, sagte er, »ich habe dich nach Deutschland geschickt, damit du in einem weißen Kittel nach Hause zurückkehrst, und jetzt bist du mit einem Gewehr zurückgekommen. Was soll aus dir werden?« Ich ertrug diese Traurigkeit in seiner Stimme, ich ertrug auch diesen Anblick nicht. Er, den ich immer noch wie einen halben Gott verehrte, war kurz davor, aus Sorge um mich Schwäche zu zeigen. Das musste ich verhindern. »Du hast uns gelehrt, die Heimat zu lieben«, antwortete ich ihm. »Du hast selbst gekämpft und trägst die Spuren dieses Kampfes noch an dir. Ich tue jetzt nichts anderes, als was du an meiner Stelle getan hättest…« Und während ich sprach, verwandelte er sich, richtete sich auf, lächelte sogar, nahm die altvertraute Haltung wieder an, und plötzlich schien es mir, als würde ich ihm Respekt abnötigen. Sein Blick sagte mir jedenfalls, dass ich in seiner Achtng gestiegen war. Womöglich war er stolz auf mich. Zum ersten Mal im Leben …

Viel hatte er mir nicht zu sagen, aber er versprach, nichts unversucht zu lassen, um uns herauszuholen. Ich war überglücklich, ihn beim Abschied wieder so zu erleben, wie ich ihn in Erinnerung hatte, und als ich ihm die Hand küssen wollte, zog er mich zu sich heran und flüsterte mir ins Ohr: »Gut so. Bleib stark.« Dann drehte er sich um und verließ den Raum.

Die Verhöre gingen in der beschriebenen Form weiter. Im Grunde liefen sie auf ein zähes Ringen um unsere Seelen hinaus. Jeder gewöhnliche Israeli, den sie uns präsentierten, war als ein Argument für den Staat Israel gemeint, für die Dinge, wie sie nun einmal lagen. Mit anderen Worten: Sie wollten uns weichkochen, und der Widerstandskampf, zu dem wir aufgebrochen waren, spielte sich in diesen Monaten in unserer eigenen Brust ab. Bis dahin war ich Juden ja nur in Gestalt von Besatzungssoldaten begegnet, während des Suezkriegs in Gaza. Damals war es nicht zum Gespräch gekommen, und in Deutschland wusste man einfach nicht, wer Jude war, dort gab man sich nicht zu erkennen. Hier im Gefängnis machte ich also eine ganz neue Erfahrung: Ich lernte Juden als Menschen kennen und im Licht persönlicher Schicksale zu sehen. Damals erhielt ich den ersten Anstoß, meine Einstellung den einzelnen Juden gegenüber zu überdenken.

Aber auch für den Augenblick war der Ertrag dieses Verfahrens größer als der gewöhnlicher Verhöre, und zwar für beide Seiten. Die Rechnung der Israelis ging insofern auf, als sie auf diese Art tatsächlich tiefe Einblicke in die Mentalität und Denkweise jener erhielten, die sie als ihre Feinde betrachteten. Doch auch wir haben unsere Chance genutzt, indem wir die Sache Palästinas – wahrscheinlich nicht überzeugend, aber immerhin unerschrocken – vertraten, nicht weniger beredt als auf einer Podiumsdiskussion in Deutschland. Es hat Kraft gekostet, sich nicht auf ihre Sicht der Dinge einzulassen, aber wir haben diese Kraft aufgebracht.

Waren sie nach vier Monaten zu dem Schluss gelangt, aus uns klug geworden zu sein? Jedenfalls drohten sie an, uns zu erschießen, sollten wir ihnen noch einmal in die Hände fallen – und ließen uns Anfang November frei. Mir überreichten sie zum Abschied sogar das Fläschchen Eau de Toilette der Marke Tabac, das sie in dem Sack gefunden hatten, in dem ich mein Gewehr und meine Munition verstaut hatte. Einer, der mit seinem Eau de Toilette in den Kampf zieht? Vielleicht schätzten sie ja auch die Bedrohung, die von einem solchen Partisanen ausgeht, nicht besonders hoch ein.

Wo gehöre ich hin?

»In Palästina sehen wir uns wieder«, hatte Arafat zu mir gesagt, als wir zu unserem Einsatz aufbrachen. Zu diesem Wiedersehen war es nicht gekommen. Aber Arafat hielt sein Wort und ging, während wir im Gefängnis saßen, ins Westjordanland, richtete in einer Höhle bei Jenin seinen Befehlsstand ein und koordinierte von dort aus den Widerstand. Seither hatte die Fatah Erfolge zu verzeichnen.

Wir waren ja nicht die einzige Gruppe, die in den Monaten nach dem Sechstagekrieg in diesem Teil Palästinas aktiv war. So meldeten sich auch viele palästinensische Studenten aus Ägypten zum Kampfeinsatz und führten von Syrien oder Jordanien aus Aktionen gegen Israel durch. Andere Partisanengruppen setzten sich aus jungen Palästinensern zusammen, die in Spanien und Lateinamerika studierten. Beinahe wäre es Arafat in diesen Tagen übrigens wie uns ergangen. Sein sechster Sinn für Gefahr rettete ihn im letzten Augenblick, als israelische Soldaten bei Nablus in das Haus eindrangen, das ihm gerade als Versteck diente. Alles, was sie vorfanden, war sein Mittagessen auf dem Küchentisch – Arafat musste nur Minuten vorher das Weite gesucht haben. Dies ist ein frühes Beispiel für die zahllosen misslungenen Versuche der israelischen Sicherheitskräfte, ihn auszuschalten. Niemand weiß genau, wie vielen Anschlägen Arafat entgangen ist, wie viele Mordanschläge er überlebt hat – von einigen wird noch zu berichten sein.

Für die Bewohner des Westjordanlands hatte die israelische Besetzung furchtbare Folgen. Dasselbe trifft auf die Menschen in Gaza zu, denn mit dem Sinai hatte Israel auch den Gazastreifen erobert. Noch einmal 350 000 Flüchtlinge suchten nach dem Sechstagekrieg hauptsächlich in Jordanien, Syrien und dem Libanon Zuflucht, darunter viele, die das Trauma der Vertreibung nun schon zum zweiten Mal erlebten. Und für jene 750 000 Palästinenser, die in ihrer Heimat blieben, galt von nun an militärisches Besatzungsrecht: Die Verwaltung der besetzten Gebiete unterstand israelischen Offizieren, die sich den Palästinensern gegenüber nach Gutdünken verhielten. Die täglichen Schikanen und Demütigungen provozierten in Gaza einen derartigen Widerstand, dass die Israelis dort Anfang 1971 eine groß angelegte Militäraktion unter Ariel Scharon durchführten und Flüchtlingslager unter Beschuss nahmen. Anschließend verbreiterten sie die Straßen in Gaza und schlugen mithilfe von Planierraupen Schneisen in die Flüchtlingslager, sodass ihre Panzer sich freier bewegen konnten.

Später wurde die Militärverwaltung in eine zivile Verwaltung überführt, die aber weiterhin eng mit der Armee zusammenarbeitete. Dann erhielten die Palästinenser in den besetzten Gebieten die Möglichkeit, in Israel zu arbeiten, und mit der Hoffnung auf eine Besserung der verzweifelten wirtschaftlichen Lage flaute der Widerstand ab. Im Sinne einer klugen Entspannungspolitik wäre es jetzt gewesen, den Palästinensern Selbstverwaltung und freie Wahlen zuzugestehen, denn Bewegungsfreiheit und politische Eigenständigkeit hätten den Widerstandsgruppen aller Wahrscheinlichkeit nach den Wind aus den Segeln genommen. Aber es war nicht das Ziel der israelischen Besatzungspolitik, friedliche Verhältnisse zu schaffen. Vielmehr schien Israel daran zu liegen, möglichst unerträgliche Lebensbedingungen herbeizuführen, jedenfalls setzte sich die Drangsalierung und Entrechtung der palästinensischen Bevölkerung auch unter der zivilen Verwaltung fort.

Nur zwei Beispiele für diese Politik: Wie schon 1948 erließ Israel auch 1967 ein Militärgesetz, das das Eigentum von »nicht anwesenden Personen« im Gazastreifen und im Westjordanland unter israelische Verwaltung stellte. Aus einem Unrecht wurde also ein zweites abgeleitet, denn für die Abwesenheit dieser Personen waren die Israelis verantwortlich. Und nicht anders als 1948 lief die Güterverwaltung durch Israel auch diesmal in 90 Prozent der Fälle auf eine Enteignung der Flüchtlinge und Vertriebenen hinaus. Was sie in der Praxis unter der Verwaltung fremden Eigentums verstanden, demonstrierten die Israelis gleich nach dem Ende des Sechstagekriegs: Sie sprengten arabische Wohnviertel in Ost-Jerusalem, wie sie einst palästinensische Dörfer gesprengt hatten, und machten auf diese Weise deutlich, dass sie auch den arabischen Teil der Stadt für sich reklamierten.

Der materiellen Enteignung folgte die geistige Enteignung. Die israelische Regierung redete ihren Bürgern ein, den Gazastreifen von den Ägyptern und das Westjordanland von den Jordaniern befreit zu haben, sprach daher von »befreiten Gebieten«, wenn die besetzten palästinensischen Gebiete gemeint waren, und fand später für das Westjordanland die historische, der eigenen Geschichte entnommene Bezeichnung Judäa und Samaria. Israel verfolgte mit dieser verschleiernden Sprachregelung ein doppeltes Ziel: Mit der Fiktion, man habe lediglich einen weiteren Teil der alten Heimat zurückerobert, sollte einerseits das Gewissen der eigenen Bevölkerung beruhigt werden, und andererseits wurden die Palästinenser auf diese Weise zu Fremden auf ihrem eigenen Boden gestempelt, zu Fremdkörpern, die allenfalls auf Duldung hoffen konnten.

Wieder zeigte sich, dass Israel gegenüber den Palästinensern nur die Politik der eisernen Faust kannte. Es gibt kein Volk, das sich unablässige Demütigungen gefallen lässt, und ein Volk mit der langen Widerstandsgeschichte der Palästinenser fügt sich besonders schwer in die Rolle des still leidenden Opfers. Mit anderen Worten: Die Entrechtungspolitik Israels war Wasser auf die Mühlen der Befreiungsbewegungen. Die Leute wurden von den Israelis geradezu in die Arme derer getrieben, die jetzt erst recht den bewaffneten Kampf propagierten. Schon damals tauchte der Verdacht auf, Israel brauche die Bedrohung durch einen äußeren Feind.

Angesichts der allgemeinen Lage in den besetzten Gebieten erschien unsere Freilassung wie eine Vorzugsbehandlung, die misstrauisch machen musste. Jedenfalls zerbrachen wir uns noch im Gefängnis von Bethlehem die Köpfe darüber, welche Gründe sie dafür gehabt haben könnten, uns einfach laufen zu lassen. Hielten uns die Israelis zugute, dass wir gar nicht zum Einsatz gekommen waren? War es eine Demonstration ihres unerschütterlichen Selbstbewusstseins? Vielleicht konnten sie sich einfach unsere Freilassung angesichts ihrer Stärke leisten. Wahrscheinlicher allerdings war, dass sie uns damit bei unseren eigenen Leuten in Verruf bringen wollten. Lag es nicht nahe, dass sie einen Preis für unsere Freilassung verlangt hatten? Der Verdacht, wir könnten uns zu Gegenleistungen verpflichtet haben, musste bei unseren Freunden in Deutschland jedenfalls aufkommen. Und er kam auf.

Kaum nach Frankfurt zurückgekehrt, stellte ich fest, dass im Studentenverein über mich geredet wurde. Dass man im Studentenverein meine Mitarbeit plötzlich nicht mehr so gern sah wie früher. »Die Israelis haben Abdallah freigelassen? Was steckt dahinter? Nicht, dass wir ihm misstrauen würden, aber um dem Gerede ein Ende zu setzen ...« Auf Arabisch sagt man: Durch das gute Wort schimmert das böse durch. Selbst ein guter Freund riet mir, mich einstweilen jeder politischen Betätigung zu enthalten, um Irritationen zu vermeiden und Gerüchten entgegenzuwirken. Und dann tauchte jemand bei mir auf, der es unverblümt aussprach: »Abdallah, du solltest besser in die DDR gehen.«

Ich hatte nicht die Absicht, in die DDR zu gehen. Ich war nicht einmal sicher, ob ich in Frankfurt bleiben sollte. Wenn ich ehrlich war, stellte sich mir die Frage, welche Absicht ich jetzt überhaupt hatte – als vermeintliches Sicherheitsrisiko, als gescheiterter Freiheitskämpfer, als erfolgloser Student? Aufgeben? Aussteigen? Ich bin kein Einzelgänger. Isoliert zu sein, abgeschnitten zu sein – alles in mir sträubt sich gegen diese Vorstellung. Mein Familieninstinkt lässt mir keine andere Wahl, als den Anschluss an eine Gruppe zu suchen, in der zumindest dieser grundsätzliche Zusammenhalt herrscht, der eine Familie zu einem Ort der Geborgenheit macht. Wie die Dinge lagen, war mein Verhältnis zu meinen Freunden in Frankfurt im Augenblick gestört. Ihr Misstrauen verletzte mich, aber was mir noch weniger Ruhe ließ, war der Misserfolg meines Einsatzes in Palästina. Ich beschloss daher, nach Damaskus zu fliegen, wo eine Gruppe von Männern saß, mit der ich als Allererstes ins Reine kommen musste, die Führungsspitze der Fatah. Ich hatte vor, mit ihnen über die Ursachen für das Scheitern unseres Kommandounternehmens zu sprechen. Heute meine ich allerdings, dass mich ein anderes Problem damals noch stärker bewegte, nämlich die Frage: Wo gehöre ich hin?

Ich erkundigte mich bei den drei anderen, ob sie mitfliegen würden. Zuhair und Adnan ließen mich wissen, dass sie sich künftig auf ihr Studium konzentrieren wollten. Said war der Einzige, der sich vorstellen konnte, weiterzukämpfen. Im Februar 1968 begleitete er mich nach Damaskus.

Ein paar Worte zu Said an dieser Stelle. Said war der Alain-Delon-Typ. Er sah unverschämt gut aus, lief immer mit Sonnenbrille herum, zeichnete sich aber vor allem durch ein eigenartiges Verhältnis zur Wirklichkeit aus. Mit der Zeit kamen wir dahinter, dass er sich viele seiner Geschichten zusammenfantasierte, ja, dass er selten den Mund aufmachte, ohne zu lügen. So erzählte er uns eines Tages, sein Vater sei mit einer Italienerin verheiratet und lebe mit ihr in Rom. Im Gefängnis kam dann heraus, dass seine Mutter eine Beduinin war – sie besuchte ihn nämlich eines Tages. »Meine Mutter? Eine Italienerin? Habe ich nie behauptet«, kommentierte er unsere Entdeckung. Aber er war ein gutmütiger, netter Kerl; seine Lügen verdankten sich seiner überschäumenden Fantasie, und deshalb ging mir das, was mit ihm in Damaskus geschah, sehr nahe. Ähnliches konnte einem in Syrien allerdings leicht widerfahren; ich selbst habe später vergleichbare Situationen nur mit viel Glück überlebt.

Gleich nach unserer Landung in einem winterlich grauen, feuchtkalten Damaskus setzte ich mich mit Abu Dschihad in Verbindung. Er versprach, ein Treffen mit dem Zentralkomitee der Fatah zu arrangieren. »Das machen wir«, sagte er, »aber morgen möchte euch erst einmal der Chef des syrischen Geheimdienstes sprechen.« Gründe nannte er nicht. Said und ich gingen hin.

Der Mann, der uns in einer düsteren syrischen Amtsstube hinter seinem Schreibtisch sitzend erwartete, war mir vom ersten Augenblick an unsympathisch – ein aufgeblasener Knirps, der sein Selbstbewusstsein aus den Sternen auf seinen Schulterklappen bezog. Mir gefiel auch nicht, wie er seine Fragen stellte, nämlich so, dass klar war, welche Antwort er erwartete. Im Verlauf des Gesprächs gab er Nasser die Schuld an der Niederlage im Sechstagekrieg, stellte ihn als Versager hin und deutete sogar an, es habe sich hier um ein Komplott zwischen Nasser und den Israelis gehandelt. Als er das hörte, gab Said alle Zurückhaltung auf und sagte: »Wir haben in Israel festgestellt, dass sich die Israelis nur vor einem fürchten – vor Nasser.« Er hatte diesen Satz kaum ausgesprochen, da versteinerte das Gesicht unseres Gegenübers.

Nach etwa einer Stunde konnte und wollte ich diesem Mann nicht länger Rede und Antwort stehen und fragte, ob wir gehen könnten. Er sah mich an. »Du kannst gehen«, sagte er. »Mit deinem Freund möchte ich mich noch unterhalten.« Ich ging ins Hotel und wartete dort, aber Said kam nicht. Nach zwei Stunden rief ich Abu Dschihad an, der zusagte, sich um den Fall zu kümmern, doch nichts geschah; Said tauchte weder am Abend noch in der Nacht auf. Am Morgen fuhr ich zu Abu Dschihad. »Die Syrer haben ihn festgehalten«, sagte er. »Sie glauben, dass er eure Gruppe verraten hat.« Anderntags teilte er mir mit, dass sie Said gefoltert hätten. Aufs Höchste beunruhigt folgte ich der Einladung von Abu Dschihad zum Mittagessen im Haus von Faruk Kadumi.

Bis auf Abu Iyad und Abu Mazen (Abbas) war tatsächlich das gesamte Zentralkomitee dort versammelt. Von der Höhle des Löwen zu sprechen, wäre weder angemessen noch fair, aber … Nie zuvor hatte ich vor einem solchen Gremium gesprochen, und wenn ich einen Vortrag vor dem ZK der KPD-SU hätte halten müssen, wäre ich nicht nervöser gewesen. Zudem war mein Auftritt von einer gewissen Brisanz, denn ich wollte die Bilanz eines stümperhaft vorbereiteten und allzu sorglos durchgeführten Unternehmens ziehen, dessen Schwachpunkte ich mir säuberlich notiert hatte: die miserable militärische Ausbildung, die unklaren Anweisungen, die verrückte Idee, bei Familien zu wohnen, wo sich unsere Ankunft in Windeseile herumsprechen musste, der schlechte Zustand unserer Waffen, und, ganz nebenbei, die Kommuniqués, die unsere Seite veröffentlichte – völlig übertrieben und teilweise schlicht erfunden. Aber warum sollte uns im militärischen Bereich nicht gelingen, was wir mit dem Aufbau einer hervorragend funktionierenden Studentenorganisation geschafft hatten? Ich hoffte, zumindest einige wertvolle Erfahrungen beisteuern zu können.

Es gab ein außerordentlich reichhaltiges arabisches Essen, jeder füllte sich seinen Teller, zog sich damit in einen Sessel zurück, und nachdem sich beim Kaffee die gewohnte Atmosphäre entspannter Zufriedenheit eingestellt hatte, erteilte mir Abu Dschihad das Wort.

Ich war gerade mit den ersten kritischen Bemerkungen auf unsere militärische Ausbildung eingegangen, als Arafat sich in seinem Sessel aufrichtete und ziemlich unwillig dazwischenfuhr: »Jeder Kämpfer ist für den Verlauf seines Unternehmens selbst verantwortlich!« – »Bruder Abu Amar«, erwiderte ich mit der gebotenen Höflichkeit, »wir hatten gar keine Zeit, Verantwortung zu übernehmen. Alles ging im Hauruck-Verfahren über die Bühne. Und dann die Waffen – nicht gesäubert, nicht auf Funktionsfähigkeit überprüft ...« Auch von meiner Entgegnung war Arafat alles andere als begeistert. Und als ich nun auf die schlechte Organisation zu sprechen kam, wurde ich erneut unterbrochen, diesmal durch eine Ermahnung Kadumis. »Ein Partisan kann zur Not auch mit dem Messer kämpfen«, sagte er und erging sich in Erinnerungen an die Anfangszeit des Widerstands, als man im Untergrund noch alles als Waffe benutzt hatte, was einem in die Hände kam. »Warum«, hielt ich Kadumi entgegen, »soll ich mit einem Dolch kämpfen, wenn ich ein Gewehr habe?« Dieser Einwand sorgte abermals für Unruhe, doch jetzt sprang mir Khaled el-Hassan bei. Abu Said, wie wir ihn nannten, war der Bruder meines Freundes Hani el-Hassan und der weitsichtigste Stratege im Zentralkomitee, ein besonnener Mann und scharfsinniger Denker. »Gebt diesem jungen Mann die Chance zu berichten, was er erlebt hat«, sagte Abu Said. »Wir müssen doch fähig sein, ihm zuzuhören.« Von nun an ließ man mich ausreden. Dann übergab ich meine Notizen und verabschiedete mich.

In der Nacht darauf schlief ich schlecht, weil Said immer noch nicht aufgetaucht war und mich das Gefühl beschlichen hatte, nicht dorthin zu gehören: nicht zu denen, die sich im Umkreis des Zentralkomitees bewegten, und nicht zu denen, die Aktionen in den besetzten Gebieten durchführten. Ich hatte mir überlegt, weiterzukämpfen, jetzt kam mir beides wie Kraftverschwendung vor – die unfruchtbaren Reibereien, die sich aus einer zu großen Nähe zur Führungsebene ergeben würden, genauso wie die Nadelstiche, die ich dem Gegner als Partisan im besten Fall versetzen könnte. Wäre es nicht das Klügste, nach Deutschland zurückzugehen, in ein Land, wo wir bisher kaum Freunde hatten, und dort für Palästina zu arbeiten?

Gottlob traf Hayel an diesem Tag von einer Chinareise in Damaskus ein. Ich schüttete ihm mein Herz aus, und er schaute mich lange schweigend an. »Ich verstehe dich«, sagte er dann. In derselben Nacht klopfte es an meiner Zimmertür, und Abu Iyad trat ein. »Ich werde nach Deutschland zurückfliegen«, sagte ich ihm. Er fragte nach meinen Gründen, und ich erzählte ihm von unserer Sitzung und meinem Eindruck, dass Kritik zumindest bei Kadumi und Arafat nicht gut ankomme. »Nimm beide nicht ernst«, sagte er. Dann fügte er hinzu: »Mach das, wovon du überzeugt bist.«

Genau darin jedoch bestand mein Problem. Wovon war ich denn noch überzeugt? In meiner Verwirrung kam mir sogar der Gedanke, mich vom Widerstand überhaupt loszusagen. Als ich erfuhr, dass sich mein Vater in diesen Tagen bei meiner Schwester Fatima im jordanischen Erbed aufhielt, einer Ortschaft gleich hinter der syrischen Grenze, zögerte ich keinen Augenblick und fuhr hin.

Ein klärendes Gespräch mit meinem Vater war ohnehin längst fällig, und diesmal war ich auch nur zu gern bereit, auf seinen Rat zu hören. »Am liebsten würde ich ganz aufhören und aussteigen«, sagte ich ihm, als wir uns gegenübersaßen, und rechnete mit seiner Zustimmung. Stattdessen schüttelte er den Kopf. »Das darfst du nicht«, sagte er. »Früher war ich mit deinem Entschluss nicht einverstanden. Inzwischen habe ich gemerkt, wie ernst es dir damit ist. Du solltest jetzt keinen Rückzieher machen. Bleibe dir treu. Bleibe deiner Sache treu. Setze den Weg, den du eingeschlagen hast, fort.«

Ich war froh, mit meinem Vater gesprochen zu haben. Zum ersten Mal konnte ich sicher sein, dass er hinter mir stand. Dankbar und erleichtert fuhr ich zurück nach Damaskus.

Said kam auch in den nächsten Tagen nicht. »Die Syrer sind schwierig«, sagte mir Abu Iyad, als er mich am Tag meiner Abreise noch einmal in meinem Hotelzimmer aufsuchte. »Ich befürchte, er wird für längere Zeit im Gefängnis bleiben.« Dann reichte er mir 50 Dinar, damals 700 DM. Ich lehnte ab, ich hatte Geld von meinem Vater erhalten. Abu Iyad legte die Summe auf den Tisch und ging hinaus. Einen Monat später wurde Said aus dem Gefängnis entlassen. Er ging zurück nach Deutschland und zog sich ganz aus dem Widerstand zurück, ließ aber, nachdem er ein erfolgreicher Geschäftsmann geworden war, bedürftigen palästinensischen Studenten in vielen Fällen großzügige Unterstützung zukommen.

Die Entscheidung für Deutschland, die ich in diesen Tagen in Damaskus traf, war ein Entschluss von großer Tragweite, und das war mir bewusst. Sie war nicht persönlich motiviert. Ich war fünfundzwanzig Jahre alt. Von meinem Studium durfte ich mir nicht mehr viel versprechen. Auch gebunden war ich in Deutschland nicht, und im Studentenverein erwartete mich eine unerfreuliche Auseinandersetzung über meine Glaubwürdigkeit. Im Grunde beruhte meine Entscheidung auf einer einzigen Überlegung: Ich wollte weiterkämpfen, aber ohne Waffen. Ich wollte mit friedlichen Mitteln eine Wirkung erreichen, wie ich sie durch bewaffnete Aktionen nie erzielen könnte. Ich wollte die Deutschen für die Sache Palästinas gewinnen. Das war von nun an meine Aufgabe. Mithin gehörte ich nach Deutschland.

Bevor ich jedoch auf meine Rückkehr und die turbulenten Ereignisse des Jahres 1968 zu sprechen komme, möchte ich kurz auf jenen Mann eingehen, dem ich nun erstmals begegnet war, Abu Iyad. Denn dieser Abu Iyad genoss als Rebell und ausgesprochen eigenwilliger Kopf zeitlebens eine Sonderstellung innerhalb der Fatah.

»Nimm beide nicht ernst«, hatte er zu mir gesagt. Das war typisch für ihn. Gemeint war ja nicht nur Kadumi, gemeint war auch Arafat, mit dem er sich gern auf unterschwellige Rangstreitigkeiten einließ. Zwei ausgemachte Platzhirsche. Die Rangfolge innerhalb der Fatah wies ihm eigentlich den dritten Platz hinter Abu Dschihad zu, doch oft genug bildete Abu Iyad ein Gegengewicht zu Arafat. Der wusste ihn auch stets richtig einzuschätzen – nicht als Konkurrenten, aber auch nicht als Parteisoldaten –, und gelegentlich traten Situationen ein, in denen Arafat es ratsam fand, seinen Platz für Abu Iyad zu räumen. Immer dann nämlich, wenn es für Arafat brenzlig wurde, wenn er sich zu weit vorgewagt hatte und plötzlich im Kreuzfeuer der Kritik stand, trat er einen Schritt zurück, und Abu Iyad stand vorübergehend in dem Rampenlicht, in dem sich Arafat sonst mit größter Selbstverständlichkeit bewegte.

Abu Iyad war ein Mann der ersten Stunde, schon in Kairoer Studententagen ein Mitstreiter Arafats. Vom Typ her eher unscheinbar, untersetzt und füllig – sein Kennzeichen war die Zigarette in seiner Rechten, die nie auszugehen schien –, lief er als Redner zu Höchstform auf. Er war ein Mann der Masse, als Rhetoriker ebenso brillant wie als Erzähler. Dabei ein gnadenloser Taktiker, auch darin Arafat ebenbürtig. Ein Politikmacher eben, kein Befehlsempfänger, und es entsprach den Spielregeln, dass Arafat sein Vorgehen in jedem Fall zunächst mit Abu Iyad abstimmte. Mit anderen Worten: Abu Iyad war der Mann der schweren Aufgaben, der Panzer, der mit Argumenten die Front der Gegner zum Wanken brachte. So fiel ihm zum Beispiel die Aufgabe zu, die linken Gruppen innerhalb der PLO zu zähmen, die kommunistische Partei, die demokratische Front, die Volksfront von George Habash. Der für Abu

Iyad gebräuchliche Beiname traf also durchaus das Wesen dieses Mannes: Er lautete »der Fuchs«. Arafat hingegen wurde »el echtiar« – der Alte – genannt, eine Ehrenbezeichnung, wie sie in Deutschland beispielsweise Konrad Adenauer zugestanden wurde. Im Grunde lief aber beides auf dasselbe hinaus, denn der eine wie der andere Beiname bezeichnet einen Menschen, der mit allen Wassern gewaschen ist.

Nur ein Beispiel für Abu Iyads Wirkung als Redner – und seine Nervenstärke – aus der Zeit des Libanonkriegs 1982. Von den Bomben israelischer Kampfflugzeuge getroffen, zerbarst damals in Beirut ein Hochhaus nach dem anderen; jedes Gebäude, in dem die Israelis einen Fatah-Mann vermuteten, wurde durch Angriffe aus der Luft zerstört, sodass die Führungsspitze unablässig ihren Standort wechseln musste. Eines Tages meldete der israelische Rundfunk, der palästinensische Widerstand sei zusammengebrochen. Tatsächlich waren die Israelis dabei, unsere Stützpunkte zu erstürmen, und ließen ihre Luftwaffe in ununterbrochenen Wellen angreifen. Nach dem Ende des Bombardements herrschte eine gewisse Stille, und nun fiel auf, dass auch unser Radiosender schwieg. Als Abu Iyad das mitbekam, ließ er sich durch die mit Trümmern übersäten Straßen dorthin fahren, betrat die verlassene Sendestation, griff zum Mikrofon und sprach zu den Überlebenden. Jeder kannte seine Stimme – eine volle, tiefe, etwas raue Stimme –, und diese Stimme kam nun, nachdem die Luftangriffe abgeflaut waren, plötzlich über den Äther. Er forderte seine Kämpfer auf, nicht zu kapitulieren, und tatsächlich mobilisierte er mit seinem Appell solche Kräfte, dass der Untergang ein weiteres Mal abgewendet wurde. Unglaubliche achtundachtzig Tage lang haben die Palästinenser dort in Beirut ausgehalten, zwischen Ruinen und Toten auf einem einzigen Quadratkilometer.

Wie Abu Iyad glaubten alle diese Männer der ersten Stunde fest an das Unmögliche. Deshalb umgab jeden von ihnen eine

Aura der Ernsthaftigkeit, der Entschlossenheit und Opferbereitschaft. Wenn sie etwas von späteren Generationen innerhalb der palästinensischen Befreiungsbewegung unterschied, dann dieser Glutkern absoluter Ernsthaftigkeit.

»Ha-ha-ha, al Fatah ist da!«

Die Spekulationen über unsere Freilassung hielten an, als ich im Februar 1968 nach Frankfurt zurückkam. Die anderen drei waren aus der Schusslinie, weil sie sich aus der politischen Arbeit zurückgezogen hatten, aber über mich zirkulierten weiterhin Gerüchte. Offenbar hatten es einige auf meinen Platz in der Fatah abgesehen.

Bald nach meiner Rückkehr besuchten mich die Vorstände der Arbeitervereine. »Wir stehen hinter dir«, erklärten sie. Die Arbeiter machten nicht viele Worte und sprachen mir unumwunden ihr Vertrauen aus – nach den etwas gequälten Solidaritätsbekundungen, die in letzter Zeit aus meinem studentischen Freundeskreis gekommen waren, empfand ich ihre direkte Art als außerordentlich wohltuend. Zwei von ihnen hatten sich im letzten Sommer der Gruppe angeschlossen, mit der ich zur militärischen Ausbildung nach Algerien gefahren war, und beide hatte ich zur Heimfahrt überredet, nachdem ich dahintergekommen war, dass sie Familienväter waren. Von meiner Integrität überzeugt, rieten sie mir jetzt sogar, für den Vorstand der GUPS zu kandidieren.

In jenem Jahr 1968 hatten sich die deutsche und die österreichische GUPS zu einer Konföderation zusammengeschlossen. Bei den bevorstehenden Wahlen ging es um den Vorsitz des Gesamtverbandes. Sehr zum Missvergnügen einiger Kommilitonen entschloss ich mich zur Kandidatur, bemühte mich, in Vorträgen und persönlichen Gesprächen die Zweifel an meinem Verhalten im Gefängnis aus der Welt zu schaffen, und ließ die Sache auf mich zukommen.

Die Wahlveranstaltung war offen, sodass auch die Arbeiter als Gäste teilnehmen konnten, und tatsächlich kamen sie in großer Zahl. Ich hielt mich nicht mit einer langen Verteidigungsrede auf. In fünf Minuten hatte ich alles gesagt, was von Belang war, nämlich dass ich in Palästina gewesen sei, das Pech gehabt habe, verhaftet, und das Glück, freigelassen worden zu sein, dass ich weiterhin den bewaffneten Kampf unterstütze und entschlossen sei, für den Rest meines Lebens für Palästina zu arbeiten. Bei der folgenden Abstimmung erhielt mein Gegenkandidat vier Stimmen. Der Rest der insgesamt sechzig Stimmen entfiel auf mich.

Wie so oft in der Vergangenheit – gerade in den letzten Monaten –, hätte ich mir jetzt Hayel mit seiner Erfahrung, seiner Loyalität zurückgewünscht. Hayel war nämlich 1964 bereits nach Kairo gewechselt, wo Tausende von Palästinensern studierten, hatte in der Nachfolge Arafats die Leitung des dortigen Studentenvereins übernommen und wandte seither, als geduldiger Mensch und talentierter Organisator, seine deutschen Erfahrungen in Kairo an. Mit derselben Beharrlichkeit spann er seine Fäden zur ägyptischen Regierung. Genauso musste ich ohne Hanis Unterstützung auskommen, denn auch er war mittlerweile für das Zentralkomitee tätig. Geblieben war mir von der alten Mannschaft nur Nabil, der mit seinem hervorragenden Deutsch und seinem Gespür für deutsche Stimmungen und Befindlichkeiten jetzt zu meinem wichtigsten Mitarbeiter wurde. Ich hatte ja vor, ganz anders als meine Vorgänger Hani und Amin an die Sache heranzugehen. Ich wollte Aufmerksamkeit erregen. Ich wollte mich in Deutschland auf die Suche nach Verbündeten machen. Ich wollte den Arbeiter- und Studentenverein in ein politisches Instrument verwandeln.

Deshalb organisierte ich den Vorstand nach dem Vorbild einer Regierung und gliederte ihn in Ressorts auf – einer war für die Außenbeziehungen zuständig, einer für Information, einer für Finanzen und so weiter. (Später, als außenpolitischer Sprecher der Fatah, übernahm ich dieses »Frankfurter« Modell.) Mein Freund Mahmud Ala-Eddin übernahm die Sekretariatsarbeit, und wir vereinbarten, von nun an keinen Brief, keine Anfrage unbeantwortet zu lassen. (1975 trat Mahmud als mein Stellvertreter ins Bonner PLO-Büro ein; unsere Zusammenarbeit sollte sich über weitere dreißig Jahre erstrecken.) Einmal die Woche besprachen wir die Arbeit der vergangenen Woche und verteilten die neuen Aufgaben. Dann fanden wir ein Büro, ideal gelegen, im Herzen von Frankfurt, Zeil 83 – heute unbezahlbar, damals für 400 DM Monatsmiete zu haben. Die Mietkosten übernahm die Liga der Arabischen Staaten. Dort hatten wir unseren Stützpunkt, und mit der Zeit entwickelte sich unser Büro zum Treffpunkt für Journalisten aus ganz Europa. Als Nächstes zogen wir ein regelrechtes Bildungswerk auf und fuhren los, ich oder ein anderer, zu unseren Zweigstellen in ganz Deutschland, um Vorträge zu halten und Kurse zu geben – über die Geschichte Palästinas, die Geschichte der Juden, die Geschichte der Aufstände und Revolutionen. Und dann führten wir Spendenaktionen für einen Zweck durch, der mir sehr am Herzen lag: die medizinische Versorgung in den Flüchtlingslagern.

Die Fatah und die PLO hatten in allen Flüchtlingslagern Jordaniens und des Libanons kleine Behandlungszentren eingerichtet. Für diese Krankenstationen sammelten wir über unsere Zweigstellen in Deutschland regelmäßig Medikamente. Nach kurzer Zeit beteiligten sich Hunderte von Freiwilligen an solchen Hilfsaktionen – nicht nur palästinensische, auch iranische, syrische, ägyptische und deutsche Mediziner sortierten und beschrifteten zum Beispiel die gesammelten Arzneimittel. Wir erreichten sogar, dass die Fluggesellschaften unsere Sendungen mitnahmen, ohne etwas dafür zu berechnen. Die GUPS entwickelte sich also zur Feuerwehr für alle möglichen Probleme – sowohl für die persönlichen Anliegen der Studenten als auch für Notlagen, die unter den Palästinensern im Nahen Osten auftraten. Wir haben in dieser Hinsicht ungeheuer viel geleistet und jedes Jahr Tonnen von Medikamenten verschickt.

Ich hatte in dieser Zeit das Gefühl, Hayel und Hani in einem zu sein, beide gleichzeitig zu ersetzen, und trotzdem wäre mir die Arbeit natürlich über den Kopf gewachsen, hätte mir nicht ein erstklassiges Team zur Seite gestanden. Besondere Erwähnung verdient hier neben Nabil meine deutsche Mitarbeiterin Inge Presser. Inge war von Beruf Lektorin, eine durchsetzungsfähige, energiegeladene Frau, die sich durch ihr Engagement für den Iran und Vietnam in der linken Szene Frankfurts einen Namen gemacht hatte und jetzt für uns arbeitete. Da sie zudem alle Feinheiten der deutschen Sprache beherrschte, war sie für uns wirklich Gold wert, denn ich hatte ja vor, jede Möglichkeit zu nutzen, um Palästina den Deutschen nahezubringen.

Ausgerechnet den Deutschen. Bedeutete nicht auch das, an das Unmögliche zu glauben? Ich hatte ja noch die Bilder nachgerade siegestrunkener Menschen vor Augen und den Jubel im Ohr, mit dem die Deutschen die Niederlage der arabischen Staaten im Sechstagekrieg quittiert hatten. Karl May und andere deutsche Autoren des frühen 20. Jahrhunderts hatten die Araber noch einfühlsam und mit Sympathie geschildert. Inzwischen aber, als Gegner Israels, waren dieselben Araber in den Augen vieler Deutscher zu Unmenschen herabgesunken, die mit allen Mitteln daran gehindert werden mussten, sich an etwas Heiligem zu vergreifen. Jedenfalls dürfte es in keinem Land der Welt schwieriger gewesen sein, um Verständnis für Palästina zu werben, als in diesem Deutschland mit seiner historischen Verpflichtung gegenüber Israel und seiner unerbittlich israelfreundlichen Springer-Presse – wobei die Parteinahme für Israel nicht nur einem weit verbreiteten, tief empfundenen Bedürfnis entsprach, sondern gleichzeitig die einzige mögliche Haltung war, wollte man nicht riskieren, in die antisemitische Ecke gedrängt und mundtot gemacht zu werden. Realistischerweise hatte Hani Jahre zuvor befunden, es wäre schon viel erreicht, wenn die Deutschen uns Palästinenser überhaupt zur Kenntnis nähmen, und zwar als Volk, nicht als versprengtes Häufchen von Flüchtlingen. Andererseits hatte man auf vielen Veranstaltungen der letzten Zeit gemerkt, dass die deutschen Studenten an unserem Schicksal interessiert waren und, ohne allzu viel über uns zu wissen, die unkritische Israelbegeisterung ihrer Eltern nicht teilten. Wir gingen an die Arbeit.

Unser ehrgeizigstes Projekt war eine eigene Zeitschrift in deutscher Sprache. Nabil nahm sich der Sache als Chefredakteur an; von ihm stammte auch der Name. Die französische Résistance hatte in Deutschland einen guten Klang, darauf wollten wir uns beziehen, also nannten wir unsere Zeitschrift *Resistenzia*. Das durchgehend schwarz-weiß gedruckte Heft von acht Seiten Umfang, das er wenig später als Erstausgabe in Händen hielt, machte noch nicht viel her, aber Nabil führte sich auf, als wäre er Vater geworden. Endlich konnten wir den Deutschen erklären, wer wir waren, warum wir kämpften und welche Vorstellungen wir von der Zukunft Palästinas hatten, endlich konnten wir unsere Vision eines demokratischen palästinensischen Staates, in dem Juden, Christen und Muslime zusammenleben, der zionistischen Realität entgegensetzen. Mit der Zeit entwickelte sich unsere Zeitschrift weiter, wurde in *Palästina-Hefte* umbenannt und war zum Schluss vom Layout und Erscheinungsbild her nicht mehr von *Spiegel* oder *Konkret* zu unterscheiden. Was aber wohl in erster Linie zum Erfolg beitrug, war, dass wir auf jegliche Demagogie verzichteten. Wenn aus Damaskus Beiträge in diesem unglaubwürdigen, triumphalistischen Stil bei uns eintrafen, wanderten sie gleich in den Papierkorb.

Es war eben auch eine Frage des Tons. Aus der überschäumenden arabischen Rhetorik hatte die Propaganda der Israelis nur Vorteile gezogen – in der westlichen Welt erfreut sich der Ausdruck »die Juden ins Meer treiben« bis heute regelrechter Volkstümlichkeit. Achmed Shukeiri, der erste Vorsitzende der PLO, hatte diese Formulierung einmal in einer feurigen Rede benutzt. Wer die arabische Sprache kennt, der weiß, welche Möglichkeiten sie für kraftvolle Metaphern wie für lyrische Bilder bietet. Jedenfalls wollte kein Araber die Juden jemals ins Meer werfen – der Ausdruck diente als drastische Umschreibung für »besiegen«. Die israelische Propaganda aber war für all diese Äußerungen, die im Eifer des Gefechts gemacht wurden, dankbar, stellte sie zusammen, übersetzte sie und ließ sie der eigenen sowie der internationalen Presse zukommen, sodass der Eindruck entstehen musste: Sollte Israel auch nur einen Krieg verlieren, droht ein zweiter Holocaust. Kein arabisches Land hat so etwas je in Erwägung gezogen, aber dieser Verdacht war nun einmal aufgekommen. Wir entschieden uns also für eine nüchterne Sprache. Auch ich musste mich in dieser Hinsicht umstellen – schon deshalb, weil die Leute, mit denen wir abends zusammensaßen und diskutierten, nicht selten Juden waren.

In der linken Szene machten wir uns mit *Resistenzia* jedenfalls rasch Freunde. Wir fühlten uns ermutigt – und gingen daran, Palästina-Komitees ins Leben zu rufen, sprachen im studentischen Milieu junge Leute an, die in der Bewegung gegen den Vietnamkrieg entsprechende Erfahrungen gesammelt hatten, und fanden in fast allen deutschen Universitätsstädten Mitstreiter, die nun für einen demokratischen Staat Palästina warben. Dann hatten wir den Einfall, uns an den Ostermärschen des Jahres 1968 zu beteiligen.

Passten wir überhaupt ins ideologische Konzept? War die Fatah nicht eine nationale Bewegung? Eine chauvinistische womöglich? Den Organisatoren der Ostermärsche fiel es nicht ganz leicht, uns ins politische Spektrum einzusortieren. Als die Einladung dann doch ausgesprochen wurde, deckten wir uns als Erstes mit karierten Palästinensertüchern ein. Diese Tücher wurden in Syrien hergestellt, kosteten nur ein paar Groschen und wurden uns von den Ostermarschierern regelrecht aus den Händen gerissen – später sah man sie auf allen Demonstrationen, wir hatten damit fast eine Mode kreiert. Für den Augenblick aber erreichten wir durch diese Tücher, dass sich Palästina als Thema neben Vietnam auf allen Ostermärschen behaupten konnte, schon weil es ins Auge fiel. Meine Schlachtrufe wird man heute wohl unter den kuriosen Aspekten jener Zeit verbuchen müssen, sie lauteten nämlich »Ha-ha-ha, al Fatah ist da!« beziehungsweise »Ho-ho-ho-Chi-Minh, in al Fatah ist auch Ho-Chi-Minh!« Aber so albern einem diese Parolen heute vorkommen mögen, ich hatte damit großen Erfolg; die Leute wiederholten ja alles, solange es in ihrem Sinne war. Der Ostermarsch von 1968 bot uns jedenfalls erstmals Gelegenheit, in der deutschen Öffentlichkeit als Palästinenser aufzutreten und uns auf der Straße Gehör zu verschaffen. In der Folgezeit kam es in deutschen Städten zu zahlreichen propalästinensischen Demonstrationen, mehr als in jedem anderen europäischen Land, und allmählich wurde die israelische Botschaft in Bonn unruhig.

Es war ja auch etwas unheimlich. Wir verfügten weder über eine Rundfunkstation noch über einen Fernsehsender noch über Geld, und trotzdem war Palästina plötzlich in aller Munde. Es war der Botschaft auch nicht entgangen, dass wir selbst in jüdischen Kreisen mittlerweile Sympathien genossen. So war es zum Beispiel zu ersten, fruchtbaren Kontakten mit Mazpen gekommen, einer jüdischen Organisation, die die Besatzungspolitik der israelischen Regierung ablehnte und sich für eine Koexistenz von Israelis und Palästinensern einsetzte. Ihr Vorsitzender Eli Lobel hatte seinen Wohnsitz in Paris, weilte aber oft in Frankfurt, weil seine politischen Vorstellungen in den jüdischen Kreisen dieser Stadt auf große Resonanz stießen. Die israelische Botschaft hielt jetzt jedenfalls die Zeit für Gegenmaßnahmen für gekommen und beschloss, ihren Botschafter Asher Ben Nathan auf eine Vortragsreise zu schicken. Die Auftaktveranstaltung war für den 9. Juni 1969 in Frankfurt geplant.

Ben Nathan war als Hardliner bekannt, als Mann des Militärs mit granitenen Überzeugungen, von seiner geistigen und physischen Statur her Ariel Scharon nicht unähnlich. Es muss ihm klar gewesen sein, dass er sich mit seinem Auftritt an der Frankfurter Universität in die Höhle des Löwen wagte. Er kam trotzdem.

Der Saal, den der israelische Botschafter am Abend des 9. Juni betrat, war brechend voll. Einen beträchtlichen Teil der etwa zweitausend Zuhörer machten linke Studenten aus; auch etliche prominente Juden wie Dan Diner (damals noch Student), Eli Lobel und Max Pentholt waren gekommen. Ben Nathan trat ans Rednerpult, begann zu sprechen, und die ersten Buhrufe erschollen. Einige riefen »Faschist!« Er sprach weiter, aber die Unruhe im Saal wuchs zu lautstarken Protesten an, ein Pfeifkonzert setzte ein. Da unterbrach Ben Nathan seine Rede und sagte: Das, was er hier erlebe, erinnere ihn an die Art, in der vor dreißig Jahren mit den Juden in diesem Land verfahren worden sei.

Im selben Moment stand der Saal Kopf. Vermutlich gab es im Publikum nicht einen, der mit den Nazis sympathisiert hätte, und auch die anwesenden Juden beteiligten sich an den Schmähungen, die jetzt durch den Raum flogen, darunter die Vertreter von Mazpen, die vor der Veranstaltung Flugblätter gegen Ben Nathan verteilt hatten. Der zögerte, offenbar wollte er das Feld nicht kampflos räumen. Da hörte ich durch den Lärm jemanden hinter mir rufen: »Hier sitzt die Stimme Palästinas! Abdallah, rede du!«

Ich weiß nicht genau, wie ich aufs Podium kam. Auf einmal fand ich mich neben dem israelischen Botschafter wieder, ein Mikrofon in der Hand. Ben Nathan warf mir einen eisigen

Blick zu, von oben herab, und wandte seine Augen nicht mehr von mir, während ich von unserer Vision eines friedlichen Zusammenlebens aller Religionen in einem demokratischen Palästina sprach. Genauso frenetisch wie die Missfallenskundgebungen zuvor fiel jetzt der Beifall aus, und nachdem er eine Weile geschwiegen hatte, wiederholte Ben Nathan seinen Vergleich mit der Hitlerzeit und verließ mit seinen Leibwächtern den Saal.

Aus einer israelischen Veranstaltung hatten wir eine palästinensische gemacht. Es herrschte Siegesstimmung. An diesem Abend kam die Idee einer gemeinsamen Veranstaltung von Juden und Palästinensern auf, mit Eli Lobel und mir als Vortragenden. Juden und arabische Muslime auf einem Podium, am selben Tisch, gemeinsam für eine gemeinsame Sache eintretend – das hatte es nie zuvor gegeben, das war gewissermaßen eine Weltneuheit. Thema des geplanten Abends sollte unser Traum von einem Staat Palästina für alle sein. Im Rückblick muss man sagen: Dieser Staat hatte niemals eine Chance, Wirklichkeit zu werden, aber im Frankfurt des Jahres 1969 wurden Utopien hoch gehandelt, da wurden die großen Menschheitsbefreiungsträume geträumt. Die Euphorie kam in dieser Stunde hinzu, und nur drei Tage später, am 12. Juni, trafen wir uns am selben Ort wieder.

Meine Erinnerung an diesen Abend ist seltsamerweise in grelles, kaltes Neonlicht getaucht, obwohl um diese Zeit noch Tageslicht in den Saal gefallen sein muss. Eli Lobel und ich hatten auf dem Podium Tische und Stühle aufgestellt, saßen jetzt dort oben und beobachteten, während sich der Saal füllte, wie sich in den ersten beiden Reihen seltsame Gestalten niederließen, muskulöse Typen, einige mit kleinen Pepitahüten auf dem Kopf. Studenten waren das nicht. Eher sahen sie nach Frankfurter Unterwelt aus.

Ich setzte gerade zum Reden an, als aus den ersten Reihen, auf voller Breite, ein hartes Klopfen wie von Metall auf Holz ertönte. Ich bat um Ruhe, aber das hämmernde Geräusch steigerte sich zu einem bösartigen Trommelwirbel, dann flog ein Mikrofonständer auf uns zu, der Eli Lobel nur knapp verfehlte, und im nächsten Augenblick erhoben sie sich und kamen auf uns zu. Es sah aus wie eine Unterweltarmee im Anmarsch. Ich brach ein Bein aus meinem Tisch und stieß ein paar Männer damit zurück, konnte aber natürlich nicht verhindern, dass unterdessen andere das Podium bestiegen. Von einem Schlagring am Hinterkopf getroffen, stürzte ich zu Boden, wurde gepackt, hochgezogen, und während mich einer von hinten umklammerte, schlug ein zweiter mit seinem Schlagring zu. Jeden Schlag sah ich kommen, und jeder traf mein Gesicht. Dann ließ mich der andere fallen und trat nach mir. In diesem Augenblick hörte ich einen Schrei, und das Letzte, was ich registrierte, war, dass Nabils Freundin sich schützend auf meinen Kopf warf.

Das war meine Rettung.

Von Amin weiß ich, dass es lange dauerte, bis der Krankenwagen kam. Und dass es noch länger dauerte, bis die Polizei eintraf. Ich selbst bekam nichts mehr mit, ich wachte erst im Krankenhaus auf, mit einem Kopf, der auf das Doppelte seiner normalen Größe angeschwollen war. Der Angriff der Frankfurter Unterwelt – Türsteher und Rausschmeißer aus dem Bahnhofsviertel vermutlich – hatte offenbar allein mir gegolten. Eli Lobel war unverletzt geblieben. Amin hatten sie eine Rippe gebrochen. Bei mir lautete der ärztliche Befund auf Schädelbasisbruch. Sechs Tage lang musste ich zur Toilette getragen werden.

Dessen ungeachtet setzte der Besucherstrom ein, kaum dass die Rundfunknachrichten von dem Vorfall berichtet hatten. Den Reigen eröffneten meine palästinensischen Freunde, Studenten und Arbeiter. Aber auch Eli Lobel, Dan Diner und die jüdischen Freunde aus Frankfurt ließen nicht lange auf sich warten. Die Vorsitzende des jüdischen Studentenvereins beteuerte, die israelische Botschaft habe nichts mit dem Überfall zu tun. Dazwischen tauchte die halbe Arabische Liga auf. Ihr Chef, ein älterer Syrer, nahm meine jämmerliche Verfassung zum Anlass, eigene Heldentaten aus früheren Tagen zum Besten zu geben, als man in Damaskus noch gegen die Franzosen demonstrierte. Bei einer solchen Kundgebung hatte er einen französischen Offizier durch seine Kühnheit zu einer Ohrfeige gereizt, was ihn nach wie vor mit Stolz erfüllte. Die anwesenden Iraker, Ägypter und Palästinenser konnten sich ein Schmunzeln nicht verkneifen, aber seine Anteilnahme war aufrichtig, und bis zu meiner Entlassung erhielt ich täglich einen Anruf von ihm.

Besonders gut aber ist mir der Besuch von Adel Elias im Gedächtnis, Korrespondent des *Spiegel* und einer Beiruter Tageszeitung. Unversehens zückte er eine Kamera und machte ein Foto von mir im Krankenbett – dieses Bild, meinte er, würde eine Welle des Mitgefühls und der Sympathie auslösen. »Auf keinen Fall!«, protestierte ich. »In diesem Zustand kommt mein Gesicht nicht in die Zeitung!« Kurz vorher hatte ich nämlich eine Krankenschwester um einen Handspiegel gebeten, und was ich da zu sehen bekommen hatte, übertraf meine schlimmsten Befürchtungen.

Asher Ben Nathan setzte unterdessen seine Vortragsreise fort und trat in Hamburg und Erlangen auf. In beiden Fällen kam es zu ähnlichen Tumulten wie in Frankfurt. Daraufhin legte ihm das Auswärtige Amt nahe, seine Tour abzubrechen, weil er den Frieden an den Universitäten störe, und der israelische Botschafter beherzigte diese Empfehlung. Jahre später – es muss 1975 gewesen sein – nahm ich an einer Podiumsdiskussion des WDR-Fernsehens teil. Gesprächsleiter war Peter Scholl-Latour, der zweite Studiogast hieß Asher Ben Nathan. Keiner von uns sprach den Vorfall an, aber es kam zu einer lebhaften Debatte über den Nahostkonflikt, die von zahlreichen Zuschauern im Studio verfolgt wurde.

An diesem Tag erlebte ich ein kleines Wunder: Zum ersten Mal spendete mir – das heißt, dem palästinensischen Standpunkt – ein bürgerliches Publikum Beifall, erst verhalten, dann beherzt.

Bis dahin hatte in Deutschland die eiserne Regel gegolten: Applaus gibt es nur für den Vertreter Israels. Nun also war es auch den bürgerlichen Kreisen dieses Landes möglich, ihrer Sympathie für die palästinensische Sache Ausdruck zu verleihen. Dieser Umschwung gehört zu den erstaunlichen Langzeitwirkungen des bemerkenswerten Jahres 1968, mit dem für Europa die Erholung vom Zweiten Weltkrieg einsetzte. Was war bis dahin in Deutschland nicht alles tabu gewesen! Die Amerikaner durften nicht verärgert werden, die Israelis durften nicht einmal ansatzweise kritisiert werden. Die junge Generation hatte sich als Erste über diese Denkverbote hinweggesetzt, und nun zogen jene nach, die man damals der schweigenden Mehrheit zurechnete.

Doch nicht nur in Europa befand sich die Welt in Gärung. Überall rumorte es; in Vietnam, in Südafrika und an vielen Orten dieser Erde hatte man das Gefühl, den Weg in die Freiheit zu beschreiten. Wir Palästinenser sahen uns bisher von dieser Entwicklung ausgeschlossen. Dann kam es zur Schlacht von Karame, und damit änderte sich für uns alles.

Das jordanische Dorf Karame – in dessen unmittelbarer Nähe mein Kommandotrupp im Jahr zuvor den Jordan durchquert hatte – diente Arafat mittlerweile als eines seiner Hauptquartiere. Eine größere Zahl Fedajin hatte sich dort verschanzt. Ende März unterrichteten jordanische Offiziere Arafat von einem bevorstehenden Angriff der israelischen Armee und rieten ihm, sich zurückzuziehen. In dieser Situation erwies sich Arafat als genialer Taktiker. Von Abu Dschihad, Abu Iyad und Abu Lutuf darin bestärkt, entschloss er sich, auszuharren und Widerstand zu leisten. Und während am anderen Jordanufer israelische Truppen in Stellung gingen, beschwor Arafat seine Kämpfer: »Wir werden dem Mythos von der unbesiegbaren Armee ein Ende machen!«

Ein Wagnis. Nicht nur, weil sich alle anderen Partisanengruppen zurückgezogen hatten – mit der Begründung, eine offene Feldschlacht gegen die israelische Armee sei Selbstmord –, auch weil diese Aktion von den Israelis als Todesstoß für die palästinensische Partisanenbewegung gedacht und entsprechend bemessen war. Im Übrigen beabsichtigten die Israelis natürlich auch, Arafat auszuschalten.

Mit dem sicheren Sieg vor Augen griffen die Israelis an, aus der Luft mit Bomben und Raketen, am Boden mit Infanterie und Panzerverbänden. Womit sie nicht gerechnet hatten: Auch Truppenteile der jordanischen Armee schalteten sich ein und beantworteten den israelischen Angriff mit anhaltendem Geschützfeuer. Der Widerstand war so massiv, dass sich die Kämpfe bis zum Abend hinzogen, und da in der anbrechenden Dunkelheit an Rückzug nicht mehr zu denken war, sah sich die israelische Armee zum ersten Mal gezwungen, um einen Waffenstillstand nachzusuchen. Am Ende dieses Tages zählten die Fedajin mehr als hundert Tote und die Jordanier über sechzig, aber mit dreißig Toten, achtzig Verletzten und vier zerstörten Panzern hatten auch die Israelis hohe Verluste zu beklagen – verglichen mit dem glänzenden und leichten Sieg im Sechstagekrieg. Und Arafat erfreute sich weiterhin seiner Freiheit. Er hatte von einem Hügel aus die Schlacht beobachtet, während ein israelischer Suchtrupp in einem Hubschrauber nach einem weißen Volkswagen Ausschau hielt, in dem Arafat angeblich geflohen sein sollte.

Israel hatte zwar keine Niederlage erlitten, aber eine Blamage erlebt. Und mit einem Mal schaute alle Welt auf die Fatah. In Amman folgten sechzigtausend Menschen den Särgen der Gefallenen. Selbst König Hussein, kein Freund Arafats, erklärte sich in einer Rede zum Fedajin. Und Tausende kampfbereiter, junger Männer, zumeist Studenten, füllten in den nächsten Monaten die Reihen der Fatah. Kurzum, die Schlacht von Karame verschaffte der Fatah jene Sonderstellung unter den Befreiungsbewegungen, die Arafat zum unangefochtenen Führer des palästinensischen Widerstands machen sollte.

Zur selben Zeit erlebten wir in Europa einen enormen Aufschwung. Die GUPS in Deutschland hatte sich ohnehin unter allen Palästinensern einen Namen gemacht – »die in Deutschland ...« war zu einer stehenden Redewendung geworden. 1969 nahmen wir das bisher größte Projekt in Angriff: Zusammen mit Hani und Hayel betrieb ich den europaweiten Aufbau von Studentenvereinen nach dem Vorbild der deutschen GUPS, und am Ende des Jahres waren wir in fast allen westeuropäischen Staaten vertreten. Die palästinensischen Studenten in Osteuropa hatten ihre eigene Organisation. Es war also eine allgemeine Dynamik zu spüren. Als wichtigstes Ergebnis des Jahres 1968 aber verdient festgehalten zu werden, dass sich das palästinensische Volk in der arabischen Welt den Respekt zurückerwarb, den es 1948 verloren hatte, als viele ihm vorwarfen, sein Land kampflos den Zionisten überlassen zu haben.

Ein September in Amman

Bevor ich auf die dunkle Zeit des Terrors in den frühen 70er-Jahren zu sprechen komme, sei an dieser Stelle die Entstehung der PLO (Palestine Liberation Organization) nachgetragen, die von nun an eine immer größere Rolle spielen sollte.

Die PLO ist keine palästinensische Erfindung. Sie wurde von dem großen Hoffnungsträger jener Zeit, dem Ägypter Gamal Abdel Nasser, ins Leben gerufen, der 1952 zusammen mit anderen Offizieren König Faruk gestürzt hatte und zwei Jahre später ägyptischer Staatspräsident wurde. Nasser faszinierte die Massen mit seiner Vision einer einzigen, großen arabischen Nation, er war ein Held, ein Idol, auch in den Augen der Palästinenser. Wurde eine Nasser-Rede übertragen, leerten sich nicht nur in Ägypten die Straßen, jeder suchte ein Kaffeehaus oder eine Familie auf, die einen Rundfunkempfänger besaß, und alles lauschte. Als Nasser sich 1958 auf die Vereinigte Arabische Republik (VAR) einließ, einen Zusammenschluss von Syrien und Ägypten, schien sich der Traum der Palästinenser, der Traum vieler Araber zu erfüllen, doch die VAR hatte nicht lange Bestand. 1961 kam es zu einem Putschversuch in Syrien, und das Land trennte sich wieder von Ägypten.

Um sich nach diesem Fehlschlag erneut als Führer der arabischen Staaten zu profilieren, machte Nasser nun das Schicksal der Palästinenser zu seinem Hauptanliegen. In dieser Atmosphäre ägyptischen Wohlwollens schlossen sich sehr viele Palästinenser, so wie ich, den unterschiedlichsten Widerstandsbewegungen an. Nasser allerdings hielt von diesen Splittergruppen nicht viel, seine Erfahrung hatte ihn gelehrt, dass Israel nur mit vereinten Kräften zu besiegen wäre. Ihm schwebte eine palästinensische Einheitspartei vor, die den Palästinensern erlauben würde, mit einer Stimme – und vor allem mit ihrer eigenen – zu sprechen. Das Ergebnis der Überlegungen, die Nasser mit vielen anderen arabischen Führern gemeinsam anstellte, hieß PLO.

Die PLO war zunächst ein Kunstgebilde, erwachsen aus Nassers Sorge, in der Palästinafrage durch Organisationen wie die Fatah an den Rand gedrängt zu werden, aber auch aus seinem aufrichtigen Bemühen, alle Strömungen des palästinensischen Widerstands zu koordinieren. Es war jedenfalls eine neue Form, der ihr erster Vorsitzender, der Rechtsanwalt Achmed Shukeiri, mit der Charta der PLO einen Inhalt zu geben verstand.

Diese Satzung stammte aus Shukeiris Feder, und sie war so verfasst, dass es jeder Nachfolger schwer haben würde, Kompromisse mit Israel einzugehen. Im Grunde bezeichnete sie unrealistische Maximalpositionen, abgefasst in einer aufwieglerischen Sprache, die aber vielen palästinensischen Flüchtlingen aus der Seele sprach. So hieß es darin zum Beispiel, dass alle Juden, die nach 1948 ins Land gekommen seien, in ihre Ursprungsländer zurückgeschickt werden sollten. Als Ziel deklarierte Shukeiri zwar einen demokratischen Staat, der das Zusammenleben von Juden, Christen und Muslimen ermögliche, doch sollten die palästinensischen Araber darin die Mehrheit bilden. Bestechend war an dieser PLO vor allem eins: Im Parlament der PLO, dem sogenannten Nationalrat, waren alle gesellschaftlichen Gruppen des palästinensischen Volkes vertreten. Nach 1968 gehörten ihm sogar 37 Frauen an, sodass der Nationalrat tatsächlich die Gesamtheit der palästinensischen Gesellschaft in einem verkleinerten Maßstab abbildete und dadurch als Kristallisationspunkt für die palästinensische Identität wirkte. Die Posten im Exekutivkomitee hingegen besetzte Shukeiri, der die PLO wie ein Diktator leitete, nach eigenem Ermessen.

Im Mai 1964 fand in Ost-Jerusalem die Gründungskonferenz der PLO statt, und die Fatah war klug – und politisch reif – genug, die PLO nicht als Konkurrenzunternehmen zu betrachten und abzulehnen. Vertreter der Fatah nahmen an der Sitzung in Jerusalem teil, aber als Privatpersonen, als unabhängige Repräsentanten Palästinas. Um Reibereien mit Nasser und Shukeiri zu vermeiden, verschob Arafat den Schritt aus dem Untergrund an die Öffentlichkeit und proklamierte die Fatah erst im folgenden Jahr.

Die PLO existierte nun also als Dachverband, erfüllte jedoch nicht die Erwartungen Nassers – das Desaster des Sechstagekriegs von 1967 hatte ihn unter anderem darüber belehrt, dass Shukeiris PLO militärisch bedeutungslos war. Dann kam es 1968 zur Schlacht von Karame, und mit einem Mal fand Nasser Gefallen an der Fatah. Mein Freund Hayel nutzte die Gunst der Stunde und arrangierte ein Treffen mit Nasser in Kairo, an dem Arafat, Abu Said, Abu Iyad und Kadumi sowie er selbst teilnahmen, mit dem Erfolg, dass Nasser Arafat wenig später zu einem Staatsbesuch in die Sowjetunion mitnahm, um ihn gewissermaßen in die Gesellschaft der Weltpolitiker einzuführen. Und als Shukeiri Ende 1967 auf ägyptischen Druck hin zurücktrat, übernahm Arafat nach einer Übergangszeit von einem Jahr den Vorsitz der PLO. Er behielt ihn bis zu seinem Tod.

Damit wechselte der Vorsitz der PLO von den Händen eines Demagogen in die eines Mannes, der über ein klares Konzept, eine starke Mannschaft und militärische Erfahrung verfügte und nun daranging, die PLO als Sprachrohr und politische Vertretung aller Palästinenser in ein Machtinstrument zu verwandeln. Arafat öffnete die PLO für alle kämpfenden Organisationen und Parteien. Er setzte durch, dass die Mitglieder des Exekutivkomitees vom Nationalrat gewählt wurden, wobei sich die Anzahl der Sitze im Exekutivkomitee nach der Stärke der einzelnen Organisationen richtete. Und er war weitblickend genug, von den vier Sitzen, die der Fatah im elfköpfigen Exekutivkomitee zustanden, nur zwei zu beanspruchen, damit keine Gruppierung von der Mitwirkung ausgeschlossen wäre. Das tatsächliche Kräfteverhältnis innerhalb der PLO war gleichwohl so, dass kein Beschluss gegen den Willen von Arafat und der Fatah gefasst werden konnte – oder, um es in einem Bild auszudrücken: Die PLO war die Karosserie, die Fatah der Motor.

Dennoch war Arafat machtlos, als sich bald darauf die dritte Tragödie des palästinensischen Volkes anbahnte – die Katastrophe von Amman, der Schwarze September des Jahres 1970. Die Ursache dafür lag nicht zuletzt in der neuen Stärke der PLO. Sie weckte nämlich das Misstrauen des jordanischen Königs Hussein, der in ihr eine Gefahr für sein Königreich witterte. In Anbetracht der Tatsache, dass 60 Prozent seiner Untertanen Palästinenser waren, hatte er allerdings auch Grund, die PLO als Gegenkraft, als Gegenregierung zu fürchten. Dazu kamen die Fliehkräfte innerhalb der PLO.

Die buntscheckige Zusammensetzung der PLO – selbst Syrien und der Irak besaßen eine Stimme im Exekutivkomitee – war Stärke und Schwäche zugleich: Stärke, weil die PLO angesichts der herrschenden Meinungsvielfalt gezwungen war, sich in Demokratie zu üben; Schwäche, weil linke und radikale Gruppen sich mit der PLO im Rücken ermutigt fühlten, auf eigene Faust zu operieren, und die Fatah weder gewillt noch fähig war, alle Strömungen zu kontrollieren. Bei derart auseinanderstrebenden Kräften hätte Kontrolle den Einsatz von Waffengewalt bedeutet, und die Fatah wollte um jeden Preis ein Blutvergießen unter Palästinensern vermeiden. Doch selbst wenn Arafat nicht vor einer gewaltsamen Konfrontation zurückgescheut wäre – seine Kräfte hätten nicht dazu gereicht, dem Treiben der Linken innerhalb der PLO Einhalt zu gebieten. Mit dem Erfolg, dass niemand sie daran hinderte, sich in Jordanien wie die eigentlichen Hausherren aufzuführen.

Die marxistischen Gruppen hatten die Parole ausgegeben: Der Weg nach Jerusalem führt über Amman! Amman ist das Hanoi der Araber! Gemeint war: So, wie der Kampf gegen die Amerikaner in Vietnam von Hanoi aus geführt wurde, müsse der Kampf gegen Israel von einem kommunistisch beherrschten Amman ausgehen. Im Klartext war das eine Kriegserklärung an die Adresse von König Hussein, und wenn man bedenkt, dass die Marxisten so weit gingen, rote Fahnen auf den Minaretten der Moscheen zu hissen, kann man die Verärgerung des Königs verstehen, der an eine echte Bedrohung seiner Herrschaft glaubte. Arafat war strikt gegen solche Anmaßungen, vermochte die Radikalen aber nicht mehr zu steuern. Und Abu Iyad, der in der Vergangenheit noch den größten Einfluss auf die marxistischen Gruppen ausgeübt hatte, war längst ebenso machtlos.

Am 17. September 1970 holte König Hussein zum vernichtenden Schlag gegen die Palästinenser aus. An jenem Tag begannen die jordanischen Truppen mit dem Sturm auf mehrere Flüchtlingslager sowie auf jene Stadtteile Ammans, die von Verbänden der PLO kontrolliert wurden, und in den folgenden Monaten wurden mörderische Energien freigesetzt. Der Hass der Jordanier richtete sich gegen jeden, der als Palästinenser zu erkennen war. Dieser Hass beflügelte vor allem die Beduinentruppen, denen der König erklärt hatte, die Palästinenser hätten es auf ihr Land abgesehen. Allein das Massaker an den Kämpfern der PLO in Amman zog sich über eine Woche hin und forderte auf palästinensischer Seite dreitausendfünfhundert Tote. Arafat entkam dem Gemetzel nur, weil er sich unerkannt, als Kuwaiti verkleidet, im Schutz einer kuwaitischen Delegation im letzten Augenblick nach Kairo absetzen konnte. Abu Iyad und Kadumi hingegen landeten in einem Gefängnis der jordanischen Hauptstadt. Noch schlimmer erging es Abdallah Abu Site, dem Mann, der meinen Vater 1939 gerettet und sich später von Abu Dschihad zu einer größeren Spende hatte überreden lassen: Er wurde erschossen, obwohl er Beduine war und Beduinentracht trug. Abu Iyad und Kadumi hatten mehr als Glück, dass ihnen nicht das Gleiche widerfuhr – es bedurfte einer Intervention Nassers, um die beiden vor der Hinrichtung zu bewahren.

Für die Palästinenser war es ein Kampf um Leben und Tod. Die Verfolgung setzte sich in den kleineren Orten entlang des Jordans fort, die der Fatah als Stützpunkte dienten, wobei die Jordanier derart gnadenlos vorgingen, dass Dutzende junger Palästinenser es vorzogen, sich auf israelisches Territorium abzusetzen und sich der israelischen Armee zu ergeben. Arafat, der sich nun ebenfalls nicht mehr auf jordanisches Gebiet wagte, hatte sein provisorisches Hauptquartier mittlerweile in einem Wohnhaus der südsyrischen Grenzstadt Daraa aufgeschlagen, wo ich ihn im Oktober besuchte. In seiner Gesellschaft befanden sich Abu Yusef el-Najjar und Kamal Adwan, beide Mitglieder des Zentralkomitees.

Gleich nach dem Beginn des Massakers in Amman hatten wir in Deutschland Medikamente gesammelt und mit einem Autokonvoi nach Amman geschickt. Ich flog nach Syrien, um den Konvoi in Daraa zu erwarten, und verbrachte drei trübselige, erschütternde Tage mit Arafat und den anderen. Es herrschte Weltuntergangsstimmung. Arafat war unablässig damit beschäftigt, den laufend eintreffenden Unheilsboten aus den Kampfgebieten Mut zuzusprechen. Das taten die anderen auch, aber es verstand doch keiner so wie Arafat, aus jedem Hoffnungsfunken ein Feuer der Zuversicht zu entfachen. Auch den Verzweifeltsten vermochte er zu überzeugen, dass es noch schlimmer käme, wenn man jetzt aufgäbe. In der Kunst des Ermutigens war Arafat unübertroffen, und nichts war in diesen Tagen mehr gefragt. Zwischendurch unterredete er sich mit den palästinensischen Offizieren der jordanischen Armee, die zu uns übergelaufen waren, und sorgte dafür, dass sie aus der Gefahrenzone geschafft und in den Libanon gebracht wurden.

Am zweiten Tag meines Aufenthalts unternahmen zwei Offiziere der PLA (Palestine Liberation Army) einen Ausflug ins Grenzgebiet. Sie waren mit Arafat gekommen, hatten Zimmer im Nachbarhaus bezogen, verirrten sich jetzt vielleicht zwanzig Meter auf jordanisches Gebiet – und wurden von jordanischen Soldaten mit Bajonetten niedergemacht. Ich bewunderte die seelische Stärke, die Arafat auch nach solchen Hiobsbotschaften davon abhielt, sich der Verzweiflung – oder rasender Wut – zu überlassen.

Nachts schliefen wir in Daraa alle gemeinsam auf Feldbetten in einem Raum, nur Arafat hatte ein eigenes Zimmer. Und Abu Yusef schnarchte. Er schnarchte so laut, dass ich mir nicht anders zu helfen wusste, als mit meinem Feldbett zu Arafat umzuziehen. Als ich eintrat, war er hellwach, stand auf, nachdem ich mich hingelegt hatte, und breitete eine seiner Decken über mich. Er konnte sie gut entbehren – er schlief immer unter einer Vielzahl von Decken, die er sich über den Kopf zog –, doch diese Geste berührte mich. Sie war zweifellos Ausdruck einer Fürsorglichkeit, die er allen seinen Leuten angedeihen ließ, aber ich sah auch eine Vertraulichkeit darin, wie sie unter Brüdern zwischen dem älteren und dem jüngeren besteht. Bei allem Respekt, den ich Arafat bis zu seinem Ende entgegenbrachte, war unser Verhältnis seither stark von dieser beinahe familiären Vertrautheit geprägt, die sich in einem entspannten, kumpelhaften Umgang äußerte.

Fortan begegnete ich Arafat häufig auf Sitzungen in Damaskus oder Beirut. Er schien mich gern in seiner Nähe zu haben, er schlug mir bisweilen in einer derb-freundschaftlichen Art auf den Oberschenkel und stieß mich einmal lachend vom Sofa; er war ja überhaupt ein Mensch, der die körperliche Nähe suchte und mit seiner einnehmenden Art eine Atmosphäre der Kameradschaftlichkeit zu schaffen wusste. Während einer Konferenz in Beirut 1973 wurde ein Gruppenfoto sämtlicher PLO-Vertreter aufgenommen. Arafat forderte mich auf, in der ersten Reihe vor ihm in die Hocke zu gehen, und auf dem Foto sieht man, dass er seine Hand auf meine Schulter legt. Er hat mir nie Anlass gegeben, solche Gesten anders denn als Zeichen einer Wertschätzung zu verstehen, die sich im Übrigen auch in unserer Zusammenarbeit zeigte. Soweit es Europa betraf, schloss er sich durchweg meiner Meinung an und ließ mir bei meinen Entscheidungen weitgehend freie Hand. Und wenn er sich vergaloppiert hatte, konnte ich mir erlauben, ihn zu kritisieren – und sei es dadurch, dass ich weniger begeistert war, als er erwartet hatte.

In den Gesprächen, deren Zeuge ich in Daraa geworden war, hatte ich das Entsetzen gespürt, das jeden angesichts der Katastrophe in Amman befallen hatte. Nach dem Ende der Kämpfe in Jordanien schlug dieses Entsetzen in eine Revolte innerhalb der PLO gegen die eigene Führung um. Als Arafat sich auf dem Gipfeltreffen in Kairo gegenüber König Hussein eine Geste der Versöhnung erlaubte und ihm die Hand reichte, spaltete sich eine Gruppe von Enttäuschten und Verbitterten ab, die im Gegensatz zu Arafat nur auf Rache sannen. Damit begann jene Phase in der Geschichte des Nahostkonflikts, die die Palästinenser auf Jahre hinaus als Terroristen in Verruf bringen sollte, vor allem in Europa.

Die erste Aktion dieser Autonomen war die Ermordung des jordanischen Ministerpräsidenten Wasfi at-Tall, des direkten Verantwortlichen für die Massaker von Amman. Was dann folgte, war eine lange Serie von Überfällen, Anschlägen und Flugzeugentführungen, die auch die europäischen Länder traf. Für viele dieser Terrorakte zeichneten Fatah-Abspaltungen wie der Schwarze September verantwortlich, aber auch etablierte Gruppen wie die Volksfront zur Befreiung Palästinas (Popular Front for the Liberation of Palestine, PFLP) des George Habash, die sich bereits 1968 durch Flugzeugentführungen unrühmlich hervorgetan hatte. Die schlimmste Aktion des Schwarzen September war der Überfall auf die israelischen Sportler während der Olympischen Sommerspiele in München. Nicht nur, dass solche Aktionen in keinem Fall mit der Führung der PLO abgesprochen waren, diese radikalen Gruppen planten ihre Attentate auch unter größter Geheimhaltung, sodass Arafat nichts anderes übrig blieb, als sich ein ums andere Mal von diesen Anschlägen zu distanzieren.

Zwischen 1970 und 1973 erlebte die PLO eine Zerreißprobe. Dass der Führungsspitze die Zügel immer wieder entglitten, lag auch an den blutigen Aktionen der Israelis, den gezielten Ermordungen von PLO-Führern und den Luftangriffen, die zerstückelte Zivilisten hinterließen und Eltern ihrer Kinder, Kinder ihrer Eltern beraubten, was auf palästinensischer Seite immer aufs Neue Zorn und Hass entfachte und von den Radikalen zur Rechtfertigung ihrer eigenen Terrorakte herangezogen wurde. Gefährlich wirkte sich dieser Teufelkreis der Gewalt für die Palästinenser auch deshalb aus, weil sie schlagartig das Wohlwollen einbüßten, das ihnen in Europa während der letzten Jahre entgegengebracht worden war. Unter diesen Umständen verfing die Propaganda der Israelis, die zwischen den brutalen Freischärlern vom Schlag des Schwarzen September und der Führung der Fatah nie unterschieden haben – und nie unterscheiden wollten. Alles dieselbe Mörderbande, hieß es von israelischer Seite – und aus der europäischen Distanz schien nichts gegen diese Einschätzung zu sprechen.

Die Sympathien galten dem freundlichen König Hussein von Jordanien, dem Lieblingskönig des Westens, mit seinen bezaubernden Frauen. Arafat hatte es in der Bilderwelt des Westens dagegen schwer. Er entsprach in keiner Weise dem europäischen Schönheitsideal, er gab sich kämpferisch, zuweilen machtbewusst, und mit seinem Palästinensertuch erinnerte er irgendwie an dolchbewehrte Araber in dem Film *Lawrence von Arabien*, kurz, er bestätigte schon optisch den Eindruck eines Widerspenstigen. Die israelische Propaganda tat ein Übriges, Arafat zum Unruhestifter des Nahen Ostens zu stempeln.

Arafat kämpfte also an zwei Fronten. Niemand wusste besser als er, wie wichtig die Unterstützung der europäischen Staaten war. Genauso gut wusste er, dass die Wut seiner Leute ein Ventil brauchte. Im Zentralkomitee wurde um eine gemeinsame Haltung gegenüber dem Terror gerungen, und es waren jene PLO-Führer, die in Deutschland und Frankreich gelebt hatten, die eine europäische Kultur der Auseinandersetzung in die Diskussion einbrachten, sodass gegensätzliche Standpunkte ausgesprochen werden konnten, ohne Zerwürfnisse zu riskieren. Auch ich bemühte mich in Frankfurt, in Heidelberg, überall, wo wir als GUPS vertreten waren, um eine einheitliche Linie der Vernunft. Ich traf auf Widerstand, beharrte aber auf meinem Standpunkt, dass diese Terroraktionen verwerflich seien und unserer Sache schaden würden – und war daher erleichtert, als Arafat nach einigem Zögern (nämlich nach dem Attentat von München) entschieden gegen die Akteure des internationalen Terrorismus vorging. Den Ersten, der danach ein Flugzeug in seine Gewalt brachte, ließ er verhaften – es war ein gewisser Abu Mahmud, der eine Maschine von Beirut nach Kuwait entführt hatte.

Auch mein Leben änderte sich in diesem bewegenden, erregenden Jahr 1970 entscheidend. Denn im September wurde ich von Arafat zum PLO-Vertreter bei der Liga der Arabischen Staaten in Bonn ernannt. Das war ein enormer Vertrauensbeweis, zumal die Mehrheit des Zentralkomitees meine Entsendung befürwortet hatte. Von nun an hatte ich ein eigenes Büro, eine Sekretärin, ein festes Gehalt und alle Möglichkeiten politischer Kontaktaufnahme, die sich aus der engen

Verbindung mit der Arabischen Liga ergaben. In der Absicht, dem Ansehensverlust der Palästinenser in Europa entgegenzuwirken, entsandte Arafat seine inoffiziellen Botschafter auch in andere europäische Hauptstädte. Mein Kollege in Paris wurde Mahmud el Hamschari, in Rom zog Wael Zueter ins Büro der Liga ein, in London übernahm Said Hamami die Vertretung der PLO, und das Brüsseler Büro wurde mit Naim Khader besetzt. Alle vier waren brillante Intellektuelle, und alle wurden sie im Laufe der folgenden Jahre ermordet.

Im Grunde verfolgte die PLO mit unserer Benennung den Aufbau einer Elitetruppe, auch wenn mir das Wort damals nicht in den Sinn gekommen wäre. Im Unterschied zu vielen ausländischen Diplomaten beherrschten wir die jeweilige Landessprache, waren im Umgang mit der Presse geübt und verfügten bereits über gute Kontakte im jeweiligen Land. Von nun an fiel mir also die schwierige Aufgabe zu, den Schaden zu beheben, den die deutsch-palästinensischen Beziehungen genommen hatten, und den Standpunkt der Palästinenser in der deutschen Öffentlichkeit zu vertreten, bei Veranstaltungen, in den Medien und auf der politischen Ebene.

Zum Schluss sei hier an das prominenteste Opfer der Tragödie von Amman erinnert: Gamal Abdel Nasser. In einem verzweifelten Versuch, das Blutbad in Amman zu stoppen, hatte Nasser am 28. September 1970 sämtliche arabischen Präsidenten und Könige zu einer Konferenz nach Kairo geladen. Nachdem er am Abend dieses Tages das letzte Staatsoberhaupt am Flughafen verabschiedet hatte, erlitt er auf dem Rückweg in die Stadt einen tödlichen Herzinfarkt. Ich teile die Vermutung, dass er an gebrochenem Herzen starb.

Anschlag auf die Olympischen Spiele

Als ich Benita kennenlernte, war sie elf, eines der vier Kinder der Familie Dugas in Langen. Wir waren uns in der Anfangszeit also häufig begegnet, hatten uns aber später, als ich nach Frankfurt umzog, etwas aus den Augen verloren. Ich hatte jedoch den Kontakt zu den Menschen, die mich nach meiner Ankunft in Deutschland so warmherzig aufgenommen hatten, nie abgebrochen, und deshalb sah ich Benita 1968 wieder – ihr Vater hatte mich damals, als ich nach meiner Rückkehr aus Damaskus keine Bleibe und kein Geld hatte, als Freund behandelt und mich für eine Übergangszeit wieder in seinem Haus wohnen lassen. Seither sahen Benita und ich uns gelegentlich. 1970 wurde aus unserer Bekanntschaft Liebe. Zwei Jahre später heirateten wir und zogen von Frankfurt nach Rolandseck bei Bonn, wo wir morgens vom Tuckern der Lastkähne auf dem Rhein geweckt wurden. Am 31. Juli 1972 kam unser Sohn Baschar zur Welt.

Fortan weigerte sich mein Vater, mit mir zu reden. »Heirate eine Beduinin«, hatte meine Mutter mir ans Herz gelegt, und zweifellos wäre die Ehe mit einer Palästinenserin auch nach dem Wunsch meines Vaters gewesen. Er war enttäuscht, zumal ich ihn nicht gefragt hatte. Sein Schweigen währte bis 1980. Damals besuchte Benita meine Eltern in Gaza, hatte auch den achtjährigen Baschar und die dreijährige Muna mit auf die Reise genommen und gewann im Handumdrehen das Herz meines Vaters. Sie legte die Tracht und den Kopfschmuck der Beduininnen an, sie begleitete meine Eltern nach Beerscheva, sie setzte Baschar auf ein Pferd, und nach drei Tagen rief mich mein Vater an: Benita sei von einer Beduinin nicht zu unterscheiden … Alles war gut. Auf den Gedanken, Benita eine Begegnung zu verweigern, wäre er bei allem Groll nicht gekommen. Sein Stolz hätte es niemals zugelassen, einen Gast abzuweisen. Natürlich durfte ich Benita nicht begleiten. Als PLO-Mitglied gehörte ich einer terroristischen Organisation an, und die Einreise nach Gaza wäre mir selbstverständlich verweigert worden.

Ich hatte also meine Beduinin gefunden. Oder, wie man bei uns sagt: Kammal-nus-dienu – er hat die zweite Hälfte seiner Religion bekommen. Ein Unverheirateter ist nach unserem Verständnis nur ein halber Muslim. Ich war jetzt also ein ganzer Muslim, und ich war glücklich. Ob Benita ahnte, was auf sie zukam? Zumindest war ihr klar, dass sie sich meine Liebe mit Palästina teilen musste, und gleich das erste Jahr unserer Ehe sollte ihr einen Vorgeschmack darauf geben, was sie an meiner Seite erwartete.

Ich arbeitete mehr denn je. Interviews, Vorträge, eine breit gefächerte Kulturarbeit und erste Gehversuche auf dem diplomatischen Parkett der Bundesrepublik. Die Büros der Arabischen Liga hatten die Aufgabe, durch Kontakte zu Medien und Politikern Sympathiewerbung für die arabische Welt und nicht zuletzt für die Palästinenser zu betreiben, die jeweiligen Landesvertreter dort waren Diplomaten, mitunter im Rang eines Ministers, und wer die Protektion der Liga genoss, dem öffneten sich viele Türen. Einzig die israelische, die amerikanische und die englische Botschaft sprachen keine Einladungen an die Liga aus. Alle anderen Botschaften erlebte ich in rascher Folge als Gastgeber, ich ließ keinen Empfang aus, versuchte, in diesem Milieu so viele Bekanntschaften wie möglich zu schließen und wurde selbst sehr schnell bekannt. Dass mein Studentendasein inzwischen ein sang- und klangloses Ende genommen hatte, brauche ich kaum zu erwähnen.

Dennoch bin ich von meinen Leuten später regelmäßig als Dr. Frangi oder Dr. Abdallah angeredet worden. Es war einfach zwecklos, sie auf diesen Irrtum hinzuweisen. 2004 hielt ich einen Vortrag im Flüchtlingslager Deir el Balah im Gazastreifen; auch dort wollte niemand wahrhaben, dass ich keinen Doktortitel besaß. Irgendwie gehörte sich das nicht. Die Schmach meiner akademischen Würdelosigkeit wollten sie jedenfalls nicht auf sich sitzen lassen – und überraschten mich bei meinem nächsten Besuch mit der Verleihung der Ehrendoktorwürde des Flüchtlingslagers Deir el Balah, Block C6! Ich habe die Tränen der Rührung kaum zurückhalten können.

Anfang September 1972 nahm ich an einem Treffen palästinensischer Studenten aus aller Welt in Beirut teil. Am Morgen nach meiner Rückkehr setzte ich mich wie gewohnt in meinen Opel Commodore und fuhr zum Büro der Liga in Bonn. Es war der 5. September, der elfte Tag der Olympischen Spiele in München. Ich hatte noch keine Nachrichten gehört, nach den schönen Tagen in Beirut wollte ich mich nicht gleich wieder vom politischen Alltagsgeschäft vereinnahmen lassen. In Bonn stellte ich den Wagen ab und überquerte die Friedrich-Wilhelm-Straße, als ein Auto mit beträchtlicher Geschwindigkeit direkt auf mich zuhielt, sodass mich nur ein Sprung auf den Bürgersteig rettete. Irritierend war auch die nervöse Betriebsamkeit auf den Korridoren im Gebäude der Liga. Menschen liefen zwischen den Büros hin und her oder standen, erregt miteinander redend, in Gruppen beisammen. Dann klärte mich jemand auf: Ein Kommando des Schwarzen September hatte in München elf israelische Sportler als Geiseln genommen. Das Auswärtige Amt hatte schon nach mir gefragt – ich würde in München gebraucht.

Einer nach dem anderen trafen die arabischen Botschafter ein. Da ich zu wenig über die Vorgänge wusste, beteiligte ich mich an ihrer erregten Diskussion hauptsächlich mit Fragen. Nach der Sitzung kam Dr. Khatib, der Chef der Liga, auf mich zu. »Abdallah«, sagte er, »du gehst auf keinen Fall nach München. Diese Verantwortung kannst du nicht tragen. Wenn einer von uns hingeht, dann ich.«

Das tat er.

Niemand hatte so etwas je erlebt, und die Hilflosigkeit aller Anwesenden hatte etwas Gespenstisches. Wie gelähmt vor Entsetzen und Fassungslosigkeit verließ kaum jemand den Sitzungssaal. Es war vereinbart worden, dass Dr. Khatib uns regelmäßig anrufen und auf dem Laufenden halten sollte. Es stellte sich aber heraus, dass er in München zu ähnlicher Tatenlosigkeit verurteilt war wie wir in Bonn, weil sich die Israelis gleich zu Beginn des Dramas eingeschaltet hatten und seine Teilnahme an den Gesprächen im Krisenstab nicht erwünscht war. Auf die Entwicklung der Dinge hatten wir also keinen Einfluss.

Nach endlosen Stunden des Wartens in einer Atmosphäre tiefster Niedergeschlagenheit fuhr ich spätnachts zurück nach Rolandseck. Am folgenden Tag trafen wir uns wieder im Kreis der Botschafter. Dr. Khatib rief aus München an und bestätigte, was wir in den Nachrichten gehört hatten: »Es ist eine Katastrophe.« Sämtliche Geiseln und fünf der acht Geiselnehmer waren bei einem chaotischen Befreiungsversuch deutscher Polizisten in der Nacht durch Gewehrschüsse und Handgranaten getötet worden. Bundeskanzler Willy Brandt hatte offenbar den ägyptischen Präsidenten Sadat um Vermittlung gebeten, andere hatten versucht, die Tunesier einzuschalten, jeder um mich herum war atemlos beschäftigt, nur ich stand abseits. Hätte ich gegebenenfalls in München vermittelt? Ich bin heilfroh, dass mir das erspart blieb. Es gibt nichts Schlimmeres, als am Ort des Geschehens zu sein und nicht eingreifen zu können. Davon abgesehen wäre mein Einfluss gering gewesen. Es mischten so viele mit, dass ich so oder so zum ohnmächtigen Zuschauer verurteilt gewesen wäre. Jetzt war mir wenigstens vergönnt, die furchtbaren Ereignisse aus gnädiger Entfernung mitzuerleben.

Kaum hatten die Deutschen durch die Nachrichten von dem Anschlag erfahren, schlug mir, schlug allen Palästinensern grenzenloser Hass entgegen, der sich vor allem in Drohanrufen Luft machte. Anfangs wurden nur die bekannten Telefonnummern arabischer Diplomaten gewählt, bald aber wurde jedem der Tod angedroht, der im Verdacht stand, Palästinenser zu sein. Ich nahm den Hörer ab, hörte jemanden »du Schwein« hervorstoßen und legte gleich wieder auf. Baschar war gerade zwei Monate alt; ich hatte Angst um ihn, ich hatte Angst um Benita. Drei Tage hielt ich es in Bonn aus, am vierten fuhr ich mit beiden zu den Schwiegereltern nach Langen, wo sie in Sicherheit waren. Außerdem wurde ich in Bonn nicht mehr gebraucht, und in Frankfurt trafen pausenlos Hilferufe von palästinensischen Studenten ein.

Die GUPS wurde zur verbotenen Organisation erklärt, und die ersten palästinensischen Studenten wurden aus Deutschland ausgewiesen. Ich schaltete einen Rechtsanwalt, Herrn Heldmann, ein, ich beschwerte mich beim Landeskriminalamt, ich rief alle deutschen Politiker an, die ich kannte. Zwecklos. Von den Politikern war keiner zu erreichen. Zum ersten Mal, seit ich nach Deutschland gekommen war, verspürte ich Angst. Bis dahin hatte ich felsenfest an den deutschen Rechtsstaat geglaubt. Ich konnte mir nicht vorstellen, dass man so weit gehen würde, Unbeteiligte abzuschieben und Studenten aus dem Studium zu reißen, nur um das Rachebedürfnis der deutschen Bevölkerung zu befriedigen. Aber man ging so weit. Und dann setzte eine Hetzkampagne in allen deutschen Medien ein. In diesen Tagen wollte Benita vom Bahnhof Langen mit dem Taxi nach Hause fahren, nannte dem Taxifahrer die Adresse ihres Elternhauses, und der Fahrer weigerte sich. Dort wohne einer der Terroristen, ließ er Benita wissen.

Mitte September war klar, dass Innenminister Genscher in allen deutschen Städten wahllos Palästinenser aussuchen und abschieben ließ – ohne Begründung, ohne Prozess, von heute auf morgen. Wie ich später erfuhr, wurden mehr als dreihundert Studenten als Reaktion auf das Attentat von München ausgewiesen, darunter mein Freund Nabil.

In der Frühe des 26. September umstellten Polizisten das Haus meiner Schwiegereltern in Langen, verschafften sich Zutritt, durchsuchten die Zimmer und forderten mich auf, mitzukommen. Ich war verhaftet. Mein Schwiegervater geriet außer sich vor Zorn, die Polizisten beachteten ihn gar nicht. Ich wurde umgehend dem Haftrichter vorgeführt. Er verlas die Beschuldigungen, die gegen mich erhoben wurden, und ich erfuhr, dass bei mir Baupläne oder Skizzen gefunden worden seien, aus denen hervorgehe, dass ich die jordanische und die libanesische Botschaft in die Luft sprengen wolle. (Diese ominösen Pläne wurden mir nie gezeigt. Sie existierten nicht. Sie waren Fantasieprodukte der Kriminalämter.) Die Nacht verbrachte ich im Gefängnis von Heusenstamm, ohne Kontakt zur Außenwelt, aber mit einem Radio, aus dem ich am nächsten Morgen von meiner eigenen Abschiebung erfuhr. Mir seien Verbindungen zur palästinensischen Terrorszene nachgewiesen worden ... Nie hätte ich so etwas in Deutschland für möglich gehalten. Ich verstand die Empörung der Deutschen. Ich wusste, wie verbittert sie waren, welche Hoffnungen sie auf diese Olympiade gesetzt hatten, dass sie dieses Attentat wie einen Stich ins eigene Herz empfanden. Aber auch ich war schockiert und hatte den Anschlag auf einer Pressekonferenz in München scharf verurteilt, und vor allem: Ich hatte nichts damit zu tun. Das Bild, das ich mir von Deutschland gemacht hatte, war zerstört.

Wenige Stunden später saß ich in einem Flugzeug nach Kairo. Zeit, einen Koffer zu packen, hatte ich nicht gehabt. Zeit, von Benita und Baschar Abschied zu nehmen, auch nicht. In Kairo wurde ich von einer regelrechten Menschenmenge erwartet. Gerhard Konzelmann, der Korrespondent der ARD, machte noch auf dem Flughafen ein Interview mit mir. »Wo waren eure deutschen Freunde?«, fragte er mich. »Ich habe festgestellt, dass wir keine Freunde haben«, antwortete ich.

Von Kairo flog ich weiter nach Beirut, wo sich die Führung der PLO jetzt, nach der Katastrophe in Jordanien, eingerichtet hatte. In den Fatah-Kreisen herrschte eine allgemeine Verärgerung, ja Verbitterung über die Vorgehensweise der Bundesrepublik. Ich konnte nur darauf hinweisen, dass die deutsche Polizei schlecht über die Verhältnisse im Nahen Osten unterrichtet sei. Arafat hatte die Idee, die DDR um die Aufnahme der ausgewiesenen Studenten zu bitten – und löste das Problem damit tatsächlich, die DDR übernahm alle dreihundertdreißig Abgeschobenen. Welch ein Verlust für die Bundesrepublik! Diese Menschen wären die besten Botschafter Westdeutschlands in der arabischen Welt geworden.

Ich musste Benita und Baschar nachkommen lassen, aber wann und wohin? Wie sollte es überhaupt weitergehen? Meine Ausweisung hatte uns alle drei in eine fatale Lage gebracht. Kaum verheiratet, kaum Mutter geworden, war Benita gezwungen, Deutschland zu verlassen, womöglich für immer, denn ich für meinen Teil hatte mit Deutschland abgeschlossen, ich wollte um keinen Preis zurück, auch wenn ich das Verfahren, das Benita gegen meine Abschiebung angestrengt hatte, schließlich gewinnen sollte. Benita selbst bereitete sich darauf vor, mir zu folgen, aber es erschien mir nicht sinnvoll, sie sofort nach Beirut nachkommen zu lassen. Im Reisen unerfahren, wie Benita war, müsste sie obendrein damit fertigwerden, lange Zeit mit Baschar allein zu sein, weil ich häufig im gesamten arabischen Raum unterwegs sein würde, zumal ich gleich nach meiner Ankunft im Libanon als Mitglied der Fatah in den Nationalrat der PLO aufgenommen worden war. Also beschloss ich, abzuwarten. Ich wollte zunächst Klarheit darüber gewinnen, wie es weiterginge.

In diesen Tagen fanden hitzige Debatten innerhalb der Führung der Fatah statt, in die ich einbezogen wurde. In langen

Sitzungen wurde über angemessene und unangemessene Formen des Widerstands gestritten, über die Unterscheidung zwischen terroristischen Aktionen, die sich gegen Zivilisten richteten, und militärischen Maßnahmen, die der Befreiung Palästinas dienten. Es setzte sich die Ansicht durch, dass Flugzeugentführungen ein Irrweg seien, ein blindwütiges Umsichschlagen aus Motiven, die viel mit Rache und wenig mit den Notwendigkeiten eines Befreiungskampfs zu tun hatten. Allerdings waren wir gezwungen, unsere Verurteilung terroristischer Aktionen im Ausland nicht zu drastisch zu formulieren, um die radikalen Gruppen nicht zu reizen, deren Unberechenbarkeit wir selbst fürchteten. Terrororganisationen wie der Schwarze September hatten sich ja aus Verärgerung darüber gebildet, dass Arafat und die Führung der PLO nach der Vertreibung aus Jordanien auf eine Reorganisation der Kräfte, auf eine Erholung der Kämpfer im Libanon, mit anderen Worten: auf eine Atempause setzten, während sie selbst den Kampf auf Biegen und Brechen fortsetzen wollten. In jedem Fall war die damals fällige Neudefinition des Widerstands eine Gratwanderung – wir durften an unserer Ablehnung von Flugzeugentführungen und Anschlägen im Ausland keinen Zweifel lassen, um nicht alle Welt gegen uns aufzubringen, wir durften aber auch nicht allzu nachgiebig erscheinen, wenn wir eine Spaltung der PLO in zwei verfeindete Flügel verhindern wollten.

Einen Monat nach meiner Ankunft in Beirut schickten mich Arafat und Abu Dschihad mit einem Sonderauftrag nach Algier. Nach meiner Abschiebung war es nötig geworden, einen neuen Aufgabenbereich für mich zu finden, das hatte eine Weile gedauert, und nun sollte ich Kontakt zu den Befreiungsbewegungen in Afrika aufnehmen und von Algier aus ein afrikanisch-palästinensisches Koordinationsbüro leiten.

Am Nachmittag des 26. Oktober 1972 traf ich mich also mit dem Vertreter der Fatah in Algier, Abu Khalil. Man hatte

166

ihm ans Herz gelegt, mir die Arbeit in jeder Weise zu erleichtern – eine Bitte, derer es sicher nicht bedurft hätte, denn Abu Khalil war ein guter Freund, ich kannte ihn aus Gaza. Mit seinen blaugrünen Augen und seinem buschigen schwarzen Schnäuzer hätte er gut aus einer südlichen Region Deutschlands stammen können. Ich kannte ihn als umgänglichen Menschen, der notfalls hart gegen andere wie gegen sich selbst sein konnte. Im Übrigen war Abu Khalil über meine Gesellschaft genauso froh wie ich über seine, denn bisher hatte er in Algier auf einsamem Posten gestanden.

Die erste Aufgabe, die uns erwartete, war das Sichten der Post. Abu Khalil war längere Zeit abwesend gewesen, und auf dem Boden seines Büros stapelten sich Berge von Briefen. Nun hatte mir ein Bekannter, der auf Horoskope schwor, in Beirut zum Abschied eine astrologische Zeitschrift in die Hand gedrückt. Ich hielt zwar nichts von Astrologie, begann aber während des Flugs aus Langeweile dennoch darin zu lesen und fand unter meinem Sternzeichen die Eintragung: »In den nächsten Tagen ist äußerste Vorsicht geboten. Unheil droht.« Unfug, sagte ich mir, zerriss das Heft und stopfte es in die Tasche an der Rücklehne des Vordersitzes.

Unsere Arbeitsräume befanden sich in einer der vornehmsten Villen von Algier, aber dieses Haus im schönsten französischen Kolonialstil war völlig heruntergekommen. Man konnte Abu Khalil nicht gerade als Ästheten bezeichnen; er nutzte dieses Gebäude, wie er eine Baracke genutzt hätte, als reinen Arbeitsplatz. Ein Revolutionär achtet nicht auf Äußerlichkeiten. Das ehemalige Schlafzimmer im ersten Stock hatte er zu seinem Büro erkoren, das Bad nebenan diente einer Hilfskraft als Arbeitszimmer, und dort stapelte sich die Post. Wir gingen in die Hocke und begannen, die Umschläge aufzureißen – er mit dem Rücken zur Wand, ich mit dem Rücken zur geöffneten Zimmertür. Eines der Päckchen enthielt ein Buch. Ich fing an, darin zu blättern, und im selben Augenblick, als mein

Blick auf das Foto eines entsetzlich zugerichteten Briefbombenopfers fiel, hielt Abu Khalil einen prallen Brief in die Höhe und sah mich fragend an. »Abdallah, was meinst du?« Ich werde niemals seine Augen vergessen, diese blaugrünen Augen, mit denen er mich in diesem Moment anschaute. »Eine Briefbombe«, erwiderte ich. Abu Khalil zögerte. »Es steht kein Absender drauf«, sagte er. »Aber das werden die Pässe sein, die mir der PLO-Vertreter in Belgrad schicken will ...« Aus irgendeinem Grund war ich mir sicher, dass er sich irrte. »Schau her«, forderte ich ihn auf und hielt ihm das aufgeschlagene Buch mit dem Foto des Verstümmelten hin. In derselben Sekunde riss er den Umschlag auf.

Es fühlte sich an, als würde mein Kopf in ein Glutbecken getaucht. Die Explosion schleuderte mich durch die geöffnete Tür ins Nebenzimmer, drei, vier Meter weit. Ich schlug die Augen auf, um zu prüfen, ob ich noch sehen konnte, nahm die eingeschaltete Deckenlampe wahr und verlor das Bewusstsein.

Im Krankenhaus kam ich zu mir und hörte die Stimme von Abu Khalil. »Wo ist Abdallah?«, keuchte er. »Schaut nach Abdallah.« Ich stand auf, sah ihn im Nachbarbett liegen und fuhr entsetzt zurück. Was hätte ich darum gegeben, wenn mir dieser Anblick erspart geblieben wäre ... Sein Gesicht schien nur aus Blut zu bestehen, seine blaugrünen Augen waren verschwunden, von seinen Händen waren nichts als blutrote Klumpen übrig. Er lag da, wie die Leute ihn hereingetragen hatten, reglos, als wäre kein Leben mehr in ihm. Ich konnte nicht mehr. Nicht mehr sprechen, nicht mehr hinschauen. Dann kamen Ärzte und schoben ihn in den Operationssaal.

Bei mir stellten sie nur leichte Verbrennungen fest. Mit einer Pinzette entfernten sie die Sprengstoffsplitter aus meinem Gesicht, das war alles. Dabei war die Bombe von gewaltiger Sprengkraft gewesen. Als ich Tage später die Villa betrat, watete ich durch ein Meer von Scherben, weil sämtliche Fenster zersprungen waren. Unerklärlich, dass Abu Khalil nicht sofort tot war, dass ich nicht zumindest schwere Verletzungen davongetragen hatte. Doch Abu Khalil lebte. Sein rechtes Auge war zerstört. Seine Hände waren verstümmelt. Aber ein geringer Teil der Sehkraft seines linken Auges wurde einen Monat später in einer Spezialklinik in Barcelona gerettet.

Eigentlich hätten wir in der Zeit nach dem Münchener Attentat überhaupt keine größeren Briefe, Büchersendungen und dergleichen öffnen dürfen. (Die Israelis erfanden später Briefbomben in Buchform – man schlug das Buch auf und wurde zerrissen.) Die israelische Ministerpräsidentin Golda Meir hatte gelobt, eine Hochspannungsleitung um jeden »Terroristen« zu legen, sodass er von einem Stromschlag getroffen würde, sobald er sich rührte, und jeder verglühen würde, der in seine Nähe käme. Aber wir waren vertrauensselig, wir waren leichtsinnig. Als ich mit Abu Khalil in Barcelona weilte, zog eine Gruppe von Libyern in mein Hotel ein. Eines Tages erhielten sie ein Päckchen mit dem Absender des Krankenhauses, in dem einer von ihnen lag. Sie ließen das Päckchen von der spanischen Polizei überprüfen, und tatsächlich – es war eine Briefbombe, stark genug, das ganze Hotel in einen Trümmerhaufen zu verwandeln. Die Spanier brachten den Sprengsatz außerhalb der Stadt zur Explosion. Ich hätte wahrscheinlich keinen Verdacht geschöpft, Leichtsinn ist eine typisch palästinensische Eigenschaft. Alle unsere Ermordeten sind im Grunde leichtsinnig – oder gutgläubig – gewesen.

Kurz nach der Geschichte mit der Briefbombe besuchte mich Kamal Adwan in Algier, ein Mitglied des Zentralkomitees, zuständig für den Widerstand in den besetzten Gebieten. Zusammen mit ihm traf Mahmud el Hamschari ein, der PLO-Vertreter in Paris. Mahmud, ein guter Freund, quartierte sich in meinem Doppelzimmer im Albert-Hotel ein. Nach dem Besuch bei Abu Khalil saßen wir abends im Restaurant beisammen, und irgendwann wendete sich Kamal Adwan zu mir und sagte: »Ich habe übrigens Krach mit deinem Freund.« Mit Arafat, sollte das heißen.

Ich erschrak. Krach mit Arafat galt es eigentlich zu vermeiden, und Kamal war der Jüngste im Zentralkomitee. Genüsslich gab er zum Besten, dass er Arafat in einer Sitzung mehrfach widersprochen hatte, woraufhin dieser ihn aufgefordert hatte, den Mund zu halten. »Nicht ich – du hältst den Mund«, hatte Kamal entgegnet. Eine derartige Kühnheit hatte sich noch keiner herausgenommen. Wie Kamal weiter erzählte, hatte Arafat daraufhin eine leere Plastikflasche nach ihm geworfen, die er, Kamal, umgehend auf dem Luftweg zurückgeschickt hatte. Ich vermute, dass dieser Vorfall keine Parallele in der Geschichte des Zentralkomitees hat. Jedenfalls war Arafat souverän genug gewesen, sich noch während der Sitzung bei Kamal Adwan zu entschuldigen.

Das war typisch für Arafat. Er ließ eine Sache nie lange schmoren, er entschuldigte sich für seine Unbeherrschtheit entweder bei der ersten Gelegenheit oder gar nicht. Allerdings nahmen seine Wutausbrüche gelegentlich spektakuläre Formen an. Ich erinnere mich, dass er 1996 den deutschen Vertreter in Palästina, Martin Kobler, schier in Todesangst versetzte. Es ging um die palästinensischen Pässe, die Deutschland der Autonomiebehörde versprochen hatte. Fünfhundert davon wollte Arafat vorab geliefert bekommen, um sie an Palästinenser in Israel auszugeben, damit sie nach Mekka pilgern konnten. Die Deutschen hatten sicherheitshalber die Israelis vorab gefragt, und die hatten sofort ihr Veto eingelegt. Aus Arafats Plan wurde also nichts, und er ließ seinen Zorn an Martin Kobler aus. Es muss ein ziemlich heftiger Auftritt gewesen sein; Kobler hätte sonst nicht nach Mitternacht noch mit mir telefoniert, um mir zu erzählen, dass er um sein Leben gefürchtet habe. Daraufhin rief ich umgehend Arafat an. »Ich weiß, warum du anrufst«, sagte er. »Lade Kobler morgen zum Frühstück bei mir ein.« Martin Kobler ließ sich überreden, ging hin, und Arafat verwöhnte ihn.

Arafat konnte unerbittlich sein, ein energischer Verfechter seiner Ziele. Mit seinem Zorn hielt er selten hinterm Berg. Offen gesagt, ich hätte ihn nicht zum Feind haben mögen. Aber sein Zorn verrauchte meist genauso schnell, wie er aufgestiegen war, und deshalb war mit ihm letztlich doch besser auszukommen als mit anderen. Jedenfalls konnte jeder, der ihn kannte, ähnliche Geschichten wie Kamal Adwan oder Martin Kobler erzählen, was Mahmud el Hamschari einmal zu der treffenden Diagnose veranlasste: Arafat gebe jedem – in welcher Stimmung man ihn auch antreffe – das Gefühl, nur für ihn zu leben. Das Gefühl, ein Teil seiner, Arafats, Person und Lebensgeschichte zu sein. Er reiße die anderen gewissermaßen in das Drama seines Lebens hinein, in dem sich wiederum das größere Drama des palästinensischen Volkes verdichte, zusammenballe … Ich kann das nur bestätigen. Tatsächlich hatte jeder von uns seine eigene Beziehungsgeschichte mit Arafat; keiner allerdings trieb sie so auf die Spitze wie Kamal Adwan.

Von meinen beiden Besuchern kannte ich Mahmud el Hamschari sehr viel besser als Kamal Adwan. Mahmud hatte mich einige Male in Deutschland besucht, und ich hatte ihn in die Frankfurter Fressgasse ausgeführt. In der Nacht wachte ich in unserem Hotelzimmer auf, und als ich ihn neben mir in seinem Bett liegen sah, die weiße Bettdecke über den Kopf gezogen, drängte sich mir das Bild eines Leichnams auf. Beim Frühstück riet ich ihm, einstweilen nicht nach Paris zurückzufahren. »Ich habe Angst, dass sie auch dich erwischen.« Wenige Tage zuvor war unser Freund in Rom ermordet worden; Abu Khalil und ich waren nur knapp demselben Schicksal entgangen. »Warte, bis sie sich beruhigt haben«, sagte ich ihm. Paris sei weder Rom noch Algier, meinte er, und fuhr zurück. Sechs Wochen später erreichte mich die Nachricht, auf Mahmud el Hamschari sei ein Anschlag verübt worden. Ich fuhr nach Paris.

Er war in einem furchtbaren Zustand. Er lag in seinem Bett wie ein Vogel mit gebrochenen Flügeln. Eines seiner Beine war schwer verletzt, aber zu retten; das andere musste amputiert werden, sollte er eine Überlebenschance haben. Die Explosion der Bombe, die unter seinem Telefontischchen installiert war, hatte ein Loch in den Zementboden gerissen, so groß, dass man in die darunterliegende Wohnung schauen konnte. Wie durch ein Wunder hatte er überlebt, aber sein Lebenswille war erloschen, und er verweigerte seine Einwilligung zu der Amputation. Ich rief Arafat an und bat ihn, Mahmud umzustimmen, aber auch er erreichte bei ihm nichts. Mein Freund starb im Monat darauf. Als mich meine Arbeit später nach Paris führte, habe ich als Erstes mit seiner Frau den Père-Lachaise-Friedhof aufgesucht und einige Verse aus dem Koran über seinem Grab verlesen.

Von meinen Kollegen in den europäischen Hauptstädten lebten jetzt noch zwei, Naim Khader in Brüssel und Said Hamami in London. Abu Khalil übrigens gelang es nach seiner Entlassung aus dem Krankenhaus in Barcelona, mithilfe einer Lupe zu lesen, und im Lauf der Zeit erlernte er wieder das Schreiben, indem er den Stift zwischen die Fingerstummel seiner rechten Hand klemmte.

So endete das erste Jahr meiner Ehe mit Benita.

Heimatlos

Benita hatte mich im Dezember 1972, also gut zwei Monate nach meiner Ausweisung, für eine Woche in Barcelona besucht. Anfang 1973 ging ich zurück nach Algier, rief Benita in Deutschland an und sagte: »Komm.« Die junge Familie war nun wieder vereint, aber Algier war damals eine Stadt, die es Europäern schwermachte. Abgesehen davon, dass Benita keinerlei Auslandserfahrung besaß und weder Französisch noch Arabisch sprach, funktionierte das Leben in der algerischen Hauptstadt nach sozialistischen Regeln, das heißt, es herrschte Mangel an allem. Außerdem war es Winter, und Benita musste oft tagelang mit Baschar allein in der kalten Wohnung ausharren, wo Ratten ihre Nachbarn und Kakerlaken ihre Untermieter waren. Sie fand es begreiflicherweise unmöglich, sich dort einzuleben, und hatte Heimweh. Als Abu Khalil nach seiner Genesung im Februar 1973 wieder auf seinen Posten zurückkehrte, siedelten wir deshalb nach Beirut über und mieteten uns ein Apartment im vierten Stock mit Blick aufs Meer. Das war nun ein ganz anderes Leben, und Benita war begeistert – im Restaurant nahmen sich die Kellner des kleinen Baschar an und spielten mit ihm, solange wir speisten. Das hatte sie noch nie erlebt.

Im Libanon atmete man seit jeher eine freiere Luft als in den übrigen arabischen Ländern. Es gab dort eine unabhängige Presse und ausländische Zeitungen, es gab Parteien, es gab ein lebendiges politisches Leben, es gab sogar eine allgemeine Leidenschaft für die Politik, sowohl unter Palästinensern als auch unter Libanesen – man war nicht einmal davor sicher, im Café vom Kellner in ein politisches Streitgespräch verwickelt zu werden. In Beirut kannte ich viele Menschen, auch mein alter Freund Nabil, seine Frau und seine Schwester gehörten zu unserem Kreis, und selbstverständlich ging es, sobald wir abends zusammensaßen, um Politik. Das war ein völlig anderes Leben als in Algier, und auch Benita bildete sich bald ihre Meinungen und wagte sich damit in unseren Diskussionen hervor. Es dauerte nicht lange, und sie war mit der arabischen Gesellschaft so vertraut, als hätte sie lange in Beirut gelebt.

Im Libanon gab es aber auch – ebenfalls einzigartig – eine Spaltung in einen christlichen und einen muslimischen Bevölkerungsteil, die es notwendig machte, das gesamte politische Gefüge mit großem Feingefühl zwischen beiden Kräften auszutarieren. Gleichwohl besaßen die Christen traditionell ein leichtes Übergewicht, und jede Bedrohung der christlichen Vorherrschaft erregte den Argwohn der Falangisten, einer christlichen Miliz, die zur Selbsthilfe schritt, wenn beispielsweise der übliche Postenschacher nicht zu den gewünschten Ergebnissen geführt hatte. Seit 1971 hatten sich die Gewichte im Libanon zugunsten der Muslime verschoben, durch die Einwanderung Hunderttausender Palästinenser nach ihrer Vertreibung aus Jordanien, nicht zuletzt aber auch durch die Anwesenheit der PLO-Führung sowie tausender Kämpfer der Fatah und anderer Organisationen. Als Benita, Baschar und ich in Beirut eintrafen, spitzte sich die Lage bereits zu. Die libanesische Armee war im Begriff, mit Gewalt gegen die Palästinenser vorzugehen, und in diesem Fall war auch mit einem Angriff der Falangisten zu rechnen, die der Armee nachzuhelfen pflegten, sooft ihnen Nachhilfe nötig erschien.

Ich arbeitete in der politischen Abteilung der PLO, die Faruk Kadumi unterstand, und kooperierte eng mit jenem Ressort, das ich Jahre später selbst leiten sollte, der außenpolitischen Abteilung von al Fatah. Angesichts der gespannten Lage waren wir vollauf damit beschäftigt, die Verteidigung der palästinensischen Wohnviertel zu organisieren, als die Israelis zu der grausamsten Aktion ihres Rachefeldzugs schritten, dem vierfachen Mord in der Rue Verdun.

In der Nacht vom 9. auf den 10. April wurden Benita und ich durch Schüsse in der Nachbarschaft geweckt. Von einer dunklen Ahnung befallen, rief ich bei Tagesanbruch einige Freunde an und erfuhr, dass Kamal Adwan, der mich kurz zuvor in Algier besucht hatte, Abu Yusef und Kamal Nasser in ihren Wohnungen ermordet worden waren. Auch die Frau von Abu Yusef war erschossen worden, als sie sich einem Attentäter widersetzen wollte; nur ihre beiden Söhne hatten sich durch einen Sprung vom Balkon gerettet. Den christlichen Dichter und Schriftsteller Kamal Nasser, wie Abu Yusef Mitglied des PLO-Exekutivkomitees, hatten die Attentäter durch mehrere Schüsse in den Mund getötet – ein Akt brutaler Symbolik, in dem sich der Hass auf die Stimme Palästinas entlud.

Am Ort der nächtlichen Hinrichtungsorgie war kein Durchkommen. Hunderte erregter Menschen drängten sich vor dem Haus in der Rue Verdun, und ich versuchte erst gar nicht, mich durch die Menge zu zwängen, ich war von den Morden der letzten Monate erschöpft und von Bildern des Grauens übersättigt. Ein Kommando von sechzehn israelischen Soldaten, vier davon als philippinische Kindermädchen verkleidet, war, übers Meer kommend, im Schutz der Dunkelheit am Strand von Beirut an Land gegangen und in das Wohnhaus eingedrungen, in dem außer den drei Ermordeten auch Arafat vermutet worden war. Der entging seinen Jägern ein weiteres Mal. Dennoch wurden die Morde in Israel wie ein glanzvoller Sieg auf dem Schlachtfeld gefeiert, und der Witz, man hebe sich Arafat für die Zeit des bevorstehenden Wahlkampfs auf, machte die Runde. Der Name des Mörders von Kamal Adwan wird übrigens im Zusammenhang mit Anschlägen dieser Art noch häufiger auftauchen, er lautet Ehud Barak. Seinerzeit Offizier, war er für die Planung solcher Anschläge auf die führenden Köpfe des palästinensischen Widerstands zuständig und gelegentlich auch persönlich an ihrer Durchführung beteiligt, bevor er 1999 israelischer Ministerpräsident wurde.

Die Morde vergifteten die Atmosphäre in Beirut weiter. Ein allgemeines Misstrauen gegen Ausländer griff um sich, Festnahmen häuften sich, und auch unser Sicherheitsdienst verhaftete Personen, die in einen mehr oder weniger vagen Zusammenhang mit dem Attentat in der Rue Verdun gebracht werden konnten. Eines Tages erhielt ich einen Anruf von Hamad el-Aydi, dem Chef der palästinensischen Sicherheitsorgane in Beirut und niemand anderer als einer der Verschwörer im Orangenhain, der dritte im Bunde neben meinem Bruder Mohammed und Abu Dschihad. Er bat mich, in sein Büro zu kommen – man habe einen Deutschen festgenommen, der in die Mordaktion verwickelt gewesen sei.

Es stellte sich heraus, dass der Mann ein junger, sympathischer Deutscher war, der am Flughafen am Lufthansa-Schalter arbeitete. Es war klar, dass er um sein Leben fürchtete, und genauso offensichtlich, dass er völlig harmlos war – fast immer merkt man in den ersten Minuten, ob jemand für diese Art von Geschäften infrage kommt oder nicht, und dieser Mann war ganz sicher nicht der Typ, mit den Israelis bei einer Kommandoaktion gemeinsame Sache zu machen. Von der Unschuld des Mannes überzeugt, ging ich zu Hamad el-Aydi, der mir auch keine Anhaltspunkte für den Verdacht seiner Leute liefern konnte. Ohne Zweifel hatten sie ihn nur deshalb festgenommen, weil er Ausländer war und sie nicht mit leeren Händen in ihre Zentrale zurückkehren wollten. »Lass ihn laufen«, sagte ich. Hamad sträubte sich. »Auf deine Verantwortung?«, sagte er schließlich, immer noch zwischen Härte und Nachgiebigkeit schwankend. »Auf meine Verantwortung.«

Ich ging zu dem Raum hinüber, in dem der Deutsche festgehalten wurde, und erklärte ihm, dass er gehen könne. Er glaubte mir nicht. Er war so fest davon überzeugt, sterben zu müssen, dass er mich bat, vor seinem Tod noch einen Brief an seine Mutter schreiben zu dürfen. »Seien Sie nicht so dumm«, sagte ich ihm. » Sie sind frei, und ich werde Sie bis zur Grenze begleiten.« Mittlerweile nämlich waren Schießereien in den Straßen von Beirut an der Tagesordnung, und ich wollte sichergehen, dass er heil das Gebiet der Falangisten erreichte. Erst als ich von ihm Abschied nahm, war er von seinem Glück überzeugt; bis dahin hatte er sich unentwegt umgeschaut in der Annahme, von Killern verfolgt zu werden. Dass tatsächlich nicht viel zu seiner Erschießung gefehlt hatte, behielt ich lieber für mich.

Kurze Zeit später brachen die Kämpfe aus. Von unserem Balkon aus beobachteten Benita und ich die Kolonnen der libanesischen Armee, die in Richtung der Flüchtlingslager marschierten, wo auch Arafat sein Hauptquartier hatte. Was können wir tun?, überlegte ich mit Daud, einem Freund aus Deutschland, der mit seiner deutschen Frau ganz in der Nähe wohnte. Wie können wir helfen? Da ich kein ausgebildeter Straßenkämpfer bin, wollte ich nicht selbst zum Gewehr greifen, aber als guter – und wenn es sein muss rasanter – Autofahrer gefiel mir die Idee, Nachschub an Proviant, Munition und Waffen von unserem Hauptquartier an die Front zu transportieren. Ich organisierte einen VW-Bus, und in den nächsten Tagen fuhren wir von Sonnenaufgang bis in die Nacht hinein pausenlos hin und her, von einem Einsatzort zum anderen, immer mit Vollgas kreuz und quer durch die engen Gassen Beiruts, ich am Steuer. Wir bewegten uns innerhalb der Grenzen unseres Gebiets, insofern waren wir einigermaßen sicher, gleichwohl erwischte es Salman, einen unserer Mitfahrer, der von einer Granate schwer verletzt wurde. Durch die Ausgangssperre zu Untätigkeit und Alleinsein verurteilt, bangte Benita unterdessen Tag und Nacht um mein Leben.

Nach den Erfahrungen in Jordanien waren unsere Kämpfer entschlossen, es nicht zur nächsten Katastrophe kommen zu lassen, und an der Verteidigung der Flüchtlingslager beteiligten sich alle, auch Frauen und Kinder. Mit dem Erfolg, dass die libanesische Armee sowie die Falangisten große Verluste hinnehmen mussten und um einen Waffenstillstand nachsuchten. Ich traute dem Frieden nicht. Insbesondere die falangistischen Milizen waren ein unberechenbarer und gnadenloser Gegner, wie sich am Tag der Waffenstillstandsverhandlung wieder einmal gezeigt hatte – unser Emissär wurde in den Kopf geschossen, als er sich ohne Begleitung, nur mit einer Pistole bewaffnet, einem Kontrollpunkt der Falangisten näherte. Ich war daher erleichtert, als Arafat mir im Mai den Auftrag erteilte, einer Einladung des libyschen Revolutionsführers Gaddafi zu folgen und an seiner Stelle nach Tripolis zu reisen.

Benita und ich kamen überein, unser improvisiertes Familienleben unter den gegebenen Umständen einstweilen abzubrechen. Kaum verheiratet, war sie in den Strudel der nahöstlichen Ereignisse hineingezogen worden. Kaum auf der Welt, teilte auch Baschar schon das Schicksal meines Volkes. Eine vorübergehende Rückkehr nach Deutschland würde den beiden erlauben, nach den Aufregungen der letzten Monate wieder zur Ruhe zu kommen. Wir suchten einen Lufthansa-Flug für sie aus. Ihre Maschine nach Frankfurt sollte um 7 Uhr morgens starten, und ich buchte einen Flug am Vormittag desselben Tages nach Tripolis.

Wir brachen in aller Frühe auf. Etwa 800 Meter vor dem Flughafengebäude erwartete uns ein Kontrollpunkt, besetzt mit Soldaten der libanesischen Armee und Milizionären der

Falange. Von einem Taxi ließen wir uns bis zur Absperrung bringen und reihten uns dann in die Schlange der Wartenden ein, Benita mit unserem Sohn auf dem Arm hinter mir. Die nächsten Minuten gehören zu den heikelsten Momenten meines Lebens, denn so viel war klar: Sollten sie mich als Palästinenser identifizieren, würde das meinen sicheren Tod bedeuten; fänden sie heraus, dass Benita und ich zusammengehören, wäre das unser aller Ende. Das größte Risiko stellte in diesem Fall Baschar dar. Ich selbst fühlte mich mit meinem algerischen Pass, in den ein falscher Name eingetragen war, einigermaßen sicher; auch Benita mit ihrem deutschen Pass hatte eigentlich nichts zu befürchten, doch Baschar war nur in meinem palästinensischen Laissez-passer eingetragen, und den vorzuzeigen wäre Selbstmord gewesen.

Vor uns wurde ein Palästinenser aus der Reihe geholt. Mich winkten sie nach einem Blick in meinen algerischen Pass durch. Auch Benitas deutscher Ausweis wurde akzeptiert. Und dann hörte ich im Weitergehen, wie der Soldat nach Baschars Pass fragte. Ich hielt den Atem an. Aber Benita ließ ihn einfach stehen, überhörte seine Frage ungeniert, lief stur weiter – und kam damit durch. Meine Erleichterung währte keine zwei Sekunden, denn im nächsten Moment drehte sich Baschar zu seinem vorweg laufenden Vater um und rief: »Papa!« Mir blieb das Herz stehen. Diesmal taten wir beide, als hätten wir nichts gehört, und wieder hatten wir Glück, der Vorfall blieb unbemerkt.

Die Flughafenhalle wimmelte von libanesischer Polizei. Ich steuerte den Lufthansa-Schalter an – und stand vor dem jungen Deutschen, den ich gerettet hatte. Er war ehrlich erschrocken, mich zu sehen, ihm war klar, in welcher Gefahr ich schwebte, und er versprach, sich um Benita und Baschar zu kümmern. Die Vorsicht gebot, uns zu trennen, ohne Abschied zu nehmen, aber ich wusste meine Frau und meinen Sohn in guten Händen, als ich vom Schalter zum Wartesaal weiterging – und beinahe in etwas hineingeraten wäre, das mir nach einer Fahndung aussah. Einer Fahndung nach mir. Ein Ägypter, etwa von meiner Statur und meinem Alter, war gerade von mehreren Polizisten angehalten worden, die jetzt seinen Pass durchblätterten, seinen Koffer durchwühlten und höchstwahrscheinlich unangenehme Fragen stellten. Ich kannte den Mann, machte einen Bogen um die Gruppe, ging bis zum Flughafenrestaurant durch und bestellte ein Frühstück. Wenig später entdeckte mich der Ägypter dort und kam mit hochrotem Kopf auf mich zu. »Diese Idioten halten mich für einen Palästinenser!«, schimpfte er. Ich verkniff mir die Bemerkung, dass er vermutlich das Opfer einer Verwechslung geworden war und der Gesuchte vor ihm sitze. Für die nächsten Stunden blieb ich unbehelligt, atmete aber erst auf, als meine Maschine gegen 11 Uhr abhob.

Anlass meiner Reise nach Tripolis war die Vorstellung von Gaddafis berühmt gewordenem *Grünen Buch*, in dem er seine revolutionären Visionen niedergeschrieben hatte. Gaddafi präsentierte dieses Buch natürlich selbst und lud uns anschließend zum Essen in sein Zelt, wo er sich bei mir freundlich nach den Vorgängen im Libanon erkundigte und meine Auskunft, dass wir den Angriff der libanesischen Armee zurückgeschlagen hätten, mit Befriedigung zur Kenntnis nahm.

Nicht, dass der libysche Revolutionsführer (von 1969 bis Mitte 2011 an der Macht) unser Freund gewesen wäre. Aber wir konnten ihn auch schlecht ignorieren, schon weil er nichts unterließ, um seinen Einfluss im Nahen Osten geltend zu machen, indem er grundsätzlich die radikalsten Gruppen unterstützte. Im Übrigen hätte Arafat nie jemanden verprellt, nur weil er ihn zu seinen Gegnern rechnen musste. Ein schwieriger Fall war er für uns trotzdem. So finanzierte er beispielsweise den libanesischen General Achmed Djebril, der dem militanten Flügel der PLO angehörte und für etliche Flugzeugentführungen verantwortlich war; Djebril war es auch, der auf die Idee verfiel, ein ferngesteuertes Miniaturflugzeug mit Sprengstoff zu beladen und nach Israel zu dirigieren, ohne dass diese neuartige Waffe allerdings irgendwelchen Schaden angerichtet hätte. Später rüstete Gaddafi ihn mit großen Mengen russischer Waffen aus, die beim Einmarsch der Israelis 1982 in einem Bunker im Süden des Libanons lagerten. Die Israelis räumten dieses Depot aus und verkauften Gaddafis Geschenke an Interessenten in Afrika …

Mein Abstecher nach Libyen war indes ein kurzes Zwischenspiel. Anschließend nahm ich Benita und Baschar in Algier erneut in Empfang und ging mit ihnen bald darauf nach Kairo, wo meine älteste Schwester Mariam die beiden in ihr Haus aufnahm – und wir im Herbst Zeugen eines Ereignisses wurden, mit dem niemand gerechnet hatte, nicht einmal die Israelis. Ich spreche vom Oktoberkrieg, der in der westlichen Welt nach dem israelischen Sprachgebrauch Yom-Kippur-Krieg heißt.

Die nie erlebte Atmosphäre einer verhaltenen, fast spitzbübischen Freude, die während der ersten Kriegswoche in den Straßen von Kairo herrschte, ist mir in lebendiger Erinnerung geblieben. Und in Anbetracht der spärlichen Erfolge, die die arabischen Staaten im Kampf um Palästina gegen Israel zu verzeichnen haben, ist es vielleicht verzeihlich, dass ich beim Gedanken an den Oktoberkrieg bis heute jene Genugtuung verspüre, die sich damals angesichts der Erfolge der ägyptischen Armee und der taktischen Meisterleistung des ägyptischen Präsidenten Anwar Sadat bei mir einstellte. Denn Sadat hatte alle – Israelis wie Araber – seit seinem Amtsantritt irregeführt, hatte von Kriegsplänen gesprochen und immer neue Ausflüchte gefunden, den Angriff abzublasen. Er hatte kurz vor dem tatsächlichen Kriegsausbruch sogar die sowjetischen Militärberater nach Hause geschickt, die Nasser einst ins Land geholt hatte, und als trotz aller Geheimhaltung Gerüchte von einem – wieder einmal – bevorstehenden Krieg durchsickerten, glaubten die Israelis an eine weitere Drohgebärde Sadats und maßen der Information keinerlei Bedeutung zu. Sadat war, bei seinen eigenen Leuten wie bei den Israelis, längst als ewiger Zauderer oder harmloser Wichtigtuer abgestempelt.

In Wirklichkeit hatte Sadat seine Armee beharrlich aufgerüstet und reorganisiert, einen Großteil der Analphabeten unter seinen Soldaten durch Männer mit Universitätsabschluss ersetzt und sich mit sowjetischen Raketen eingedeckt. Vermutlich hätte der israelische Geheimdienst den Bluff des Ägypters dennoch irgendwann durchschaut, wäre er nicht vollauf damit beschäftigt gewesen, unsere Leute zu ermorden. In gewisser Weise war die Unaufmerksamkeit des Mossad wohl auch seiner Fixierung auf Arafat und die palästinensischen Befreiungsbewegungen geschuldet, ohne dass die PLO je vorgehabt hätte, Ablenkungsmanöver durchzuführen. Als der Angriff auf die Bar-Lew-Linie dann tatsächlich erfolgte, wurden die Israelis von den Ägyptern jedenfalls genauso überrascht, wie die Ägypter im Sechstagekrieg von den Israelis überrascht worden waren.

Nach dem Sechstagekrieg hatten die Israelis das Ostufer des Suezkanals für 500 Millionen Dollar nach dem Vorbild der französischen Maginotlinie mit einem Verteidigungssystem aus zwanzig Meter hohen Schutzwällen und zahlreichen Bunkern befestigt, das nach dem israelischen Stabschef Chaim Bar Lew benannt worden war. In dieses Bollwerk war das gesamte Schienennetz des Gazastreifens verbaut worden – die Israelis hatten die Schienen einfach herausgerissen und an den Kanal geschafft. Nichts davon konnte die ägyptischen Soldaten aufhalten, nicht einmal das mit Brennstoff gefüllte Rohrleitungssystem, durch welches das Ostufer auf der gesamten Länge des Kanals in Flammen gesetzt werden konnte, als sie in den Morgenstunden des 6. Oktober 1973 nach stundenlangem Artilleriefeuer zum Sturm ansetzten. Ägyptische Pioniere unterspülten die Fundamente des israelischen Schutzwalls mithilfe außergewöhnlich starker Wasserpumpen, sodass sich eine Bresche nach der anderen in der Bar-Lew-Linie auftat und alle Bunker bis auf einen von Soldaten überrannt wurden, die in einfachen Holzbooten über den Kanal gesetzt hatten. Gleichzeitig überquerten Panzer auf recht primitiven, aber in kürzester Zeit installierten Pontonbrücken den Kanal – schneller, als irgendjemand für möglich gehalten hatte –, und stießen in den israelisch besetzten Sinai vor. Als die israelische Luftwaffe daraufhin Angriffe flog, gelang es den Ägyptern zum ersten Mal in der Geschichte des Nahostkonflikts, eine größere Zahl von Kampfflugzeugen mit Raketen vom Himmel herunterzuholen.

Ich war gerade bei meinem Bruder Mohammed in Kairo zu Besuch, als der Krieg ausbrach, und in den nächsten zwei Wochen verfolgte ich das Geschehen zusammen mit Abu Iyad, Abu Lutuf, Isam Kamel, dem PLO-Vertreter in Ostberlin, und meinem alten Freund Amin in einer Villa, die ich kurzfristig angemietet hatte. Auch Benita und Baschar gesellten sich oft zu uns. Wir brauchten keinen Champagner – wir berauschten uns an den Erfolgsmeldungen im Rundfunk und an den Fernsehbildern von strahlenden Soldaten, die auf den eroberten Bunkern der Bar-Lew-Linie die israelischen Fahnen einholten und die ägyptischen hissten. Jeder empfand diesen Krieg als Befreiungsschlag, und in den ersten, drei, vier Tagen sah es nach einem Sieg ohnegleichen aus.

Dabei handelte es sich um einen geradezu zivilisierten Angriff, nicht zu vergleichen mit den israelischen Angriffen von 1956 und 1967. Sadat hatte seine Panzerverbände angewiesen, nicht über eine bestimmte Linie hinaus vorzurücken – aus dem einfachen Grund, weil dieser Krieg nicht die Besetzung oder Zerstörung Israels zum Ziel hatte, sondern Amerikaner wie Sowjets zu einer politischen Lösung des Palästinaproblems zwingen sollte. Die abgeschossenen israelischen Piloten wurden vor die Kameras gebracht, aber sie wurden nicht zusammengeschlagen, wie es die Israelis in früheren Kriegen mit ihren ägyptischen Gefangenen gemacht hatten, und fliehenden israelischen Soldaten blieb das Schicksal jener ägyptischen Panzerbesatzungen erspart, die 1967 von den Israelis auf der Flucht mit Napalmbomben beschossen worden waren. Sadat war klar, dass die israelische Propaganda jede Gelegenheit nutzen würde, Vergleiche mit der Hitlerzeit zu ziehen und die Gefahr einer Ausrottung der Juden an die Wand zu malen, daher vermied er peinlichst, ihr den geringsten Anhaltspunkt dafür zu liefern.

Ich persönlich war schon deshalb in Hochstimmung, weil die Araber nun endlich einmal den Beweis dafür erbrachten, dass sie mehr konnten als Reden zu schwingen und sich der Welt als zerstrittener Haufen zu präsentieren. Ich begrüßte diesen Krieg aber auch grundsätzlich, weil Israel sich nur durch Tatsachen beeindrucken ließ, die auf dem Schlachtfeld geschaffen wurden. Für mich stand deshalb außer Frage, dass wir Araber uns nur durch Gewaltanwendung einen Verhandlungsspielraum verschaffen konnten. Außerdem beglückte mich die Reaktion der Menschen in Kairo. Diesmal strömte keine schreiende Menge durch die Straßen der ägyptischen Hauptstadt, diesmal gratulierte man sich, fiel sich freudestrahlend um den Hals und blieb im Übrigen ruhig und diszipliniert. Und selbst die Medien enthielten sich aller triumphalistischen Fanfarenstöße – keine maßlosen Übertreibungen wie 1967, als die Stimme Arabiens angesichts der vollständigen Niederlage noch den »größten Sieg in der Geschichte der Araber« ausgerufen hatte.

Aber – wir hatten die USA gegen uns. Und die Israelis konnten sich auf die Supermacht blind verlassen, denn seit 1967 war Israel kein gewöhnlicher Verbündeter der USA mehr. Seit dem Sechstagekrieg diktierte Israel, wann und wie viel Geld, wann und wie viele Waffen die Amerikaner zu liefern hatten. Jetzt versuchten die USA auch deshalb, die israelische Armee mit allen Mitteln vor einer Niederlage zu bewahren, weil der israelische Verteidigungsminister Mosche Dajan in einem Anfall von Panik den Einsatz von Atomwaffen in Erwägung gezogen hatte. In der größten Hilfsaktion ihrer Geschichte ersetzten die Amerikaner den Israelis praktisch alle Verluste an Waffen, Panzern und Flugzeugen.

Damit wendete sich das Blatt. Die syrischen Streitkräfte, die zur selben Zeit wie die ägyptischen angegriffen und gleich zu Beginn die Golanhöhen zurückerobert hatten, wurden im Verlauf eines israelischen Gegenangriffs weit zurückgedrängt. Arafat, der mit seinen Leuten vom Libanon aus eine dritte Front eröffnet hatte, fehlten die schweren Waffen, um entscheidend ins Kriegsgeschehen einzugreifen. Und General Ariel Scharon gelang ein Durchbruch im Sinai, mit dem Erfolg, dass die israelischen Verbände zwei Wochen nach Kriegsbeginn 100 Kilometer vor Kairo standen. In dieser Situation nahm Sadat das Angebot des amerikanischen Sicherheitsberaters Henry Kissinger an und stimmte am 22. Oktober einem Waffenstillstand zu. Wütende Reaktionen blieben nicht aus. Gaddafi polterte in Tripolis, auch die Iraker beschimpften Sadat, und selbst die Syrer beschuldigten ihn, sie im Stich gelassen zu haben. Doch Sadat wusste auch jetzt wieder, was er tat. Durch seine Entschlossenheit wie seine Besonnenheit schuf er die Voraussetzung für Verhandlungen, die mit der Rückgabe der Sinaihalbinsel an Ägypten endeten. Auch ich habe Sadats Kompromissbereitschaft damals verurteilt. Heute bewundere ich sein Vorgehen – als Feldherr genauso wie als Diplomat und Staatsmann.

Die Bilanz des Kriegs fiel für Israel trotz des Siegs bedrückend aus. Noch nie hatte man eine Niederlage so deutlich vor Augen gehabt, noch nie waren mehr als zweitausendfünfhundert israelische Soldaten gefallen. Mosche Dajan trat als Verteidigungsminister, Golda Meir als Ministerpräsidentin zurück, während es außer Ägypten auch Arafat und der PLO gelang, die militärische Niederlage durch eine Reihe entscheidender diplomatischer Erfolge rasch vergessen zu machen.

Gewehr oder Ölzweig?

Wenn man die Geschichte der PLO unter die Lupe nimmt, muss man feststellen, dass eine Befreiungsbewegung von derartiger Dynamik laufend innere Widersprüche produziert. Diese Widersprüche treten unabhängig vom Personal und den Umständen auf, sie sind auch keine Betriebsunfälle, sie haben vielmehr den Charakter von immanenten Widersprüchen, sie stellen sich gewissermaßen zwangsläufig ein.

Im Fall der PLO war es so, dass sie sich als Kraft verstand – und auch verstanden wissen wollte –, die einen Zustand des Friedens und der Legalität anstrebt, auf dem Weg dahin aber Gewalt – militärische Gewalt – als unverzichtbares Mittel zum Zweck einsetzte, und das bereits in einer Phase, in der ihre eigene Legitimität noch angefochten wurde. Mit ihrem Bekenntnis zur Gewalt nahm sie in Kauf, von außen als kriegerische, ja, als terroristische Bewegung wahrgenommen zu werden. Dabei erzielte die PLO ihre entscheidenden Erfolge viel eher auf diplomatischer Ebene als durch militärische Mittel – mit denen sie sich im Übrigen fast häufiger ihrer arabischen Widersacher erwehren musste, als dass sie gegen den eigentlichen Gegner Israel zum Einsatz gekommen wären. Gewaltanwendung spielte also im Hinblick auf das große Ziel eines eigenen Staates eine untergeordnete Rolle. Dennoch war sie unverzichtbar und geradezu die Voraussetzung jedes diplomatischen Fortschritts, weil die PLO es mit einem Gegner zu tun hatte, der sich allein durch militärische Stärke beeindrucken und zum Einlenken bewegen ließ. De facto profitierte die PLO viel stärker von der stillen Arbeit ihrer Diplomaten als von sämtlichen militärischen Aktionen, die gegen Israel gerichtet waren, doch hätten die Diplomaten ohne solche Demonstrationen entschlossener Gewaltbereitschaft wenig auszurichten vermocht.

Es war die einzigartige Fähigkeit Arafats, die gegensätzlichen Kräfte immer wieder zu bändigen, die Widersprüche immer wieder fruchtbar zu machen. Das gelang ihm umso leichter, als er sie in seiner Person vereinte und auszuhalten vermochte. Das einprägsamste Bild dieser Doppelnatur hat er selbst von sich geliefert – in seiner Rede vor der Vollversammlung der UNO im November 1974, als er sagte: »Ich bin mit einem Ölzweig in der einen und dem Gewehr des Revolutionärs in der anderen Hand hierhergekommen. Lasst nicht zu, dass der grüne Zweig aus meiner Hand fällt! Von Palästina flammte der Krieg auf, und von Palästina aus nimmt der Frieden seinen Anfang.«

Krieg oder Frieden – Arafat war zu beidem bereit. Die PLO war zu beidem bereit. In jenem Jahr 1974 aber schien uns der Frieden zum Greifen nahe und der Krieg schon beinahe der Vergangenheit anzugehören. Es war das Jahr der Euphorie, wir wähnten uns tatsächlich fast am Ziel. In einem Interview, das Arafat 1995 dem israelischen Journalisten Amnon Kapeliuk gab, klingt unsere damalige Hoffnung auf ein baldiges Ende des Nahostkonflikts nach: »Seinerzeit fragte ich mich«, sagte er, »wann wir unsere Unabhängigkeit feiern würden. Ich konnte mir nicht vorstellen, dass wir so viele Rückschläge erleben und zwei Jahrzehnte später unser Ziel immer noch nicht erreicht haben würden.«[*]

Arafats Auftritt vor der UNO war der Höhepunkt einer ganzen Serie diplomatischer Erfolge. Aber im selben Jahr 1974 hatte ich auch einen sehr persönlichen Grund zur Freude:

---

[*] Ammon Kapeliuk: *Yassir Arafat. Die Biographie.* Heidelberg 2005, S. 156.

Am 3. März hob das Verwaltungsgericht in Darmstadt den Abschiebungsbefehl gegen mich auf. Benita flog von Kairo nach Deutschland, um Formalitäten zu erledigen, und ich besprach die neue Situation mit Arafat, Abu Dschihad und Abu Said (Hanis Bruder). Alle drei waren der Meinung, dass ich meine Arbeit in Deutschland fortsetzen sollte. Selbstverständlich war ich dazu bereit – blieb nur die Frage, wann, denn gerade in diesen Monaten waren wir alle in fieberhafte diplomatische Aktivitäten eingespannt. Es kam daher erst im September 1974 zum großen Wiedersehen auf dem Frankfurter Flughafen, wo mir meine Freunde, die palästinensischen wie die deutschen, sowie natürlich auch Benita und Baschar, der auf dem Boden herumkrabbelte, einen herzlichen Empfang bereiteten. Ich war Deutschland genau zwei Jahre lang ferngeblieben, und meine Rückkehr in das Land, in dem ich mittlerweile ein Drittel meines Lebens verbracht hatte, bewegte mich stärker als erwartet. Glücklicher als alles andere aber machte mich, dass unsere Ehe die Probe dieser beiden turbulenten Jahre bestanden hatte: Den größten Teil davon hatte Benita an meiner Seite in diversen arabischen Ländern verbracht, hatte sich mit ihren einundzwanzig Jahren selbst unter den schwierigen Bedingungen in Beirut mit Bravour geschlagen, hatte in dieser Zeit Arabisch gelernt und wirklich den Mut einer Beduinin an den Tag gelegt. Nicht nur ich war unglaublich stolz auf sie, auch in der Achtung meiner Familie war sie noch weiter gestiegen.

Es war das alte, das vertraute Deutschland, in das ich zurückkehrte. Der Anschlag von München war kein Thema mehr. In der Zwischenzeit hatte sich herumgesprochen, dass weder die PLO noch die Fatah noch gar die palästinensischen Studenten etwas damit zu tun hatten, und mittlerweile war auch bekanntgeworden, dass Israel die deutschen Mitglieder des Krisenstabs gezwungen hatte, der Entführung ein gewaltsames Ende zu bereiten, obwohl die deutsche Polizei auf eine solche Befreiungsaktion nicht vorbereitet war. Bestimmte Personen in Tunis wären seinerzeit durchaus bereit gewesen, zwischen den Attentätern des Schwarzen September und den deutschen Behörden zu vermitteln, doch in Israel war deren Angebot auf kategorische Ablehnung gestoßen.

Bald nach meiner Rückkehr setzte sich Hans-Jürgen Wischnewski mit mir in Verbindung – er wolle mit mir reden. Auch mir lag an einem Gespräch, denn ganz hatte ich ihm noch nicht verziehen, dass auch er keinen Widerspruch gegen meine Abschiebung eingelegt hatte. Vielleicht waren ihm die Hände gebunden gewesen, doch war das Vertrauensverhältnis, das wir in den vier Jahren zuvor aufgebaut hatten, seither erschüttert.

1968 war ich ihm bei einem Treffen im Haus des kroatischen Journalisten Hassan Suliak erstmals begegnet. Der SPD-Abgeordnete Wischnewski, zwanzig Jahre älter als ich, war zu jener Zeit Minister für wirtschaftliche Zusammenarbeit unter Bundeskanzler Kurt-Georg Kiesinger, der die erste Große Koalition in der Geschichte der Bundesrepublik gebildet hatte. Wischnewski verfügte über beste Beziehungen zur Dritten Welt, hatte Freunde in den Befreiungsbewegungen Algeriens und Nicaraguas, wurde daher immer wieder mit diplomatischen Sondermissionen betraut und hatte sich einen Namen als unerschrockener Krisenmanager gemacht. Besonders stark fühlte er sich der arabischen Welt verbunden, was ihm den Beinamen »Ben Wisch« eingetragen hatte – ein glücklicher Einfall Willy Brandts. Ins Rampenlicht der deutschen Öffentlichkeit trat Wischnewski, als es 1970 durch seine Vermittlung gelang, die Passagiere von drei nach Amman entführten Flugzeugen zu befreien, darunter viele Deutsche und Israelis. In diesem Zusammenhang hatte er um ein Gespräch mit Arafat gebeten, und ich hatte den Kontakt hergestellt. Seither blieben die beiden in Verbindung, und mit der Zeit entwickelte sich eine enge Freundschaft zwischen Arafat und Ben Wisch. (Auf Betreiben Arafats würdigte die palästinensische Autonomiebehörde diese Freundschaft, indem sie zu Wischnewskis 75. Geburtstag 1997 zwei Briefmarken herausbrachte, auf denen nicht nur die Konterfeis beider Männer abgebildet sind, sondern auch die Nähe zwischen ihnen für jedermann sichtbar wird.)

Kurzum, Wischnewski war ein alter Fuchs, mit den unterschiedlichsten Mentalitäten vertraut und daher die quasi natürliche Anlaufstelle für alle aus der Dritten Welt. Ich rief ihn regelmäßig an, und sooft er Zeit hatte, trafen wir uns in Bonn. Bei unserem ersten Gespräch nach meiner Rückkehr brachte ich meine Verletztheit zum Ausdruck, und er erklärte mir auf seine ruhige, geduldige Art, wie verheerend dieses Attentat auf die deutsche Öffentlichkeit gewirkt hatte, was es für die Deutschen bedeutet hatte, zum ersten Mal nach dem Zweiten Weltkrieg eine Olympiade auszurichten, und wie tief diese eklatante Verletzung des olympischen Friedens auch Willy Brandt persönlich erbittert hatte. »Aber lassen Sie uns nicht von der Vergangenheit reden«, sagte er. »Ein deutsches Gericht hat Ihre Unschuld bestätigt, und damit ist hier in allen Gremien bekannt, dass Ihnen Unrecht geschehen ist.«

Damit begann für mich eine neue Zeit. In den folgenden dreißig Jahren sollte es für mich nur noch kurze, vorübergehende Phasen der Abwesenheit aus Deutschland geben, und alle diese Jahre hindurch hatte meine Freundschaft mit Ben Wisch Bestand. Gleich als Erstes versprach er mir, sich für die Wiederzulassung der GUPS und GUBA stark zu machen, und erreichte, dass unsere Vereine ihre Arbeit unter den neuen Namen PS (Palästinensische Studenten) und PA (Palästinensische Arbeiter) fortsetzen durften. Seither duzten wir uns und sahen uns häufig. Wenn wir uns auf Empfängen begegneten, nahm er mich in den Arm und stellte mich den Umstehenden vor als »mein Freund, der Terrorist«. Er liebte es, Scherze der deftigeren Art zu machen, und ich erinnere mich mit Vergnügen an eine Episode aus dem Jahr 1992, als Wischnewski während eines gemeinsamen Abendessens in Tunis Arafat einen israelischen Arafat-Witz erzählte.

An diesem Abend erlebte Frau Wischnewski den PLO-Führer zum ersten Mal und fand ihn sympathisch, charmant, ja, hinreißend. Da sagte Ben Wisch mit seiner Bassstimme: »Ah, warte ab. Pass mal auf ...«, und legte los – möglicherweise in der Absicht, Arafats Contenance auf die Probe zu stellen. »In Israel erzählt man sich folgenden Witz: Ein Kommando der Israelis hat den Auftrag, Arafat zu ermorden. Sie fahren nach Beirut, machen ihn ausfindig und postieren sich gegenüber dem Haus, in dem er sich aufhält. Irgendwann schauen sie auf die Uhr: Mitternacht, 1 Uhr morgens, 2 Uhr morgens – Arafat kommt nicht. Sagt der Chef des Kommandos zu den anderen: ›Nanu – es wird ihm doch nichts passiert sein ...?‹« Wischnewski erzählte, ich übersetzte, und Arafat schüttete sich aus vor Lachen. »Diese Gauner«, sagte er nur.

Wischnewski machte mich jedenfalls im Laufe der Zeit mit zahlreichen Funktionären und Abgeordneten der SPD bekannt, stellte mich aber genauso Mitgliedern von CDU, CSU und FDP vor, und ich entdeckte, dass wir Araber in allen deutschen Parteien Freunde hatten, Freunde, die sich zwangsläufig etwas zurückhaltender gaben als die ausgesprochenen Freunde Israels. In der CSU zählte Johnny Klein dazu, der mehrere arabische Länder in seiner Funktion als Presseattaché der jeweiligen Botschaft kennengelernt hatte, und in der FDP war es vor allem Jürgen Möllemann, dessen aufrichtiges Engagement ich zu schätzen lernte.

Alle diese Kontakte waren für mich Gold wert, denn die PLO schien nun, im Jahr 1974, in die entscheidende Phase ihrer Geschichte eingetreten zu sein, und unser nächstes großes Ziel war, sie auch bei den Regierungspolitikern Westeuropas salonfähig zu machen, die sich mit Arafat deutlich schwerer taten als die Herrschenden in den sozialistischen Ländern oder den Staaten der Dritten Welt. Aber ich will hier zunächst noch einmal auf den Grund für unseren Optimismus zurückkommen.

Ihren ersten Erfolg auf dem Weg Arafats in die UNO konnte die PLO auf dem Gipfeltreffen der Blockfreien Staaten im September 1973 in Algier feiern. Wie bereits angedeutet, wurde die Legitimität der PLO als alleinige Vertreterin Palästinas von verschiedenen Seiten angefochten. Insbesondere der jordanische König Hussein, der nach wie vor Anspruch auf das Westjordanland erhob, bestritt der PLO dieses Recht. Die Blockfreien Staaten erkannten nun als Erste den Anspruch der PLO an. Viele von ihnen hatten ihre Unabhängigkeit selbst durch einen Befreiungskampf gewonnen, bei ihnen durften wir ohnehin auf das größte Verständnis zählen, und von jetzt an standen sie in ihrer Gesamtheit auf unserer Seite. Kurz darauf, im November 1973, schlossen sich auch die arabischen Staaten auf ihrer Gipfelkonferenz in Algier der Resolution der Blockfreien Staaten an und bestätigten das Alleinvertretungsrecht der PLO. Jordanien enthielt sich der Stimme, und die Vertreter der übrigen arabischen Staaten verbanden mit ihrer Anerkennung die Hoffnung, dass Arafat sich von den Maximalpositionen lossagen würde, zu denen die Charta der PLO ihn immer noch verpflichtete. Dieser Schritt erfolgte dann tatsächlich, nämlich auf der Sitzung des Palästinensischen Nationalrats im Juni 1974 in Kairo.

Man darf das Ergebnis dieser Sitzung als historischen Wendepunkt werten. Das Zehn-Punkte-Programm, das nach heißen Debatten verabschiedet wurde, bedeutete nämlich nichts anderes als den endgültigen Abschied von der Illusion einer Rückeroberung jenes Teils von Palästina, auf dem die Israelis ihren Staat errichtet hatten, und von dem schönen, aber unrealistischen Traum eines gemeinsamen jüdisch-christlich-muslimischen Staates. Im Kern deklarierte die PLO mit diesem Programm ihre Bereitschaft zur Gründung eines Palästinen-

serstaates auf jedem Quadratmeter befreiten Bodens – was de
facto auf die Anerkennung Israels hinauslief, weil dieser De-
klaration die Vision von zwei Staaten zugrunde lag, die zu
friedlicher Koexistenz gezwungen wären. Damit verlor auch
der bewaffnete Kampf an Bedeutung, während die Diplomatie von nun an die entscheidende Rolle spielen würde. Das
wichtigste Resultat dieser Entwicklung aber war, dass die
PLO durch die Anerkennung ihrer Legitimität zum einzigen
rechtmäßigen Verhandlungspartner Israels avancierte – eine
Aussicht, die der Nachfolger Golda Meirs, Jitzchak Rabin,
mit den Worten quittierte: »Wir sind nur bereit, der PLO auf
dem Schlachtfeld zu begegnen.«[*] (Später erließ die israelische
Regierung ein Gesetz, das jeden Kontakt mit der PLO unter
Strafe stellte. Es schien, als würde die PLO Israel umso ge-
fährlicher, je kompromissbereiter sie auftrat.)

Dennoch hatten wir alle das Gefühl: Jetzt wird es ernst,
jetzt kommt tatsächlich etwas in Gang. Es war ja auch so. Die
Sowjetunion stellte sich hinter uns, China bot seine bedin-
gungslose politische und militärische Unterstützung an und
ging so weit, von dem »sogenannten Staat Israel« zu sprechen. Selbst die Europäer streckten vorsichtig ihre Fühler
nach Arafat aus, allen voran die Franzosen. Im Januar 1974
suchte ihn der Vorsitzende der Sozialistischen Partei, François
Mitterrand, in Kairo auf, im darauffolgenden Oktober traf
sich der französische Außenminister Jean Sauvagnargues mit
ihm im Libanon. Und dann, im selben Monat, erkannte die
Vollversammlung der Vereinten Nationen die PLO mit über-
wältigender Mehrheit als nationale Befreiungsbewegung an.
Nur vier Staaten widersetzten sich in der Abstimmung: Boli-
vien, die Dominikanische Republik, Israel und die USA. Wieder darf man von einem Wendepunkt sprechen, denn erstmals

---

[*] Ammon Kapeliuk: *Yassir Arafat. Die Biographie.* Heidelberg 2005,
    S. 150.

seit 1948 wurde das Palästinaproblem nun nicht mehr als gewöhnliches Flüchtlingsproblem behandelt, sondern als eine Frage der nationalen Unabhängigkeit und Selbstbestimmung. In den Augen der Weltöffentlichkeit bildeten wir also keinen undefinierbaren Haufen Versprengter mehr, sondern ein Volk mit Anspruch auf einen eigenen Staat.

Die Serie der ungeahnten Erfolge gipfelte am 13. November 1974 in der Rede Arafats vor der Vollversammlung der Vereinten Nationen. So hervorragend aufgebaut diese Rede auch war – der berühmte palästinensische Dichter Mahmud Darwisch hatte ihr den letzten Schliff gegeben –, sorgte Arafat bei dieser Gelegenheit doch für einigen Missmut mit seiner Weigerung, seine Pistole abzulegen. Allerdings hatte er vorher das Magazin herausgenommen, sonst hätte man ihn natürlich nicht eingelassen. Wahr ist aber auch, dass diese Pistole sonst stets geladen war. Er trug sie ja nicht zur Zierde, und als später die Gefährdung für ihn zunahm, legte er sich außerdem eine kurze, zusammenklappbare Maschinenpistole zu, die er jederzeit mit sich führte und bei Unterredungen auf einem kleinen Tisch in Reichweite, in einer geöffneten Schublade oder direkt vor sich ablegte. Bei seinen späteren Besuchen in Deutschland hat sich Arafat übrigens tatsächlich bei diversen Gelegenheiten von seiner Pistole getrennt, weil … nun, weil ein bewaffneter Arafat in Deutschland ein echtes Imageproblem gehabt hätte.

Wir hatten viel erreicht. Und nun blickte Arafat nach Europa. Er, Abu Said, wir alle waren der Ansicht, dass das Zehn-Punkte-Programm uns die Türen zu jenem Kontinent öffnen müsste, der die historische Verantwortung für die Lage im Nahen Osten trug. Und während Arafat, Abu Dschihad, Abu Iyad, Abu Said, Kadumi und Abu Mazen ausschwärmten und in der restlichen Welt wie Repräsentanten eines Staates empfangen wurden, gingen ich und meine Kollegen in den europäischen Hauptstädten daran, Deutsche, Franzosen und Engländer für unser Konzept einer Zwei-Staaten-Lösung zu gewinnen.

Unter den Palästinensern in Deutschland herrschte Aufbruchstimmung. Wir konnten uns, salopp ausgedrückt, vor Freude kaum bremsen. Doch statt zu feiern, haben wir gearbeitet; ein Siebzehn-Stunden-Tag war für mich keine Seltenheit, und dabei sollte es die kommenden Jahre bleiben. Gleich als Erstes übersetzten wir die Rede Arafats, wobei es Inge Presser gelang, den beschwörenden Ton des arabischen Originals in die deutsche Fassung hinüberzuretten. Auf Kosten der Liga ließen wir achtzigtausend Exemplare dieser Rede drucken. Dass die deutschen Medien sich ausführlich mit ihr befassten, dürfte unser Verdienst gewesen sein. Eine Zeit unaufhörlicher Reisen und Auftritte schloss sich an. Ich hielt Vorträge, gab Interviews, nahm die Einladung zu Diskussionsrunden im Fernsehen an, traf mich mit meinen politischen Freunden. Worauf ich besonders stolz bin: Wir ließen die Werke palästinensischer Schriftsteller in deutscher Übersetzung veröffentlichen und gaben Sammelbände mit Beiträgen palästinensischer Autoren heraus, die in Europa und den USA lebten. Was verband der Durchschnittsdeutsche mit Palästina? Das, was er im Stundentakt der Rundfunknachrichten darüber erfuhr, oder das, was er den – oft einseitigen – Darstellungen im politischen Teil der Zeitungen entnahm. Mir lag daran, die Palästinenser selbst durch die Stimme ihrer reichen Literatur zu den Deutschen sprechen zu lassen, und auch damit war ich erfolgreich: Als ich nach Deutschland kam, gab es so gut wie keine Literatur aus oder über Palästina. Als ich Deutschland 2004 verließ, gab es Hunderte von Titeln zu diesem Thema – dank des Engagements Hunderter deutscher Schriftsteller und Journalisten, die bereit waren, den Vorwurf des Antisemitismus in Kauf zu nehmen.

In einem Punkt erzielte Arafats Vorhut in Europa allerdings keine Fortschritte: Da die PLO sich weigerte, Israel offiziell anzuerkennen, versagten die Europäer ihrerseits der PLO ihre Anerkennung. Daran ließ sich nichts ändern. Arafat wollte sich die Anerkennung Israels für direkte Verhandlungen mit Israel aufsparen, er dachte gar nicht daran, dieses Pfand aus der Hand zu geben – das verlangten die Regeln der Staatskunst, hatte aber natürlich zur Folge, dass die deutschen Politiker offiziell weiterhin einen Bogen um mich machten. Doch, der deutsche Außenminister Hans-Dietrich Genscher war für mich zu sprechen, allerdings in der FDP-Zentrale, nicht im Auswärtigen Amt. »Hier trage ich den Hut der FDP«, sagte er. »Aber erzählen Sie hinterher nicht der Presse, Sie hätten mich als PLO-Vertreter im Auswärtigen Amt getroffen!« Das tat ich wohlweislich nicht. Mir war klar, dass der Versuch, uns auf Kosten Israels zu profilieren, zum Scheitern verurteilt wäre. Hinter den Kulissen durfte ich mich frei bewegen, die Bühne war für mich bis auf Weiteres verbotenes Terrain.

Aber etwas anderes lag in meiner Macht. Ich hatte bemerkt, dass wir Araber insgesamt keine Sprache fanden, um unseren Standpunkt in den europäischen Medien klar und annehmbar zumachen. Vor allem die Deutschen reagierten schnell befremdet oder gar brüskiert auf die als scharf und hitzig empfundene arabische Rhetorik. Wir Araber hatten mit anderen Worten ein kulturell bedingtes Kommunikationsproblem, und oft schnitten wir, gerade im Vergleich mit israelischen Interviewpartnern, schlecht ab. Dieses Problem war für mich von grundlegender Bedeutung, ich will deshalb etwas weiter ausholen.

Rhetorik, der kunstvolle und auch emotionsgeladene sprachliche Ausdruck, spielt in der arabischen Kultur eine enorme Rolle. Dichter und Schriftsteller werden in Palästina verehrt, weil sie die Hoffnungen des palästinensischen Volkes auf schöne und kraftvolle Weise zur Sprache bringen. Das Gleiche gilt für gute Redner wie Abu Iyad, Abu Said oder auch

Arafat. Abu Dschihad war eher im Gespräch überzeugend. Aber Abu Iyad war mitreißend, Arafat oft fesselnd. Er behielt sein Publikum im Auge, er schien mit seinem Blick beim Sprechen auf jeden Einzelnen zu zielen. Der Chef meines Begleitschutzes, der Arafat bei mir zu Hause erlebte, sagte mir später: »Als er mich anschaute, hatte ich das Gefühl, als würde er sich mit seinem Blick in mein Inneres bohren. Ich musste wegschauen.« Intensität und Emotion zeichnen den arabischen Stil aus, und auch ich beherrschte in meinen ersten Frankfurter Jahren keine anderen rhetorischen Mittel als die großen Worte, die bildhafte Ausdrucksweise, die eindringliche Beschwörung durch Wiederholung eines Sachverhalts in wechselnden Wendungen – gepaart mit der orientalischen Erregbarkeit, an die ich gewöhnt war. Im studentischen Milieu mochte das angehen, auf dem Bildschirm eines Fernsehers in einem deutschen Wohnzimmer oder vor dem Mikrofon eines deutschen Journalisten nicht.

Allmählich lernte ich, meine alten rhetorischen Neigungen zu bezähmen, indem ich zu einer sehr genauen Selbstbeobachtung überging. Ich entwickelte ein System der Selbstkontrolle, das auch ein aufmerksames Studium meines Gegenübers einschloss, seines Gesichtsausdrucks und aller mimischen Regungen, aus denen sich ablesen ließ, mit welcher Argumentation ich bei ihm ankam und welche ihn nicht überzeugte – mit dem Erfolg, dass sich meine Hitzköpfigkeit im Laufe der Zeit legte und ich zu einer sachlichen, ruhigen Argumentationsweise fand, ohne in der Substanz nachzugeben. Diese Fertigkeit baute ich dann zu einer rhetorischen Strategie aus, die es dem anderen überlässt, seine eigenen Schlüsse zu ziehen. Meine Gesprächsbeiträge bestanden schließlich in der Hauptsache aus erzählenden Darstellungen und Fragen oder Gegenfragen, und diesen Diskussionsstil habe ich auch dann beibehalten, als ich später in Gaza in die Auseinandersetzungen mit der Hamas verwickelt wurde. Nicht einmal ihre Morde habe ich mit erregten Worten kommentiert, sondern den Anblick, den das Opfer bot, oder die Verfassung seiner Familie beschrieben – und alle Schlussfolgerungen meinen Zuhörern überlassen. Nur ein einziges Mal habe ich diesen Grundsatz vergessen, nämlich 1982, als die israelische Luftwaffe ihre pausenlosen Angriffe auf Beirut flog.

Ich telefonierte damals unablässig mit Abu Dschihad, Hayel, Arafat und Abu Iyad; die Verzweiflung war jedem anzumerken. Dann sendete der israelische Rundfunk die Meldung, die Palästinenser hätten kapituliert – eine Falschmeldung, wie sich herausstellte. Bei mir lagen die Nerven ohnehin blank, und als ich im nächsten Interview darauf angesprochen wurde, antwortete ich spürbar erregt mit der Drohung: »Wenn die Israelis Krieg haben wollen, sollen sie ihn haben. Wir werden diesen Krieg bis zum bitteren Ende führen, und die Israelis werden ihr blaues Wunder erleben ...« Das Interview wurde um Viertel nach zwölf im Deutschlandfunk ausgestrahlt. Um halb eins läutete bei mir das Telefon. Es war Ben Wisch. »Hast du Zeit? Komm mal vorbei.«

Er kochte Kaffee. Dann setzte er sich zu mir und sagte: »Abdallah, du hast heute ein Interview gegeben. Ich habe es gehört. Du hast die Grenze überschritten. Du musst dich zusammenreißen. Die Deutschen mögen diesen scharfen Ton nicht. Und davon abgesehen – wenn ihr militärisch wirklich so stark seid, dann trompetet man das nicht hinaus. Aber ihr seid es nicht. Ihr seid in einer üblen Lage, und mit deinem Kriegsgeschrei verspielst du auch noch die Sympathien deiner deutschen Hörer.« Von Benita bekam ich Ähnliches zu hören, nur drastischer formuliert. Beide hatten sie recht, aber ich war am Ende meiner Kräfte. Im Fernsehen hatte ich die Bilder von einstürzenden Hochhäusern gesehen, bewohnten Hochhäusern, die nach jedem israelischen Luftangriff Hunderte von Menschen unter sich begruben – Zivilisten, wohlgemerkt –, und war außer mir vor Entsetzen.

Trotzdem, als Stimme Palästinas durfte man sich solche Entgleisungen nicht zuschulden kommen lassen. Wenn ich mich heute für einen guten Redner halten darf, dann deshalb, weil ich von beiden Kulturen gelernt habe. Die Beherrschung der schönen Rede verdanke ich den Arabern, die Fähigkeit zur sachlichen Rede den Deutschen.

»Wann kommst du an die Reihe?«

Genauso, wie sich unter den deutschen Politikern schon in den 1970er-Jahren etliche fanden, die keine Berührungsangst kannten und die palästinensische Sache im Rahmen ihrer Möglichkeiten unterstützten, gab es auch unter den deutschen Journalisten solche, die mit der Lage im Nahen Osten vertraut waren und aus ihrer Sympathie für die palästinensische Sache keinen Hehl machten. Dazu gehörten Gerhard Konzelmann und Ulrich Kienzle, beide Fernsehkorrespondenten der ARD, sowie Heinz Metlitzki vom ZDF, um nur drei der prominentesten Namen zu nennen.

Eine Sonderstellung nahm in dieser Gruppe Peter Scholl-Latour ein. Scholl-Latour verfügte über eine sensationelle Kenntnis der arabischen Welt und verstand es, den palästinensischen Standpunkt genauso sachkundig darzulegen wie den der Israelis, und da er grundsätzlich eine ausbalancierte Position bezog, war er als Diskussionsleiter ideal. Man könnte sagen: Sein Kopf zog ihn eher zur israelischen Seite hin, während sein Herz für die Araber schlug. Einmal hat er mich in meinem Haus in Gaza besucht, ließ sich von mir zu einem Abendessen bei einfachen Fischern mitnehmen und war unter diesen Männern ganz in seinem Element, begeistert von der Atmosphäre des Abends und den gebratenen Fischen. Als Journalist hatte er jedenfalls mehr Courage als die meisten seiner Zunft; in seiner Generation gehörte er zu den wenigen, die beispielsweise die amerikanische Politik frei heraus kritisierten.

Mit der Springer-Presse hingegen habe ich durchweg unangenehme Erfahrungen gemacht. Wie in der gesamten westlichen Welt war zwar auch in Deutschland zu beobachten, dass sich die Kommentatoren des Nahostkonflikts allgemein weniger der Wahrheit als vielmehr der Rücksichtnahme auf jüdische Gefühle verpflichtet fühlten, doch vonseiten der Springer-Presse wurde unsere Politik aus Prinzip angegriffen, und die Aggressivität ihrer Berichterstattung legte sich erst nach dem Oslo-Abkommen 1994. Nicht, dass die Springer-Zeitungen in der Folgezeit Neutralität gewahrt hätten, aber sie gingen dazu über, unseren Standpunkt wenigstens zu berücksichtigen. Springer-Journalisten konnten allerdings nicht anders, sie waren durch das Gelöbnis, Israel von aller Kritik auszunehmen, zur Voreingenommenheit verurteilt. Als ich 1972 abgeschoben wurde, haben sie mich in fetten Schlagzeilen verleumdet; als ich zurückkam, war ihnen das nicht die kleinste Meldung wert. Zur Arbeitsweise des Springer Verlags sei hier eine Begebenheit aus dem Jahr 2000 geschildert:

In jener Zeit, als Gerüchte über die Korruption der palästinensischen Autonomiebehörde in aller Munde waren, berichtete *Die Welt*, ich hätte eine gepanzerte Limousine von Arafat geschenkt bekommen, als kleine Aufmunterung, seine Politik in Deutschland weiterhin gegen alle Vorwürfe zu verteidigen. Sollte heißen: Abdallah Frangi rechtfertigt die Usancen der Autonomiebehörde, weil Arafat ihn schmiert. (Hätten sie sich ein wenig gründlicher mit mir beschäftigt, wäre ihnen aufgefallen, dass man mir mit einer gepanzerten Limousine keine Freude machen kann.) Zum Glück besaß ich noch die einschlägigen Unterlagen und konnte beweisen, dass ich besagten Wagen für unseren Sicherheitschef in Gaza besorgt hatte. Ich übergab die Sache unserem Rechtsanwalt, Dr. Seibert, und *Die Welt* musste ihre Behauptung auf der ersten Seite widerrufen.

Der Springer Verlag hatte diese Information vom israelischen Geheimdienst erhalten. Die israelische Armee war damals in die Büros unserer Sicherheitsbehörde eingedrungen und hatte alle Akten mitgehen lassen. In diesen Akten fanden sie die Überweisung für ein gepanzertes Fahrzeug an mich, das ich tatsächlich besorgt und nach Gaza hatte überführen lassen. Der diesbezügliche Briefverkehr auf Arabisch war eindeutig, aber der israelische Geheimdienst suchte verzweifelt nach einem Beweis für die Korruptheit der Autonomiebehörde und wollte auch mich da hineinziehen; in den Springer-Journalisten fand der Mossad willige Helfer. Dass ich rechtliche Schritte unternehmen würde, damit hatte Springer nicht gerechnet … Dennoch war ich jederzeit bereit, mit einem Journalisten der Springer-Presse zu reden, genauso wie ich auch öffentlichen Diskussionen mit Juden nie aus dem Weg ging. Allerdings wurde die Fähigkeit, sachlich zu bleiben, in diesen Fällen bisweilen zur hohen Kunst.

Was mir solche Diskussionen bis zu einem gewissen Grad erleichterte, war der Umstand, dass sich die israelische oder jüdische Seite der immergleichen Argumentationsmuster bediente. Andererseits handhabe sie diese Muster sehr wirkungsvoll: Nicht wenige jüdische Gesprächspartner legten es nämlich darauf an, den Vertreter Palästinas zur Weißglut zu bringen, um ihn als Fanatiker zu entlarven. So behaupteten sie beispielsweise stur, Palästina gehöre ihnen, wir hätten dort nichts zu suchen. Oder sie versteiften sich darauf, dass wir »die Juden ins Meer treiben wollten« – das klang nach Totalvernichtung, das klang nach Holocaust, damit ließ sich hervorragend an das schlechte Gewissen der Welt appellieren, nur dass keine palästinensische Organisation dergleichen je beabsichtigt hatte. Viele Palästinenser gerieten dann tatsächlich in Rage und verloren sofort die Sympathie des Publikums.

Die erste Voraussetzung für eine solche Diskussion war also, sich völlig im Griff zu haben, und ich sah mich vor die doppelte Herausforderung gestellt, meine Sache klug zu vertreten und mich gleichzeitig zu hüten, Wut oder auch nur lebhaftere Gefühle zu zeigen. Abgesehen von dem grundsätzlichen Vorwurf, ihnen nach dem Leben zu trachten, bestand die Gesprächstaktik – vornehmlich bei Israelis – darin, ausschließlich aktuelle Vorkommnisse zu thematisieren. Die historische Entwicklung, die Ursachen des Konflikts wurden sorgsam ausgeklammert. Mir hingegen lag daran, zunächst klarzustellen, dass wir Palästinenser schon in diesem Land lebten, bevor es Israel gab, dass also *sie* die Fremden in Kanaan waren, nicht *wir*. Bisweilen war – bei Juden wie Israelis – auch eine unterschwellige Aggressivität zu spüren, die ganz offenbar dem Bedürfnis entsprang, sich an uns für alles zu rächen, was Juden je angetan worden war: für die Pogrome in Russland, für die Erniedrigungen, die die christliche Welt ihnen jahrhundertelang bereitet hatte, für die Verfolgung unter Hitler. Ich habe manchen meiner jüdischen Diskussionspartner darauf hinweisen müssen, dass nicht wir für die Leiden der Juden in der Vergangenheit verantwortlich gemacht werden können.

Aber gleichgültig, wie abwegig – ich hatte mir zum Grundsatz gemacht, auf jede Argumentation einzugehen, und bisweilen konnte eine Diskussion dann doch hitzig verlaufen. Es kam auch vor, dass sich die Auseinandersetzung anschließend vom Fernsehstudio auf die Straße verlagerte. Nach einem Auftritt im Hessischen Rundfunk schlug ich mit Benita den Weg zur Frankfurter Fressgasse ein, als sich plötzlich ein Unbekannter vor mir aufbaute. »Jetzt hör mal zu!«, fuhr er mich an. »Wir kriegen jeden! Egal, was er anstellt, um sich zu schützen – wir bringen ihn um!« Offenbar hatte er die Sendung gesehen. Ich wünschte ihm einen schönen Tag und ließ ihn stehen. Genauso konnte man aber auch Überraschungen ganz anderer Art erleben. Ich erinnere mich an eine Begegnung auf der Frankfurter Buchmesse, wo wir an einem eigenen Stand die neuesten Bücher über Palästina vorstellten.

Es hatte sich dort bereits ein Publikum eingefunden, das heftig debattierte. Irgendwann schaltete sich ein älterer Mann, der still zugehört hatte, in die Diskussion ein und wandte sich mit den Worten an mich: »Die Zionisten sind alle Terroristen. Terroristen und Faschisten. An Ihrer Stelle würde ich nicht so nachsichtig argumentieren.« Du lieber Gott, dachte ich – ein Nazi! Etwas Schlimmeres als ein Nazi am Stand kann einem kaum passieren. Ich wollte ihn zurechtweisen, aber er kam mir zuvor. »Ich weiß, ich weiß«, sagte er mit ruhiger Stimme. »Seien Sie unbesorgt. Ich bin Jude und Israeli.« Was sollte ich sagen? Ich lud ihn zum Essen ein, und er offenbarte sich als Mitglied der kommunistischen Partei Israels, als jemand, der von der Gründung des Staates Israel an alles miterlebt hatte, die – wie er sich ausdrückte – Apartheitspolitik Israels gegenüber den Arabern, die Doppelzüngigkeit der israelischen Verwaltung, das schamlose Ausnutzen der palästinensischen Gutgläubigkeit. »Die Zionisten haben den Terror erfunden«, sagte er mir. Der Mann hatte es jedenfalls in Israel nicht mehr ausgehalten und war nach Frankfurt gezogen.

In der Regel wurden wir Palästinenser jedoch pauschal als Terroristen bezeichnet, was in Anbetracht der Flugzeugentführungen und Terroranschläge auf europäischem Boden nicht verwunderlich war, und in den 70er-Jahren erforderte eine Podiumsdiskussion mit einem Israeli einiges Stehvermögen. Mit Israelis vom Rang eines Moshe Zuckermann (der 2010 das Buch *Antisemit – ein Vorwurf als Herrschaftsinstrument* veröffentlichte) oder Uri Avnery, mit europäischen Juden vom Schlag eines Daniel Cohn-Bendit, Michael Wolffsohn oder Dan Diner hingegen wurden auch kontroverse Gespräche zum Vergnügen.

Der Münchner Historiker Michael Wolffsohn, in Israel geboren und mit sieben Jahren nach Deutschland gekommen, pflegte den israelischen Standpunkt zu vertreten, aber in Samt verpackt. Er verteidigte die Politik Israels mit klugen Argumenten, bemühte sich jedoch gleichzeitig, der palästinensischen Seite entgegenzukommen, indem er in Nebensächlichkeiten nachgab. Den Historiker Dan Diner hingegen, den ich schon als Studenten kennengelernt hatte, wusste ich stets auf meiner Seite – unsere Ansichten waren sich zu ähnlich, als dass sie eine strittige Debatte erlaubt hätten. Mit dem Publizisten und Knesset-Abgeordneten Uri Avnery wiederum kam eine Diskussion leichter in Gang, obwohl wir uns im Grundsätzlichen einig waren. Avnery trat für ein Israel ohne Zionismus ein, plädierte also für den Verzicht auf eine kontinuierliche Expansion und auf die Zielvorstellung eines Groß-Israels, das sich zu seiner Legitimation einzig auf eine dreitausend Jahre alte göttliche Verheißung berufen kann; er war auch der erste Israeli, der gegen das Kontaktverbot verstieß und sich mit Arafat und meinem Londoner Kollegen Said Hamami traf.

Daniel Cohn-Bendit war unabhängig genug, uns zu unterstützen und genauso gut von Fall zu Fall zu kritisieren. Einen Unterschied zwischen radikalen Palästinensern und radikalen Israelis vermochte er nicht zu erkennen. Er, der im Pariser Mai 1968 die Demonstrationen gegen de Gaulle angeführt hatte, machte auf mich immer einen viel reiferen Eindruck als seine deutschen Genossen. In jedem Fall erlebte ich Cohn-Bendit jederzeit als offenen und sympathischen Menschen, witzig, schlagfertig und von ausgesprochener Präsenz – Eigenschaften, die mir bei Juden häufig aufgefallen sind. Die engste und am tiefsten gehende Freundschaft aber verband mich mit dem Dichter Erich Fried.

Ich hatte ihn durch unseren Mann in London, Said Hamami, kennengelernt. Ich weiß noch, wie wir beide während meines ersten Besuchs bei Said in London 1977 bis morgens um drei bäuchlings auf dem Boden seines Wohnzimmers lagen, jeder ein Kopfkissen unter den Ellbogen, und diskutierten – Said trat für eine Anerkennung Israels ein, ich war damals dagegen, und wir loteten in dieser Nacht alle Möglichkeiten nahöstlicher Diplomatie mit ihren Vor- und Nachteilen aus, ein intellektuelles Vergnügen. Mitten im Gespräch sagte er: »Du musst Erich Fried kennenlernen.« Said war mit dem in London lebenden Dichter befreundet, und wenig später nahm Erich Fried meine Einladung zu einer Großveranstaltung nach Frankfurt an. Fortan unterstützte er unsere Sache auch in Deutschland mit der Leidenschaft des zornigen, von Israel enttäuschten Juden.

Frieds großer Vorteil für uns war: Niemand wagte, ihn zu kritisieren, obwohl er in zahlreichen Gedichten Israel unverblümt angriff – wie in *Höre, Israel!*, einem seiner berühmtesten Gedichte, in dem es unter anderem heißt: »Als wir verfolgt wurden, war ich einer von euch. / Wie kann ich das bleiben, wenn ihr Verfolger werdet?« Heute wäre es in Deutschland nicht mehr möglich, bestimmte Gedichte von ihm öffentlich zu zitieren, weil der Zeithintergrund der 70er- und 80er-Jahre mit ihrer ernsthaft um Wahrheit bemühten Debattenkultur nicht mehr gegeben ist – es fiel einem damals eben nicht als Erstes das Wort »Diskriminierung« ein, wenn jemand gegen den Stachel löckte. Den größten Gefallen aber tat mir Erich Fried mit der Erlaubnis, seine Gedichte zusammen mit denen des großen palästinensischen Dichters Mahmud Darwisch zu veröffentlichen. In dieser Kombination war es nun also möglich, die Gedichte von Darwisch einem breiten deutschen Publikum zugänglich zu machen – einer der vielen Gründe für mich, Erich Fried in dankbarer Erinnerung zu behalten.

Im weiteren Sinne gehört in den Rahmen der jüdisch-palästinensischen Begegnungen in Europa auch eine Anzeigenkampagne des deutschen Modemachers Otto Kern von 1993. Seine Idee, eine Palästinenserin mit einer Jüdin auf einem Werbefoto zu vereinen, war von ihm als ein Beitrag zum Frieden im Nahen Osten gedacht. Kern schwebte eine Paarung aus unserer Tochter Muna (die erst im nächsten Kapitel das Licht der Welt erblicken wird) und der Tochter von Ignatz Bubis vor, dem Vorsitzenden des Zentralrats der Juden in Deutschland. Letztere aber lehnte ab, und an ihrer Stelle nahm die Sängerin Jennifer Rush an dem Fotoshooting in Deauville in der Normandie teil. Warum die Tochter von Ignatz Bubis ihre Mitwirkung verweigerte, ist mir nicht bekannt; das Gesamthonorar von 100 000 DM kam jedenfalls der israelischen Organisation Givat Haviva zugute, die in Israel Schulen für jüdische und palästinensische Kinder unterhielt. Ein guter Zweck, sollte man meinen.

Was seit dem Oslo-Abkommen nichts Ungewöhnliches mehr ist, nämlich Kontakte zwischen Israelis und PLO-Vertretern, war in den 70er-Jahren allerdings auch unter Palästinensern ein heißes Eisen und heftig umstritten. So war es zum Beispiel vorgekommen, dass ein palästinensisches Mitglied der syrischen Baath-Partei aus dieser ausgeschlossen worden war, nur weil der Mann einem Palästinenser mit israelischem Pass auf einem internationalen Treffen die Hand gegeben hatte. Wo sie einander begegneten, pflegten sich Palästinenser und Israelis üblicherweise zu ignorieren. Wie alle meine Kollegen in den europäischen Hauptstädten war ich daher froh, als die PLO auf einer Nationalratssitzung im Jahr 1977 beschloss, Gespräche mit Juden in aller Welt anzustreben, was im Klartext hieß: nicht nur mit Juden außerhalb Israels, auch mit Israelis.

Diese Öffnung war nicht ohne Brisanz, aber wir hatten festgestellt, dass die Juden weitgehend unter dem Einfluss der israelischen Propaganda standen und entsprechend schlecht über uns informiert waren. Abu Mazen war es, der den Delegierten damals mit der besten Rede seines Lebens die Zustimmung zu seinem Plan abrang, den Dialog mit verständigungsbereiten Juden zu suchen. Und es waren PLO-Vertreter wie Said Hamami in London, Ez Eldin Kalak in Paris, Naim Khader in Brüssel und ich in Bonn, die Abu Mazens Idee einer

Abdallah mit seinem Sohn Baschar in Alexandria am Strand.

Mit Benita und Tochter Muna 1983 in Bonn.

Propalästinensische
Demonstrationen
1978 in Frankfurt.

Erich Fried (links) solidarisiert sich mit den Palästinensern anlässlich
einer Protestkundgebung gegen den Angriff auf das Flüchtlingslager
Tel Zatar, Bonn 1976.

Pressekonferenz im Büro der Arabischen Liga in Bonn 1980, Frangi am Kopfende des Tisches.

Sämtliche Botschafter und ihre Stellvertreter der Arabischen Liga im Hotel Königshof in Bonn Anfang der 80er-Jahre, Frangi in der Mitte im hellblauen Anzug.

Empfang anlässlich
Willy Brandts 65. Geburts-
tag 1978. Hans-Jürgen
Wischnewski links,
Brandt Mitte, Frangi rechts.

Geburtstagsempfang von Willy Brandt: Frangi links,
Helmut Schmidt rechts, ein Mitarbeiter der Arabischen Liga Mitte.

Gruppenfoto sämtlicher PLO-Vertreter während einer Konferenz in Beirut 1973. »Arafat forderte mich auf, in der ersten Reihe vor ihm in die Hocke zu gehen, und auf dem Foto sieht man, dass er seine Hand auf meine Schulter legt.« Vorne rechts Naim Khader.

Mit der Frau von Naim Khader, drei Stunden nach seiner Ermordung vor seinem Haus in Brüssel, 1982.

Frangis Zeit in Wien. Hier im Wiener Büro mit Bruno Kreisky (links) und
Faruk Kadumi (Mitte) 1982.

Papstaudienz in Rom 1985.

Arafat mit
Baschar und
Muna 1983
in Tunis.

Besuch der Reste seines Geburtshauses, das nach der Vertreibung der Familie 1948 gesprengt worden ist, August 1994.

Das neue Haus der Familie Frangi in Gaza.

vorsichtigen Annäherungspolitik als Erste in die Tat umsetzten – wobei ich mir schmeicheln darf, solche Kontakte schon viel früher unterhalten zu haben, nämlich seit 1969, und zwar ohne Rückendeckung durch die Fatah. Der Politik der PLO entsprachen meine Vorstöße nicht, aber ich habe auch nie einen Wink von Arafat oder Abu Dschihad bekommen, davon abzulassen. Acht Jahre nach meinem ersten öffentlichen Auftritt mit einem Juden wurde dieser Schritt nun legitimiert.

Was wir damals nicht für möglich hielten, war, wie gefährlich uns dieses Experiment werden sollte. Wir betraten ja Neuland, wir waren ein weiteres Mal Arafats Avantgarde, und uns war durchaus bewusst, dass wir mit Anfeindung zu rechnen hatten, auch aus den eigenen Reihen. Aber dass unsere Gesprächsbereitschaft für einige von uns zum Todesurteil werden würde, ahnten wir nicht.

Es war jedoch so, dass nun der Palästinenser Abu Nidal ins Spiel kam (»Nidal« bedeutet so viel wie »Widerstand leisten«) und über unser Schicksal nicht mehr allein in Israel entschieden wurde. Man tut diesem Mann nicht unrecht, wenn man ihn als blindwütigen Fanatiker bezeichnet; Verräter ließ er ermorden, und Verräter waren in seinen Augen alle, die Israel gegenüber eine kompromissbereite Haltung einnahmen. Berechenbar war er nur insoweit, als er grundsätzlich vor keinem Verbrechen zurückschreckte.

Seine Karriere hatte Abu Nidal als Fatah-Mitglied und PLO-Vertreter in Bagdad begonnen und sich schon damals durch Terroraktionen hervorgetan, die nur durch einen glühenden Hass zu erklären waren; Anschläge auf Synagogen in Österreich und der Türkei gingen auf sein Konto. Nach der Verabschiedung des Zehn-Punkte-Programms hatte sich dieser entschiedene Gegner einer Zwei-Staaten-Lösung mit der PLO-Führung überworfen, und von diesem Augenblick an betrachtete er uns als seine größten Feinde. Er begann, nach Gutdünken Todesurteile über PLO-Mitglieder zu verhängen und durch gekaufte Killer vollstrecken zu lassen, auch in Europa. 1975 wurde er aus der Fatah ausgeschlossen, und als er daraufhin eine eigene Organisation im Libanon aufbauen wollte, ging Arafat gewaltsam gegen ihn vor.

Das erste Opfer in dem Privatkrieg, den Abu Nidal gegen die PLO führte, sollte 1974 Abu Mazen werden. Nicht zufällig stand Abbas ganz oben auf seiner Todesliste. Denn Abu Mazen war – zusammen mit Abu Said – schon bei der Entscheidung für die Zwei-Staaten-Lösung die treibende Kraft gewesen, hatte sich seither einen Namen gemacht als jemand, der für eine Verständigung und Verhandlungen mit Israel eintrat, und vertrat seinen Standpunkt mit außerordentlichem Mut. Abu Mazen kam davon, weil die Killer, die auf ihn angesetzt waren, uns von dem geplanten Mord in Kenntnis setzten, aber mit seinen nächsten Aktionen hatte Abu Nidal mehr Glück.

Am 4. Januar 1978 wurde mein Freund und Kollege Said Hamami in London buchstäblich hingerichtet. Sein Verbrechen bestand darin, mit Juden gesprochen zu haben. Der Mörder schoss ihm in den Kopf, nahm sich vorher aber die Zeit, ihn zu bespucken und als Verräter zu beschimpfen – ein Verfahren, das sozusagen zum Markenzeichen der Auftragskiller Abu Nidals geworden war. Der nächste Anschlag ließ nicht lange auf sich warten. Mit der Ermordung Ez Eldin Kalaks in Paris am 3. August desselben Jahres ging es weiter.

Ez Eldin war in Frankreich eine beinahe volkstümliche, allgemein beliebte Gestalt, man kannte ihn von seinen Auftritten in Radio- und Fernsehsendungen. Am Tag vor dem Mord tauchte ein Mann in seinem Büro über einem Pariser Café auf und gab sich als Palästinenser aus, der in Not geraten sei. Ez Eldin war gerade außer Haus, sein Stellvertreter vertröstete ihn auf den nächsten Tag, und als der Bittsteller anderntags wiederkam, zog er sofort den Revolver. Ez

Eldin und sein Stellvertreter konnten sich im letzten Augenblick in ein anderes Zimmer flüchten und verriegelten die Tür. Womit sie nicht gerechnet hatten: Der Attentäter hatte eine Handgranate dabei. Über der Tür gab es ein schmales Glasfenster, das zerschlug der Killer und warf seine Handgranate durch die Öffnung. Beide waren auf der Stelle tot. Auf Ez Eldins Begräbnis sahen wir PLO-Vertreter einander an und fragten: Wann kommst du an die Reihe? Es war makaber, aber jeder musste jetzt damit rechnen, der Nächste zu sein. Als die Erde auf Ez Eldins Sarg rieselte, musste ich den Blick abwenden.

In jenen Jahren war es oft an mir, die verletzten Attentatsopfer zu besuchen, den Ermordeten das letzte Geleit zu geben und den Angehörigen von Getöteten in der ersten Verzweiflung nach einem Anschlag beizustehen. Das war schrecklich, und ich brauche nicht zu sagen, dass mir dieser Teil meiner Arbeit verhasst war. Aber seelische Zerreißproben gehören gewissermaßen zum Alltagsgeschäft eines Menschen, der so tief in den Nahostkonflikt verstrickt war wie ich. Die Geschichte dieses Konflikts ist durchsetzt von Augenblicken der Hoffnung, in denen wir uns vor Freude kaum fassen konnten, und von Phasen nackten Entsetzens, die alle seelischen Kräfte aufzuzehren drohten – wer da nicht kapituliert, muss mit einem schier übermenschlichen Durchhaltevermögen gesegnet sein.

In der zweiten Hälfte der 70er-Jahre beispielsweise hatten wir in Europa einerseits allen Grund zur Befriedigung, weil es uns allmählich gelang, den Standpunkt des Rechts gegen die moralische Befangenheit eines ganzen Kontinents zur Geltung zu bringen – Arafat selbst nannte diese Zeit »die Jahre des Durchbruchs in Europa«. In die Genugtuung über diesen Erfolg aber mischte sich das Gefühl permanenter Bedrohung. Ich versuchte, mich von diesem Gefühl zu befreien, indem ich engen Kontakt zur Führung der Fatah hielt und häufiger als jeder andere nach Beirut flog. Es beruhigte mich. Davon abgesehen lag mir daran, an die neuesten Informationen zu kommen; meinerseits hielt ich Arafat über die Entwicklung in Deutschland auf dem Laufenden und stellte fest, dass auch meine Erfahrungen im Umgang mit Journalisten für die Pressearbeit der PLO gefragt waren. Und dann, Ende Januar 1979, war es Arafat selbst, dem ich in tiefster Verzweiflung beistehen musste.

Einige Wochen zuvor hatte mich Ali Salameh in Beirut zum Essen eingeladen. Dieser Mann, der den Beinamen der »Rote Prinz« trug und gewöhnlich mit Abu Hassan angesprochen wurde, war eine schillernde Figur. Er sah blendend aus, wie einem Hollywoodfilm entsprungen, seine Auftritte gerieten regelmäßig zum Ereignis, die Menschen kannten und liebten ihn. Er war ein Star, seine Hochzeit mit der Schönheitskönigin des Libanons hatte Schlagzeilen gemacht und innerhalb der Fatah für einige Aufregung gesorgt, aber er war kein Gigolo. Arafat hielt so große Stücke auf diesen Mann, der wie ein Cowboy schoss, blind traf und zu den furchtlosesten Menschen gehörte, die ich je kennengelernt habe, dass er ihn zum Chef der Gruppe 17 gemacht hatte, jener Abteilung, die für seine persönliche Sicherheit zuständig war. Mit anderen Worten, Abu Hassan war der ewige Schatten von Arafat, der ihn wie einen Sohn liebte.

Bei unserem Essen erlebte ich Abu Hassan zum ersten Mal tief bedrückt. In den nächsten Monaten werde es in Beirut krachen, sagte er, Vorfälle wie die Morde in der Rue Verdun würden sich in Zukunft häufen, die Israelis hätten die Absicht, durch Kommandoaktionen Verwirrung zu stiften, es braue sich etwas zusammen. Keiner von uns beiden ahnte, dass sich das befürchtete Unheil über ihm selbst zusammenbraute, aber drei Wochen später war er tot: ein Opfer des israelischen Geheimdienstes – und seiner eigenen Schwäche für weibliche Schönheit.

Abu Hassan hatte nämlich eine junge Deutsche kennengelernt, die ihn sicherlich nicht nur mit ihrem Plan, ein soziales Projekt zu fördern, für sich eingenommen hatte. Die beiden hatten sich mehrfach in Beirut getroffen. Am 22. Januar war er wieder einmal mit ihr verabredet, und kurz bevor die drei gepanzerten Limousinen mit Abu Hassan und seinen Leibwächtern das vereinbarte Ziel erreichten, explodierte auf ihrer Höhe ein mit Sprengstoff geladenes Fahrzeug. Abu Hassan war augenblicklich tot. Die Wucht einer solchen Detonation ist so stark, dass einem der Kopf explodiert, selbst wenn die Panzerung standhält. Ich brach sofort nach Beirut auf und war zugegen, als Arafat die Familie von Abu Hassan aufsuchte. Arafat hat nicht geweint, er hat vor Schmerz geschrien mit der Hemmungslosigkeit eines tödlich getroffenen Tiers, nicht anders als jemand, der seinen Sohn verliert.

Gewiss quälte Arafat in diesen Stunden eine rein menschliche Betroffenheit, aber auch politisch gesehen versetzte der Tod von Abu Hassan ihm und uns allen einen schweren Schlag, denn diesem Mann war es gelungen, eine bislang verschlossene Tür wenigstens einen Spaltbreit zu öffnen. Er war nämlich der erste politische Vertreter Palästinas, der in den USA Gehör fand, der es mit seinem Charme, seinem Charisma, seinem glamourösen Auftreten geschafft hatte, die Amerikaner für sich und die Palästinenser einzunehmen – offenbar gab es da noch ein ganz anderes Palästina als jenes, das Arafat repräsentierte. Es hatte ja immer wieder Anläufe zu Gesprächen gegeben, seitens der Amerikaner wie unsererseits, aber erst Abu Hassan hatte das Eis zum Schmelzen gebracht. Zweimal war er bereits einer Einladung in die USA gefolgt, hatte seine Aufenthalte auch für Gespräche mit CIA-Beamten genutzt und Nachrichten von Arafat überbracht. Schon wegen seines Erfolgs in Amerika muss er den Israelis ein Dorn im Auge gewesen sein. Die junge Deutsche war jedenfalls eine israelische Agentin gewesen, die die Ankunft seiner Fahrzeugkolonne beobachtet und das Zeichen gegeben hatte, die Explosion auszulösen. In Deutschland widmeten die Zeitungen und Illustrierten diesem Vorfall zahlreiche Berichte.

Der Weg der Verständigung, so mussten wir lernen, war ein blutiger Weg, und wer nicht ins Visier des Mossad geriet, der tauchte auf der Todesliste von Abu Nidal auf. Dass auch mein Name auf dieser Liste stand, davon musste ich ausgehen, war jedoch fest entschlossen, mich nicht einschüchtern zu lassen. Anfang 1981 war es dann so weit. Mit meinen Auftritt in der Sendung »Pro und Contra« am 18. Dezember 1980 lieferte ich Abu Nidal den Anlass, mich aus dem Weg zu räumen.

Wir diskutierten an jenem Abend das Für und Wider eines Palästinenserstaates – dafür plädierten außer mir Gerhard Konzelmann und der FDP-Abgeordnete Jürgen Möllemann, dagegen wandten sich Eberhard Pilz, damals Washington-Korrespondent der ARD, Erik Blumenfeld, Mitglied des Europäischen Parlaments und der Deutsch-Israelischen Gesellschaft, und Mosche Dajan, ehemaliger Verteidigungs- und Außenminister Israels, über eine Sattelitenleitung aus Israel zugeschaltet. Die Besonderheit dieser Sendung war, dass nach der Diskussion über die während des Meinungsstreits verhandelten Standpunkte im Publikum abgestimmt wurde. Wie zu erwarten, kam es zu einem heftigen Schlagabtausch, und ich hatte allen Grund, über das Abstimmungsergebnis glücklich zu sein: Sechzehn Stimmen für einen Palästinenserstaat, neun dagegen. Arafat war der Erste, der mir gratulierte; er hielt sich damals zu einer ärztlichen Behandlung in Ost-Berlin auf und hatte die Sendung mit einem Dolmetscher am Fernseher verfolgt.

Nur zwei Tage später erging sich die Zeitung der Volksfront, also der Organisation von George Habash, unter der

Überschrift »Die Wahrheit« in seitenlangen Schmähungen gegen mich – ich hätte mich als Agent Israels, des BND und der CIA, kurz: als Verräter und Schlimmeres zu erkennen gegeben, als ich mich auf eine Debatte mit Mosche Dajan einließ. Der Artikel strotzte von absurden Unterstellungen – so viel Schande konnte ein einzelner Mensch gar nicht auf sich laden –, und Abu Nidal machte in seiner Zeitung auf ähnliche Weise gegen mich Stimmung. Ich war gewarnt.

Ich hätte Begleitschutz beantragen sollen. Ich tat es nicht, und der Killer, den Abu Nidal am 1. Januar 1981 nach Berlin schickte, hätte mit mir genauso leichtes Spiel gehabt wie mit Ez Eldin und Said, die ebenfalls auf Leibwächter verzichtet hatten. Während ich im Veranstaltungssaal am Rednertisch Platz nahm, baute er sich am seitlichen Aufgang zum Podium auf. Ich bemerkte ihn nicht, weil der Saal so voll war, dass ohnehin viele Zuhörer stehen mussten, aber meinen palästinensischen Freunden aus Berlin fiel er auf. Sein Gesicht behagte ihnen nicht, das war alles, aber Grund genug, ihn zu umringen, noch bevor ich ein Wort gesagt hatte, aus dem Saal zu drängen und zur Rede zu stellen. Er habe den Auftrag, mich zu beschützen, sagte er. Was ihm keiner abnahm. Plötzlich erkannte einer in ihm einen Palästinenser, der erst jüngst aus Beirut eingetroffen war, und jetzt erklärte der Mann seelenruhig, er habe mich erschießen wollen – ein zweiter Mann hätte ihm eine Pistole zustecken, drei weitere Männer hätten ihm den Weg freimachen sollen. Er gab es einfach zu, sozusagen kalt lächelnd. Wir ließen ihn laufen. Was sollten wir anderes machen? Hätten wir die Polizei eingeschaltet, wäre ich von Stund an so gut wie tot gewesen.

Immer wieder stand man fassungslos vor der Kaltblütigkeit dieser Killer. Aber es war eben so, dass vor Abu Nidal jeder Angst hatte. Er leitete eine straff geführte Gangsterorganisation, verfügte über Geld, mietete Killer an, die ihren Job verstanden, und seine Leute traten auch deshalb so abgebrüht und geradezu arrogant auf, weil sie sicher sein konnten, von Abu Nidal in jedem Fall herausgeholt zu werden. Sie mordeten auf offener Straße, hielten dann einfach das nächste Taxi an, stiegen ein und fuhren weg. Der Mann, der auf mich angesetzt war, gab seinen Auftrag schon aus Überheblichkeit zu, im Vertrauen darauf, dass die Gewissenlosigkeit seines Auftraggebers ihm absolute Immunität verlieh.

Handelte Abu Nidal auf eigene Rechnung? Das wurde nie geklärt, aber Indizien sprachen dagegen. 1982 suchte Israel nach einem Grund für den Einmarsch in den Libanon. Diesen Grund lieferte ein Attentat auf den israelischen Botschafter in London. Der Tathergang entsprach dem üblichen Vorgehen der Killer Abu Nidals, aber der englische Geheimdienst stieß bei seiner Untersuchung auf Hinweise dafür, dass die Attentäter im Auftrag des Mossad gehandelt hatten. Drei Tage nach dem Anschlag, den der israelische Botschafter schwer verletzt überlebt hatte, griff Israel den Libanon an.

Und wie verhielt es sich mit dem Mord an Issam Sartawi 1983 im portugiesischen Albufeira? Zwei Killer Abu Nidals hatten sich damals, während einer Tagung der Sozialistischen Internationalen, einer Gruppe von Männern genähert, zu der außer dem PLO-Mitglied Issam Sartawi, dem nordrhein-westfälischen Ministerpräsidenten Johannes Rau und Hans-Jürgen Wischnewski auch der israelische Außenminister Schimon Peres gehörte. Wenn es Abu Nidal wirklich um den Kampf gegen Israel gegangen wäre, hätte das Opfer in diesem Fall nicht Schimon Peres heißen müssen? Warum erschossen die Attentäter nur den Vertreter der PLO?

Es ist nicht völlig von der Hand zu weisen, dass Abu Nidal die Ermordungskampagne der Israelis fortsetzte, nachdem viele europäische Staaten gegen das Mordprogramm des Mossad protestiert hatten, aus Sorge, ihre Hauptstädte könnten zum Schlachtfeld für israelische und palästinensische Killer werden. Zeitweilig hatte sich eine gespenstische Atmosphäre in den diplomatischen Kreisen Europas breitgemacht. Die Umtriebe eines Abu Nidal waren in jedem Fall im Sinne der israelischen Politik, sie spielten den Israelis sogar in zweierlei Hinsicht in die Hände: indem sie ihnen immer wieder neue Gründe verschafften, uns als Terroristen zu diffamieren, und indem sie die gesprächsbereiten Palästinenser aus dem Weg räumten. Den Mythos der Bedrohung lebendig zu erhalten war ja stets eines der Hauptziele der israelischen Politik.

Wenn ich mir heute die Namensliste der getöteten PLO-Vertreter anschaue, muss ich feststellen: Ich bin der Einzige, der darauf fehlt, denn dieser Liste muss noch Ali Yasin hinzugefügt werden, der am 15. Juni 1979 in seinem Haus ermordete PLO-Vertreter in Kuwait, und mein Freund und Kollege Naim Khader, der am 1. Juni 1981 in Brüssel auf offener Straße erschossen wurde. Naim, ein Christ, war in Belgien so beliebt, dass die Brüsseler von ihm mit einem feierlichen Gottesdienst Abschied nahmen.

Aber auch ich war nach dem gescheiterten Attentat in Berlin noch keineswegs außer Gefahr. Eines Tages betrat ich mein Bonner Büro und stellte fest, dass Schreibtische und Schränke durchwühlt worden waren. Ein junger Mann, der bei mir putzte, gestand daraufhin, den Schlüssel zu meinem Büro einem israelischen Kontaktmann ausgehändigt zu haben. Ich schickte ihn zur Polizei. Als Nächstes erhielt ich einen Anruf vom Polizeipräsidenten der Stadt Bonn, der mir Begleitschutz anbot, und, als ich mich immer noch sträubte, mit den Worten in mich drang: »Herr Frangi, wollen Sie, dass Ihre Frau eines Tages mit den Kindern allein dasteht?« Er hatte recht. Ich war in Gefahr. Schweren Herzens willigte ich ein.

Von 1982 an wurde unser Haus rund um die Uhr bewacht, und Leibwächter begleiteten mich auf Schritt und Tritt. Es fiel mir nicht leicht, mich an ihre ständige Präsenz zu gewöhnen, aber mit den Jahren wurden die Männer vom Begleitschutz fast zu einem Teil der Familie. Unüberwindlich aber blieb meine Abneigung gegen gepanzerte Fahrzeuge. Das Gefühl, in einen Käfig eingesperrt zu sein, vertrage ich, wie gesagt, nicht, und ich benutzte den gepanzerten Wagen vor meiner Haustür nur selten.

Spannungen mit Syrien

Issam Sartawi ... Arafat hatte ihn übrigens gewarnt, nach Albufeira zu fahren. Jeder konnte sich denken, dass er für Abu Nidal ein rotes Tuch sein musste. Nach seiner Ermordung zeigten sie mir während eines Fernsehinterviews Bilder seines hingestreckten Leichnams, kurz nach der Tat aufgenommen, und der Anblick war so grauenhaft, dass ich das Interview beinahe abgebrochen hätte.

Issam Sartawi waren zahlreiche Etappensiege im Kampf der PLO um die Festung Europa zu verdanken. Niemand nutzte die Gunst der Stunde energischer als er, und die Stunde *war* günstig. Nach der Anerkennung der PLO durch die Vereinten Nationen wurden in über hundert Ländern Informationsbüros der PLO eröffnet, auch in nahezu allen westeuropäischen Ländern; Griechenland und Portugal, die noch nicht der Europäischen Gemeinschaft angehörten, sowie die Türkei nahmen schon damals diplomatische Beziehungen zur PLO auf. Im Juli 1979 kam es dann zum Durchbruch auf europäischer Ebene, als sich der ehemalige deutsche Bundeskanzler Willy Brandt und der österreichische Bundeskanzler Bruno Kreisky in Wien mit Arafat zu Gesprächen trafen. Die meisten westeuropäischen Medien sahen in dieser historischen Begegnung, an der ich teilgenommen hatte, eine faktische Anerkennung der PLO, und Theo Sommer sprach in der *Zeit* gar von einer »moralischen Verpflichtung der Deutschen [...] auch gegenüber den Palästinensern, die ja ohne Hitler wohl noch heute in ihrer angestammten Heimat säßen«. Initiator dieses Treffens war kein anderer als Issam Sartawi gewesen.

Als Arafats Maschine vom Wiener Flughafen abhob, schaute Sartawi ihr nach, ließ plötzlich den rechten Arm kreisen und brüllte in ungestümer Begeisterung: »Ab! Los! Bye-bye! Viel Glück!« Er fühlte sich bei diesem Freudenausbruch unbeobachtet, aber ich stand in der Nähe. Ein unvergessliches Bild.

Von diesem Tag an bröckelte die europäische Ablehnungsfront gegen Arafat. Dass ein Willy Brandt und ein Bruno Kreisky sich nicht scheuten, mit Arafat zu reden, war für ihn die beste Visitenkarte. Vom Prestigegewinn abgesehen sprang bei den Wiener Gesprächen für die Fatah die konsultative Mitgliedschaft in der Sozialistischen Internationale heraus, deren Präsident Willy Brandt war. 1980 bezog auch die Europäische Gemeinschaft zum Nahostproblem Stellung. In ihrer »Erklärung von Venedig« erkannte sie das Selbstbestimmungsrecht der Palästinenser an und forderte die Beteiligung der PLO am Friedensprozess – zwei Positionen, die vom deutschen Außenminister Hans-Dietrich Genscher mit Nachdruck vertreten worden waren. Kein Wort allerdings zur Frage einer palästinensischen Staatsgründung.

In der Praxis folgte den vielen schönen Worten jedoch nicht viel, weil die USA den Europäern jeden politischen Spielraum im Nahen Osten verwehrten. Die USA hielten (und halten bis heute) die Hand über den Konflikt zwischen Israelis und Palästinensern, es ist sozusagen ihr Konflikt. Speziell Bonn und Paris wurden vor eigenen Initiativen gewarnt, und auch die »Erklärung von Venedig« wurde in Washington mit deutlichem Missfallen aufgenommen. Daran war einstweilen nichts zu ändern. Europa hingegen war in einem Wandel begriffen, den der rastlose Issam Sartawi beschleunigen wollte, und durch seinen unbezähmbaren Vorwärtsdrang brachte er immer wieder Bewegung in die palästinensische Diplomatie.

Wir liefen uns bis zu seinem Tod in Albufeira am 10. April 1983 häufig über den Weg. Ich schätzte ihn als scharfsinnigen, analytischen Denker; seine Art, Politik zu machen, war mir indessen fremd, denn Sartawi war, im Gegensatz zu mir, der Typ des idealistischen Einzelkämpfers. In jenen Jahren hatte er sich bereits sehr weit vorgewagt, ohne sich mit dem Zentralkomitee der Fatah abgestimmt zu haben, und spann mit Eifer seine Fäden zu israelischen wie europäischen Politikern, brachte nicht nur Zögernde, sondern auch Gegner zusammen. Sartawi pflegte einen selbstverständlichen Umgang mit Juden wie Bruno Kreisky und Nahum Goldmann und verkehrte genauso selbstverständlich mit Persönlichkeiten der jüdischen Gemeinde Wiens. 1978 rief er mich an und bat mich, ihn zu einem Treffen mit Bundeskanzler Helmut Schmidt und Nahum Goldmann zu begleiten.

Wie die meisten seiner Vorschläge kam auch dieser aus heiterem Himmel, aber gereizt hätte es mich durchaus, Nahum Goldmann kennenzulernen. Der Präsident des Jüdischen Weltkongresses gehörte für mich zu den Vernünftigsten und Klügsten, unermüdlich im Dialog mit allen Parteien des Nahen Ostens, stets bemüht, Wege zum Frieden zu erkunden, eine moralische Autorität für alle. Andererseits hatte ich Bedenken grundsätzlicher Art, die Sartawis ungestümen Politikstil und die Prominenz Nahum Goldmanns betrafen. Sagen wir es so: Es gibt Politiker, die, wenn sie von einer Sache überzeugt sind, sich vom inbrünstigen Glauben an ihren Auftrag mitreißen lassen und, ohne Rücksicht auf die Empfindlichkeiten anderer oder auf die Gesamtlage zu nehmen, auf eigene Faust versuchen, ihr Ziel zu erreichen. Ich hingegen gehöre zu den Menschen, die innerhalb eines festen Rahmens agieren möchten und den Spielraum innerhalb der definierten Grenzen ihrer Gruppe ausschöpfen wollen. Ich brauche diesen quasi familiären Konsens, der ein Mindestmaß an Geborgenheit garantiert. Mit anderen Worten: Mir war ein Treffen mit Nahum Goldmann in dieser Phase zu riskant. Sartawi rief mich an, ich sagte ab, und er lachte mich aus.

An dieser Stelle muss ich eine Begebenheit nachtragen, die unser Familienleben betraf. Dem politischen Hochgefühl dieser Jahre gesellte sich für Benita und mich nämlich ein privates Glück hinzu: Fünf Jahre nach Baschar wurde unsere Tochter Muna am 1. September 1977 in Langen geboren. Jetzt stand *sie* im Mittelpunkt, und wir taten unser Bestes, ihr jeden Wunsch zu erfüllen. (Benita erinnerte mich daran, dass *sie* ihr Bestes tat, Muna zu erziehen, während *ich* darunter verstand, Muna – nicht anders als Baschar – mit Geschenken zu verwöhnen, sooft ich nach Hause kam. Und sie hatte recht. Ich war so häufig unterwegs, dass die Erziehung unserer Kinder weitgehend in Benitas Händen lag, und ich versuchte tatsächlich, mit Geschenken gutzumachen, was ihnen an väterlicher Aufmerksamkeit entging.)

Wie Baschar wurde auch Muna von der Arbeit ihres Vaters und dem Schicksal der Palästinenser geprägt. Sie war keine fünf Jahre alt, als die furchtbaren Bilder des Libanonkriegs um die Welt gingen; sie war siebzehn, als Arafat zum ersten Mal in unserem Haus zu Gast war. In der Endphase des Libanonkriegs telefonierte ich täglich mit meinem Freund Hayel, mit Arafat und Abu Dschihad. Einmal – ich sprach gerade mit Hayel – ließ sich die vierjährige Muna den Hörer geben und sang Hayel ein Lied auf Arabisch vor, ein Lied, das für uns die Bedeutung einer Nationalhymne hatte. Hayel war so bewegt, dass er anschließend nicht mehr mit mir reden konnte. Wie stark das Drama meines Volkes die Fantasie und das Denken unserer Kinder beherrschte, zeigte sich auch in den Bildern, die sie malten. Vor allem bei Baschar, der als Fünfjähriger das Massaker von Tel Zatar mitbekommen hatte – durch Nachrichten, durch meine Gespräche mit Benita, durch den bedrückten Gesichtsausdruck seines Vaters –, hinterließen solche Erfahrungen tiefe Spuren, sie bestimmten seinen Reifungsprozess und später seine Entscheidungen. Sein Politikstudium schloss er mit einer Magisterarbeit über die

Erste Intifada ab, und sein Entschluss, mitten im Bosnienkrieg (1992–1995) mit einem befreundeten Fotografen das Kriegsgebiet zu bereisen, war Ausdruck seiner Solidarität mit einem unterdrückten Volk.

Ich erwähnte das Massaker von Tel Zatar (Thymianhügel). Damit kommen wir zu den Ereignissen im Nahen Osten zurück, die nun in keiner Weise den Optimismus rechtfertigten, zu dem die Entwicklung in Europa uns Anlass zu geben schien. Im Flüchtlingslager Tel Zatar veranstalteten die libanesischen Falangisten 1976 eines der größten Blutbäder in der Geschichte Palästinas. Sie leiteten damit eine Entwicklung ein, die 1982 während des Libanonkriegs in einen Vernichtungsfeldzug der Israelis gegen die PLO, gegen alle Palästinenser, mündete.

Von den Bewohnern des Gazastreifens abgesehen, waren die Palästinenser immer noch ein Volk auf der Flucht. Zwei große Verteibungswellen hatten Hunderttausende von Bewohnern des Westjordanlands zunächst nach Jordanien gespült, nach dem Schwarzen September in Amman hatten dann viele der Überlebenden im Libanon Zuflucht gefunden (man spricht von 200 000 bis 300 000). Das kleine Land war seither mit Flüchtlingslagern durchsetzt, und Beirut hatte sich in die provisorische Hauptstadt eines weiterhin imaginären Palästinas verwandelt. Allerdings – in Jordanien hatten es die Flüchtlinge besser gehabt, denn im Libanon schlugen sich die Befürchtungen der Bürger in Gesetzen nieder, die die Palästinenser von den meisten Berufen ausschlossen und ihnen obendrein verwehrten, feste Häuser zu bauen.

Von der syrischen Armee unterstützt, gingen die Falangisten am 4. Juni 1976 zum Angriff über und belagerten Tel Zatar, ein Lager mit 40 000 Bewohnern. Die Menschen dort ergaben sich allerdings nicht kampflos, sie leisteten Widerstand und konnten die Angriffe tatsächlich zwei Monate lang abwehren, wobei sie von palästinensischen Studenten aus

Deutschland unterstützt wurden. Dann trat ein Waffenstillstand in Kraft, dem die Fedajin Folge leisteten, indem sie am 11. August ihre Waffen niederlegten: Das Abkommen sah die Evakuierung der Kämpfer und Zivilisten durch das Rote Kreuz vor. Einen Tag später drangen bewaffnete Falangisten in das Lager ein und ermordeten zweitausend Menschen. Das Lager selbst wurde dem Erdboden gleichgemacht – Bulldozer reichten dafür aus, die einfachen Behausungen waren leicht zum Einsturz zu bringen.

Es war einer der schwärzesten Tage meines Lebens. Ich, Benita, selbst meine Kinder waren einiges an Grauen gewöhnt, doch das Leiden der Menschen in Tel Zatar aus der Ferne mitzuerleben, ging fast über unsere Kräfte. Ich setzte mich an diesem Abend hin und tat, was ich immer tat, wenn ich das seelische Gleichgewicht verloren hatte – ich malte. Das Ergebnis meines Versuchs, der Verzweiflung Herr zu werden, waren drei Aquarelle, die mich seither begleiten, die jeden Umzug mitgemacht haben und heute noch in unserem Wohnzimmer hängen. Auf allen drei Bildern sieht man rote Wolkenmassen, einen Himmel, der aus zahlreichen Wunden zu bluten scheint. (Viele der Überlebenden gingen übrigens nach Deutschland, beantragten Asyl und erhielten es. Heute bilden sie und die Überlebenden anderer Massaker in Berlin eine große palästinensische Gemeinde und sind, alles in allem, ein Beispiel für gelungene Integration.)

Was die Sache für uns wirklich bedrohlich machte: Erstmals hatte die syrische Armee aufseiten der Falangisten in die Kämpfe eingegriffen. Das ist nicht ohne Weiteres zu verstehen. Die Erklärung liegt im historisch begründeten Selbstbewusstsein der syrischen Elite. Syrien, das traditionelle Machtzentrum dieser Region, hatte 1941 nämlich die Abtrennung des Libanons durch die Mandatsmacht Frankreich hinnehmen müssen und nach 1948 auch seine Einflusssphäre Palästina eingebüßt, und mit beidem hatte sich Damaskus nicht abfinden können. Nach wie vor erhob die syrische Führung Anspruch auf den Libanon, nach wie vor war in diesen Kreisen die Vorstellung lebendig, Palästina sei der südliche Ausläufer Syriens. (Arafat hatte auf eine entsprechende Äußerung des syrischen Präsidenten Assad hin einmal gekontert, Syrien sei in Wahrheit der nördliche Teil Palästinas.) Jedenfalls handelte es sich diesmal um einen Kampf um die Vorherrschaft im Libanon, in dem christliche Libanesen und muslimische Syrer zusammenarbeiteten.

Damit bahnte sich für uns Palästinenser eine Entwicklung an, die uns auf Jahre hinaus die erbitterte Feindschaft der Syrer eintragen sollte. Eine Entwicklung, die uns aber auch deshalb in eine zunehmend prekäre Lage brachte, weil sich die arabischen Staaten insgesamt in ihrer Politik kaum noch von Rücksichten auf die Palästinenser leiten ließen. Untereinander so zerstritten wie noch nie, brachten sie nur noch selten den Willen und die Kraft zur Unterstützung der PLO auf, und zum ersten Mal seit 1948 gerieten die Palästinenser in eine Situation, in der sie völlig auf sich allein gestellt gewesen wären, hätten Arafats diplomatische Bemühungen in Europa und Asien nicht rechtzeitig Früchte getragen. Genau diese Situation hatte Arafat schon in den 50er-Jahren vorausgesehen und den palästinensischen Widerstand nur dann für aussichtsreich gehalten, wenn er einen Rückhalt in Ländern außerhalb der arabischen Welt fände.

Wie vergiftet das Verhältnis zwischen Syrern und Palästinensern war, erlebte ich selbst, als die syrische Regierung kurz nach dem Massaker von Tel Zatar eine Delegation auf Europareise schickte, die um Verständnis für das syrische Eingreifen im Libanon werben sollte. Ihren ersten Auftritt hatte sie in Bonn. Glücklicherweise hatte mir ein syrischer Kollege bei der Liga der Arabischen Staaten einen Tag zuvor die Rede beschafft, die der Delegationsleiter auf einer Pressekonferenz verlesen wollte; ich war also gut vorbereitet, als er vor die

Presse trat und von einer Militäraktion gegen Banditen und Mörderbanden sprach. (Fast wortgleich wiederholte sich diese Diffamierung später in den Kommuniqués der syrischen Regierung anlässlich des Militäreinsatzes gegen die eigene Bevölkerung im Frühjahr 2011.) Ich meldete mich umgehend zu Wort. »In der Geschichte des arabischen Konflikts mit Israel«, sagte ich, direkt an den Leiter dieser Delegation gewandt, »ist es heute das erste Mal, dass ihr Syrer nach Europa kommt, um eine Pressekonferenz abzuhalten – aber nicht, um Israel zu kritisieren, sondern um uns Palästinenser zu verleumden. Was könnte besser zeigen, in welcher erbärmlichen Verfassung sich die arabische Welt befindet?« Ich sprach nicht lange, aber deutlich. Zwischendurch unterbrach mich der syrische Militärattaché und forderte mich für alle vernehmlich auf, den Mund zu halten. Ich wies ihn höflich zurecht. Dass es sich bei dem Mann um den Bruder des syrischen Geheimdienstchefs handelte, wusste ich nicht.

Die Pressekonferenz war jedenfalls ein völliger Reinfall, denn anderntags bezogen die Kommentatoren sämtlicher deutschen Zeitungen gegen die Syrer Stellung. Dieser Auftritt wiederholte sich in Hamburg, Zürich und Bern. Jedes Mal erzählten sie ihre Märchen von den palästinensischen Mörderbanden, jedes Mal war das Ergebnis ein Fiasko. Sehr zu ihrer Verärgerung folgte ich ihnen überallhin.

Dennoch sah es so aus, als hätte die Sache für mich kein Nachspiel. Denn als Präsident Hafiz Assad dem deutschen Bundespräsidenten Walter Scheel 1978 einen Besuch abstattete und ich ihn bei dieser Gelegenheit bat, mir meine Kritik an Syrien zwei Jahre zuvor nicht übelzunehmen, wiegelte Assad überaus milde gestimmt ab – damals hätten schwarze Wolken über uns gegangen, die nun vorübergezogen seien. Zum Zeichen seines Wohlwollens lud er Benita und mich sogar ein, als seine Gäste nach Syrien zu kommen, womit ich die Sache für erledigt hielt.

Ein halbes Jahr später ergab sich tatsächlich die Gelegenheit, nach Syrien zu fahren.

Alles begann mit einem Anruf des jungen FDP-Abgeordneten Jürgen Möllemann. Er wolle mich sprechen, sagte er. So schnell wie möglich. Im Steigenberger Hotel in Bonn. Um 8 Uhr morgens. Ich hatte zwar von ihm gehört, kannte ihn aber noch nicht persönlich und ging hin. Möllemann war in Eile und trug unverzüglich sein Anliegen vor. »Ich möchte Arafat in Beirut treffen«, sagte er, um sogleich fortzufahren: »Aber Sie sollen wissen: Ich bin kein Gegner Israels. Ich bin gegen die Besetzung der palästinensischen Gebiete, aber ich unterstütze niemanden, der die Existenz Israels infrage stellt. Ich bin nach dem Krieg geboren, ich habe mit den Gräueltaten der Nazis nichts zu tun, aber ich bekenne mich zu unserer Verantwortung.« Das waren Standardformulierungen, wie man sie von fast allen deutschen Politikern gewöhnt war, aber in diesem Fall kamen sie von jemandem, der sich über die Vorgänge im Nahen Osten bestens informiert zeigte, der eine klare Vorstellung von den Dimensionen des Dramas hatte. Ich rief Arafat an, und der war einverstanden.

1979 flogen wir nach Beirut. Möllemann und Arafat verstanden sich auf Anhieb. Ich war bei ihrem Gespräch zugegen und erlebte Möllemann als einen klugen, einfallsreichen Kopf – Arafat ging sofort auf Möllemanns Vorschlag ein, für den Nahen Osten eine Sicherheitskonferenz nach dem Vorbild der OSZE (Organisation für Sicherheit und Zusammenarbeit in Europa) ins Leben zu rufen, und griff diese Anregung nach der Tragödie des Libanonkriegs in verschiedenen Interviews auf. Möllemann blieb nach dem Treffen mit Arafat noch einige Tage in Beirut, zeigte lebhafte Neugier an allen Facetten des Beiruter Lebens, hatte seine Freude an den alten Mercedes-Taxis, ließ sich in einem der altertümlichen arabischen Friseurläden die Haare schneiden und reiste dann weiter nach Syrien zu Präsident Assad. Vorher fragte er mich, ob ich ihn begleiten wolle.

War es ratsam, mich in Syrien sehen zu lassen? Jedenfalls wollte ich nicht zusammen mit Jürgen Möllemann einreisen – wie sähe es aus, wenn der PLO-Vertreter in Bonn in dessen Gegenwart von den Syrern verhaftet würde? Ich beschloss, ihm einen Tag später nachzureisen. Begleiten sollte mich mein Freund Abu Usama, auf dessen gute Beziehungen zu syrischen Stellen ich eventuell angewiesen war.

Wir nahmen uns ein Taxi bis Damaskus, und bald kämpfte sich der Wagen die Serpentinen hinauf; Syrien ist vom Libanon durch einen Gebirgszug getrennt, und immer wieder eröffnete sich uns dieser einmalig schöne Blick aus der Höhe auf das im Sonnenlicht gleißende Häusermeer von Beirut, eingerahmt von einem tiefblauen Mittelmeer.

An der Grenze angekommen, luden uns die diensttuenden syrischen Offiziere zum Kaffee ein. Wir plauderten eine Weile, und als Abu Usama aufbrechen wollte, bedeutete mir einer der Syrer, zu bleiben. Ich schaute Usama an. »Warum?«, fragte er unsere Gastgeber, ohne den Eindruck von Entschlossenheit zu erwecken. Anstelle einer Antwort forderte mich einer der Syrer auf, meine Tasche aus dem Auto zu holen. Ich konnte unserem Taxifahrer gerade noch einen Zettel zustecken mit der Bitte, das Fatah-Büro in Damaskus zu benachrichtigen, dann fuhren sie los. Ein Blick in Richtung Abu Usama hatte mich darüber belehrt, dass er im Augenblick nichts für mich tun könne.

Ich müsse warten, bis sie Anweisungen aus Damaskus erhielten, ließen mich die Syrer wissen. Die Nacht verbrachte ich eingesperrt in einem verlassenen libanesischen Kontrollhäuschen, leer bis auf einen Haufen verstaubter Holzstühle und einen demolierten Tisch. Durch das einzige Fenster sah ich einen riesigen gelben Vollmond aufgehen, aus dem Nebenraum zog Toilettengestank herein. Ich machte die ganze Nacht kein Auge zu, lief umher, setzte mich wieder und hoffte, betete, dass Arafat rechtzeitig informiert wurde ... in Syrien hat man Grund zur Besorgnis, wenn man festgehalten wird. Am Morgen schloss mir ein anderer Offizier auf, und ich folgte ihm zur syrischen Grenzbaracke, wo drei junge Männer in einem Auto auf mich warteten.

Während der Fahrt drehte sich der Mann auf dem Beifahrersitz zu mir um. Er wollte wissen, was ich verbrochen hatte. Ich erzählte ihm von meiner Kritik an der syrischen Regierung nach dem Massaker von Tel Zatar vor drei Jahren. Nun waren in diesen Tagen gerade Verhandlungen zwischen Syrien und dem Irak im Gange, die auf den erneuten Versuch eines Zusammenschlusses zweier arabischer Staaten abzielten. Ich bezog mich auf diese Gespräche, als ich ihm sagte: »Ich verstehe nicht, dass wir immer noch über die arabische Einheit reden, wenn ich von meinen syrischen Brüdern auf diese Art behandelt werde.« Da wandte er sich ab, mit Tränen in den Augen, und schwieg für den Rest der Fahrt.

In Damaskus hielten wir vor einem fünfstöckigen Gebäude der Geheimpolizei, einem dieser tristen, abweisenden sozialistischen Kästen mit trüben Fensterreihen. Sie hatten dort eine eigene Abteilung für Palästinenser, deren Chef mich gegen Mittag zu sich kommen ließ. Es lägen ihm Berichte darüber vor, eröffnete er mir, dass ich Syrien verleumdet, seinen Präsidenten geschmäht und die arabische Solidarität infrage gestellt hätte. So absurd das war, musste ich es doch ernst nehmen; da der Mann aber von der bornierten Dreistigkeit war, an der Erklärungen abprallen, ging ich gleich zum Angriff über. Erstens, sagte ich, sei ich von Präsident Assad persönlich nach Syrien eingeladen worden – wäre allerdings nicht gekommen, wenn ich geahnt hätte, was mich erwartete. Und zweitens: »Eure Spitzel in Deutschland leben von solchen erfundenen Berichten. Wenn sie in dieser Art über mich schreiben, dann nur deshalb, weil sie zu faul sind, gründlicher zu recherchieren. Ihre irakischen Kollegen würden sich niemals erlauben, solchen Unsinn zu verzapfen …«

Nach mehreren Stunden unterbrach er das Verhör und ließ mich in einem Nebenraum Platz nehmen. Mittlerweile war es 3 Uhr nachmittags, und ich hatte noch nichts gegessen, nicht einmal Tee angeboten bekommen. Weitere Stunden vergingen. Gegen 6 Uhr hörte ich aufgeregte Stimmen, und im nächsten Augenblick wurde ich zu dem Offizier gebracht, der mich verhört hatte; der Vertreter der Fatah in Damaskus war jetzt bei ihm. Wie sich herausstellte, war Arafat, nachdem er von meiner Verhaftung erfahren hatte, umgehend nach Damaskus aufgebrochen – er befürchtete das Schlimmste, er kannte die Syrer – und hatte persönlich mit Assad gesprochen, woraufhin sich der syrische Innenminister eingeschaltet hatte. Ich lehnte den angebotenen Tee ab und suchte den Innenminister auf. Es kam zu einer netten Unterhaltung über alles Mögliche, er lobte meine Arbeit, schrieb meine Verhaftung einem Missverständnis zu, konnte meinen Zorn jedoch nicht besänftigen. Auf der Rückfahrt zeigte sich dann, dass nicht einmal der Innenminister seinen Geheimdienst im Griff hatte.

Jürgen Möllemann hatte seinen Besuch in Syrien inzwischen beendet. Ich telefonierte mit Hayel in Beirut und bat ihn um einen Wagen mit Begleitschutz. Er schickte mir zwei von unseren Leuten mit einem Jeep, wir machten uns auf den Weg nach Beirut, und an der Grenze wieder dasselbe Spiel – ich sollte aussteigen und warten, bis Anweisungen aus Damaskus einträfen … Meine Begleiter waren in ihrem Jeep sitzen geblieben. »Steig ein«, raunte mir der Fahrer zu. »Wir fahren los.« Ich sprang in den Wagen, er gab Gas, und wir kurvten mit ziemlichem Tempo auf Umwegen durch die Berge des Südlibanons. Nach wilder Fahrt erreichten wir kurz vor Sonnenuntergang Beirut. Ich war ihnen entkommen – und so erleichtert wie selten in meinem Leben.

Jürgen Möllemann war mittlerweile nach Deutschland zurückgekehrt und machte Schlagzeilen. »Möllemann kritisiert Israel« schrieben die Zeitungen, in diesem Tonfall der Empörung, mit dem man auf eine Ungeheuerlichkeit reagiert. Schon damals setzte die Kampagne der hundertfünfzigprozentigen Israelfreunde gegen Möllemann ein, die sich dabei des alten, offenbar unverwüstlichen Vokabulars der PLO-Gegner bedienten: Er besuche einen Terroristen, der Israel von der Landkarte löschen wolle und so weiter, das alte Lied.

Ich habe nie verstanden, wieso gerade er zur Zielscheibe wurde. Möllemann hatte schon vor seiner Reise die Besatzungspolitik Israels kritisiert. Er ist immer für die Zwei-Staaten-Lösung eingetreten. Was war daran anstößig? Die FDP als Ganzes unterstützte doch das Selbstbestimmungsrecht der Palästinenser, und Genscher war eine der treibenden Kräfte bei der »Erklärung von Venedig« gewesen. Später verurteilte Möllemann Ariel Scharons Krieg im Libanon als terroristische Aktion, aber erst, nachdem Hunderttausende Israelis auf Demonstrationen dagegen protestiert hatten. Weltweit hatte der Libanonkrieg zu einem Aufschrei geführt, Menachem Begin war deswegen zurückgetreten, nur Möllemann musste sich seiner offenen Worte wegen den Vorwurf des Antisemitismus gefallen lassen.

Ich fühle mich verpflichtet, Jürgen Möllemann gegen seine Kritiker in Schutz zu nehmen, denn ich kannte ihn. Er war in der Palästinafrage auf unserer Seite, weil wir die Besetzung Israels zu erdulden hatten und immer noch haben, doch war er weit davon entfernt, das Existenzrecht Israels zu bestreiten. Seine einzige Sorge galt einem gerechten Frieden im Nahen Osten, und so viel ich weiß war er der Erste, der eine Sicherheitskonferenz für den Nahen Osten ins Spiel brachte. Gewiss, er liebte Schlagzeilen, und vielleicht war er nicht Politiker genug, eine undurchsichtigere Position zu beziehen; bei Arafats erster Pressekonferenz in Deutschland 1993 saß Möllemann zu seiner Rechten, Wischnewski zu seiner Linken. Er hat jedenfalls immer Mut bewiesen – und er hat seinen Mut teuer bezahlt.

»Man weiß jetzt, wer David und wer Goliath ist«

Zu Beginn der 80er-Jahre plante die israelische Regierung nicht mehr und nicht weniger als die endgültige Lösung des Palästinenserproblems. Eine Lösung, zu der die Kräfte 1948 nicht gereicht hatten, die seither aufgrund der Nachgiebigkeit israelischer Politiker versäumt worden war. Soweit sich nicht bereits gezeigt hatte, was da im Einzelnen geplant war, machte die israelische Presse in aller Klarheit deutlich, worauf sich die Palästinenser nun einzustellen hatten: eine Invasion des Libanons, um die PLO auszuschalten, Arafat zu beseitigen, sämtliche Palästinenser nach Syrien und Jordanien abzudrängen, die syrische Armee aus dem Land zu werfen und eine Israel genehme Regierung unter dem Falangistenführer Bashir Gemayel zu etablieren, mit der man dann rasch zu einem Separatfrieden kommen würde. Die flankierenden politischen Maßnahmen waren schon eingeleitet worden mit dem Versuch, im Westjordanland eine Ziviliverwaltung aus Kollaborateuren, israelhörigen Bürgermeistern, einzusetzen. Sollte der geplante Angriff auf den Libanon zu den erhofften Ergebnissen führen, würde den Palästinensern in den besetzten Gebieten allerdings ohnehin nichts anderes übrigbleiben, als sich den Wünschen Israels zu beugen, denn einen organisierten palästinensischen Widerstand gäbe es danach nicht mehr, und Israel hätte sich endgültig als regionale Supermacht etabliert.

Der israelische Ministerpräsident Menachem Begin und sein Verteidigungsminister Ariel Scharon waren genau die Richtigen, um mit den Halbherzigkeiten der Vergangenheit Schluss zu machen. Um mit Begin zu beginnen: Der ehemalige

Chef der zionistischen Terrororganisation Irgun war 1977 an die Macht gekommen, als die Arbeiterpartei zum ersten Mal in der Geschichte Israels die Regierungsgewalt an die nationalistische Rechte abtreten musste, aus der sich später der Likud formte. In der britischen Mandatszeit war Begin für einen israelischen Staat eingetreten, der sich zu beiden Seiten des Jordans erstreckt, also das gesamte Gebiet von Palästina und Jordanien umfasst; nach dem israelischen Sieg von 1967 hatte er gejubelt, nun gehe sein Traum von Groß-Israel in Erfüllung, und zur Absicherung seines Traums den Bau israelischer Siedlungen auf dem Territorium der »befreiten« Gebiete gefördert.

Der Vorkämpfer eines Groß-Israels fand in dem Militaristen Ariel Scharon einen kongenialen Partner. Scharon, seit Juni 1981 Verteidigungsminister, war im Grunde der fleischgewordene Krieg, ein systematisch denkender Stratege, der in einem Interview einmal bekannte, die Welt am liebsten aus dem Geschützturm eines fahrenden Panzers heraus zu betrachten. Zahlreiche seiner Aussagen lassen vermuten, dass Scharon, 1928 geboren und damit praktisch derselbe Jahrgang wie Arafat, den Israel-Palästina-Konflikt als einen persönlichen Kampf zwischen sich und seinem palästinensischen Gegenspieler auffasste – als einen Kampf zwischen Gut und Böse letzten Endes, und einen Kampf auf Leben und Tod ohnehin. Zu den Kategorien, in denen Scharon dachte, gehörte jedenfalls auch das Inferno.

Vorkommnisse wie der Libanonkrieg, in dem sich, von Israel entfacht, furchtbare zerstörerische Energien austobten, sind nicht zu verstehen, ohne auch die prägende Kraft nationaler Gründungsmythen zur Erklärung heranzuziehen. Im Gegensatz zu dem ständigen Bestreben Israels, seine Politik jeweils durch eine akute Bedrohung zu rechtfertigen, haben sich israelische Politiker stets – mal offener, mal verdeckter – an Vorgaben orientiert, die als Visionen vor rund hundert Jahren in die Protokolle der Zionistenkongresse Eingang fanden. So hatten die Zionisten bereits 1919 auf der Versailler Friedenskonferenz einen Plan vorgelegt, der die Schaffung eines Staates Israel über die Grenzen Jordaniens und des heutigen Libanons hinaus vorsah. Für zionistische Politiker wie Begin und Scharon ergaben sich aus solchen hochfliegenden Entwürfen verbindliche politische Ziele; Israel hat seine Außengrenzen deshalb immer als provisorisch betrachtet und sich stets geweigert, sie endgültig festzulegen, sodass man ohne Übertreibung sagen kann: Im Prinzip ist Israel ein grenzenloser Staat. Von seiner inneren Dynamik her strebt er jedenfalls nach Expansion.

Sowohl Begin als auch Scharon lebten konsequent in der Vergangenheit. Vor allem Begin wurde nicht müde, Arafat mit Hitler zu vergleichen, und ging so weit, nach dem Einmarsch in den Libanon zu bekennen: »Ich fühle mich, als würde ich meine Truppen nach Berlin führen, um Hitler in seinem Bunker zu liquidieren.« Aus solchen Worten spricht eine Besessenheit, in der die Dämonen der Vergangenheit mit den Heilsversprechen der Vergangenheit eine hochexplosive Mischung eingehen. Diese Besessenheit äußerte sich nun in dem Projekt, ein israelisches Protektorat namens Libanon zu errichten, in dem für Palästinenser selbstverständlich kein Platz wäre. Die PLO und Arafat kamen in diesem Zusammenhang nur als Elemente vor, die es auszulöschen galt – Begin machte keinen Unterschied zwischen PLO-Mitgliedern und Nazis. Für ihn war selbst der Jude Bruno Kreisky ein Antisemit.

Scharon bereitete also die Invasion vor, und Ehud Barak, jener Mann, auf dessen Erfahrung die israelische Regierung schon bei dem vierfachen Mord in der Rue Verdun gesetzt hatte, arbeitete die Details des Angriffsplans aus. Nun gehört es zu den Gepflogenheiten der zivilisierten Welt, einen Grund vorweisen zu können, der einen Angriff rechtfertigt. In der Regel ist das eine Provokation der Gegenseite. Israel bombardierte aus diesem Grund zweimal PLO-Stellungen und Flüchtlingslager im Südlibanon, um Arafat aus der Reserve zu locken – die PLO hatte seit zwölf Monaten keinen Schuss mehr auf israelisches Gebiet abgegeben und sollte auf diese Weise zu einer militärischen Reaktion ermuntert werden. Doch der gewünschte Erfolg blieb aus; Arafat hielt still, weil er über die Pläne Scharons informiert war. Da verübte ein Killer Abu Nidals am 3. Juni 1982 ein Attentat auf den isarelischen Botschafter in London. Begin rief umgehend sein Kabinett zusammen, und als ihm sein Sicherheitsberater zu erklären versuchte, wer Abu Nidal sei, unterbrach er ihn mit den Worten: »Abu Nidal, Abu sonstwas … alles PLO!« Am selben Tag begann die israelische Luftwaffe mit der Bombardierung Beiruts, zwei Tage später marschierten die israelischen Landstreitkräfte mit 75 000 Mann, 1200 schweren Panzern und 1500 leichteren Panzerfahrzeugen im Libanon ein. Nach wenigen Tagen erhöhte sich die Zahl der israelischen Soldaten auf 120 000. Ihnen standen auf palästinensischer Seite 23 000 Kämpfer mit knapp 600 Panzerfahrzeugen gegenüber.

Auf ihrem Vormarsch griff die israelische Armee die Flüchtlingslager im Süden des Libanons mit den modernsten amerikanischen Kampfbombern und Panzern an. Von See her nahmen Kriegsschiffe die libanesische Küste unter Beschuss. Der Südlibanon ging in Flammen auf. Schulen, Krankenhäuser, Kulturzentren, die gesamte soziale Infrastruktur der Palästinenser wurde vernichtet. Von den Flüchtlingslagern blieben Trümmerhaufen und Krater aus Wellblech und Steinen übrig. Tausende starben, Zehntausende flohen nach Norden. Tyros und Saida (Sidon), Städte, die zu den ältesten der Erde gehören, wurden zu 70 Prozent zerstört. Nach fünf Tagen stand die israelische Armee vor Beirut, kurz darauf schloss sich der Belagerungsring um West-Beirut, wo nun knapp 6000 Fedajin und über eine halbe Million Zivilisten eingeschlossen waren.

Arafat weigerte sich, Beirut zu verlassen und die Verteidigung von Damaskus aus zu organisieren, wie man ihm vorgeschlagen hatte. Er bereitete sich ernsthaft darauf vor, als Märtyrer zu sterben, und blieb in der belagerten Stadt. Wer ihn kannte, war von seiner Entscheidung nicht überrascht, denn Arafat ließ seine Leute nie im Stich. Sich selbst in Sicherheit zu bringen, während andere kämpften, war für ihn völlig undenkbar. Er mochte nicht die Unerschrockenheit eines Abu Dschihad, nicht die Kaltblütigkeit eines Abu Iyad besitzen, aber er wusste, wie viel von seiner Präsenz abhing; er war bereit, sich zu opfern, und verließ sich im Übrigen – so vermute ich – auf sein einzigartiges Gespür für Gefahr. 1977, nach einem schweren Luftangriff der Israelis, fuhr ich mit ihm zu den bombardierten Flüchtlingslagern im Südlibanon. Jederzeit musste mit einem neuen Angriff aus der Luft gerechnet werden, aber Arafat stand da, mitten unter den Leuten, nicht einmal durch eine kugelsichere Weste geschützt, und sprach seinen Kämpfern Mut zu, redete mit Jung und Alt, nahm den einen bei der Hand, umarmte einen anderen und forderte alle auf, nicht wegzulaufen, sich nicht mehr vertreiben zu lassen, den Israelis nicht denselben Gefallen zu tun wie 1948.

So besuchte er sämtliche Lager von morgens bis tief in die Nacht. Wenn es um seine Leute ging, schenkte er der Gefahr einfach keine Beachtung. Deshalb musste ich den österreichischen Bundeskanzler Bruno Kreisky auch enttäuschen, als er mit mir nach dem Ende des Libanonkriegs seine Absicht besprach, Arafat in Wien Asyl zu bieten. Wahrscheinlich stammte dieser Plan von Issam Sartawi, der wohl davon ausging, dass Arafat mit Wien über einen zentral gelegenen Stützpunkt verfügen würde, von dem aus er sich frei bewegen könnte. »Ich bitte Sie, Herr Bundeskanzler, diese Idee nicht weiter zu verfolgen«, unterbrach ich Kreisky, bevor er mit mir die Einzelheiten besprechen konnte. »Für Arafat käme dieses Angebot einer Beleidigung gleich. Arafat würde eher seinen Tod in Kauf nehmen, als die Möglichkeit eines europäischen Asyls in Betracht zu ziehen.«

Arafat blieb also in Beirut und erlebte in den nächsten zwei Monaten, wie die Stadt um ihn herum unter den Angriffen der israelischen Luftwaffe in Schutt und Asche sank. An einem einzigen Tag, dem 15. August, starben mehr als dreihundert Menschen, die meisten von den Trümmern ihrer zusammenstürzenden Häuser erschlagen, nachdem die Israelis West-Beirut fünfzehn Stunden lang ununterbrochen mit Streu- und Phosphorbomben angegriffen hatten. Tatsächlich schienen die Zivilisten für Israel gar nicht zu existieren; Begin erklärte in einem Interview, er nehme den Tod von fünf libanesischen Zivilisten in Kauf, wenn dabei auch nur ein einziger »Terrorist« umkomme. Die Überlebenden harrten auf wenigen Quadratkilometern aus, ohne Strom, ohne Wasser, ohne Medikamente, ohne Nahrungsmittel.

Was man in diesen Tagen in Beirut erlebte, war im Grunde nichts Neues. Unverhältnismäßigkeit und größtmögliche Brutalität waren seit jeher ein Grundsatz israelischer Militäraktionen – auch in der Vergangenheit waren israelische Vergeltungs- wie Abschreckungsmaßnahmen stets so dimensioniert gewesen, dass sie nicht nur Menschenleben kosteten, sondern auch einen demoralisierenden Effekt hatten. Es galt das Prinzip grenzenloser Rücksichtslosigkeit, übrigens auch gegen Ausländer. 1970 befand sich ein ägyptischer Freund von mir nach einem Besuch seiner Familie in Kairo auf dem Rückflug nach Deutschland, als seine Maschine von der israelischen Luftwaffe abgeschossen wurde – auf den Verdacht hin, das Flugzeug könnte Partisanen in den Libanon bringen. Niemand überlebte den Absturz. An Bord waren ausschließlich Zivilisten gewesen, doch nicht einmal nach einem derartigen Irrtum konnten sich die Israelis zu einer Entschuldigung durchringen. Es war nicht das einzige Mal. Auch 1976 schossen sie eine zivile libysche Maschine ab, nachdem sie versehentlich in den Luftraum über den Sinai eingedrungen war. Siebzig Menschen starben.

Mein alter Freund Mahmud Labadi machte sich in den furchtbaren Tagen von Beirut als Arafats Pressesprecher verdient. Ich hatte ihn als Vorsitzenden des Bonner Studentenvereins kennen gelernt, jetzt betrieb er, der neben Arabisch auch Deutsch, Französisch und Englisch beherrschte, vorzügliche Aufklärungsarbeit unter den etwa zweihundert Journalisten, die ebenfalls in der belagerten Stadt ausharrten. Nach jedem Angriff ließ Mahmud beispielsweise alles einsammeln, was israelische Bomber über Beirut abgeladen hatten, vor allem die Reste verbotener Kampfmittel wie Splitterbomben, und legte all diese Geschossteile, Hülsen und Zünder auf Tischen vor seinem Büro aus wie Krimskrams auf einem deutschen Trödelmarkt; auch er hatte die Finessen seines Handwerks im Umgang mit deutschen Journalisten gelernt.

Und Arafat selbst entging seinen Jägern wieder und wieder. Er übernachtete nicht zweimal am selben Ort, schlug sein Hauptquartier mal in einem Schutzkeller, mal in einem Bunker, mal in einer Tiefgarage auf und war wie durch ein Wunder nie unter den Toten, wenn das nächste Gebäude, in dem er vermutet wurde, von israelischen Bomben getroffen einstürzte. Dabei verfolgten die Israelis seine Bewegungen genau und waren oft sogar über den geplanten Tagesablauf von Arafat informiert, etwa am 6. August, als er mit russischen Diplomaten in einem zwanzigstöckigen Hochhaus verabredet war. Fünf Minuten nach dem vereinbarten Termin bombardierte die israelische Luftwaffe das Gebäude; es fiel wie ein Kartenhaus in sich zusammen. Hundertzwanzig Menschen starben in den Trümmern, aber Arafat blieb unverletzt – er hatte den Termin verstreichen und den Diplomanten durch einen Boten ausrichten lassen, nicht auf ihn zu warten. Arafat selbst sprach von dreizehn gezielten Anschlägen auf seine

Person allein während der Belagerung von Beirut; sie schlugen allesamt fehl.

Zwei Wochen nach Kriegsbeginn belief sich die Zahl der getöteten Palästinenser und Libanesen auf 15 000, eine halbe Million Menschen waren auf der Flucht. Aber die israelische Militärführung, die mit einem schnellen und durchschlagenden Erfolg gerechnet hatte, war weiter denn je davon entfernt, ihre Kriegsziele zu erreichen. Zum einen, weil Arafat alle Vorkehrungen für den Verteidigungsfall getroffen und Vorratslager mit Nahrungsmitteln, Waffen und Munition angelegt hatte. Zum anderen, weil im Libanon jene Fehler vermieden wurden, die den Palästinensern in Jordanien zum Verhängnis geworden waren. Mit dem Erfolg, dass sich ein Teil der libanesischen Bevölkerung mit den belagerten Palästinensern solidarisierte, fast jeder Bewohner des umkämpften Stadtteils sich in irgendeiner Weise an der Verteidigung beteiligte und Bäcker wie Restaurantköche auf Hochtouren arbeiteten, sodass die Kämpfer täglich ihre warme Mahlzeit erhielten – anders hätte man den Angriffen der Israelis auch unmöglich volle achtundachtzig Tage standhalten können. Und zum dritten, weil das palästinensische Volk lange vor dem Ende des Kriegs bereits als moralischer Sieger feststand.

Obwohl sich die Öffentlichkeit mittlerweile daran gewöhnt hatte, dass alle so genannten Gegenschläge Israels in einem schwer zu definierenden, gewissermaßen höheren Sinne rechtmäßig waren, ergriff so gut wie die ganze Welt in diesen Wochen für die Palästinenser Partei, während das internationale Presseecho für Israel verheerend ausfiel. Aber sogar in Israel selbst zerbrach zum ersten Mal der nationale Konsens: Hunderttausende Israelis demonstrierten gegen eine Regierung, die einen sinnlosen Krieg vom Zaun gebrochen hatte; israelische Soldaten verweigerten Einsatzbefehle, Persönlichkeiten der jüdischen Weltgemeinde wie Nahum Goldmann riefen zur Beendigung des Kriegs auf. Selbst der amerikanische Präsident Ronald Reagan, von den Israelis vorab über den Einmarsch in den Libanon unterrichtet, gewann mit der Zeit den Eindruck, dass Israel zu weit gehe, und protestierte gegen die Bombardements. Welchen Schaden das Israelbild der Deutschen in dieser Zeit nahm, beweist ein Rundfunkkommentar des langjährigen Nahostkorrespondenten des WDR, Erwin Behrend. Er ist stellvertretend für zahllose andere Stellungnahmen in deutschen Medien, die sich im Tenor kaum unterschieden:

»Die Israelis befinden sich heute im Libanon dort, wo sich die Amerikaner während des Vietnamkriegs nach ihren größten Siegen befanden. Damals irrten die Amerikaner, als sie sich der Illusion hingaben, sie könnten den Vietcong in die Unterwerfung bombardieren. Heute lernen die Israelis von den Palästinensern die gleiche Lektion: Überlegene Waffen bedeuten keine politische Lösung. Premierminister Begin spricht von Mördern, wenn er an die Palästinensische Befreiungsorganisation denkt, und trotzdem verlieren die Israelis jetzt zum ersten Mal einen Propagandakrieg, weil nach zehntausenden Toten im Libanon ihr Anspruch auf moralische Überlegenheit in Zweifel gezogen wird. Man weiß inzwischen, wer David und wer Goliath ist ...

Als Faktor der Nahostpolitik ist die Palästinensische Befreiungsorganisation noch nie so ernst genommen worden wie jetzt, nach ihrer militärischen Niederlage, die von den Palästinensern nunmehr umgemünzt wird in einen politischen Sieg. Es ist die bittere Ironie der Geschichte, dass die Israelis, die diesen Krieg begannen, um den palästinensischen Nationalismus zu liquidieren, sich sechs Wochen später damit abfinden müssen, dass das Verständnis in der Welt für die Schaffung eines palästinensischen Heimatlandes wächst.«

So war die Stimmung. Arafat ließ sich übrigens auch nach den schrecklichsten Bombardements nicht zu antiisraelischen oder antisemitischen Äußerungen hinreißen und bedauerte in einem Interview die Unmöglichkeit, sich auf direktem Weg an die Bevölkerung Israels zu wenden – er sei sicher, sagte er, bei den Menschen in Israel mehr Gehör zu finden als bei der Regierung Israels. Zutiefst enttäuscht hingegen war Arafat von zwei anderen Mitwirkenden in diesem Drama: den USA – und den arabischen Bruderländern.

In den zweieinhalb Monaten des längsten und gnadenlosesten Kriegs in der Geschichte des Nahostkonflikts wartete Arafat vergeblich auf einen praktischen Beitrag der arabischen Staaten zum Überlebenskampf der Palästinenser im Libanon. Zerstrittenheit und Ohnmacht der Araber hatten ein nie gekanntes Ausmaß erreicht, sie verhinderten sogar eine gemeinsame Erklärung zur Verurteilung des israelischen Vorgehens. Arafat fühlte sich zu Recht im Stich gelassen – übrigens auch von der Sowjetunion, die dringend benötigte Waffensysteme nicht lieferte mit dem Argument, sie könnten in die Hände der Israelis, und damit der Amerikaner, fallen. Und was die USA angeht: Reagans Proteste waren kaum mehr als eine väterliche Ermahnung an die Israelis, nicht über die Stränge zu schlagen. Nach wie vor zu einer eigenen Nahostpolitik unfähig, hatten sich die Amerikaner die israelischen Kriegsziele zu eigen gemacht – mit anderen Worten: Reagan war ein Gefangener Begins. Bei den Verhandlungen des amerikanischen Vermittlers Philip Habib war dann auch gar nicht die Rede vom Schicksal der Opfer, der Hinterbliebenen, der Verletzten und Flüchtlinge. Die einzige Frage, die Amerikaner und Israelis bewegte, lautete: Wohin mit den sechstausend Fedajin nach einem Waffenstillstand?

Mehr als ein ehrenhafter Abzug war unter diesen Umständen nicht herauszuholen, und etwas anderes als ein Rückzug aus der Stadt blieb Arafat angesichts der Hartnäckigkeit Scharons nicht übrig – in der Endphase des Kriegs waren die Israelis im Verhältnis von 20:1 den Fedajin überlegen gewesen. Am 19. August unterschrieb Arafat einen Vertrag, der die Verteilung der palästinensischen Soldaten auf neun arabische Länder vorsah. Zwei Tage später begann der »Exodus der Kämpfer«, wie wir es nannten, unter den Augen einer internationalen Schutztruppe aus Franzosen, Amerikanern und Italienern.

Die Israelis hatten sich einen letzten, kleinen Triumph erhofft, als sie verlangten, dass Arafats Männer den Weg zu den Schiffen im Hafen unbewaffnet und mit weißen Fahnen in den Händen antreten sollten. Arafat widersetzte sich diesem Ansinnen, und es war Saad Saeil, der Oberkommandierende der palästinensischen Streitkräfte, der einen Rückzug in Würde organisierte. Saeil, ein korrekter, wortkarger, stets gut rasierter Mann, der eine Ausbildung an der Militärakademie der Amerikaner in West Point genossen hatte, gab den Befehl, mit geputzten Stiefeln, rasiert, die Waffe in der Hand und unter wehenden Fahnen aus der Stadt zu ziehen. Was die Hunderttausende, die sich zum Abschied im Hafen von Beirut eingefunden hatten, in den folgenden Tagen zu sehen bekamen, war also keine geschlagene Truppe, die sich vom Schlachtfeld schlich, sondern eine Armee von ungebrochenen, unbesiegten Kämpfern.

Die Mitglieder des militärischen Oberkommandos verließen Beirut als Letzte. Eine Einheit von fünfzehn israelischen Soldaten bezog an diesem Tag in einem leer stehenden Haus im Hafen Stellung, und während Arafat, von Leibwächtern umringt, den Wartenden am Kai die Hände schüttelte, nahm ihn ein israelischer Scharfschütze ins Visier. Zu Scharons Bedauern drückte er jedoch nicht ab – Arafat zu liquidieren wäre gegen die Vereinbarung gewesen, die Begin mit den Amerikanern getroffen hatte. Dann bestieg Arafat ein griechisches Schiff und fuhr über Griechenland nach Tunis, das neue Exil der PLO-Führung. In seinem letzten Interview auf libanesischem Boden hatte ihm ein ausländischer Journalist die durchaus sarkastisch gemeinte Frage gestellt: »Und wo geht es jetzt hin, Herr Präsident?« Und Arafat hatte, vollkommen ernst, geantwortet: »Nach Palästina.«

Ich hatte den Krieg von Deutschland aus verfolgt und mit dem Schlimmsten gerechnet. Bis heute erscheint mir unbegreiflich, wie so wenige Verteidiger in einer derart verzweifelten Lage so lange durchhalten konnten. Auch die Israelis verstanden es nicht. Scharon hatte versprochen, die Führung der Fatah wie Fische in einem Netz aus Beirut herauszuziehen und in Tel Aviv abzuladen. Und nun, nachdem Israel 120000 Mann aufgeboten und den Libanon mit allem, was die westliche Rüstungsindustrie an Hochtechnologie zu bieten hatte, aus der Luft, zu Land und vom Meer aus angegriffen hatte, lag Beirut in Trümmern, aber die PLO existierte immer noch, und Arafat lebte. Scharons Plan war gescheitert, Begins Wünsche hatten sich nicht erfüllt.

Ein Jahr später trat Begin als Ministerpräsident zurück, von Depressionen zermürbt. Er starb 1992 in seinem Haus, das den Standort des ehemaligen palästinensischen Dorfs Deir Yassin überblickte, Schauplatz des größten Blutbades der Irgun unter ihrem damaligen Chef Menachem Begin.

Zerreißproben

Warum Tunesien? Nun, die PLO konnte bei der Wahl ihres neuen Zufluchtsortes nicht aus dem Vollen schöpfen. Syrien kam wegen der bekannten Rivalitäten nicht infrage, Jordanien schied schon der Erinnerung wegen aus, die sich mit diesem Land verknüpfte, der Irak war in einen mörderischen Krieg mit dem Iran verstrickt, und Ägypten war 1977 aus der Arabischen Liga ausgeschlossen worden, nachdem Sadat einen Separatfrieden mit Israel geschlossen hatte. Da der Jemen, der Sudan und die Golf-Emirate zu entfernt lagen, blieb nur Nordafrika, und hier sprach alles für Tunesien: Sein Präsident Habib Bourguiba galt – auch im Westen – als vergleichsweise liberaler Politiker, der ein Land regierte, in dem Ruhe und Ordnung herrschten; außerdem war nach dem Ausschluss Ägyptens der Sitz der Arabischen Liga nach Tunis verlegt worden. Im Übrigen galt die Gastfreundschaft der Tunesier allein der PLO-Führung. Die Aufnahme von Flüchtlingen oder Kämpfern war ausdrücklich ausgeschlossen worden, sodass in Tunesien keine Konflikte wie im Libanon oder in Jordanien zu erwarten waren.

Es war ein schmerzlicher Abschied von Beirut für Arafat, aber verbittert war er nicht. Verbittert habe ich ihn überhaupt nie erlebt, auch dann nicht, wenn alles aussichtslos erschien. Das war ja das Faszinierende: Er gab nie auf. Er war die personifizierte Zuversicht. Sogar nach einer Niederlage sprach er von Sieg, und wenn man ihn fragte, worin der Sieg bestehe, antwortete er: »Wir existieren noch.« Nach jedem Rückschlag stellte er sich vor seine Kämpfer, die Finger der rechten

Hand wie Churchill zum Victory-Zeichen gespreizt hoch in die Luft gereckt, und mit dem dreifachen Ruf »Bis zum Sieg!« beendete er jede seiner Ansprachen. Arafat war der Phönix aus der Asche. Nicht zuletzt auf dieser bisweilen geradezu aberwitzigen Siegesgewissheit beruhte seine Fähigkeit, Menschen für sich zu gewinnen – eine Fähigkeit, auf die er sich zeitlebens verlassen konnte. Und natürlich war es für ihn auch ein Leichtes, mich zur Übernahme des Wiener PLO-Büros zu überreden, das ich dann in den Jahren 1982 bis 1984 zusätzlich zu meinem Bonner Büro leitete.

Unser Haus lag im 13. Bezirk, einem alten Villenviertel, und war nicht weniger prächtig als die französische Kolonialvilla, die unser Büro in Algier beherbergt hatte, allerdings auch genauso heruntergekommen. Nun wollte ich Arafat, der sich in Beirut auf einen Krieg vorbereitete, nicht mit der Bitte um Geld für die Renovierungen einer Villa in Wien belästigen, andererseits bereitet mir vernachlässigte Schönheit beinahe körperliche Qualen, und ich zerbrach mir den Kopf, bis ich beim Studium der Akten meines Vorgängers feststellte, dass er vor langer Zeit 60 000 Dollar zu einem Zinssatz von 11 Prozent angelegt hatte. Inzwischen waren daraus 120 000 Dollar geworden. Jetzt brauchte ich nur noch preiswerte Arbeitskräfte aufzutreiben, und einen Monat später erstrahlte dieses Juwel von einem Haus in seinem alten Glanz, auch zur Freude der Nachbarn.

In dieser Villa feierte Bundeskanzler Kreisky mit uns am 29. November den Tag der Solidarität mit dem palästinensischen Volk. Dieser Feiertag war von der UNO zum Gedächtnis an die Vertreibung beschlossen worden, und Kreisky hielt die Festrede. Ansonsten machte ich in Wien nichts anderes als in Bonn: Pressekonferenzen, Interviews, Einladungen, Fernsehauftritte. Dass Kreisky zum schärfsten Kritiker der israelischen Invasion im Libanon wurde, ist womöglich auch die Frucht unserer Arbeit. In einem Punkt verlangte Wien mir allerdings eine größere Umstellung ab: In Deutschland hatte ich mir angewöhnt, bei Interviews sehr schnell zu sprechen, weil mir für meine Antworten in der Regel eine, höchstens anderthalb Minuten Zeit blieben. In Österreich, so lernte ich nun, kann man sich mit dem deutschen Tempo keine Freunde machen. Bei meinem ersten Rundfunkinterview in Wien sagte die Reporterin zu mir: »Herr ... Frangi, ... bitte ... langsam ... sprechen.«

Wir hatten gehofft, mit dem Exodus der Kämpfer den letzten Akt der Tragödie im Libanon erlebt zu haben, doch dem war nicht so. Die Schreckenszeit setzte sich mit dem Massaker von Sabra und Schatila fort, das Scharons Vorstellung von einem Inferno ziemlich nahegekommen sein dürfte. Ich will an dieser Stelle nur an die Fakten erinnern.

Am 14. September 1982 fiel Israels Wunschpartner im Amt des libanesischen Staatschefs, der Falangistenführer Bashir Gemayel, einem Attentat zum Opfer. Die Gunst der Stunde nutzend, besetzten israelische Truppen das gesamte Stadtgebiet von Beirut. Keine zwei Tage später begann das blutigste Gemetzel in der Geschichte des palästinensischen Volkes: Ein Trupp von hundertfünfzig Falangisten drang in die beiden Flüchtlingslager Sabra und Schatila im Süden Beiruts ein und massakrierte innerhalb von achtundvierzig Stunden schätzungsweise dreitausend Menschen, überwiegend Frauen, Alte und Kinder – unter den Augen der israelischen Armee, die vorsichtshalber alle Fluchtwege abgeriegelt hatte und nachts ihre Scheinwerfer auf das Lager richtete, um den Mördern ihre Arbeit zu erleichtern. Das Vorkommnis hatte in Israel die größte Protestdemonstration seit der Staatsgründung und den Einsatz einer Untersuchungskommission zur Folge, die Ariel Scharon zum Hauptschuldigen erklärte. In Tel Aviv gingen 400 000 Menschen auf die Straße, und Scharon trat von seinem Posten als Verteidigungsminister zurück.

Aber auch damit fand das Drama der Palästinenser im Libanon noch kein Ende. Denn angesichts der Schwächung der PLO sahen die Syrer jetzt ihre Stunde gekommen.

Die Syrer verstanden sich als die zur Befreiung Palästinas berufene Führungsmacht des Nahen Ostens, sie duldeten niemanden, der diesen Rang gefährdete, und eine Bewegung wie die Fatah, die Präsident Assad seine Vorrangstellung streitig machte, musste ausgeschaltet werden. Hier wirkte sich das historisch gewachsene Selbstbewusstsein eines sehr alten Volkes aus – genauso wie bei den Irakern übrigens, die ebenfalls von ihrer geschichtlich begründeten Führungsrolle überzeugt waren. Als die israelische Armee im Oktoberkrieg ihren Gegenangriff gegen Syrien führte, griffen irakische Truppen auf syrischer Seite in die Kämpfe ein und retteten die Syrer im letzten Augenblick. Ohne irakischen Beistand wären die syrischen Verbände wohl viel weiter zurückgeworfen worden. Mit Sympathie für die Syrer hatte ihr Eingreifen jedoch wenig zu tun, die Iraker verliehen auf diese Art vielmehr ihrem Führungsanspruch innerhalb der arabischen Welt Nachdruck. Nun brauchen Völker zweifelllos Visionen, vielleicht auch Aufträge, die sie aus ihrer Geschichte herleiten, aber eine große Vergangenheit kann ebenso zur Last werden, zu politischer Erstarrung führen.

Im Augenblick arbeiteten Syrer wie Israelis daran, den Libanon in Einflusszonen aufzuteilen. Während die Israelis ihre Kontrolle über den Süden festigten, machten sich Syrer und libanesische Falangisten im Norden daran, die verbliebenen palästinensischen Kämpfer in die Enge zu treiben. Es waren nämlich nicht alle Fedajin abgezogen worden. Einige tausend hatten sich in die Berge zurückgezogen, weil man die Flüchtlinge nicht ganz ohne Schutz lassen wollte, auch Abu Dschihad und Hayel waren geblieben. Diese Truppen wurden nun mit massiver Unterstützung der Syrer immer weiter nach Norden abgedrängt – und gleichzeitig kam es zu einer offenen Revolte innerhalb der Fatah.

In der über zwanzigjährigen Geschichte der Fatah hatte es dergleichen noch nicht gegeben. Prosyrische Mitglieder, darunter ein Mitglied des Zentralkomitees und drei Mitglieder des Revolutionsrats, putschten gegen Arafat und gründeten in Damaskus eine neue Fatah – für die Syrer die Erfüllung ihrer Träume, für uns ein Albtraum, denn nach der Vertreibung aus Beirut war eine Spaltung das Letzte, was wir brauchen konnten. Was sollte mit diesen Leuten geschehen? Arafat tauschte sein Palästinensertuch gegen eine Militärmütze – immer das Zeichen dafür, dass es ernst wurde – und beorderte den vierundsechzigköpfigen Revolutionsrat der Fatah im Mai 1983 zu einer Sitzung nach Damaskus in der Absicht, mit den Meuterern zu reden.

Ich flog nach Damaskus. Die Putschisten erschienen nicht. Aber es gab auf dieser Sitzung auch unter den Anwesenden genug Teilnehmer, die mit dem Standpunkt der Syrer sympathisierten; gleich neben mir zogen zwei ungeniert über Arafat und andere führende Köpfe der Fatah her. Nun ja, man war in Damaskus, man fühlte sich sicher, man hatte auf syrischem Boden nichts zu befürchten, und das war das eigentliche Problem: die feindselige Politik Syriens, nicht der Verrat einer Handvoll Abtrünniger. Mit Syrien mussten wir eine Verständigung herbeiführen, doch nicht auf Kosten unserer Unabhängigkeit, nicht unter Preisgabe unserer politischen Ziele. Nur – würde hier, in der Höhle des Löwen, jemand den Mut aufbringen, Klartext zu reden? Bekanntlich duldeten die Syrer nicht die leiseste Kritik an ihrer Regierung.

Kadumi, der mit Arafat und den anderen an einem Tisch an der Stirnseite des Saals saß, drückte sich in seiner Eröffnungsrede um deutliche Worte. Wenn ich mich nicht täuschte, herrschte im ganzen Saal eine Atmosphäre der Einschüchterung, was mich ärgerte, weil ich in diesen Tagen die Unabhängigkeit der Palästinenser tatsächlich bedroht sah. Deshalb meldete ich mich, nachdem Kadumi seine Rede beendet hatte, und Arafat erteilte mir das Wort. »Die Meuterer wissen, dass sie nicht die Fatah vertreten«, sagte ich. »Sie wissen, dass sie nicht für Palästina arbeiten, sondern die Geschäfte eines bestimmten Staates betreiben. Und diesem Staat ist unsere Unabhängigkeit ein Dorn im Auge. Dieser Staat will über unser Schicksal bestimmen ...« Auch ohne Syrien ausdrücklich zu erwähnen, wusste natürlich jeder Bescheid.

Ich hatte wohl zu leise gesprochen, jedenfalls unterbrach mich Arafat und sagte: »Abdallah, komm nach vorn, damit alle dich hören können.« Offenbar war er mir dankbar, dass ich aussprach, was andere nur dachten. Und ich war ihm dankbar, unendlich dankbar, dass er sich in aller Deutlichkeit auf meine Seite schlug. Einer wenigstens, dem genauso viel wie mir daran lag, in dieser Stunde, an diesem Ort die Fronten zu klären! In diesem Augenblick hätte ich mein Leben für ihn geopfert. Ich blieb an meinem Platz, sprach lauter, wurde deutlicher und ließ, von Arafat durch Blicke und Zeichen ermuntert, alle Vorsicht fahren. Mir fiel schon auf, dass andere sich unbehaglich fühlten, mir war bewusst, dass ich für syrische Ohren zu weit ging, aber es focht mich zu meiner eigenen Verwunderung nicht an – bis mich am Ende der Sitzung jemand fragte: »Weißt du überhaupt, wo wir hier sind?«, und Arafat mir dringend riet, diese Nacht nicht in meinem Hotelzimmer zu verbringen. Da wusste ich, dass ich in Lebensgefahr schwebte.

Meine Lufthansa-Maschine sollte am nächsten Morgen um 7 Uhr fliegen. Ich begab mich als Erstes zu Hayel, der bei seiner Schwester untergekommen war. Auch er rechnete mit einer Reaktion der Syrer auf meine Rede und schlug mir vor, die Nacht bei ihm zu verbringen. Dann fuhr ich ins Hotel, um meine Koffer zu holen. Mein Zimmer lag im zweiten Stock. Ich nahm die Treppe, blickte vorsichtig den Gang hinunter und sah vor meiner Tür zwei Männer in Zivil sitzen. Syrischer Geheimdienst. Ich gab meine Koffer verloren (ich hatte mir schon vor langer Zeit angewöhnt, das Nötigste – Zahnbürste, Rasierapparat, zwei frische Hemden – stets in einer Umhängetasche mitzuführen), stieg ohne Hast die Treppe wieder hinunter und fuhr zu Hayel. »Versuchen wir vor allem, dich heil durch den Flughafen zu bringen, und zwar so schnell wie möglich«, sagte Hayel und rief unseren Verbindungsmann am Flughafen an. Der riet mir, schon morgens um drei zu kommen, wenn kaum etwas los war, und die Maschine nach Belgrad zu nehmen. Meine Reservierung für den Flug nach Frankfurt annullierte ich nicht.

Muhannad, unser Verbindungsmann, kannte im Flughafen von Damaskus alles und jeden und lotste mich durch einen Seiteneingang an der Polizei vorbei. Noch kurz vor dem Start rechnete ich damit, aus dem Flugzeug geholt zu werden, aber ich war an Bord, als die Maschine abhob. Ich hatte unverschämtes Glück gehabt. Wäre ich aus Damaskus nicht herausgekommen, hätte man mich nie wiedergesehen. Muhannad wurde einige Tage später von den Syrern verhaftet und starb im Gefängnis. Und noch am Tag unserer Sitzung entging Arafat einem Anschlag nur deshalb, weil er ihn im letzten Augenblick kommen gesehen hatte.

Während Arafat an der einen Front gegen die Spaltung der Fatah kämpfte, sah sich Abu Dschihad an der militärischen Front so starken Angriffen der Syrer und Falangisten ausgesetzt, dass er sich im August 1983 nicht mehr anders zu helfen wusste, als die Reste seiner Kräfte in der nordlibanesischen Hafenstadt Tripoli zusammenzuziehen und sich dort zu verschanzen. Sie wurden belagert, es gab Tote, ein neues Beirut drohte. Daraufhin entschloss sich Arafat zu einem Coup, der jedem Verfasser von Agentenromanen Ehre gemacht hätte – der Dichter Mahmud Darwisch nannte es »die größte Heldentat eines bewegten Lebens.«

Ohne uns zu unterrichten – selbst seine engsten Vertrauten im Zentralkomitee ließ er im Dunkeln, nur ein Einziger wusste Bescheid – flog er, als Geschäftsmann getarnt, unter falschem Namen, im dunklen Anzug, mit Aktenköfferchen und Hut und ausnahmsweise sogar glatt rasiert, von Tunis nach Larnaka auf Zypern – von niemandem erkannt! Dort bestieg er ein Schnellboot, fuhr übers offene Meer und ließ sich am Strand von Tripoli absetzen, nachdem er das Outfit des Geschäftsmanns gegen den üblichen Kampfanzug getauscht hatte. Die Menschen in Tripoli liefen zusammen, sie trauten ihren Augen nicht … Ein gefährliches Unternehmen, diese Anreise, aber Arafat wusste: Wenn es ihm nicht gelänge, eine Wende herbeizuführen, würden seine Leute abgeschlachtet oder zu den Syrern überlaufen.

In Tripoli leitete Arafat den Abwehrkampf zusammen mit Hayel und Abu Dschihad. Aber vielleicht wäre die Sache dort trotzdem schiefgegangen, vielleicht hätten die Syrer in Tripoli erreicht, was den Israelis versagt geblieben war, wenn nicht Erich Honecker, der Staatsratsvorsitzende der DDR, den eingeschlossenen Arafat von der See aus mit Waffen beliefert hätte. Honecker war der Einzige, der Arafat in dieser Situation zu Hilfe kam, und Arafat hat es ihm nie vergessen. Die Beziehungen der beiden Männer waren ja ohnehin freundschaftlich, auch deshalb, weil Honecker Tausende palästinensischer Studenten aufgenommen und früher schon mit Ausbildern und Waffen ausgeholfen hatte. Jedenfalls vergaß Arafat nie, was er Honnecker verdankte, und unterstützte ihn – ohne es an die große Glocke zu hängen –, als alle anderen ihn fallenließen, nachdem Honecker Deutschland verlassen hatte und in Chile lebte.

Von den Ägyptern, den Saudis und der Arabischen Liga vermittelt, kam im September ein Waffenstillstand mit den Syrern zustande, und erneut brachten sich palästinensische Kämpfer auf Schiffen in Sicherheit, die nun Kurs auf den Jemen nahmen. Die aus Beirut Evakuierten waren über beinahe die ganze arabische Welt verteilt worden, und jetzt hatte sich der Jemen zur Aufnahme der restlichen Fedajin bereiterklärt, weil die Zahl der Palästinenser in Tunesien auf Drängen der Amerikaner niedrig gehalten werden sollte.

Die Schiffe mit Arafat, Abu Dschihad, Hayel und den Nachzüglern aus Tripoli steuerten den Suezkanal an, als sich der Soldat Arafat wieder in den Politiker Arafat verwandelte und den Entschluss fasste, den ägyptischen Präsidenten Husni Mubarak in Kairo zu treffen. Um das, was nun folgte, verständlich zu machen, muss ich einige Jahre zurückgehen.

Mubaraks Vorgänger Sadat hatte nach dem Oktoberkrieg 1973 mit seinen arabischen Freunden dasselbe Versteckspiel getrieben, das er zuvor mit den Israelis gespielt hatte, und Geheimverhandlungen mit Israel geführt. Als er die Bombe 1977 platzen ließ, war im Prinzip bereits alles geklärt – Sadats Reise nach Jerusalem, seine Rede vor der Knesset, die Verhandlungen unter der Schirmherrschaft der Amerikaner in Camp David, dem Sommersitz des amerikanischen Präsidenten Jimmy Carter. Mit anderen Worten: Um die Sinaihalbinsel zurückzugewinnen, war Sadat zu einem Separatfrieden mit Israel bereit. Und sein Plan glückte. Sadat erhielt den Sinai tatsächlich zurück – bezahlte ihn aber mit seiner vollständigen Isolierung in der arabischen Welt: Boykott, Abbruch der diplomatischen Beziehungen, Verlegung des Sitzes der Arabischen Liga von Kairo nach Tunis. Nach der Ermordung Sadats im Jahr 1981 trat sein Nachfolger Husni Mubarak dessen Erbe an, das heißt: Auch er war für den Rest der arabischen Welt »persona non grata«.

Doch für Arafat zählten die Erfordernisse des Augenblicks, nicht die Wahrheiten von gestern. Er ging von der richtigen Einschätzung aus, dass Ägypten unter den gegebenen Umständen der einzige Verbündete von Gewicht wäre, da Syrien bei seiner unversöhnlichen Haltung der PLO gegenüber blieb und die anderen arabischen Staaten ohnehin von geringem Nutzen waren. Er machte seine Ankündigung wahr, verließ in

Suez das Schiff und flog mit dem Hubschrauber nach Kairo. Auf dieselbe Art kam er zurück – und die Hölle war los.

Alle seine Freunde aus dem Zentralkomitee waren dagegen gewesen, alle fühlten sich durch seinen Alleingang übergangen, alle überhäuften ihn jetzt mit Vorwürfen und Kritik. Abu Mazen beurteilte Arafats Abstecher nach Kairo noch am mildesten, konnte aber auch nicht verhindern, dass die Gruppe der schärfsten Arafat-Kritiker sogar eine Presseeklärung herausgab, in der sie jede Verantwortung für die Eigenmächtigkeit Arafats von sich wies und seine Eskapade verurteilte. Ein einmaliger Vorgang in der Geschichte der Fatah – nie zuvor hatten sich Abu Dschihad, Abu Iyad oder Kadumi öffentlich von Arafat distanziert. Und wie reagierte der Beschuldigte?

Die ganze Angelegenheit ist ein großartiges Beispiel für Arafats Art, Politik zu betreiben. Als er nämlich den Vorabdruck der Presseerklärung in Händen hielt und unser Mann von der Informationsabteilung ihn auf die Brisanz dieses Schriftstücks hinwies, dachte Arafat kurz nach und meinte dann: »Im Gegenteil. Das ist sehr gut. Dieses Kommuniqué wird die Damaskus-Freunde in der PLO erfreuen. Damit verhindern wir, dass der Kontakt zu diesen Leuten abreißt und die PLO zerfällt.« Er nahm diesen unfreundlichen Schritt seiner erbosten Mitstreiter gar nicht persönlich. Er reagierte, wie es seine Art war, als Taktiker, der sofort die Möglichkeiten erkennt, die sich durch eine unvorhergesehene Entwicklung eröffnen. Dieses Verhalten war so charakteristisch für ihn, dass es den Stoff zu folgendem Witz lieferte: Arafat pilgert mit Abu Iyad nach Mekka. An einer bestimmten Stelle wirft man sieben Steine nach einem Pfahl, gemeint als symbolische Steinigung des Teufels. Abu Iyad wirft also seine Steine und bemerkt, dass Arafat keine Anstalten macht, dem Teufel dieselbe Behandlung zukommen zu lassen. »Bruder Abu Ammar«, fragte er ihn, »willst du den Teufel nicht steinigen?«

Arafat schüttelt den Kopf und gibt seinem Freund zu bedenken: »Vielleicht brauchen wir ihn noch.«

Arafat wollte es sich mit keinem verscherzen. Aber so machte er Politik. Egal, aus welcher Richtung der Ball kam, er fiel fast immer dort zu Boden, wo Arafat ihn haben wollte. In diesem Fall hatte er sogar eine Konstellation im Auge gehabt, die für beide, Ägypter wie Palästinenser, die beste war, denn sein Gespräch mit Mubarak beendete die Isolierung Ägyptens. Er hatte einen Tabubruch begangen, gewiss, aber die ganze arabische Welt zog nach. Die Ägypter haben ihm das nie vergessen.

Dennoch hatte Arafats Alleingang für böses Blut gesorgt, und jetzt war es in erster Linie mein alter Freund Hayel, der als Vermittler fungierte und die Gemüter besänftigte. Dabei kam ihm zugute, dass sich in diesem Kreis über die Jahre eine bestimmte Gewohnheit eingespielt hatte: Was immer geschehen sein mochte, früher oder später kehrte man zum Gespräch zurück. Es konnte schon einmal laut werden, aber man ließ es nie zum Zerwürfnis kommen. Im Grunde waren also nach einem Streit alle für jeden Vermittlungsversuch dankbar, denn eine Atmosphäre der Spannung vermochte keiner lange zu ertragen. Wie die Dinge im Zentralkomitee lagen, war Einmütigkeit die Voraussetzung für Einstimmigkeit, und Einstimmigkeit war die Bedingung für sämtliche Beschlüsse. Dieses System hatte unter den Männern der ersten Generation mit der Zeit zu einer starken Verbundenheit geführt, stärker als alle Differenzen. Da gab es eine besondere Mentalität, der Rechnung getragen werden musste, wenn man im Führungsgremium der PLO palästinensische Politik betrieb, und hier lag meiner Ansicht nach der Fehler von Issam Sartawi. Er mochte das verstanden oder gespürt haben, hatte es jedoch zu selten berücksichtigt.

Aber Sartawi hatte der Fatah eben nicht von Beginn an angehört, er war erst nach dem Sechstagekrieg von 1967 dazugestoßen und nicht in dieses Klima lebensnotwendiger Einmütigkeit hineingewachsen. Mein Vorteil war, dass ich die Gründer der Fatah schon als Kind kennengelernt hatte und sehr früh mit ihrer Mentalität vertraut wurde. Ich war zwölf oder dreizehn, als ich Abu Dschihad zum ersten Mal hörte, die ersten Fedajin aus nächster Nähe erlebte, zum ersten Mal ihren Berichten lauschte, zum ersten Mal ihre Waffen berührte, als ich zum ersten Mal Zeuge einer israelischen Militäraktion wurde, die verkohlten Soldaten in ihrem immer noch glimmenden Lkw, den Leichenberg im Hof unseres Hauses sah … Dies alles sind Erlebnisse, die an einem Jungen meines Alters nicht spurlos vorübergehen. Diese Bilder verblassen nicht, sie sind in die Erinnerung eingebrannt. Oft habe ich davon geträumt, oft habe ich sie auch bei dem Begräbnis eines ermordeten Freundes vor mir gesehen, wenn in meinem Kopf tatsächlich ein Film im Zeitraffer ablief und alle Kindheitsbilder in einem Augenblick wieder hochkamen. Die Persönlichkeit eines Menschen bildet sich um solche Erinnerungen herum.

Jedenfalls fällt die Geschichte der Fatah und des palästinensischen Widerstands weitgehend mit meiner eigenen Lebensgeschichte zusammen. Und es entspricht, auch wenn es etwas romantisch klingen mag, durchaus meiner Erfahrung, wenn ich sage: Die erste Generation von Fatah-Führern war wirklich eine verschworene Gemeinschaft. Jeder wusste, welche Verantwortung auf der gesamten Führungsriege lag, jeder hatte verstanden, dass einer auf den anderen angewiesen war, und auch diesmal raufte man sich zusammen und machte sich wieder an die Arbeit.

Auf der Suche nach zuverlässigen Verbündeten intensivierte Arafat von seinem neuen Exil in Tunis aus seine Kontakte mit aller Welt. Er arbeitete weiter, als wäre nichts geschehen, als hätte er den Libanon nie verlassen müssen. Seine Hauptsorge aber galt den verstreut lebenden Kämpfern. Die Exilierten hatte ein hartes Los getroffen, sie mussten sich in der Fremde, von ihren Familien getrennt, eine neue Existenz aufbauen, und Arafat besuchte sie immer wieder an den Orten, an die es sie verschlagen hatte, traf Vorkehrungen, damit sie ein halbwegs normales Leben führen konnten, und zeigte sich sehr großzügig im Hinblick auf ihre Gehälter. Mit der Zeit verbesserte sich ihre Situation, sie zogen aus ihren provisorischen Lagern in richtige Häuser um und ließen in vielen Fällen ihre Familien nachkommen.

Was ihnen die Anpassung an die neuen Verhältnisse erleichterte, war eine Eigenschaft, die für mich das hervorstechende Merkmal der Palästinenser ist: Sie besitzen die Fähigkeit, sich in allen Lagen zurechtzufinden, sich mit fast allen Gegebenheiten abzufinden. In Libyen lebten sie in der Wüste, fanden dennoch einen Weg, ihre Gärten zu bewässern, und nach einer Weile wuchsen dort Tomaten, Paprikaschoten und Zwiebeln – Gartenfrüchte, die für sie zum gewohnten Leben gehörten. »Aus eigener Kraft« – der Wahlspruch der Fatah ist auch das unausgesprochene Lebensmotto aller Palästinenser. Daher demütigte sie nach ihrer Vertreibung 1948 keine Erfahrung mehr als die, sich in die Schlangen vor den Ausgabestellen des Flüchtlingshilfswerks einreihen zu müssen, um Brot oder Schuhe oder Milchpulver wie Almosen in Empfang zu nehmen.

Auch wir haben unsere historischen Erfahrungen, auch uns hat eine weit zurückreichende Vergangenheit geprägt. Palästina ist immer ein Durchgangsland gewesen: Zahllose Handelskarawanen, große Heere, ganze Völker ließen sich hier sehen, kamen und zogen weiter oder setzten sich fest und übten eine Zeitlang die Herrschaft aus. Die Besatzer konnten keinen Staat zerstören, weil sich die Palästinenser nie eine staatliche Ordnung gegeben hatten, aber der Effekt war, dass dieses Volk nie zur Ruhe kam. Ich bin sicher, dass eine solche Geschichte lebhafte, einsatzfreudige, freiheitsliebende, tüchtige Menschen hervorbringt. Erst die jüdischen Siedler hätten die

Wüste in eine grüne Oase verwandelt? Keineswegs. In vielen Interviews habe ich darauf hinweisen müssen, dass auch wir das Land kultiviert, gepflügt und Plantagen angelegt haben – mein Vater ist das beste Beispiel dafür –, nur pflegten wir nicht, unser Land über unseren Bedarf hinaus zu bebauen. Nein, die grüne Wüste ist ein israelischer Mythos, aber keine jüdische Erfindung.

Auch die Juden, auch die Israelis sind seit nunmehr über hundert Jahren ein Teil unserer Geschichte, auch sie haben uns zwangsläufig geprägt. Und sie waren ein unvergleichlicher Gegner. Ihrerseits über lange Zeit mit einer feindseligen Umwelt konfrontiert, haben die Juden durch ihren Intellekt überlebt, sich immer wieder aus sich selbst heraus erneuert. Intelligenz bildet das Rückgrat dieses Volkes. Wir Palästinenser haben unter ihnen gelitten, aber auch davon profitiert, es mit einem derart brillanten Feind zu tun gehabt zu haben. Die Israelis stellen für uns bis auf den heutigen Tag eine einzigartige Herausforderung unserer physischen, seelischen und geistigen Kräfte dar. Man wächst an einem solchen Feind.

Davon abgesehen: Die neuen Wohnorte hatten für unsere Kämpfer und deren Familien zumindest den einen großen Vorzug, vor Luftangriffen der Israelis sicher zu sein.

Der Aufstand der Steine

Im September 1985 beriet das kleine Kabinett der Israelis über einen Plan zur Ermordung Arafats. Es lässt sich nicht sagen, wie viele solcher Pläne schon erdacht worden waren, seit die Israelis 1967 erstmals versucht hatten, Arafat auszuschalten, und beim Sturm auf sein Versteck in Nablus nur einen Teller mit seinem Mittagessen vorgefunden hatten. Aber diesmal war man zuversichtlich. Der neue Plan ließ ein Entkommen unmöglich erscheinen, er trug, wie üblich, die Handschrift Ehud Baraks, und nur ein Einziger in der Runde um Ministerpräsident Schimon Peres sprach sich gegen ihn aus: der Verteidigungsminister und Luftwaffenpilot Ezer Weizmann. Weizmann war kategorisch gegen militärische Aktionen, weil er die Zeit für Verhandlungen gekommen sah. Alle anderen Beteiligten gingen davon aus, dass Verhandlungen sich erübrigen würden, sollten die Palästinenser erst führungslos sein, und zweifelten nicht daran, das Kapitel Arafat endgültig abschließen zu können, als in den Morgenstunden des 1. Oktober die Phantomjets aufstiegen und Kurs auf Tunis nahmen.

Gegen 10 Uhr erreichten sie die Küste Tunesiens und bombardierten Minuten später Arafats Hauptquartier in Hammam asch Schatt, einen gewöhnlichen Bürohauskomplex, keine Festung, genauso leicht zu zerstören wie die Hochhäuser in Beirut. Die Israelis triumphierten, die Tunesier waren bestürzt, und alle Welt ging davon aus, dass Arafat nicht mehr unter den Lebenden weilte.

Bis er im Fernsehen auftrat. Einundsiebzig Menschen, Palästinenser wie Tunesier, fanden in den Trümmern den Tod, doch Arafat gehörte nicht zu ihnen. Das Ausmaß der Blamage für Israel entsprach dem Aufwand, den es betrieben hatte, und der Totgesagte konnte der weltweiten Sympathie sicher sein, als er vor den Kameras erklärte: »*Wir* wollen den Frieden, und *sie* wollen den Krieg.«

Was war geschehen?

Den Abend davor hatte Arafat in der Stadt in der Gesellschaft von Freunden verbracht, zu denen auch der palästinensische Dichter Mahmud Darwisch gehörte. Am nächsten Tag sollte er in einem Hotel in Tunis an einem Schriftstellerkongress teilnehmen, und für Arafat, der der Literatur großen Wert beimaß und gern Gedichte rezitierte, gab es noch viel zu besprechen. Es war spät geworden, und Arafat wollte sich nach Hammam asch Schatt zurückfahren lassen. Beim Abschied rieten ihm seine Freunde davon ab – am nächsten Vormittag habe er ohnehin wieder in der Stadt zu tun, er solle lieber bei Abu Dschihad übernachten, dessen Villa in der Nähe liege. Arafat überlegte – er fühlte sich in der Gesellschaft von Schriftstellern immer besonders wohl und wollte zu ihrem Kongress ausgeschlafen erscheinen – und gab seinem Fahrer die Anweisung, unter diesen besonderen Umständen zu Abu Dschihad zu fahren. Ganz gegen seine Gewohnheit hatte er also nicht in seinem Hauptquartier übernachtet, als die israelischen F 16 kamen.

Einen Tag nach dem missglückten Anschlag flog ich nach Tunis und suchte Arafat auf. Wir umarmten uns so fest und herzlich wie noch nie. Ich musste mich davon überzeugen, einen Menschen aus Fleisch und Blut und keinen Geist vor mir zu haben. Diese erste Begegnung mit ihm, nachdem er in allen Nachrichten für tot erklärt worden war, gehört zu den schönsten Momenten meines Lebens.

Arafat ging sofort wieder an die Arbeit und nahm gleichzeitig Glückwünsche aus aller Welt entgegen. Auch denen, die Arafat nicht besonders schätzten, war in den Stunden der

Ungewissheit klargeworden, dass sein Tod für den Nahen Osten eine Katastrophe bedeutet hätte. Arafat selbst hingegen schien den Israelis diese ständigen Mordversuche keineswegs zu verübeln. Über ihren letzten Fehlschlag lachte er wie über einen ausgezeichneten Witz. Für ihn gehörte es offenbar dazu, dieses Katz-und-Maus-Spiel zwischen ihm und ihnen. Mittlerweile hatten die Israelis allerdings so ziemlich jede Methode ausprobiert, ihn aus der Welt zu schaffen, auch Gift. Einmal schleusten sie einen Koch in seinen Haushalt ein, der sich nach dem ersten – erfolglosen – Giftanschlag Arafat offenbarte. Der entließ ihn zwar, warf ihn jedoch nicht ins Gefängnis, sondern ließ ihn einfach laufen und sorgte später dafür, dass die Kinder dieses Mannes studieren konnten. Zeitlebens war er wie ein zweiter Vater zu ihnen. Ob seine Motive edel waren oder nicht, Arafat ließ jedenfalls selten eine Gelegenheit zu Wohltaten verstreichen. US-Präsident Ronald Reagan übrigens bezeichnete den israelischen Angriff auf Arafats Hauptquartier als »gerechtfertigten Gegenschlag« – eine Standardformulierung, die aus amerikanischer Sicht auf Militäraktionen der Israelis grundsätzlich zutraf. Worauf die Israelis mit solchen Gegenschlägen reagierten, war inzwischen schon völlig gleichgültig.

Ein palästinensischer Staat, der uns zehn Jahre zuvor zum Greifen nah erschienen war, rückte Mitte der 8oer-Jahre in immer weitere Ferne. Syrien bekämpfte die PLO weiterhin erbittert (Assad nannte Arafat eine »Ratte«), und die Israelis erließen 1986 sogar eine Art Kontaktsperregesetz, dass israelischen Staatsbürgern jegliche Begegnung mit PLO-Vertretern bei Gefängnisstrafe untersagte. Und ich baute in Deutschland zwei Häuser, jedes in gewisser Weise eine Reaktion auf die verhärteten Fronten im Nahen Osten: Bereits 1982 entstand das erste PLO-Bürohaus Europas, 500 Meter Luftlinie vom Bundeskanzleramt entfernt in der August-Bier-Straße, gedacht als künftige Botschaft Palästinas in Bonn – ein Hoffnungszeichen in Zeiten der Bedrängnis. Und drei Jahre später bezog ich mit meiner Familie unser neues Domizil in Meckenheim in der Voreifel, groß genug bemessen, um je nach Wetter siebzig bis hundert Gäste empfangen zu können – in der zutreffenden Annahme, dass es in Deutschland auf unabsehbare Zeit noch viel zu tun gäbe, bevor mit der Gründung eines Staates Palästina auch an eine Rückkehr in die Heimat zu denken wäre.

Das Bürohaus in Bonn war ein Schmuckstück mit Schlafzimmern für Gäste und Leibwächter im vierten Stock, so gediegen möbliert, dass die Treffen der Arabischen Liga fortan oft bei uns stattfanden. Nach der Unterzeichnung des Oslo-Abkommens haben wir vor diesem Haus am 3. Dezember 1993 die palästinensische Flagge gehisst. Und unser neues Wohnhaus in Meckenheim ... Ich habe die Leidenschaft meines Vaters fürs Bauen geerbt. Benita, der mit uns befreundete Architekt Manfred Hegenbarth und ich brüteten monatelang über immer neuen Entwürfen, wobei allmählich die Idee eines »andalusischen« Hauses mit maurischen Stilelementen Gestalt annahm. So wollten wir alle Fenster des Erdgeschosses bis zum Boden ziehen und oben mit Rundbögen abschließen lassen; für die Außenmauern war roter Backstein vorgesehen. Was schließlich dabei herauskam, entsprach weitgehend meiner Vorstellung von einem Traumhaus.

Das Erdgeschoss war weit und offen wie ein Beduinenzelt. Ein großes Esszimmer mit langer Fensterfront zu Terrasse und Garten ging in ein ebenfalls sehr geräumiges Wohnzimmer über; abgetrennt davon befanden sich zu ebener Erde außerdem Arbeitszimmer und Küche. Oben lagen die Schlafzimmer und Bäder, und wie geplant zog sich eine Folge von zwanzig Fenstertüren, alle mit Rundbögen versehen, rund um das Haus. In einer Ecke des Wohnzimmers befand sich ein Kamin, in dessen Nähe sich Arafat mit Vorliebe aufhielt, als er in den 90er-Jahren etliche Male bei uns zu Gast war. Nach dem

Essen zog er sich mit seinen Gesprächspartnern dorthin zurück, und ich erinnere mich besonders deutlich an den Abend, an dem Arafat, Johannes Rau und Hans-Jürgen Wischnewski in der Kaminecke lange plaudernd beisammensaßen, während Joschka Fischer sich geduldig im Hintergrund hielt, bis Arafat Zeit für ihn fand. (Der Hintergrund war sonst nicht der Ort, an dem Joschka Fischer es lange aushielt.) Geheimgespräche ließen sich hier allerdings nicht führen, denn die Gäste drängten sich an solchen Abenden in dem großen Wohnzimmer, und den Umstehenden entging so leicht nichts.

Mit seinen 365 Quadratmetern Wohnfläche war dieses Haus jedenfalls für Feste und Empfänge ausgelegt und gestattete mir, in Deutschland etwas Vergleichbares wie die beduinische Lebensfülle meiner Kindheit zu inszenieren. Wie damals bediente die ganze Familie, und Benita wusste jedem mit wahrhaft palästinensischer Gastfreundschaft zu begegnen. Jeder war uns willkommen, und mitunter traf sich zweimal, dreimal die Woche eine größere Gesellschaft im Hause Frangi, das sich wirklich zu einer Enklave palästinensischen Lebens in Deutschland entwickelte. Benita trat übrigens auch bei vielen anderen Gelegenheiten als »Botschafterin Palästinas« in Erscheinung, in der Islamisch-Arabischen Frauenvereinigung und dem Rat der Arabischen Botschaftsfrauen genauso wie bei Wohltätigkeitsveranstaltungen und Ausstellungen. Ihr kam es immer darauf an, Flagge zu zeigen und präsent zu sein, und ich darf mit Stolz und Dankbarkeit sagen, dass ihr Einsatz der palästinensischen Sache viel Sympathie eingetragen hat.

Um noch einmal auf Joschka Fischer zurückzukommen: Ich kannte ihn seit 1968. Genau genommen habe ich ihn seinerzeit nur am Rande wahrgenommen, als jemanden aus der Protestszene, der unsere Nähe suchte. Mein Eindruck war, dass er nirgendwo wirklich hingehörte und auch von den Leuten, mit denen er verkehrte, nicht voll und ganz akzeptiert wurde. Als wir 1969 eine deutsche Delegation zu einem Symposium nach Algier schickten, der auch Vertreter des Sozialistischen Deutschen Studentenbundes (SDS) angehörten, gelang es Fischer, in die Reisegesellschaft aufgenommen zu werden. In Algier hätte er dann beinahe diplomatische Verwicklungen heraufbeschworen, als er, statt am Symposium teilzunehmen, mit anderen SDS-Mitgliedern algerischen Oppositionellen einen spontanen – also unangemeldeten – Besuch abstattete. Da mir diese Geschichte zu Ohren gekommen war, konnte ich ihn später gegen den Vorwurf in Schutz nehmen, er habe seinerzeit in Algier Arafat gehuldigt. Fischer hatte an der fraglichen Veranstaltung gar nicht teilgenommen – das konnte ich denjenigen seiner deutschen Kritiker entgegenhalten, die auch noch Anbiederung an palästinensische Terroristen auf das Konto seiner Jugendsünden setzen wollten.

Solange er ohne Amt war, hatten wir ein freundschaftliches, kumpelhaftes Verhältnis; wir umarmten uns zur Begrüßung, wie es in diesen Kreisen üblich war. Näher kennengelernt habe ich ihn nie, aber mit Joschka Fischer konnte man damals durchaus reden. Als er später ein Ministeramt in der Bundesregierung bekleidete, war es nicht nur mit den Umarmungen vorbei. Durch Leute wie ihn hatte ich jedenfalls Kontakt zur alternativen Bewegung, die sich 1980 gegen große innere Widerstände zur Partei der Grünen formierte. Ich habe diese Entwicklung mit Sympathie verfolgt und durch meine Rede auf dem Gründungsparteitag der Grünen in Karlsruhe am 13. Januar 1980 sogar einen Beitrag dazu geleistet.

Die Alternativen bildeten Ende der 70er-Jahre einen bunten Haufen kleiner, zerstrittener Gruppierungen. Ich war überzeugt, dass sie in dieser chaotischen Form keine Zukunft haben würden und befürchtete, dass sie den Weg von Terrororganisationen wie der RAF oder der Stadtguerilla-Bewegung 2. Juni einschlagen könnten. Was nottat, war ein Sammelbecken für alle diese Strömungen, und in diesem Sinne vermittelte ich zwischen den unterschiedlichen Gruppen, in diesem Sinne äußerte ich mich auch in meiner Rede auf dem Gründungskongress in Karlsruhe. Anschließend fühlten sich die Spontis von mir verprellt, also die Gegner der Idee, parlamentarische Politik zu betreiben. »Aber wir unterstützen doch die Palästinenser …«, bekam ich zu hören, unter anderem von Jutta Ditfurth, die sich in Moskau mit Arafat getroffen hatte und von ihm deutlich begeisterter war als von meinen Ausführungen. Das eine habe mit dem anderen nichts zu tun, entgegnete ich. »Wenn ihr euch nicht organisiert, verzettelt ihr euch. Dann habt ihr in der Politik kein Gewicht.« Aus diesen Worten sprach natürlich der Palästinenser, der seine eigenen Erfahrungen mit den auseinanderstrebenden Kräften innerhalb der PLO gemacht hatte.

Nach dem Erfolg der Grünen bei der Bundestagswahl 1983 wandten sie sich an mich sowie an die Kurden und die südafrikanische Befreiungsorganisation ANC (African National Congress) mit dem Vorschlag, gemeinsam ins Parlament einzuziehen – Vertreter von uns sollten auf der ersten Sitzung des Bundestags Seite an Seite mit den Abgeordneten der Grünen auftreten. Was als Demonstration der Solidarität mit unterdrückten Völkern gedacht war, kam natürlich nicht infrage, weil es für die Grünen eine Belastung bedeutet hätte und für uns Ausländer ein Unding gewesen wäre, sich im Deutschen Bundestag zu einer bestimmten Partei zu bekennen. So ohne Weiteres ließen sie sich diesen Einfall nicht ausreden, doch als die Abgeordeten der Grünen sechs Monate später dazu übergingen, sich der Kleiderordnung und anderen Gepflogenheiten im Parlament anzupassen, waren sie froh, dass ich seinerzeit abgelehnt hatte.

Unterdessen bahnte sich in Palästina ein regelrechter Volksaufstand an, die so genannte Erste Intifada. Dieser Aufstand, an dem sich vor allem die Bewohner des Westjordanlands beteiligten, sollte sieben Jahre dauern; er brach 1987 aus und endete erst mit der Rückkehr Arafats nach Palästina im Jahr 1994. Wie es zu einer so lang anhaltenden und – für die Palästinenser – verlustreichen Aufstandsbewegung kommen konnte, lässt sich nur verstehen, wenn man sich die konkrete israelische Besatzungspolitik und die ideologischen Motive vergegenwärtigt, von denen sich die Verantwortlichen in Israel leiten ließen.

Wer die Gründe und Hintergründe der israelischen Palästinenserpolitik aufdecken will, steht immer wieder vor der Aufgabe, zunächst einmal den Wortnebel der israelischen Propaganda aufzulösen. Die Israelis wussten – und wissen – genau, welche Register sie ziehen müssen, um die westliche Welt in eine Art Schockstarre zu versetzen, mit welchen Zauberwörtern sie alle Kritik schlagartig zum Verstummen bringen können – »Sicherheit« ist eines der wirkungsvollsten, es hat einen geradezu hypnotischen Effekt. Dabei konnte es fast vierzig Jahre nach der Vertreibung eigentlich keinen Zweifel mehr daran geben, dass die ständig beschworene Sicherheit des Staates Israel lediglich den Landhunger seiner zionistischen Politiker notdürftig kaschierte. Die Frage, was Israel denn eigentlich will, war im Grunde schon immer leicht zu beantworten: das Land. Israel hatte – und hat – es auf das Land der Palästinenser, der Araber abgesehen; das Problem von Krieg und Frieden trat – und tritt – im Kanon israelischer Interessen dahinter ganz zurück.

Welche mythisch-magische Bewandtnis es mit diesem »Land« hat, erhellt aus einem weiteren Propagandatrick, der Umbenennung der besetzten Gebiete in »befreite Gebiete«. In dieser Formulierung klingt die Vorstellung an, die besetzten Gebiete hätten zweitausend Jahre lang von Fremden geschändet nur darauf gewartet, von den Israelis erobert und ihrer wahren Bestimmung zugeführt zu werden, nämlich der Besiedlung und Bearbeitung durch Juden. Eine schwer zu fassende, gegenseitige Anhänglichkeit schimmert durch die

Rede von den »befreiten Gebieten«, eine Anhänglichkeit der Menschen ans Land wie umgekehrt des Landes an die Menschen. Eine solche Beziehung ist für diejenigen, die sie eingehen, nicht verhandelbar, sie kann nicht zum Gegenstand irgendwelcher Friedensgespräche gemacht werden, sie verweigert sich sowohl einer rechtlichen als auch einer humanitären Betrachtung, sie ist exklusiv und absolut. Eine Besatzungspolitik, die sich aus derartigen ideologischen Quellen speist, kann daher nur ein einziges Ziel verfolgen: die Verdrängung der alteingesessenen Bevölkerung, sei es durch eine Politik der Zermürbung, sei es durch Anwendung nackter Gewalt. Die Israelis wandten beide Mittel an. Das wirkungsvollere war die lautlose Strategie, die Palästinenser in den besetzten Gebieten einem dauerhaften seelischen Verschleiß auszusetzen.

Das bevorzugte Mittel dazu war der Bau von jüdischen Siedlungen, die unter dem Schutz der Armee Schneisen israelischen Herrschaftsgebiets in das Westjordanland hineinfrästen, wobei stets darauf geachtet wurde, strategisch wichtige Punkte oder Gegenden fruchtbaren Ackerlands zu besetzen. Israelische Politiker bekannten sich ganz offen zum Zweck dieser Siedlungen. »Wir müssen«, sagte Mosche Dajan gleich nach dem Sieg von 1967, »ohne die formale Annexion der besetzten Gebiete zu proklamieren, in diesen befreiten Gebieten Tatsachen schaffen.« Und Menachem Begin wehrte 1979 Kritik am Siedlungsbau mit den Worten ab: »Die Besiedlung ist ein Recht und eine Pflicht. Dieses Recht und diese Pflicht müssen und werden wir weiterhin erfüllen.« Sicherheitsbedenken spielten nicht die geringste Rolle – die Sicherheit Israels lag bei der mit Abstand schlagkräftigsten Armee des Nahen Ostens in guten Händen –, vielmehr ging es um Landnahme, um die Einverleibung palästinensischen Landes durch den Staat Israel. Womit eigentlich für alle Welt klar gewesen sein sollte: Die zionistische Eroberung Palästinas war mit der Staatsgründung Israels keineswegs abgeschlossen. Sie ging weiter, und den Preis hätten auch in Zukunft die Palästinenser zu zahlen.

Es wäre zutreffender, von Stützpunkten oder Brückenköpfen zu sprechen als von Siedlungen, denn es war ein Daseinszweck dieser Ortschaften, ihre palästinensische Umgebung in einen Schwebezustand zwischen Krieg und Frieden zu versetzen. Alles daran widersprach jedem Rechtsgefühl. Oft begann es damit, dass die israelische Armee willkürlich ein größeres Gebiet für militärische Zwecke requirierte, um es nach zwei, drei Jahren den Siedlern zu überlassen. Oder es wurde das Militärgesetz über die »Abwesenden« angewendet und der Landbesitz von Geflohenen annektiert. Von Glück sprechen konnten Enteignete schon, wenn sie für fruchtbares Land mit unfruchtbarem entschädigt wurden. Hatten die Siedler sich dann niedergelassen, wurde den umliegenden palästinensischen Höfen und Äckern mit modernen Tiefbrunnen das Wasser abgegraben. Ein Großteil des Wassers im Westjordanland wurde ohnehin nach Israel gepumpt. Kaum erwähnt zu werden braucht, dass Verbrechen, die Siedler an ihren palästinensischen Nachbarn begingen, von den israelischen Behörden nicht verfolgt wurden.

Als sichtbare Vorposten waren die Siedlungen Teil eines umfassenden Unterwerfungsplans. Um die palästinensische Wirtschaft völlig auf israelische Bedürfnisse abzustimmen, wurden die Bewohner des Westjordanlands gezwungen, teure israelische Waren zu kaufen, und gleichzeitig daran gehindert, eigene Produkte nach Israel oder in die arabischen Nachbarländer auszuführen. Mit ihren politischen Absichten stießen die Israelis allerdings auf Widerstand.

Anfang der 8oer-Jahre versuchte Israel, wie schon erwähnt, eine Art Selbstverwaltung in den palästinensischen Gebieten einzuführen. Zu diesem Zweck wurden Kommunalwahlen durchgeführt, zu denen ausschließlich solche Kandidaten aufgestellt wurden, die zur Zusammenarbeit mit Israel bereit oder wenigstens als Anhänger des jordanischen Königs bekannt waren. Die Kandidaten der PLO waren nicht zugelassen. Dieser Versuch scheiterte, sodass die Israelis sich gezwungen sahen, freien Wahlen stattzugeben, die in allen Gemeinden den Sieg von PLO-nahen Kandidaten zur Folge hatten. Die Reaktion der Israelis bestand in einem Rachefeldzug gegen die gewählten Bürgermeister und Stadträte – sie wurden nach Belieben entlassen, verhaftet, verschleppt oder umgebracht.

In diesem Zusammenhang darf auch der Widerstand in Israel selbst nicht verschwiegen werden. Im Jahr 1980 enthüllten israelische Reservisten in einem Brief an Menachem Begin, wie sie von ihren Vorgesetzten dazu angehalten worden waren, Araber zu demütigen und zu schlagen. Einige verweigerten den Dienst in den besetzten Gebieten und wurden mit Gefängnis bestraft, und eine Handvoll israelischer Rechtsanwälte setzte sich unerschrocken für die Verfolgten ein. Die Regel war das natürlich nicht. Die Regel war, dass Palästinenser von den Israelis als Menschen dritter oder vierter Klasse behandelt wurden.

Nur ein harmloses Beispiel für die Umgangsformen, die die Besatzungsmacht im Verkehr mit Palästinensern für angemessen hielt: Im Jahr 1980 hielt sich meine Frau zwei Wochen lang mit Baschar und Muna bei meinen Eltern in Gaza auf. Nach ihrer Abreise wurde mein Vater zum Verhör zitiert. In dem Gebäude der israelischen Verwaltung gab es keinen Aufzug, und der Offizier, der ihn sprechen wollte, hatte sein Büro im vierten Stock. Mein Vater war also gezwungen, bei der üblichen Hitze mit seinen einundsiebzig Jahren und seiner Gehbehinderung die Treppen hinaufzusteigen. Ob er einen Vater habe?, fragte er den israelischen Offizier, nachdem er wieder zu Atem gekommen war. Der bejahte. »Was würdest du sagen«, fuhr er fort, »wenn jemand mit deinem Vater so verfahren würde, wie du mit mir verfährst?« Zur Ehrenrettung des

Offiziers muss gesagt werden, dass ihn diese Frage in Verlegenheit brachte; trotzdem wollte er Einzelheiten über den Besuch meiner Frau wissen. Mein Vater ließ sich nicht darauf ein, und damit war das Verhör beendet. Für eine Lappalie hatte sich mein Vater vier Stockwerke hinaufgequält.

Fast genau zwanzig Jahre nach der Besetzung des Westjordanlands, am 8. Dezember 1987, brach der Aufstand los, ausgelöst durch einen – wohl absichtlich herbeigeführten – Unfall: Im Gazastreifen fuhr ein israelischer Lastwagen in eine Gruppe von Männern, die auf dem Weg zu ihren Arbeitsstätten in Israel waren; es gab vier Tote und sieben Verletzte. Das war der Funke im Pulverfass. Alles kam in diesem Moment zusammen: die schrecklichen Opfer, die die Palästinenser in Jordanien und im Libanon gebracht hatten, die pausenlosen Ermordungen und Attentate, die systematische Demütigung und Ausbeutung der Bewohner in den besetzten Gebieten. Hinzu kamen die schmerzhafte Erkenntnis, dass die Führungsspitze des palästinensischen Widerstands seit Jahren 3000 Kilometer entfernt in der tunesischen Verbannung saß, und die Tatsache, dass in Gaza wie im Westjordanland eine Generation herangewachsen war, die nichts als Unterdrückung kannte. Diese Jugendlichen hatten die Schlacht von Karame, die Vertreibung aus Jordanien, die Massaker im Libanon und die Ermordungen im Ausland miterlebt, und all dies verfehlte seine Wirkung auf die jungen Leute nicht.

Unser Augenmerk richtete sich jetzt auf die besetzten Gebiete. Als PLO waren wir entschlossen, diesen Aufstand zu unterstützen, und zwar so, dass die Israelis ihn zu spüren bekämen. Von Tunis aus lenkte Abu Dschihad das Geschehen in Palästina; seit der Ermordung von Kamal Adwan war mein alter Freund für den Widerstand in den besetzten Gebieten zuständig. Der Aufstand nahm rasch an Heftigkeit zu, aber es war kein militärischer, sondern ein passiver Widerstand. Man demonstrierte, streikte, stellte die Steuerzahlungen ein, boykottierte israelische Waren und setzte alles daran, sich von israelischen Produkten unabhängig zu machen – jeder sollte seinen Bedarf möglichst mit dem decken, was sein eigener Garten hergab. Doch es war ein flächendeckender Aufstand, und er erfasste alle Schichten der palästinensischen Gesellschaft.

Die Brennpunkte des Aufstands aber waren die Universitäten, die Intifada war also in erster Linie eine Studentenbewegung. Die Sammelbezeichnung Schabiba bezog sich allerdings auf sämtliche aufständischen Jugendlichen – sie lautet in deutscher Übersetzung einfach »die Jungs«. Mit der Zeit organisierte sich die Schabiba und stand dann in engem Kontakt mit Abu Dschihad, ohne die Fatah in ihren Verlautbarungen namentlich zu erwähnen. Die Intifada arbeitete also der PLO in die Hände, und umgekehrt förderte die PLO den Aufstand, hauptsächlich in der Form finanzieller Unterstützung von Hochschulen und ähnlichen Einrichtungen.

Auch in Deutschland lief die Arbeit nun mehr und mehr darauf hinaus, die Solidarität der palästinensischen Studenten mit den Studenten in Palästina zu organisieren, durch Geldspenden, Einladungen, Einschalten diverser Stiftungen und Menschenrechtsorganisationen und durch eine Pressearbeit, die Journalisten für eine ausführliche Berichterstattung über die Vorgänge in Palästina gewinnen sollte. Und tatsächlich erregte die Erste Intifada ein nie dagewesenes Aufsehen. 1936 war es unter den Arabern Palästinas zu einem sechs Monate währenden Aufstand gekommen, ohne dass die Welt ihn zur Kenntnis genommen hätte – jetzt lieferte die Intifada weltweit Schlagzeilen.

Die öffentliche Aufmerksamkeit in Deutschland und Europa war also bereits groß, als die israelische Armee von Verteidigungsminister Jitzchak Rabin den Befehl erhielt, diesen Aufstand gewaltsam niederzuschlagen und all jenen, die sich widersetzten, Arme und Beine zu brechen. Was seine Soldaten auch taten, indem sie Steine werfenden Jugendlichen die Rippen brachen oder Arm- und Beinknochen mit den Kolben ihrer Gewehre zerschlugen. Arafat war weitsichtig genug, den Aufständischen trotzdem zu verbieten, Schusswaffen gegen die israelische Armee einzusetzen. »Dieses Verbot […] soll die Israelis daran hindern, Massaker zu begehen«, sagte er. »Unsere Stärke liegt nicht in der Art unserer Waffen, sondern in der Gerechtigkeit unserer Sache.«

Bei Rabin handelte es sich um denselben Mann, der nach dem Oslo-Abkommen vom 13. September 1993 zu einem Frieden mit Arafat bereit war und seinen – zunächst zögerlichen, dann entschiedenen – Einsatz für einen palästinensischen Staat mit dem Leben bezahlte. Rabin war für seine schroffe, herablassende Art bekannt, doch immerhin war er mit einem bei Israelis seltenen Sinn für politische Realitäten gesegnet. Einen völlig anderen Menschentyp verkörperte sein direkter palästinensischer Gegenspieler, Faisal Husseini.

Kultiviert, gebildet und integer, gehörte Faisal Husseini zu den ganz wenigen Gestalten aufseiten der Palästinenser, denen auch die Israelis Respekt entgegenbrachten. In seinem Fall grenzte der Respekt sogar an Bewunderung, obwohl er als Mitglied des Zentralkomitees der Fatah eigentlich zu den Geächteten gehörte. Doch Faisal Husseini war in mancher Hinsicht anders. Bei diesem Spross einer alteingesessenen Jerusalemer Familie verbanden sich Klugheit und Humor mit einer sachlichen, jedermann verständlichen Ausdrucksweise zu einer Persönlichkeit, der niemand seine Hochachtung verweigern konnte. Im Ausland so anerkannt wie in Israel populär, bereiste er mehrmals Europa und hielt auch in Bonn Vorträge, vor Gästen der Friedrich-Ebert-Stiftung zum Beispiel. Dieser Mann war der anerkannte Sprecher der Palästinenser in den besetzten Gebieten und stand nun der vereinigten nationalen Führung vor, die die Streiks und Demonstrationen der Aufständischen im Gazastreifen wie im Westjordanland koordinierte, wobei sich Faisal Husseini immer wieder mit Abu Dschihad in Tunis abstimmte. Sein Name wird für alle Zeit mit der Ersten Intifada verbunden bleiben.

Die Empörung über einen als Unfall getarnten Anschlag war in einen regelrechten Volksaufstand umgeschlagen. Den »Aufstand der Steine« nannten wir diese Aufwallung der Wut und der Selbstachtung. Nachdem die Israelis sie zunächst nicht weiter ernst genommen hatten, wuchs sie sich nach wenigen Monaten zu einer derartigen Belastung für Israel aus, dass Rabin sich nicht anders zu helfen wusste, als das Erstarken der Hamas in Gaza zu fördern. Israelische Unterstützung für ein Konkurrenzunternehmen zur PLO, das war die eine strategische Maßnahme, durch die Rabin die entfesselten Kräfte zu bändigen suchte. Die andere war, Abu Dschihad auf die Todesliste des Mossad zu setzen.

Ein virtueller Staat wird proklamiert

Die 80er-Jahre waren für uns in Deutschland ein Jahrzehnt der Erfolge. Die Grünen standen ohnehin von Anfang an auf unserer Seite, auch die SPD zeigte sich uns gegenüber immer aufgeschlossener, und selbst die CDU-nahe Konrad-Adenauer-Stiftung scheute sich nicht mehr, Palästinenser aus den besetzten Gebieten zu Vorträgen einzuladen. Egal, ob der Bundeskanzler Helmut Schmidt oder Helmut Kohl hieß, die deutschen Regierungen gaben nie zu erkennen, dass ihnen diese Kontakte zwischen unseren Leuten und deutschen Institutionen unlieb wären. Einen Besuch von Arafat hätten sie vermutlich nicht gern gesehen. Im Übrigen aber ließ man mir freie Hand, und als ich mir 1983 erlaubte, sogar Abu Iyad und Hayel nach Deutschland zu holen, erhob die damalige Bundesregierung nicht einmal dagegen Einspruch.

Im Gegenteil. Nach dem Libanonkrieg herrschte auch bei den offiziellen Stellen in Deutschland eine ausgesprochen palästinenserfreundliche Stimmung, und beide Besuche, der von Abu Iyad wie der von Hayel, waren mit dem Bundeskriminalamt abgestimmt. Ich legte Wert auf klare Verhältnisse, und dem BKA lag daran, die Zusammenarbeit mit der Fatah-Führung bei der Bekämpfung des Terrors in Europa zu verbessern. Vor allem an Hayel zeigte der Chef des BKA großes Interesse. Ich erinnere mich, dass er ihm nach ihrer Unterredung eine kleine Medaille als Geschenk überreichte. »Wissen Sie«, fragte er ihn, »was es mit dieser Medaille auf sich hat?« Hayel verneinte. »Wenn Sie diese Medaille in einem unserer Gefängnisse vorzeigen«, sagte er lachend, »erhalten Sie eine zusätzliche Decke.« Womit er den Humor von Hayel traf.

Kurzum: Diese Gespräche verliefen in einer sehr entspannten Atmosphäre. Und sie blieben nicht folgenlos. Abu Iyad empfing in Tunis später die Vertreter des BKA zu Gesprächen, und auch Hayel ließ die Verbindung zum BKA nicht abreißen. Das waren auch für Deutschland nützliche Kontakte. Ich bin sicher, dass es nicht zuletzt dieser Zusammenarbeit zu verdanken ist, wenn der Terror von der Bundesrepublik ferngehalten wurde.

Etwa zur gleichen Zeit kam mir und meinen Freunden bei der Liga der Arabischen Staaten die Idee einer sukzessiven Rundreise durch Deutschland: Einmal im Monat sollten die arabischen Botschafter gemeinsam ein deutsches Bundesland besuchen inklusive Empfang beim jeweiligen Ministerpräsidenten und anschließender Pressekonferenz. Das ließ sich machen, und ich empfand diese monatlichen Auftritte an der Seite der Botschafter als ein Geschenk des Himmels. Man darf ja in Deutschland die Länder nicht vernachlässigen – gute Beziehungen auf Länderebene erleichtern in Deutschland die Kontakte zur Industrie, an denen die Botschafter interessiert waren, wie auch die Kontakte zur Presse, an denen mir gelegen war. Es kam also zu regelmäßigen Begegnungen, sei es, dass wir von einem Landesparlament eingeladen wurden, sei es, dass wir den Redaktionen von *Stern* und *Spiegel* einen Besuch abstatteten, sei es, dass wir großen Industrieunternehmen wie Mercedes, BMW oder Porsche unsere Aufwartung machten. Und die Pressekonferenzen in den Landeshauptstädten boten uns allmonatlich die Gelegenheit, den arabischen Standpunkt zu Fragen der Nahostpolitik in der deutschen Öffentlichkeit zur Debatte zu stellen. Für den Vertreter der Palästinenser war mit diesem Besuchsprogramm natürlich noch keine offizielle Anerkennung, aber doch eine politische Aufwertung verbunden.

Zu den unvergesslichen Begegnungen dieses Jahrzehnts gehört mein Gespräch mit Franz Josef Strauß 1986. Mir war klar, dass dieses Treffen nicht auf eine einvernehmliche Plauderei hinauslaufen würde, denn aus der CSU kam die lauteste Kritik an der Politik der PLO. Immerhin wusste Strauß von mir und erwartete mich an jenem Tag hinter einem gewaltigen Schreibtisch im geradezu weitläufigen und durchaus prachtvollen Amtszimmer seines Münchener Amtssitzes. Ich nahm auf einem der beiden Stühle Platz, die merkwürdigerweise links und rechts an den Ecken seines Schreibtisches standen, und Strauß eröffnete das Gespräch mit der Frage: »Nun, Herr Frangi, was haben Sie auf dem Herzen?«

Ich begann zu sprechen – im gedämpften Ton, wie es meine Art ist –, und schon nach den ersten Worten unterbrach mich Strauß mit einiger Stimmgewalt: »Ich verstehe Sie nicht. Akustisch nicht. Reden Sie lauter!« Ich vermag aber zu Beginn eines Gesprächs nicht laut zu reden, ich brauche eine gewisse Anlaufzeit. Nun gut, ich gab mir Mühe, Strauß war damit zufrieden, und ich fing an, ihm die Haltung der PLO darzulegen und die Gründe für ihren Widerstand gegen Israel zu erläutern. Nach einer Weile fuhr er erneut dazwischen: »Das ist Quatsch, was Sie da erzählen.« Spätestens jetzt war ich wach. Und Strauß setzte zu einem Vortrag an. »Passen Sie mal auf«, sagte er. »Die Deutschen haben den Zweiten Weltkrieg angezettelt und verloren. Seither sind bei uns Soldaten aus vielen Ländern stationiert, selbst aus Belgien. Nach dem Krieg gab es Pläne, dieses Deutschland zu politischer und wirtschaftlicher Bedeutungslosigkeit zu verurteilen. Wenn wir damals zur Gewalt gegriffen hätten, um diese Pläne zu vereiteln, dann säßen Sie heute nicht hier. Und ich auch nicht. Seien Sie doch realistisch! Was können Sie militärisch gegen Israel ausrichten? Gar nichts! Wer will für euch kämpfen? Niemand! Ihr habt keine Chance. Glaubt ihr etwa an diese ›Venedig-Erklärung‹? Das sind Verlautbarungen, die hinterher kein Mensch mehr liest. Und die Sowjetunion wird keinen Finger für euch krümmen ...« Kurzum, sein Rat an mich lautete: Nicht schießen, sondern arbeiten und vergessen!

Sein Vergleich mit Deutschland mochte unzutreffend sein, aber seine Kenntnisse über den Nahen Osten waren beeindruckend. Es kam zu einem fruchtbaren Gespräch, in dessen Verlauf Strauß die verschiedensten Themen anschnitt und sich als scharfsiniger Analytiker erwies, der vor allem mit einer Bermerkung zu dem Milliardenkredit, den die DDR auf sein Betreiben hin drei Jahre zuvor erhalten hatte, verblüffenden Weitblick bewies. »Die Bundesrepublik muss alles tun, um die DDR wirtschaftlich zu stützen«, sagte er. »Denn wenn die Einheit kommt, darf die Wirtschaftskraft des Ostens und die des Westens nicht so weit auseinanderklaffen, dass der Graben unüberbrückbar ist.«

Strauß war ein Mann der Weltpolitik. Unser Freund war er nicht, dennoch hatte ich den Eindruck, dass sich jemand wie er gut mit Arafat verstehen würde. Darum wagte ich es, ihn am Schluss zu fragen, ob er schon einmal daran gedacht habe, den PLO-Führer zu treffen. Strauß blickte mich ungerührt, aber keineswegs missbilligend an und sagte: »Nein.« – »Ich könnte mir denken, dass es zwischen Ihnen und Präsident Arafat zu einem fruchtbaren Gedankenaustausch käme«, hakte ich nach. Er überlegte, blickte dann auf und sagte: »Warum nicht?«, um sogleich hinzuzufügen: »Aber nicht in Deutschland.« Ich schlug also vor, nach Griechenland oder Zypern auszuweichen, und Strauß willigte unter diesen Umständen tatsächlich in ein Treffen mit Arafat ein.

Leider kam es nicht dazu. Zwei Jahre später starb Franz Josef Strauß, ohne Arafat begegnet zu sein. Es ist anzunehmen, dass dieses Gespräch beide Männer nachdenklich gestimmt und womöglich Folgen für die deutsche Nahostpolitik gehabt hätte.

Im Übrigen hatte ich das Glück, dass sich die deutschen Journalisten bei fast allen Fragen, die den Nahen Osten betrafen, an mich wandten. Aus dem einfachen Grund, weil wir als das Problem im Nahen Osten galten und ich der Vertreter Arafats war. So entstand in diesen Jahren, noch vor der offiziellen Anerkennung der PLO, ein dichtes Geflecht von Beziehungen, Berührungspunkten und Freundschaften zwischen den Vertretern aller politischen und gesellschaftlichen Kräfte in Deutschland und jenen, die ein künftiges Palästina repräsentierten: meinen Landsleuten, dem Führungspersonal der Fatah und mir. Vieles ergab sich einfach, wie die monatliche Reise der arabischen Botschafter in die Bundesländer, vieles war gar nicht geplant, und meine Tage waren beinahe zum Bersten gefüllt mit Auftritten, Vorträgen, Gesprächen oder auch Festen, die wir für die Palästinenser in Deutschland veranstalteten. Man führt ein aufreibendes Leben, wenn man keine Einladung ausschlägt, wenn man jeden Interviewtermin wahrnimmt, aber ich war glücklich und mit den Ergebnissen sehr zufrieden.

Am 16. April 1988 war ich im Begriff, von Frankfurt nach Katar zu fliegen, um von meiner Mutter Abschied zu nehmen. Während eines Besuchs bei meinem jüngsten Bruder war sie erkrankt und in ein Hospital eingeliefert worden; jetzt lag sie im Sterben und hatte mich gebeten zu kommen. Am Flughafen erreichte mich ein Anruf von Benita. Abu Dschihad sei in der letzten Nacht ermordet worden, sagte sie. Ich änderte meine Pläne. Ich nahm eine Maschine nach Tunis und ließ mich direkt zu Abu Dschihads Wohnung fahren. Unterwegs fragte ich mich – zum wievielten Mal in meinem Leben? –, wie es ein Mensch verkraften soll, einen Freund nach dem anderen auf diese Weise zu verlieren. Damals sagte ich mir: Wenn seine Frau und seine Tochter es aushalten, dann wirst auch du damit fertigwerden.

Die Villa von Abu Dschihad lag in einem gediegenen Viertel im Norden der Stadt. Soweit sich der Tathergang rekonstruieren ließ, waren vier Männer eines israelischen Kommandos nach Mitternacht in sein Anwesen eingedrungen. Ob sie als Touristen eingereist oder übers Meer gekommen waren, ließ sich nie klären, sicher war aber, dass sie leichtes Spiel gehabt hatten. Der einzige Wächter, ein älterer Mann, lag schlafend im Auto. Sie töteten ihn mit einem Schuss, genauso wie den Gärtner, der sich um diese Zeit noch draußen zu schaffen machte. Da die Mörder Schalldämpfer benutzten, bekam man von diesen Vorgängen im Haus nichts mit, wo Abu Dschihad noch zu später Stunde am Schreibtisch saß und ein Kommuniqué ausarbeitete. Als er Geräusche im Flur hörte, war es bereits zu spät; ihm blieb gerade noch Zeit, zur Pistole zu greifen, dann standen die vier Männer in der Tür, feuerten auf ihn – und entluden ihre Magazine bis auf die letzte Kugel in den Toten. Wie im Fall der Attentate Abu Nidals erfüllten die Morde der Israelis ihren Zweck oft erst dann, wenn die Tat auch Zeugnis von dem grenzenlosen Hass ablegte, der die Mörder erfüllte. Siebzig Kugeln fanden sich im Leichnam von Abu Dschihad.

Die Männer verschwanden unbemerkt, wie sie gekommen waren. Es war ein leichter Mord gewesen – die Straßen von Tunis waren um diese Zeit wie ausgestorben, und Abu Dschihad hatte keine Vorkehrungen für seine Sicherheit getroffen. Wie wir heute wissen, führte Ehud Barak auch bei diesem Mord die Regie. Derselbe, der hinter den meisten spektakulären Mordaktionen der Israelis stand, derselbe, der im Jahr 2000 als israelischer Ministerpräsident Ariel Scharon die Genehmigung erteilte, den Tempelberg zu besuchen, was die Zweite Intifada auslöste. Vielleicht empfanden die Mörder selbst gar keinen Hass. Vielleicht war es nur der geballte Hass von Ehud Barak, der sich in den schauerlichen Umständen eines solchen Mordes entlud.

Ich trauerte um meine Mutter, die in diesen Tagen starb, ohne dass ich sie noch einmal gesehen hätte. Und ich trauerte um einen Freund, einen Bruder, einen Weggefährten, der mich fast mein ganzes Leben lang begleitet hatte. In seinem Schatten war ich großgeworden, er hatte mir in frühen Jahren die Augen für meine politische Verantwortung geöffnet. Einen Monat vor seinem Tod hatte er mich in Tunis zum Essen eingeladen. Ausnahmsweise waren wir einmal unter uns, offenbar wollte er niemanden sonst dabeihaben. Er war bedrückt. Er haderte mit den Führern der arabischen Länder, die sich mit der Unterstützung des Aufstands in den besetzten Gebieten sehr zurückhielten, er grollte aber auch Arafat, der nach seinem Dafürhalten in letzter Zeit zu sanft auftrat, zu sehr als Politiker dachte, zu wenig als Kämpfer handelte. Wenn es nach ihm gegangen wäre, hätten unsere jungen Leute nicht bloß ihre Knochen hingehalten, um sie von israelischen Soldaten zerschlagen zu lassen. Abu Dschihad war nie der Mann gewesen, der mit sorgenvollem Gesicht herumgelaufen wäre, aber an diesem Abend brauchte er wohl jemanden, dem er sein Herz ausschütten konnte. Er war enttäuscht.

Für die Palästinenser wie für Arafat bedeutete sein Tod einen großen Verlust. Mit seiner Dynamik hatte Abu Dschihad vieles in Schwung gehalten. Auf die Nachricht von seiner Ermordung hin brach in den besetzten Gebieten die Hölle los. Wer einen Stein zu fassen bekam, schleuderte ihn auf die israelischen Soldaten, die mit scharfer Munition zurückschossen – hundertzweiundvierzig Palästinenser verloren in diesen Tagen ihr Leben. Abu Dschihads Leichnam wurde unterdessen auf dem Märtyrerfriedhof von Damaskus beigesetzt. Hunderttausende folgten seinem Sarg, und als Arafat drei Tage später in der syrischen Hauptstadt eintraf, um seinem toten Freund die letzte Ehre zu erweisen, bereiteten die Syrer ihm einen jubelnden Empfang; sein Wagen wurde in die Höhe gehoben und von der begeisterten Menge ein Stück weit getragen. Am nächsten Tag kam es zu einer vierstündigen Unterredung zwischen Arafat und Präsident Assad, und von da an herrschte ein »kalter Frieden« zwischen Syrien und den Palästinensern.

Der Mord an Abu Dschihad war für uns ein schwerer Schlag. Eine der beiden Säulen der Fatah war weggebrochen. Aber die Handlungsfähigkeit der PLO gefährdete sein Tod nicht. Niemand hinderte die PLO, auch weiterhin die großen Linien der palästinensischen Politik zu bestimmen. Erst der – insbesondere von Rabin betriebene – Versuch, das Erstarken einer Gegenkraft zur PLO zu fördern, sollte ihre Handlungsfähigkeit mit der Zeit ernsthaft bedrohen. Diese Chance zur Spaltung der Palästinenser ergab sich 1987, als die Hamas bei der israelischen Regierung die Genehmigung zum Bau sozialer Einrichtungen im Gazastreifen beantragte. Im Sinne des alten römischen Grundsatzes »teile und herrsche« gab Rabin diesem Antrag statt. Mit anderen Worten: Israel gab einer islamistischen Widerstandsorganisation seinen Segen, und im Gegensatz zur PLO arbeitete die Hamas in Palästina von nun an ganz legal.

Auch für Rabin war die PLO der eigentliche Feind; die Hamas schien ihm, wie vielen in Israel, ein leichterer Gegner zu sein als die Fatah. In der Tat sprach manches für diese Annahme, denn die Hamas hatte sich bis dahin mit militärischen Operationen zurückgehalten und lehnte zunächst auch eine Beteiligung am »Aufstand der Steine« ab. Doch welche Ziele verfolgte die Hamas wirklich?

Die Hamas war aus der Muslimbruderschaft hervorgegangen, der ältesten politischen Partei in der arabischen Welt, 1928 im ägyptischen Ismailia gegründet. Ursprünglich hatten sich die Muslimbrüder dem Kampf gegen die Engländer und die westliche Dekadenz verschrieben, nach dem Ende des Kolonialismus engagierten sie sich dann im ganzen arabischen Raum mit demselben Eifer für eine religiös legitimierte Politik im Sinne eines reinen, authentischen Islam. Sie betrachteten sich als Erben der Kalifen, dazu ausersehen, dem Islam seinen alten Glanz, seinen wahren Inhalt und seine ursprüngliche Kraft zurückzugeben. Nicht anders als Syrer, Ägypter und Iraker beriefen sich also auch die Muslimbrüder auf eine ruhmreiche Vergangenheit – die einen sonnten sich im Glanz mächtiger Vorgängerreiche, die anderen wollten an eine Epoche anknüpfen, in welcher der Islam eine unwiderstehliche politische Gestaltungskraft besaß.

Der ägyptische Präsident Nasser, ein durch und durch weltlicher Politiker, sollte ihr erstes prominentes Opfer werden, doch das Attentat der Muslimbrüder von 1954 schlug fehl, ihre Partei wurde in Ägypten verboten, viele von ihnen wanderten daraufhin nach Europa aus, nach England, Deutschland, in die Schweiz, und nicht wenige wurden erfolgreiche Geschäftsleute. Seither hatten die Muslimbrüder den Kampf jedenfalls eingestellt, um sich neu zu formieren und ihre Kräfte für den Tag X aufzuheben.

Die Ideologie der Hamas in Gaza hatten sich unter dem Druck der Ereignisse entwickelt. Unsere jungen Leute sahen, dass die Israelis ihre Ansprüche auf den Talmud gründeten, und sie fragten sich: Wenn die Israelis mit ihrer religiösen Legitimation solche Erfolge feiern, warum besinnen wir uns nicht auf den Islam als politische Kraft – auf jene Religion, in deren Namen so viele Kriege gewonnen, so zahlreiche Eroberungen gemacht wurden? Warum sollte man Energien, die seinerzeit unwiderstehlich waren, nicht erneut nutzen, um die politischen Probleme der Gegenwart zu lösen? Die Ideen eines politischen Islam fielen da auf fruchtbaren Boden und trieben immer mehr junge Männer in die Arme einer Bewegung, die zwangsläufig in scharfen Gegensatz zur PLO geraten musste, denn Aktivisten wie Arafat, Abud Iyad oder Abu Said waren strikt dagegen, Religion und Politik zu vermischen. Beide Sphären auseinanderzuhalten, war eine Grundregel der Fatah.

In den Augen der Hamas waren wir PLO-Mitglieder deshalb keine wahren Muslime, sondern Verräter am Islam und somit Gottlose. Dieser Dissens war schon in den 1960er-Jahren zutage getreten. Die Unstimmigkeiten zwischen den Muslimbrüdern und der Fatah begannen damit, dass sie den palästinensischen Gefallenen und Ermordeten den Rang von Märtyrern streitig machten, weil unsere Leute für ein politisches Ziel, nicht für den Glauben gestorben waren. Später, nach Arafats Rückkehr nach Palästina, spitzte sich die Situation dermaßen zu, dass die Kämpfer der Hamas unsere Anhänger guten Gewissens töteten, in dem Glauben, eine gottgefällige Säuberung von gottlosen Elementen vorzunehmen – so ließ sich die Hamas tagtäglich vernehmen, so wurde es selbst in den Moscheen gepredigt. Und nun, Ende der 80er-Jahre, boykottierte die Hamas zumindest anfangs den Aufstand in den besetzten Gebieten. Nicht, dass sie Pazifisten gewesen wären. Aber man wollte es sich nicht mit den Israelis verscherzen, es lockte sie auch kein Märtyrertum, weil der Tod in einem politischen Befreiungskampf nicht den Weg ins Paradies ebnet, und vor allem wollte man sich nicht mehr der Autorität der PLO beugen.

Erst als ihre jungen Leute unruhig wurden, als sie ihre Führer fragten, warum man nur die anderen kämpfen lasse, schloss sich die Hamas der Intifada an. Sie rutschte praktisch in den Aufstand hinein – lehnte es jedoch weiterhin ab, mit der vereinigten Widerstandsfront zusammenzuarbeiten, die den Kontakt zur PLO hielt. Es kam natürlich vor, dass Jugendliche der Hamas Seite an Seite mit unseren jungen Leuten kämpften, doch die Führung der Hamas billigte solche Aktionen nie. Mit der Zeit verschärfte sich dieser Gegensatz, und ab Mitte der 90er-Jahre war offenkundig: Die PLO und die Fatah waren für die Hamas der Feind Nummer eins, nicht Israel.

Einstweilen aber herrschte in Palästina ein Aufstand, an dem die ganze Welt Anteil nahm, und gegen das Bild des klagenden Palästinensers, der mit gleichermaßen niedergeschlagenen Schicksalsgenossen in einem Flüchtlingslager hockt, setzte sich nun das Bild des selbstbewussten Palästinensers durch, der gegen seine Unterdrückung aufbegehrt. Die Führung der Fatah reagierte darauf folgerichtig, indem sie auf der Sitzung des Palästinensischen Nationalrats in Algier am 15. November 1988 den Staat Palästina ausrief und einen großen Schritt zu seiner Verwirklichung auf dem Verhandlungsweg tat.

In meiner Erinnerung lebt diese Sitzung im palastähnlichen Club des Pins in Algier als ein einziges, dreitägiges Freudenfest fort. In Anwesenheit der Witwe Abu Dschihads proklamierte Arafat den palästinensischen Staat, und unsere Begeisterung kannte keine Grenzen mehr. Wir lagen uns in den Armen, Tränen flossen, es wurde getanzt und gesungen, mit besonderer Inbrunst das Lied »Biladi, Biladi« (Mein Land), die inoffizielle Nationalhymne Palästinas. Wie lange hatten wir auf einen solchen Grund zum Feiern warten müssen! Vierzig Jahre waren seit 1948 vergangen. Gewiss, es handelte sich nur um eine symbolische Unabhängigkeitserklärung, aber sie war ein unmissverständliches Signal an die Welt, ein deutliches Zeichen unserer gewachsenen Zuversicht und Stärke, und deshalb ging es dort in Algier so laut, ausgelassen und fröhlich wie auf einer orientalischen Hochzeit zu.

Taktiker, der er war, nutzte Arafat diese Stimmung, um die Beschlüsse 242 und 338 des Weltsicherheitsrats durchzuschleusen. Nach dem Prinzip »Land gegen Frieden« legten diese Resolutionen die Bedingungen für eine friedliche Beilegung des Konflikts zwischen Israel und seinen Nachbarn fest, und mit Ausnahme der Palästinenser hatten alle Beteiligten sie längst akzeptiert. Bei der PLO – und nicht zuletzt bei Arafat selbst – waren sie jedoch bisher auf vehemente Ablehnung gestoßen, weil sie die Vertreibung von 1948 legitimierten und das Flüchtlingsproblem mit keinem Wort erwähnten;

weder war darin von einem Recht auf Rückkehr die Rede noch von einem Anspruch auf Kompensation. Auch in diesen Tagen in Algier gab es gewichtige Stimmen gegen eine Annahme, aber Arafat, der seine Leute schon seit Langem sanft in Richtung eines Palästinenserstaates drängte, brachte doch eine große Mehrheit dafür zustande. Wir sind zu Verhandlungen bereit – auch diese Botschaft ging von der Nationalratssitzung des Jahres 1988 an die USA, die europäischen Staaten, den Weltsicherheitsrat.

Nachdem der erste Jubel abgeflaut und der heftigste Ansturm auf Arafat vorüber war, ging ich zu ihm, gratulierte ihm und sagte dann: »Weißt du, dass wir heute zwei Feste feiern?« – »Welches ist das zweite?«, fragte er. »Mein Geburtstag.« Er umarmte mich, sah mich dann an und sagte mit dem bekannten, spitzbübischen Lächeln: «Tut mir leid, aber ich kann nicht behaupten, dass wir diese Party für dich organisiert haben …« Es war ein Moment, der für manches Leiden entschädigte.

Innerhalb eines Jahres erkannten hundertsiebenundzwanzig Staaten diesen virtuellen Staat Palästina an, mehr, als damals diplomatische Beziehungen zu Israel unterhielten. Wir waren die erste Befreiungsbewegung ohne Land, die einen solchen Rückhalt in der Staatengemeinschaft fand. Arafat war sich gleichwohl darüber im Klaren, dass das Schwierigste noch vor ihm lag, nämlich die USA und Israel von der Ernsthaftigkeit seiner friedlichen Absichten zu überzeugen. Im Mai des folgenden Jahres machte er deshalb einen weiteren Schritt auf seine hartnäckigsten Widersacher zu.

Bei seinem ersten offiziellen Besuch in Paris erklärte er auf einer Pressekonferenz jenen Artikel der PLO-Charta, der die Auflösung des Staates Israel verlangte, für hinfällig. Dieser Artikel, an dem die westliche Welt seit jeher Anstoß genommen hatte, war in der Tat ein Anachronismus, dennoch fiel es nicht allen so leicht wie Arafat, sich davon zu trennen. Nach seiner Paris-Reise kam es zu heißen Diskussionen im Zentralkomitee der Fatah, vor allem Kadumi wollte davon nichts wissen; wie so mancher andere fand auch er, dass Arafat in letzter Zeit mehr Zugeständnisse als nötig machte. Wieder einmal war es Abu Iyad, der sich dazwischenwarf und Arafats Kritiker beschwichtigte, indem er auf ihre Bedenken einging, ohne ihre Meinung tatsächlich zu teilen. Im Grunde war auch im Zentralkomitee jedem klar, dass wir nie an einem Verhandlungstisch sitzen würden, solange wir Israel nicht anerkannten – die Frage war nur, wie viele Trümpfe wir vorher aus der Hand geben wollten. Doch handelte es sich hier um strategische Überlegungen, die nichts an der Tatsache änderten, dass 1989 ein altes Kapitel abgeschlossen und ein neues aufgeschlagen wurde.

Ich muss an dieser Stelle eine Erklärung einflechten: Die Auflösung des Staates Israel war nie im Sinne einer Bedrohung der Bevölkerung Israels gemeint gewesen. Es ging niemals darum, Israelis zu massakrieren oder einen Massenmord zu inszenieren. Dieser Klausel lag die Absicht zugrunde, einen Staat aufzuheben, der aus palästinensischer Perspektive unrechtmäßig war, und durch einen neu zu schaffenden Staat für alle, Juden, Christen wie Muslime, zu ersetzen. Shukeiri vertrat eine Extremposition, wenn er verlangte, dass alle Juden, die nach 1948 ins Land gekommen waren, in ihre Herkunftsländer abgeschoben werden sollten. Aber nicht einmal diese Extremposition sah die Vernichtung des israelischen Volkes vor, wie es die israelische Propaganda der Welt weismachen will. Bis heute gibt es Palästinenser, die die Forderung Shukeiris wiederholen, aber sie haben keinen Einfluss auf die paläsinensische Politik.

Einen Tod habe ich nachzutragen. Den Tod meines Vaters. Er war 1987 in Gaza gestorben, ohne dass es mir möglich gewesen wäre, ihn noch einmal zu sehen, denn PLO-Mitgliedern verwehrten die Israelis die Einreise. Aber zwei Tage vor seinem Tod hatten wir lange miteinander telefoniert, und das Bild des alten Mannes in seinem Bett hatte während unseres Gesprächs vor meinen Augen gestanden . »Pass gut auf dich auf«, hatte er gesagt. »Ich verlasse mich auf dich.« Und dann: »Der Tod findet jeden, egal, wo er ist.«

Erst kürzlich ist mir die Todesanzeige meines Vaters in der Zeitung *Al-Quds* vom 2. März 1987 wieder in die Hände gefallen. Der Text neben dem gerasterten Porträtfoto meines Vaters, das ihn in seinen besten Jahren zeigt, lautet:

»Ein Scheich vom Stamm der Tayaha.
Die Angehörigen dieses Stammes aus Berscheeva, Gaza, Jordanien, Ägypten und die im Ausland Lebenden nehmen mit Betrübnis zur Kenntnis, dass Scheich Hassan Juma al-Frangi, der Scheich von al Hukuk, Mitglied des höchsten Rates der Stämme und Mitglied der palästinensischen Delegation bei der Gründungsfeier der Arabischen Liga in Kairo 1945, am Samstag, dem 28.Februar 1987, im Alter von 80 Jahren verstarb. Er hat ein Leben im Gehorsam gegen Gott und als Wohltäter seiner Familie, seines Stammes und aller Söhne Palästinas geführt. Scheich Hassan wurde in Gaza zu seiner letzten Ruhe gebettet.«

Mir war gar nicht bewusst gewesen, dass mein Vater an den Feierlichkeiten zur Gründung der Arabischen Liga teilgenommen hatte.

Arafat heiratet

Irgendwann Mitte der 80er-Jahre, als die deutsche Einheit undenkbar erschien, saß ich in einer kleinen Runde, der auch die ägyptische Botschafterin in Bonn angehörte. Im Gespräch berührten wir das Thema der Wiedervereinigung, hätten aber sicherlich nicht lange dabei verweilt, wenn die Ägypterin das Stichwort nicht aufgegriffen hätte. Die Einheit werde kommen, versicherte sie, weil es jeder historischen Wahrscheinlichkeit widerspreche, dass Deutschland in alle Ewigkeit geteilt bleibe. »Allerdings«, schränkte sie ein, »haben hier die Großmächte ein Wort mitzureden, und vor allem England und Frankreich werden nicht begeistert sein.« Dennoch zweifelte sie nicht, die deutsche Einheit zu erleben. Ich sah es damals anders, ich war nicht davon überzeugt, aber diese Frau war Historikerin und führte einige Beispiele aus der Geschichte an, aus denen sie entsprechende Schlüsse für die Gegenwart zog und die Zwangsläufigkeit der deutschen Wiedervereinigung ableitete.

An dieses Gespräch musste ich denken, als mich die Nachricht vom Mauerfall erreichte. Ich befand mich auf einem Empfang des Bonner Polizeipräsidenten Dirk Schnitzler, der für den Abend des 9. November 1989 all jene Diplomaten eingeladen hatte, die als gefährdet galten und deshalb Anspruch auf Begleitschutz hatten. Als er uns über die Vorgänge in Berlin informierte, empfand ich selbst eine solche Freude, dass ich die Deutschen in einer kurzen Stellungnahme umgehend von Herzen beglückwünschte. Damit handelte ich mir allerdings die Missbilligung einiger Genossen ein, die mich hinterher anriefen und wissen ließen, dass ihnen ein kleines Deutschland lieber als ein großes sei. Offenbar wollte mancher immer noch nicht so recht aus dem Schatten des Weltkriegs heraustreten – er bot Deckung, er garantierte Unauffälligkeit, und der Wiedereintritt in die eigene Geschichte erforderte wohl einen Mut, von dem der eine oder andere gehofft hatte, ihn nicht aufbringen zu müssen. Gewohnt, der eigenen Geschichte ungeschützt ausgeliefert zu sein, hatte ich wenig Verständnis für so viel Verzagtheit. Davon abgesehen war es für mich als Palästinenser eine ermutigende Erfahrung, dass Utopien bisweilen Wirklichkeit werden. Von diesem Tag an blickten wir jedenfalls nach Berlin, die Führung der Fatah genauso wie ich, auch wenn wir unser Büro in Bonn erst 2005 aufgaben.

1989 war aber auch für mich ein besonderes Jahr, denn am 4. August wurde ich ins Zentralkomitee gewählt, gehörte also von nun an dem höchsten Entscheidungsgremium der Fatah an. Unsere Satzung verlangt, dass achtzehn Mitglieder des Zentralkomitees von der Generalkonferenz und drei vom Zentralkomitee selbst gewählt werden, und ich verdankte meine Wahl dem Zentralkomitee. Von den achtzehn möglichen Stimmen erhielt ich vierzehn, also mehr als die nötige Zweidrittelmehrheit.

Wollte ich ins Zentralkomitee? Natürlich. Jeder wollte ins Zentralkomitee. Ich hatte zunächst in der Generalkonferenz für einen Sitz im Zentralkomitee kandidiert und die nötige Stimmenzahl knapp verfehlt, woraufhin mein Freund Hayel sich der Sache angenommen, mich für die Direktwahl vorgeschlagen und kräftig für mich geworben hatte. So zufrieden ich mit dem Ausgang der Wahl war, sie hatte einen unvorhergesehenen Nebeneffekt: Meine Gegner machten gegen mich Front und reagierten mit einer groß angelegten Verleumdungskampagne. Angeführt wurden sie von einem alten Bekannten, nämlich von Gazi Husseini.

Dieser Gazi Husseini war niemand anders als mein Mitkämpfer von 1967, der mir beim Reinigen der verschmutzten Toiletten im algerischen Ausbildungslager Bleda geholfen hatte und später genauso in israelische Gefangenschaft geraten war wie ich. Seit unserer Freilassung hatte er mit großem Eifer das Gerücht am Leben erhalten, ich wäre von den Israelis seinerzeit gekauft worden und würde mit meinem Einsatz für die PLO lediglich ein schäbiges Schauspiel liefern. Leider konnte man seine Verdächtigungen diesmal nicht einfach vom Tisch wischen. Denn als Bruder von Faisal Husseini, dem Führer des Aufstands in den besetzten Gebieten, und Sohn von Abd al-Qadir al-Husseini, einem Helden des palästinensischen Widerstands in den 30er-Jahren, besaß er einigen Einfluss und brachte es jetzt fertig, die alte Geschichte von meinem »Verrat« so effektvoll wieder aufzukochen, dass selbst die Zeitungen in Kuwait mit der Schlagzeile aufmachten, ein Agent der Israelis sei ins Zentralkomitee der Fatah gewählt worden.

Alle Mitglieder des Zentralkomitees standen auf meiner Seite, das Ausmaß dieser Kampagne zwang uns jedoch, eine Aussprache zwischen mir und Gazi Husseini herbeizuführen. Es kam zu einer gemeinsamen Sitzung des Zentralkomitees und des Revolutionsrats, auf der Gazi mich beschuldigte, schon im Gefängnis mit den Israelis kooperiert zu haben und seither in ihrem Sold zu stehen. In meiner Antwort verzichtete ich darauf, mich zu verteidigen, ich verzichtete auch darauf, meinen Widersacher anzugreifen; ich ließ Gazi Husseini lediglich wissen, dass ich mich nicht auf sein Niveau begeben wolle und um seines Vaters willen auch nichts gegen ihn unternehmen werde.

Arafat, der neben mir saß und bemerkt hatte, wie erregt ich war, riss während meiner Rede ein Blatt von seinem Notizblock, den er immer dabeihatte, schrieb etwas auf und schob mir den Zettel zu. »Mein lieber Abdallah«, las ich, »kein

Mensch auf dieser Welt darf behaupten, was hier behauptet wird. Wir dulden diese Anschuldigungen nicht. Du hast mein Vertrauen. Du bist und bleibst unantastbar.« Unterschrieben: »Gemeinsam bis zum Sieg! Yassir Arafat.« Nach der Sitzung knüpfte sich Abu Iyad Gazi Husseini vor und nahm ihm das Versprechen ab, seine Behauptungen nicht mehr zu verbreiten. Damit war einstweilen Ruhe, aber aus der Welt schaffen ließ sich die Mär von meinem Verrat auf diese Weise nicht. Im Jahr 2009, vor der Wahl zum Zentralkomitee auf dem Parteitag in Bethlehem, wurden dieselben Vorwürfe von anderen erneut erhoben und diesmal auch im Internet verbreitet, mit dem Erfolg, dass ich meinen Posten im Zentralkomitee nach zwanzig Jahren aufgeben musste.

Ich hatte nun also Eingang in die Löwengrube gefunden und musste mich zunächst einmal an die Arbeitsweise, die Usancen, die Art des Umgangs im Zentralkomitee gewöhnen. So hatte sich zum Beispiel an dem langen Tisch, an dem alle Beratungen stattfanden, eine gewisse Ordnung eingespielt: Arafat saß am Kopfende, und dann folgte die Sitzverteilung einer Hierarchie, die den Zeitpunkt des Eintritts berücksichtigte – je länger einer dabei war, desto näher saß er an Arafat. Abu Iyad zum Beispiel nahm grundsätzlich gleich zu seiner Rechten Platz, während Neulingen wie mir das andere Tischende zugewiesen wurde; anfangs saß ich also am weitesten von Arafat entfernt.

In diesem Kreis von Männern, zu dem etliche alte Kämpfer gehörten, musste man sich behaupten, was nicht ganz einfach war. Arafat etwa, der sich hier auf seinem ureigenen Terrain bewegte, zügelte seine Lust, Leute aufs Korn zu nehmen, im Zentralkomitee noch weniger als sonst – wer durch Selbstgefälligkeit oder sonst wie sein Missfallen erregt hatte, den schnappte er sich wie ein Gecko, der seine Zunge nach einer Fliege abschießt. Arafat widerstand ja selten der Versuchung, andere zur Zielscheibe seines Spotts zu machen, wobei er Wehrlose allerdings grundsätzlich verschonte und den Spott auch nie so weit trieb, dass sich jemand verletzt fühlen musste.

Womit ich es in seinen Augen auch immer verdient hatte – auf meiner ersten Zentralkomiteesitzung griff er mich plötzlich an. Seine Attacken kamen für mich aus heiterem Himmel, und ich beschloss, nicht zu reagieren. »Warum schweigst du?«, fragte mich Abu Iyad vom anderen Ende des Tisches her. »Ich habe nie meinem Vater widersprochen, und Bruder Abu Amar ist für mich wie ein Vater«, sagte ich. Da stand Arafat auf, ging um den Tisch herum, stellte sich hinter mich, küsste mich zwei-, dreimal auf den Kopf und entschuldigte sich. Ein bisschen Theater war schon dabei, doch seine Gesten waren stets ein Zeichen von Souveränität und echter Warmherzigkeit, und in der Kunst, Spannungen im Handumdrehen aus der Welt zu schaffen, wurde er von keinem übertroffen. Nur seinen Zorn musste man fürchten. Wenn Arafat zürnte, war er nicht mehr zu bändigen. Und sein Zorn entbrannte immer dann, wenn er sich getäuscht oder hintergangen fühlte, in solchen Fällen konnte er außer sich geraten.

Ein knappes Jahr nach meinem Eintritt ins Zentralkomitee beschwor Arafat eine Situation herauf, mit der keiner je gerechnet hätte. Er vertraute uns an, geheiratet zu haben, und verpflichtete uns zu demselben absoluten Stillschweigen in der Öffentlichkeit, das er auch mit seiner Braut vereinbart hatte. Wir hielten dicht, an uns sollte es nicht liegen, aber früher oder später würde die Sache herauskommen, und für diesen Fall sahen wir Ärger voraus. Keinem war bei der Aussicht wohl, dass Arafats Ansehen beim palästinensischen Volk durch diese Heirat Schaden nehmen könnte.

Eigentlich war es nichts Ungewöhnliches für die Mitglieder des Zentralkomitees, verheiratet zu sein, aber an Arafat wurden andere Maßstäbe angelegt. Auch die Tatsache, dass seine Frau Suha vorher als seine Sekretärin gearbeitet hatte, konnte als ein Umstand erscheinen, der in seinem Fall fast ein wenig degoutant wirkte. Dazu kam der Altersunterschied – Arafat war 61, Suha 27. Mit anderen Worten: Auch ich war skeptisch. Im Übrigen kam es in der Folgezeit wiederholt zu der peinlichen Situation, dass Männer bei Arafat um die Hand der jungen, schönen Palästinenserin anhielten in der Annahme, sie sei lediglich seine Mitarbeiterin – doch diese Missverständnisse aufzuklären fiel zum Glück nicht in unsere Zuständigkeit.

Die Ehe blieb ein wohl gehütetes Geheimnis, bis die israelische Zeitung *Haaretz* am 2. Februar 1992 einen Artikel über Arafats Hochzeit veröffentlichte. Zu diesem Zeitpunkt lag die Heiratsurkunde schon seit anderthalb Jahren in Arafats Schublade – zusammen mit einem Dokument, das den Übertritt seiner christlichen Geliebten zum Islam bestätigte –, und wie wir befürchtet hatten, schlug die Nachricht wie eine Bombe ein. Hatte Arafat nicht wieder und wieder betont, mit Palästina verheiratet zu sein? Jetzt sprachen die Leute mit leisem Spott davon, er habe wohl »die Tochter von Palästina« geheiratet. Wahrscheinlich wäre den meisten ein klares, offenes Bekenntnis des PLO-Führers gleich nach seiner Heirat lieber gewesen, aber Arafat hatte auch in diesem Fall wieder einmal als Taktiker gehandelt.

Einzig Benita brachte von Anfang an Verständnis für ihn auf. Für sie ging Liebe vor Politik, und sie verteidigte leidenschaftlich Arafats Recht auf ein Privatleben. Ihr Argument, Arafat sei ein Mann wie andere auch, war schwer zu widerlegen, also flogen wir nach Tunis, machten Herrn und Frau Arafat unsere Aufwartung und wurden von ihnen zum Frühstück eingeladen. Zum ersten Mal erlebte ich ihn nun als Ehemann und Privatperson, und allmählich gewöhnte ich mich daran, Arafats Verhalten nicht allein nach dem Gesichtspunkt politischer Vernunft zu beurteilen. Aber für mich wie für viele andere bedeutete es doch eine große Umstellung, in ihm einen Mann wie jeden anderen zu sehen.

Tatsache war, dass Arafat nach seiner Hochzeit das politische Tier blieb, das er immer gewesen war. Ein Mensch, der seine Seele Palästina verschrieben hatte und mit jeder Faser seines Leibes an seinem Land hing. Etwas anderes als ein hundertprozentiger Einsatz für seine politischen Ziele kam für ihn nicht infrage. Er war der geborene Kämpfer. In politischen Diskussionen oder Verhandlungen war er hart, bisweilen stur, bisweilen ruppig. Bei internen Diskussionen oder Beratungen stritt er so lange für seine Vorstellungen, bis alle anderen erschöpft aufgaben und sich von ihrer Zustimmung ein Ende des Debattierens erhofften. Und wenn bis morgens um drei diskutiert wurde, und wenn Gespräche eine ganze Woche lang dauerten, Arafat ließ nicht locker. Gleichwohl trat er nicht diktatorisch auf. Er wollte überzeugen. Nur dass er die Opposition in Grund und Boden redete, bis sie entkräftet die Waffen streckte …

Seit meiner Ankunft in Deutschland kannte ich nichts anderes als arbeitsreiche Jahre, aber das Pensum von 1990 übertraf alles Bisherige. Einmal im Monat nahm ich für eine Woche an den Sitzungen des Zentralkomitees in Tunis teil, wo ich nun auch ein Büro und eine Privatwohnung hatte. Ob mir die Arbeit die gleiche Freude gemacht hätte, wenn nicht auch Hani Hassan und Hayel Abdel-Hamid an besagtem langem Tisch gesessen hätten? Meine beiden Freunde aus alten Frankfurter Tagen gehörten nämlich ebenfalls dem Zentralkomitee an, und damit war die »deutsche Bande« (mit Ausnahme von Amin) wieder beisammen – eine Geschichte, die vor 28 Jahren in einem Frankfurter Studentenverein begonnen hatte, fand ihren vorläufigen Höhepunkt an einem Tisch, wo wir mit Arafat, Abu Iyad und Faruk Kadumi zusammensaßen. Hani Hassan war seit Langem Chef der politischen Abteilung, zuständig für internationale Beziehungen und damit so etwas wie der Außenminister der Fatah; ich wurde zu seinem Stellvertreter bestimmt, und damit begann für mich eine bewegte Zeit. Wir erhielten Einladungen aus aller Welt, und meist beauftragte Hani mich damit, auf Reisen zu gehen. So kam ich nach China, nach Nordkorea, besuchte verschiedene afrikanische Staaten und bereiste sämtliche arabischen Länder, ohne meine Arbeit in Deutschland zu vernachlässigen. Mir lag vor allem daran, das Netz der Beziehungen zwischen deutschen Politikern und der PLO-Führung enger zu knüpfen, und vor allem Parlamentarier der SPD folgten meiner Einladung, Wischnewski war beinahe schon Stammgast in meiner Wohnung in Tunis. Das ging so bis zum 2. August 1990. An diesem Tag erfuhren wir vom Einmarsch der irakischen Truppen in Kuwait. Im selben Moment stand der gesamte Nahe Osten Kopf.

Die ganze arabische Welt empfing Hunderte von Delegationen aus aller Herren Länder. Wischnewski schaltete sich ein, Brandt setzte sich ein, die Franzosen waren zur Stelle, auch Arafat bot seine Dienste als Vermittler an. Gleich nach dem Einmarsch waren das Zentralkomitee sowie das Exekutivkomitee der PLO zusammengerufen worden, und die Analyse der Situation hatte einen hochkomplizierten Befund ergeben: Die Arabische Liga war gespalten; allen voran ergriffen die Golfstaaten für Kuwait Partei, während die Politiker anderer arabischer Länder, insbesondere aber die Mehrheit des arabischen Volkes, aufseiten des Iraks stand. Die Palästinenser waren meistenteils sogar begeisterte Anhänger Saddam Husseins, weil er die PLO jederzeit großzügig unterstützt hatte und nun auch noch verkündete, nur dann seine Soldaten aus Kuwait abzuziehen, wenn Israel sich seinerseits aus den besetzten Gebieten zurückziehe. Diese Menschen befanden sich gerade in einem Aufstand gegen Israel, sie hatten die brutale Unterdrückung der Israelis zu erdulden – wer wollte ihnen ankreiden, dass sie auch vor den Kameras der internationalen Fernsehstationen mit ihrer Sympathie für Saddam Hussein nicht hinterm Berg hielten? Die westliche Welt verübelte ihnen diese Parteinahme sehr, und sie verübelte noch mehr, dass Arafat bei einem Besuch in Bagdad Saddam umarmt hatte. Aber bei allem, was Arafat in diesen Tagen tat und von sich gab, muss man die Stimmung in den besetzten Gebieten berücksichtigen.

Irgendwann kam Abu Iyad auf die Idee, eine Fatah-Delegation nach Bagdad zu schicken, um die Chancen für einen weiteren Vermittlungsversuch zu sondieren. Abu Iyad zählte zu jenen, die mit einiger Deutlichkeit gegen die Besetzung Kuwaits Stellung bezogen hatten. Hani sollte diese Delegation leiten, ich sollte ihr angehören, und so flogen wir im Dezember nach Bagdad.

Das Hauptquartier der Baath-Partei in Bagdad war ein moderner Protz- und Prachtbau, dessen schiere Ausmaße schon Ehrfurcht erwecken sollten und der mit seinen Säulen und Marmorböden vom Ruhm der Bath-Partei und der Stärke des Iraks kündete. Unser Weg führte uns durch eine Galerie großformatiger Gemälde, die allesamt Saddam Hussein zeigten; auch eine Saddam-Hussein-Statue war dort aufgestellt, über deren Kopf sich zwei Schwerter kreuzten. Dazu muss man wissen, dass Saddam Hussein sich mit Nebukadnezar verglich, ja, für einen Wiedergänger des babylonischen Königs hielt – Saddam war durchaus kein Dummkopf, litt aber zweifellos unter Wirklichkeitsverlust und fühlte sich genauso als Assyrer und Babylonier wie als Iraker.

Wir wurden von einer fünfzehnköpfigen Abordnung hoher irakischer Funktionäre empfangen, und keine zehn Minuten, nachdem wir in einem ebenfalls prunkvollen, riesigen Saal in schweren Ledersesseln Platz genommen hatten, läutete das Telefon. Es war einer dieser alten, schwarzen Apparate, deren Klingelton die Fähigkeit besitzt, große Ereignisse anzukündigen, und deren Hörer mit serviler Eilfertigkeit abgenommen und wieder aufgelegt werden kann. Ein Iraki griff also zu diesem Hörer – und erhob sich. Woraufhin alle Iraker aufstanden. Und da wir Palästinenser unmöglich sitzen bleiben konnten, erhoben wir uns ebenfalls. Der Präsident, ließ man uns wissen, habe beschlossen, uns persönlich zu begrüßen, nachdem er von unserer Ankunft erfahren habe.

Ein großer Lehnstuhl wurde hereingetragen, und nach einer Weile betrat Saddam Hussein den Raum, kam gemessenen Schrittes auf uns zu und bewegte sich dabei so steif, dass mir unwillkürlich eine arabische Wendung in den Sinn kam, die auf diese Art des hoheitsvollen Schreitens zutraf: »Du Erde, erzittere, denn auf dir gibt es nicht meinesgleichen …« Saddam nahm Platz – auch wir setzten uns wieder –, begrüßte uns, erklärte sich bereit, mit uns über alles zu sprechen, und überließ uns das Feld.

Hani als Delegationsleiter sprach als Erster und lieferte eine recht schleierhafte Rede, der immerhin sein Bestreben zu entnehmen war, die PLO oder Arafat als Vermittler ins Spiel zu bringen. Danach war die Reihe an mir, und ich gestehe, dass ich mir alles, was ich jemals über Diplomatie gelernt hatte, in Erinnerung rief, bevor ich den Mund auftat. »Herr Präsident«, sagte ich, »wenn Sie mir gestatten, ganz ehrlich zu sein …« – »Das mag ich«, unterbrach mich Saddam. »Bitte sehr.« – »Als Kind habe ich die Besetzung des Gazastreifens durch die Israelis erlebt«, fuhr ich fort, »und von Deutschland aus den Sechstagekrieg verfolgt, der zur Niederlage Gamal Abdel Nassers geführt hat. Ich bin immer sehr besorgt, wenn wir auf eine Konfrontation mit Israel oder den USA zusteuern. Und, Herr Präsident, ich habe Ihre Politik verfolgt. Ich habe auch mitbekommen, was Sie auf der Pressekonferenz in Amman gesagt haben, nämlich (bezogen auf die Zerstörung eines irakischen Atomreaktors durch die Israelis): ›Sollten die Israelis uns noch einmal angreifen, werden sie es bereuen.‹ Ehrlich gesagt, Herr Präsident – es hat mich überrascht, dass Sie Ihre Stoßrichtung nun geändert haben. Sie waren es, der dieses Land aufgebaut hat, seine Industrie, seine Landwirtschaft, und ich habe große Sorge, dass die Amerikaner dies alles zerstören werden.«

Saddam hatte sich Notizen gemacht. Nun ließ er einen Augenblick verstreichen, bevor er antwortete: »Erstens. Wenn ein Mitglied meiner Partei mir nur zwei Wochen vorher geraten hätte, Kuwait zu besetzen, hätte ich diesen Mann auf undemokratische Art zum Schweigen gebracht. Aber …« – und dann zählte er die Verfehlungen der Kuwaitis auf: dass sie ihn bei seinem Kampf gegen den Iran im Stich gelassen hätten, dass sie sein Öl stehlen würden, dass … Es kam ein langes Sündenregister zusammen, bevor er zum zweiten Punkt überging: »Nasser? Ich bin nicht mit Präsident Nasser zu vergleichen. Ich bin auf alle Eventualitäten vorbereitet. Sollten uns die Amerikaner angreifen, werden sie vielleicht hier und da ein Stück irakischer Erde besetzen, aber angesichts der enormen Zahl gefallener amerikanischer Soldaten werden sie in die Knie gehen. Und drittens: Viele Freunde kommen zu mir und sagen, sie hätten Angst um den Irak. Seien Sie versichert: Niemand hat mehr Angst um den Irak als ich. Denn ich habe den Irak Schraube für Schraube aufgebaut.«

Saddam war sehr freundlich, stellte sich auch für ein Gruppenfoto zur Verfügung und verließ uns dann wieder. An der folgenden Pressekonferenz nahm ich erst gar nicht teil; es war zwecklos. Mir war klargeworden, dass Saddam Hussein sich unter keinen Umständen zu einem Rückzieher überreden lassen würde. Der Krieg war unabwendbar. Wieder in Deutschland, plädierte ich in Interviews und Fernsehauftritten für eine Verhandlungslösung, an die ich selbst nicht mehr glaubte. Zwei Wochen nach unserer Bagdadreise, am 16. Januar 1991, griffen die USA den Irak an.

Am Vorabend des amerikanischen Angriffs hielt ich mich in Hamburg auf. Ich erinnere mich sehr genau an die Talkrunde beim NDR und dass ich mich, erschöpft und verbittert vom Gang der Ereignisse, anschließend gleich in mein Hotel zurückzog, weil ich in dieser Nacht, frühmorgens gegen vier, vom Klingeln des Zimmertelefons aus dem Schlaf gerissen wurde. Es war ein Hamburger Freund, den Benita gebeten hatte, mir auszurichten, dass Abu Iyad und Hayel in Tunis erschossen worden seien.

Mir fiel Hamze ein – der Leibwächter, den Hayel im letzten Jahr entlassen hatte, nachdem der Mann in den Verdacht geraten war, mit Abu Nidal in Verbindung zu stehen. Monate später war Hamze wieder bei Hayel aufgetaucht, hatte den Reumütigen gespielt und war von Hayel gegen alle Vernunft wieder in seinen Begleitschutz aufgenommen worden. Ich verabscheute diesen Menschen, ich hatte Hayel gewarnt, aber aus unerfindlichen Gründen hatte er Hamze weiterbeschäftigt. In diesen Augenblicken, in denen ich mich auf meinem Hamburger Hotelzimmer hastig ankleidete, war ich zutiefst bestürzt, aber nicht sonderlich überrascht. Wie sich herausstellen sollte, hatte Hamze tatsächlich nur auf den Tag X gewartet.

Am Abend des Mordes war Abu Iyad zu Gast in der Privatvilla von Hayel, die ziemlich einsam inmitten eines weitläufigen, umzäunten Grundstücks lag. Und während die beiden speisten, machte es sich der Tross ihrer Leibwächter vorne am Tor im Raum der Wache gemütlich. Das heißt, keiner der Sicherheitsleute konnte mitbekommen, was im Haus vor sich ging, denn von dort bis zur Einfahrt waren es achthundert Meter – eine Pflichtvergessenheit sondersgleichen. Am Haus selbst waren nur zwei Sicherheitsleute übriggeblieben, nämlich einer von Abu Iyads Leuten, der sich am Vordereingang postierte, und Hamze selbst, der die Bewachung der Rückseite übernommen hatte. Irgendwann verdrückte sich auch dieser letzte Leibwächter, der Weg war frei, die Tür stand offen, Hamze schlich sich ins Haus, wandte sich nach links, wo Hayel und Abu Iyad im Wohnzimmer zusammensaßen, wahrscheinlich rauchten, wahrscheinlich Kaffee tranken, trat ein und schoss. Abu Iyad war auf der Stelle tot, Hayel starb Stunden später im Krankenhaus.

Ich nahm die erste Maschine von Hamburg nach Köln, wo

Benita mich erwartete, in Tränen aufgelöst – sie hatte beide gut gekannt. Ich fuhr mit dem Auto nach Frankfurt, setzte mich ins Flugzeug und traf zur Mittagszeit in Tunis ein. Aber ich kam zu spät, Hayel war schon gestorben, und als ich seine Hand berührte, war sie kalt. Ich brachte es nicht einmal fertig zu weinen; mir war, als hätte man mir flüssiges Blei eingeflößt. Ich saß lange an seinem Bett und las laut einige Verse aus dem Koran; mehr brachte ich nicht über die Lippen.

Hamze wurde von tunesischen Sicherheitskräften verhaftet, der PLO übergeben und verhört. Er gestand, im Auftrag von Abu Nidal gehandelt zu haben, doch das war nicht unbedingt glaubhaft, jeder konnte das behaupten. Verschiedene Umstände ließen darauf schließen, dass der israelische Geheimdienst genauso als Auftraggeber infrage kam. Hamze hatte ausgesagt, auf Abu Iyad angesetzt worden zu sein, dem auch der erste Schuss gegolten hatte, und Abu Iyad stand seit der Ermordung von Abu Dschihad ganz oben auf der Todesliste des Mossad, die Golda Meir nach München aufgestellt hatte. Außerdem sprach die langfristige Planung des Mordes für das Werk eines routinieten Geheimdienstes. Gewissheit war in diesem Fall nicht zu erhalten.

Der Mörder wurde zum Tode verurteilt, und diesmal bestand Arafat – gegen seine Gewohnheit, Milde walten zu lassen – auf der Hinrichtung. Mit Abu Iyad hatte er mehr als nur seinen Geheimdienstchef verloren, Abu Iyad war der große Vordenker des Widerstands gewesen, der einflussreiche Vermittler zwischen den unterschiedlichen Strömungen der PLO, der engste Mitarbeiter und älteste Freund Arafats. Die Vollstreckung des Todesurteils stieß jeoch auf Hindernisse. Tunesien wehrte sich gegen eine Hinrichtung auf seinem Staatgebiet, woraufhin Hamze in den Jemen geschafft wurde, dessen Regierung die Hinrichtung aber genauso wenig dulden wollte. Schließlich wurde der Mörder in ein Boot gesetzt und auf dem offenen Meer erschossen.

Hayels Tod war also gewissermaßen als Nebenprodukt der Ermordung von Abu Iyad anzusehen. Ich verlor mit ihm den brüderlichen Freund, der immer auf meiner Seite stand, auf den ich mich blind verlassen konnte. Den Einzigen, mit dem ich über alles reden konnte, so wie er sich mir in allen Dingen anvertrauen durfte. Obwohl ich Abu Dschihad länger kannte und häufiger traf, war mir Hayel näher. Allein die Tatsache, dass er zwei Tage nach dem Tumult in der Frankfurter Universität zu mir gekommen war, die vierzehn Kilometer auf sich genommen hatte und nun auf der anderen Straßenseite stand, als ich gerade einkaufen gehen wollte, und mir zuwinkte … Bald darauf war er nach Langen in ein Nachbarhaus der Dugas umgezogen; fortan trafen wir uns beinahe jeden Morgen bei ihm und frühstückten wie daheim, weil seine Schwester aus Damaskus regelmäßig alle Zutaten schickte, die man für ein arabisches Frühstück braucht. Diese Gewohnheit hatten wir in Tunis wieder aufleben lassen und das morgendliche Beisammensein genauso genossen wie damals in Langen. Nun war mit dem Tod von Abu Iyad auch die zweite Säule der Fatah zusammengebrochen, und ich musste auf einen Freund verzichten, der in dieser harten und nicht selten unerbittlichen Welt der Politik für mich Freundschaft und Menschlichkeit verkörpert hatte.

Für mich hat es keinen wie Hayel gegeben.

Viel Text und wenig Substanz?

Das Oslo-Abkommen, das am 13. September 1993 in Washington unterzeichnet wurde, stellt den größten diplomatischen Erfolg in der neueren Geschichte Palästinas dar, weil es uns siebenundzwanzig Jahre nach dem Sechstagekrieg die Rückkehr aus dem tunesischen Exil in die besetzten Gebiete erlaubte. Zwei Erwartungen verknüpften sich mit diesem Vertrag: die Aussicht auf einen eigenen, souveränen Staat noch vor dem Jahr 2000 und die auf friedliche Nachbarschaft mit Israel. Aber zunächst einmal die Vorgeschichte, eine Zeit fieberhafter diplomatischer Initiativen.

Eigentlich durfte man sich von der Nahost-Friedenskonferenz, die am 10. Oktober 1991 im Palast des spanischen Königs Juan Carlos in Madrid eröffnet wurde, einiges erhoffen. Endlich nahmen sich die USA und die Sowjetunion in einer gemeinsamen Anstrengung des Problems an, die Verhältnisse im Nahen Osten so zu gestalten, dass die Palästinenser zu ihrem wieder und wieder beschworenen Recht kämen. In Madrid sollte die alte Frage der Selbstbestimmung der Palästinenser geklärt werden, und womöglich würde man bei den Verhandlungen sogar bis zu einem Punkt gelangen, an dem ein Staat Palästina Kontur annähme.

George Bush senior, der am wenigsten israelfreundliche US-Präsident seit Kennedy, hatte es immerhin geschafft, die widerstrebenden Israelis an den Verhandlungstisch zu bringen. Die PLO war nicht geladen – darauf hatte Israel bestanden, und dieser Forderung hatte Bush bereitwillig nachgegeben –, sodass an ihrer Stelle eine Delegation aus Repräsentanten der besetzten Gebiete die palästinensische Seite vertrat, darunter Faisal Husseini, der führende Kopf des Aufstands, der immer noch andauerte. Von den vierzehn Mitgliedern dieser Delegation erhofften sich die USA, sie könnten die PLO als Partner im Friedensprozess auf Dauer ersetzen. Der Versuch, Arafat auf diese Weise endgültig kaltzustellen, wurde auch von manchen Europäern begrüßt. In Wirklichkeit jedoch waren die Mitglieder der palästinensischen Delegation allesamt Männer des Widerstands und Anhänger Arafats, nur dass sie (mit Ausnahme Faisal Husseinis) keine offizielle Funktion innerhalb der PLO innehatten.

(»Männer des Widestands« ist nicht ganz korrekt, weil der palästinensischen Delegation eine Frau angehörte, die christliche Politikerin Hanan Aschrawi. Frauen nahmen innerhalb der PLO überhaupt eine Stellung ein, die ihnen sonst in der arabischen Welt verwehrt wurde; bis heute bekleiden sie auch Führungspositionen. Der Grund dafür ist der beträchtliche Anteil an Christen unter den Palästinensern. Genannt seien nur drei herausragende Namen: Remonda Tawil, die Mutter von Arafats Frau Suha und Verfasserin des Buchs *Mein Gefängnis hat viele Mauern*, sowie Dr. Sumaya Nasser und Viola Raheb.)

So groß die Erwartungen an diese Konferenz waren – die Gespräche liefen ins Leere. Später gab der israelische Ministerpräsident Yitzhak Schamir, ein Likud-Politiker und Befürworter Groß-Israels, freimütig zu, er habe auf jahrelange, fruchtlose Verhandlungen gesetzt, um in der Zwischenzeit den Siedlungsbau ungestört vorantreiben zu können. Auch die Hoffnung der USA, die PLO vom Verhandlungstisch fernhalten und womöglich ganz ausschalten zu können, erfüllte sich nicht. Mit einem spektakulären Coup bekannte sich die palästinensische Delegation zur PLO, als sie unter großem Jubel im Juni 1992 mit Arafat in Amman zusammentraf und Hanan Aschrawi vor den Fernsehkameras ihren Kopf zur

Begrüßung an Arafats Schulter legte. In diesem Augenblick dürfte auch dem Letzten klargeworden sein, dass die PLO nicht zu umgehen war.

Das wichtigste Ergebnis der Madrider Konferenz lag meines Erachtens darin, dass wir Palästinenser überhaupt dabei waren, dass die Welt von uns sprach und es am Rande, nämlich auf den Fluren des Konferenzgebäudes, erstmals zu einem direkten Meinungsaustausch zwischen Palästinensern und Israelis gekommen war. Viel war das nicht; am Ende hatte sich eben doch Yizhak Schamir durchgesetzt, der nur unter dem Druck der USA teilgenommen hatte und nur in der Absicht angereist war, die Verhandlungen irgendwann platzen zu lassen. Vielleicht hätte die Konferenz dennoch einen anderen Verlauf genommen, vielleicht wäre in Madrid tatsächlich etwas in Gang gekommen, wenn nicht im letzten Augenblick ein Plan gescheitert wäre, den wir in Deutschland entwickelt hatten.

Urheber dieses Plans war Hans-Jürgen Wischnewski. Nicht nur, dass Ben Wisch im Nahen Osten über die besten Kontakte verfügte, er war auch derjenige deutsche Politiker, der es mit den Vertretern beider Seiten gleich gut konnte, der enge Beziehungen zur Führungsriege der israelischen Arbeiterpartei unterhielt, die um diese Zeit erstmals eine Koalition mit dem Likud eingegangen war, und von Rabin und Peres genauso gern empfangen wurde wie von Arafat, mit dem ihn eine herzliche Freundschaft verband. Diesmal hatte Wischnewski seine Beziehungen so geschickt spielen lassen, dass es Anfang 1992 fast zu einer Sensation gekommen wäre: Es war ihm nämlich gelungen, ein Treffen zwischen Arafat und dem israelischen Außenminister Peres einzufädeln. Den direkten Mittelsmann bei dieser Aktion hatte Israel Gatt gespielt, der israelische Vertreter bei der Sozialistischen Internationalen. Tatsächlich waren Arafat und Peres zu einer geheimen Unterredung bereit, obwohl das israelische Kontaktverbot natürlich auch für Vertreter der israelischen Regierung galt. Wischnewski und ich wollten bei ihrem Treffen in Tunis dabei sein, und Israel Gatt sollte uns begleiten.

Der kam auch, und wir saßen abends noch lange in Köln bei Wischnewski zusammen. Unsere Maschine sollte am nächsten Morgen fliegen. Doch in der Nacht rief Ben Wisch bei mir zu Hause an. »Pech gehabt, Abdallah«, sagte er. »Peres wird nicht kommen.« – »Warum?« – »Schamir hat gedroht, die Koalition platzen zu lassen, wenn Peres sich auf ein Treffen mit Arafat einlässt.«

Arafat war enttäuscht, wir alle waren enttäuscht. Wie üblich waren es die Palästinenser gewesen, die den Kontakt gesucht hatten, wie üblich hatten die Israelis ihn gescheut. Aber natürlich brauchten wir die Israelis dringender als sie uns.

Beinahe übrigens wären die Israelis in diesem Jahr den PLO-Führer ganz ohne eigenes Zutun losgeworden. Am 7. April 1992 geriet Arafats Flugzeug nämlich auf dem Weg von Khartum nach Tunis in einen ungewöhnlich starken Sandsturm, musste in der libyschen Wüste notlanden und prallte in eine Sanddüne. Aufklärungsflugzeuge entdeckten die gestrandete Maschine erst fünfzehn Stunden später an der Grenze zum Tschad. Die beiden Piloten und ein Techniker waren tot, doch Arafat und seine Begleiter hatten überlebt. Arafat war sogar mit relativ leichten Verletzungen davongekommen – beim Aufprall war er aus dem Flugzeug geschleudert worden.

Während Arafat in ein Krankenhaus nach Tripolis gebracht wurde, ging, wie schon so manches Mal, die Nachricht um die Welt, dass er wider Erwarten am Leben sei. Uns fiel ein Stein vom Herzen. Die Stunden zuvor hatte im Zentralkomitee helle Aufregung geherrscht, erstmals hatten wir fast einen Tag lang mit seinem Tod rechnen müssen, und jedem war in den bangen Stunden der Ungewissheit bewusst geworden, dass Arafat nicht zu ersetzen wäre. Als ich ihn im Krankenhaus bcsuchte, wehrte er sich ausnahmsweise gegen eine Umarmung. Er hatte zwar keine Knochenbrüche erlitten, aber jede Menge Prellungen, die bekanntlich besonders schmerzhaft sind.

Wischnewski setzte seine diplomatischen Bemühungen nach dem Scheitern der Madrider Konferenz fort und flog nach Israel, wo er von Peres und Rabin empfangen wurde, der Schamir als Ministerpräsident abgelöst hatte. Nach seiner Rückkehr warnte mich Wischnewski: »Ich habe das Gefühl, dass Rabin daran denkt, mit den Syrern Verhandlungen aufzunehmen. Peres dagegen scheint weiterhin Gespräche mit den Palästinensern vorzuziehen. Ich habe dafür plädiert, mit euch zu sprechen, weil Arafat die Schlüsselfigur für alle Entwicklungen in der Region ist. Sollte es zu einem Abkommen mit Syrien kommen, wird das eure Position schwächen.«

Wie es aussah, hatte sich Rabin also etwas Neues einfallen lassen, um Arafat auszuschalten; offenbar sollten jetzt die Syrer als zweite Führungsmacht des Nahen Ostens durch ein separates Friedensabkommen genauso neutralisiert werden wie zuvor die Ägypter. Das verhieß für die Zukunft nichts Gutes. Ich jedenfalls versprach mir damals von dem neuen israelischen Ministerpräsidenten keinerlei Fortschritt für den Friedensprozess – Rabin, der unter den Palästinensern nur »der Knochenbrecher« hieß, umgab nach meinem Empfinden eine Aura der Brutalität. Später, nach der Unterzeichnung des Oslo-Abkommens, bin ich ihm einmal begegnet und fand es nach wie vor unbegreiflich, dass ausgerechnet dieser Mann uns das Tor zu Palästina aufgestoßen hatte. Er machte an jenem Abend keinen Hehl aus seiner Verachtung für Arafat, ließ seinen Launen freien Lauf und kehrte bei jeder Gelegenheit den überheblichen Israeli heraus. 1992 wies jedenfalls noch nichts auf seine Wende vom rücksichtslosen Militär zum Vorkämpfer einer Verständigung zwischen Palästinensern und Israelis hin.

Ich kann mir vorstellen, dass es für diesen Sinneswandel zwei Gründe gab. Erstens: Rabin war mit seinem Latein am Ende. Er hatte alles versucht. Er hatte es mit der Hamas versucht – und nicht geschafft. Er hatte es mit den israelfreundlichen Bürgermeistern im Westjordanland versucht – und nicht geschafft. Er hatte versucht, die PLO an der Teilnahme in Madrid zu hindern – und war auch damit gescheitert. Und schließlich hatte er versucht, die Syrer durch ein Separatabkommen nach ägyptischem Vorbild zu einer noch härteren Haltung gegenüber der PLO zu bewegen – und war auch damit nicht weitergekommen, weil die Syrer zu hohe Forderungen stellten. Gut möglich, dass das Repertoire seiner strategischen Schachzüge damit erschöpft war.

Und zweitens: Die internationale Entwicklung könnte die Israelis zu einem Kurswechsel gezwungen haben, denn die Zwei-Staaten-Lösung wurde mittlerweile von allen sozialistischen Parteien weltweit gefordert. Die Sozialistische Internationale bestand auf einem Dialog zwischen Israel und der PLO, der Generalsekretär der Sozialisten, der Chilene Luis Ayala, wirkte während seiner gesamten Amtszeit auf diesen Dialog hin, und selbst der französische Staatspräsident Mitterrand forderte die Israelis auf, Arafat endlich als Gesprächspartner anzuerkennen. Mit anderen Worten: Israel stand 1992 zum ersten Mal in seiner Geschichte unter dem moralischen Druck der Weltöffentlichkeit.

Was auch immer den Ausschlag gegeben haben mag, Rabin entschloss sich jedenfalls zu dem unerhörten Schritt, direkte Verhandlungen mit der PLO aufzunehmen, und am 20. Januar 1993 setzten sich erstmals palästinensische und israelische Unterhändler an einem Tisch zusammen. Der norwegische Außenminister Johan Jørgen Holst hatte ein Schloss in den Wäldern bei Oslo zur Verfügung gestellt, wo sich die beiden Delegationen ungestört unterhalten konnten, er bewährte sich auch weiterhin als unermüdlicher Vermittler. Diese Gespräche waren geheim – so geheim, dass nicht einmal die Amerikaner etwas ahnten und nicht einmal ich als Mitglied des Zentralkomitees etwas davon mitbekam. Im Grunde handelte es sich dabei um eine Abwandlung von Wischnewskis Idee eines Treffens zwischen Arafat und Peres, das am Widerstand Schamirs gescheitert war. Schaltstelle und Leiter der Verhandlungen war auf unserer Seite Mahmud Abbas, der später vor dem Weißen Haus auch seine Unterschrift unter den Vertrag setzte. Er darf als einer der Väter dieses Vertrags bezeichnet werden.

In der Nähe von Oslo handelte man nun also einen Plan aus, der die schrittweise Übernahme des Gazastreifens und des Westjordanlands durch die PLO regeln sollte. Ursprünglich war daran gedacht, mit Gaza den Anfang zu machen, dann wurde auf Drängen Arafats auch Jericho einbezogen, um den Zusammenhang zwischen beiden Landesteilen herzustellen. Und im August legten die Verhandlungsführer ein unterschriftsreifes Abkommen vor, das den Palästinensern die Gründung eines eigenen Staates in Aussicht stellte! Damit verbunden war die gegenseitige Anerkennung der PLO und Israels – der Schritt, auf den die Welt so lange gewartet hatte.

Die Sensation war perfekt. Die Israelis schienen ihren Traum von Groß-Israel aufgegeben zu haben. Kein Mensch hatte damit gerechnet. Die Amerikaner fühlten sich überrumpelt, doch Präsident Clinton war klug genug, dieses Abkommen sofort zu seiner Sache zu machen, und am 13. September 1993 kam es zu der historischen Begegnung im Garten des Weißen Hauses: Abbas und Peres unterschrieben im Beisein von Bill Clinton den Vertragstext, Arafat und Rabin besiegelten ihn anschließend durch Handschlag (was Rabin, für jedermann sichtbar, einige Überwindung kostete). Welch ein Bild! Fast zwanzig Jahre nach Arafats Auftritt vor der UNO in New York nun also diese fünf Männer vereint vor der Kulisse des Weißen Hauses in Washington: Bill Clinton, Schimon

Peres, Yizhak Rabin, Abu Mazen und Arafat, der diesmal sogar seine Pistole abgelegt hatte (nicht ganz freiwillig, wie man später erfuhr).

Im Rückblick muss man sagen, dass sich dieser Triumph einer selten glücklichen Konstellation in der Geschichte verdankte. Denn sowohl die Amerikaner, die doch gewissermaßen die Rolle der Schicksalsmacht im Nahen Osten für sich reklamierten, als auch die Araber, die sich in der Palästinafrage eigentlich zuständig fühlten, hatten keinerlei Einfluss auf diese Entwicklung gehabt. Wer hier – außer den beiden Hauptbeteiligten – zum Zuge gekommen war, das waren die Europäer, denen die USA gewöhnlich argwöhnisch auf die Finger schauten, wann immer ihre Politiker im Nahen Osten aktiv wurden. Seit den 70er-Jahren jedoch hatten die Europäer den geringen Spielraum, den die Amerikaner ihnen zugestanden, klug genutzt. Am Ende war es Norwegen gewesen, das es geschafft hatte, Israelis und Palästinenser zusammenzubringen – aber wie viele diplomatische Vorstöße der verschiedensten europäischen Staaten wie einzelner Politiker waren dieser Einigung vorausgegangen, wie vieler Begegnungen in Deutschland, in Europa, hatte es bedurft, um diesem Vertrag den Weg zu ebnen!

Die Ansichten über diesen Vertrag gingen indes weit auseinander. Weniger in Israel, wo die Knesset das Oslo-Abkommen trotz heftiger Siedlerproteste mit großer Mehrheit annahm, als vielmehr in der arabischen Welt und nicht zuletzt in der PLO.

Noch bevor die Amerikaner in Kenntnis gesetzt wurden, ließ Arafat im Zentralkomitee die Katze aus dem Sack – und löste damit eine der heftigsten Debatten in der Geschichte der Fatah aus. An diesem Tag hätte man kein Streichholz entzünden dürfen, so spannungsgeladen war die Atmosphäre im Sitzungsraum. Ich gehörte zu denen, die das Oslo-Abkommen begrüßten; Faruk Kadumi und andere hingegen lehnten es kategorisch ab. Kadumis Einschätzung, dass die Israelis die Palästinenser täuschen und ins Leere laufen lassen würden, sollte sich sogar als zutreffend erweisen, nur tat das in diesem Augenblick, wie ich fand, nichts zur Sache.

Was Kadumi nicht einsehen wollte: Uns blieb gar keine andere Wahl. Wer sich auf Verhandlungen einlässt, muss nicht vom guten Willen seines Verhandlungspartners überzeugt sein, aber er muss ihn voraussetzen – bei jeder Verhandlung ist, ungeachtet aller womöglich berechtigten Bedenken, stets viel guter Glaube im Spiel. Wer verhandelt, geht notgedrungen davon aus, dass es den Versuch allemal lohnt. Kadumi aber hatte grundsätzliche Zweifel am guten Willen der Israelis und hätte den bewaffneten Kampf nach Oslo am liebsten fortgeführt, doch war diese Option noch weniger Erfolg versprechend als die, sich auf dem Verhandlungswege anzunähern.

Am Ende sprachen sich neun dafür und neun dagegen aus. Das Zentralkomitee war also gespalten, aber ein Zerwürfnis wurde vermieden. Die Gegner des Abkommens ließen sich einstweilen nicht umstimmen, doch sie votierten auch nicht dagegen – sollte Arafat mit diesem Vertrag eben sein Glück versuchen … Das war der alte Stil des Zentralkomitees: Kam es einmal nicht zum Konsens, versuchte wenigstens keiner, einen Beschluss zu torpedieren, an dem Arafat viel lag. Im Übrigen urteilten auch andere skeptisch. Als ich Wischnewski den Text des Oslo-Abkommens zeigte, lautete sein Kommentar: »Viel Text und wenig Substanz. Nicht gut. Aber ein Anfang.« Und ganz ähnlich urteilte der deutsche Außenminister Klaus Kinkel: »Viel Papier, aber schwer umsetzbar.«

Beide hatten recht. Das Osloer Abkommen war an Unverbindlichkeit kaum zu übertreffen – einer der Gründe, warum seither wenig von dem in Gang gekommen ist, was wir uns seinerzeit davon versprachen. Im Kern verpflichtete es die Israelis zum Rückzug aus den besetzten Gebieten innerhalb einer

Frist von fünf Jahren – doch wie verbindlich waren die entsprechenden Paragrafen? Und warum war keine Rede von einem Ende des Siedlungsbaus, warum wurden jene palästinensischen Gefangenen mit keinem Wort erwähnt, die zu Tausenden in israelischen Gefängnissen festgehalten wurden? Vielleicht hätte uns schon misstrauisch stimmen müssen, dass das Osloer Abkommen in der Knesset kaum Widerspruch hervorgerufen hatte. Aber uns blieb nichts anderes übrig, als im Vertrauen auf die ehrlichen Absichten der Israelis alles auf diese eine Karte zu setzen.

Und trotzdem … Trotz aller berechtigten Skepsis und ungeachtet aller späteren Enttäuschungen – das Abkommen von Oslo markierte den Anbruch einer neuen Epoche. Noch drei Wochen vor der Unterzeichnung in Washington hatte sich Außenminister Kinkel auf seiner Nahostreise geweigert, Arafat zu treffen, weil er sich wie die meisten Europäer den Standpunkt der Amerikaner zu eigen gemacht hatte und offizielle Kontakte zur PLO strikt ablehnte. Umso ungeheuerlicher war, was sich in den Monaten unmittelbar nach der Unterzeichnung abspielte. Schon im Oktober 1993 erhielt ich eine Einladung zu einem Abendessen mit dem norwegischen Außenminister Johan Jørgen Holst, ausgerichtet von den Amerika-Freunden der Atlantik-Brücke, deren Vorsitzender Walther Leisler Kiep von der CDU mich vermutlich noch einen Monat zuvor keines Blickes gewürdigt hätte. Und als Ende November bei mir das Telefon klingelte, war es jemand vom Auswärtigen Amt mit einer Einladung ins Büro des deutschen Außenministers.

Ich wagte kaum daran zu glauben, dass Kinkel wahrhaftig mit mir sprechen wollte – nicht in seiner Eigenschaft als FDP-Mitglied, sondern in seiner Funktion als Außenminister der Bundesrepublik Deutschland! Dass es, mit anderen Worten, so weit war. Nach über zwanzig Jahren, in denen ich als PLO-Vertreter in Bonn eine Existenz im politischen Halbschatten

310

geführt hatte, je nach den Umständen mal zur Kenntnis genommen und dann wieder ignoriert. Dazu fällt mir eine kleine, aber typische Begebenheit aus den 80er-Jahren ein – der Tag, als sich das Korps der arabischen Botschafter zu einer Demarche im Auswärtigen Amt entschloss.

Irgendetwas war vorgefallen, das ihnen diesen Schritt notwendig erscheinen ließ, und man war übereingekommen, mich mitzunehmen, obwohl es gegen die diplomatischen Spielregeln verstieß. Als wir das Amt betraten, erwarteten uns gleich hinter dem Eingang zwei Beamte, die ich gut kannte. Einer von ihnen kam auf mich zu und begann in höflichem Ton eine belanglose Unterhaltung. Die Botschafter ließen sich nicht aufhalten, und als sie im Gebäude verschwunden waren, gesellte sich der zweite Beamte zu uns. »Herr Frangi«, sagte er, »Sie wissen, wie sehr wir Ihre Person schätzen. Aber Sie können den Außenminister nicht im Verein mit den Botschaftern treffen.«

Nun gut, ich kehrte um. Was war schon geschehen? Nichts Ungewöhnliches. Eine kleine, diplomatisch korrekte Demütigung nur ... Und trotzdem. Vorfälle dieser Art nagten an mir.

Und damit sollte es nun vorbei sein. Offen gesagt, wir waren euphorisch. Mit stolzgeschwellter Brust marschierten meine Mitarbeiter und ich am 3. Dezember ins Außenministerium ein, und ich bin sicher: Die Beamten dort, die uns kannten und viele Jahre unauffällig auf diesen Augenblick hingearbeitet hatten, waren kaum weniger glücklich als wir. Auch Kinkel wirkte irgendwie erleichtert, empfing uns mit großer Freundlichkeit und machte uns mit den neuen Gegebenheiten vertraut. Erstens nämlich habe man sich in der Absicht, unser Bonner Büro diplomatisch aufzuwerten, mit den europäischen Partnern auf die Bezeichnung »palästinensische Generaldelegation« geeinigt – »das kommt einem nicht ganz so leicht über die Lippen wie ›Generaldelegation Palästina‹, aber ich glaube, Sie werden damit zurechtkommen.« Des Weiteren habe man sich darauf verständigt, dass wir vor unserem Büro von nun an die palästinensische Flagge hissen dürften. Und drittens sei man innerhalb der Bundesregierung übereingekommen, Präsident Arafat nach Deutschland einzuladen ...

Wir schwollen vor Glück dermaßen an, dass die Welt für uns zu klein war.

Arafat in Bonn

Ja, es war der Anbruch einer neuen Epoche. Für uns Palästinenser, aber auch für die Deutschen, die sich womöglich gar nicht einzugestehen wagten, wie erleichtert sie waren. Aber mir fiel es auf. Jedenfalls habe ich die Reaktionen auf Arafats ersten Staatsbesuch in der Bundesrepublik, die Neugier auf ihn und die Bereitschaft, sich von seinem Charme gefangennehmen zu lassen, so gedeutet. Nur Bundeskanzler Kohl machte da anfangs eine Ausnahme.

Ein Knoten war geplatzt. Seit dem Zweiten Weltkrieg hatte das Damoklesschwert des Antisemitismusvorwurfs über Deutschland geschwebt, hatte sich die deutsche Politik wie die deutsche Öffentlichkeit in allen Fragen des Nahostkonflikts die strengste Zurückhaltung auferlegt und jede Stellungnahme vermieden, die in Israel als anstößig empfunden werden konnte. Nun, da die Israelis selbst mit ihrer Unterschrift unter dem Oslo-Abkommen grünes Licht für eine Lösung der Palästinafrage gegeben hatten, die den meisten Deutschen gerecht und seit Langem geboten erschien, durfte man sich auch in diesem Land öffentlich zu seiner Sympathie für die palästinensische Sache bekennen. Darüber hinaus wurden nach dem Oslo-Abkommen in Deutschland Energien freigesetzt, die ein einzigartiges Engagement zur Folge hatten: Kein anderer Staat der Europäischen Gemeinschaft leistete im Lauf der Zeit einen bedeutenderen Beitrag zum Aufbau Palästinas als die Bundesrepublik Deutschland.

Meiner Ansicht nach brach sich darin nicht nur ein lange Zeit unterdrücktes Gerechtigkeitsgefühl Bahn. Selten ausgesprochen, waren sich die Deutschen wohl auch gegenüber den Palästinensern einer besonderen Verantwortung bewusst, wie sie Theo Sommer 1982 in der *Zeit* zur Sprache gebracht hatte: Ohne den Holocaust wäre den Palästinensern möglicherweise die Vertreibung mit ihren furchtbaren Folgen erspart geblieben. Ohne den Holocaust, möchte ich hinzufügen, hätte Israel zumindest niemals ein moralisches Recht beanspruchen können, das das Völkerrecht außer Kraft zu setzen vermag. Es war wohl nicht zuletzt diese moralische Komponente der deutsch-palästinensischen Beziehungen, die – nach der Wiedergutmachung für Israel – in Bonn so etwas wie eine Fürsorgepflicht für Palästina aufkommen ließ. Deshalb ließ ich keine Gelegenheit ungenutzt, in Deutschland für die Umsetzung des Oslo-Abkommens zu werben.

Alle sechs Besuche, die Arafat der Bundesrepublik Deutschland zwischen 1993 und 2000 abstattete, waren für mich Anzeichen für die besondere Anteilnahme der Deutschen am Schicksal Palästinas – von den Politikern wurde Arafat nicht nur mit allen Ehren, sondern fast wie ein alter Freund empfangen, und in der Öffentlichkeit löste Arafat, wo immer er auftauchte, Kundgebungen uneingeschränkter Sympathie aus. Lediglich in einer protokollarischen Frage schlug sich die alte deutsche Unsicherheit gegenüber den Palästinensern nieder: Der Titel, den man Arafat im offiziellen Besuchsprogramm beilegte, wechselte von Besuch zu Besuch, obwohl sich an seiner Funktion in der Zwischenzeit nichts geändert hatte.

Als »der Vorsitzende des Exekutivkomitees der PLO« wurde er 1993 bezeichnet. 1995 entschied man sich für »der Vorsitzende der Palästinensischen Autonomiebehörde«. Dann ging man zu »der Präsident der Exekutivbehörde des Palästinensischen Rats« über, und seinen Höhepunkt erreichte das verzweifelte Ringen um Unanfechtbarkeit mit der Bezeichnung »der Präsident des Exekutivrats der Palästinensischen

Selbstverwaltungsbehörde«. In solchen Verrenkungen schlug sich die Behutsamkeit nieder, zu der sich die deutsche Diplomatie immer noch gezwungen sah, wenn es darum ging, Verwicklungen mit Israel aus dem Weg zu gehen. Uns war die Bezeichnung gleichgültig – Hauptsache, »Yassir Arafat« war richtig geschrieben. Und zugegeben, der »Präsident« war schon ein bisschen gemogelt, denn eigentlich stand der Autonomieverwaltung kein Präsident zu. Aber klang »Vorsitzender« unverfänglicher? Nachdem sich die Sache eingespielt hatte, fanden sich die Deutschen mit der Bezeichnung »Präsident« ab, und heute, da man die Scheu vor den Reaktionen der Israelis überwunden hat, wird Abbas grundsätzlich als »Präsident« bezeichnet. Empfangen wurde Arafat in Deutschland jedenfalls von Anfang an wie ein Präsident, mit demselben protokollarischen Aufwand, der auch für einen Bill Clinton später in Berlin betrieben wurde.

Doch zurück zu den Ereignissen des Jahres 1993. Als Erstes hissten wir die palästinensische Flagge, unter großem Applaus und in Anwesenheit des Generalsekretärs der Arabischen Liga, der eigens für diese Zeremonie aus Kairo angereist war. Journalisten wollten später bemerkt haben, dass ich Tränen in den Augen hatte; auf jeden Fall war es einer der erhebendsten Augenblicke meines Lebens. Dann flog ich nach Tunis und redete mit Arafat. Und nur vier Tage nach unserem Empfang bei Außenminister Kinkel, am 7. Dezember 1993, wurde Arafat vom Protokollchef der deutschen Regierung um 11.30 Uhr auf dem militärischen Teil des Flughafens Köln/Bonn willkommen geheißen. Es war sein erster Staatsbesuch nach der Unterzeichnung des Oslo-Abkommens.

Arafat – von der Bundesregierung hofiert! Die Palästinenser in Deutschland konnten es kaum fassen. Was mir selbst besonderes Vergnügen bereitete: Auch jene, die Arafat früher konsequent aus dem Weg gegangen waren, bestürmten mich in den Tagen zuvor, weil sie sich die Abendveranstaltung mit

Arafat in der Godesberger Stadthalle auf keinen Fall entgehen lassen und Eintrittskarten sichern wollten.

Das Programm der nächsten zwei Tage war dicht und eng: nach kurzem Hubschrauberflug zum Gästehaus der Bundesregierung auf dem Petersberg um 12.30 Uhr die erste Unterredung zwischen Kinkel und Arafat, anschließend Mittagessen in Anwesenheit des israelischen Botschafters Avi Primor sowie der Botschafter Ägyptens und Jordaniens – jener beiden arabischen Staaten, die als Einzige diplomatische Beziehungen zu Israel unterhielten –, um 15.45 Uhr Treffen mit den übrigen arabischen Botschaftern und um 17.50 Uhr Abflug zum Kanzleramt.

Was mich in diesen zwei Tagen immer wieder beeindruckte, war die Dynamik eines solchen Staatsbesuchs. Es galt die höchste Sicherheitsstufe. Arafat und seine Begleiter absolvierten jeden Ortswechsel in Hubschraubern des Bundesgrenzschutzes, womit auch den beengten Verhältnissen in Bonn Rechnung getragen wurde, und jedes Mal, wenn die Hubschrauber aufstiegen, brach der ganze Tross aus Journalisten, Sicherheitsleuten, Ärzten und so weiter in seinen Fahrzeugen auf und steuerte das nächste Ziel an. Solange Arafat in der Luft war, war am Boden alles in Bewegung, wenn Arafat landete, sammelte sich wieder alles – es war eine pulsierende Masse von Hunderten von Menschen, beherrscht von dem einzigen Gedanken, Arafat auf den Fersen zu bleiben.

Für das Gespräch mit Bundeskanzler Kohl hatte das Protokoll eine Stunde anberaumt. Tags zuvor war ich mit Kohls außenpolitischem Berater und engen Vertrauten, Joachim Bitterlich, alle Punkte durchgegangen, die ihm wichtig erschienen – die Themen, die angeschnitten werden sollten, die Umgangsformen, an die Arafat gewöhnt war und die er selbst an den Tag legte, seine Vorlieben und seine Empfindlichkeiten … irgendwann hatte ich den Eindruck, der deutsche Bundeskanzler bereite sich auf den Besuch eines Außerirdischen vor. Trotzdem kam es während der Unterredung mit Kohl zu einer Irritation.

Er habe ein Geschenk für das palästinensische Volk, ließ Kohl seinen Gast wissen, einen Krankenwagen für Notoperationen, sozusagen einen Operationssaal auf Rädern. Arafat bedankte sich höflich, fragte aber sogleich, ob er einen zweiten Krankenwagen dieser Art für Gaza haben könne – Arafat war in dieser Hinsicht gänzlich unbefangen, geriet indes bei Kohl an den Falschen. »Ich bin nicht der Weihnachtsmann«, entgegnete er trocken. Der marokkanische Dolmetscher zögerte einen Augenblick, warf mir einen fragenden Blick zu und fand dann eine weniger schroffe Formulierung für Kohls Ablehnung. Ansonsten verlief das Gespräch freundlich, man sprach hauptsächlich über den Iran, Kohl hatte viele Fragen dazu. Dennoch wirkte der deutsche Kanzler reserviert, als könne er seinen Gast nicht richtig einordnen, doch Arafat, der für Stimmungen sehr sensibel war, übersah Kohls Befangenheit. Immerhin vermied Kohl weitere Formfehler und verabschiedete seinen Gast nach der veranschlagten Stunde höflich an der Tür des Kanzleramts.

Auf der kurzen Fahrt zum Hubschrauber, der ihn nach Bad Godesberg bringen sollte, zückte Arafat Stift und Notizblock und schaute mich an. Er hatte die Gewohnheit, sich ständig Notizen zu machen – »Schlechte Tinte auf Papier ist immer noch besser als jedes Gedächtnis«, pflegte er zu sagen. »Was hat Herr Kohl gesagt?« Ich wusste, was er meinte. »Das war unwichtig«, wiegelte ich ab. »Was ... hat ... Kohl ... gesagt?« Ich sagte es ihm. Arafat notierte sich Kohls Antwort – und kam nie mehr darauf zurück.

Zweitausend Menschen füllten die Godesberger Stadthalle. Wer einen Sitzplatz gefunden hatte, konnte sich glücklich schätzen – noch einmal ebenso viele mussten stehen. An diesem Abend ließen sich keine Regierungsmitglieder sehen, aber ein Großteil des Auswärtigen Amts war gekommen, und auch Kinkels Vorgänger Genscher saß im Publikum. Da zahlreiche Palästinenser erschienen waren, herrschte eine fast ausgelassene Stimmung, und Arafat fühlte sich wie auf einem fliegenden Teppich.

Er sprach, wie üblich frei, und ich übersetzte. Er hatte mich darum gebeten, weil ich ihn kannte, ihm jede Nuance einer Aussage vom Gesicht ablesen konnte und weil ich wusste, welche Klippen es gegebenenfalls zu umschiffen galt. Dieser deutsche General des 19. Jahrhunderts zum Beispiel ... der Satz, mit dem Arafat ihn zitierte, war an sich unverfänglich, aber ich kannte ja die Deutschen – nur nichts Militärisches! –, und beschloss, den »General« vorsichtshalber durch einen »bekannten deutschen Politiker« zu ersetzen. Arafat merkte das und erntete ein großes Lachen, als er sich daraufhin grinsend ans Publikum wandte, auf mich zeigte und sagte: »Er übersetzt falsch! Das war nicht korrrekt!«

Im weiteren Verlauf seiner Rede sprach er von seinem Stolz auf die palästinensischen Frauen, die sich am Widerstand beteiligt hatten, die auch ohne ihre Männer, die im Gefängnis saßen, die tausendfachen Schwierigkeiten des Alltags unter israelischer Besatzung gemeistert hatten, die in vielen Fällen sogar der PLO angehörten ... und krönte seine Hymne auf die palästinensische Frau mit einem Zitat des großen Dichters Mahmud Darwisch: »Die Frau ist die Wächterin des heiligen Feuers.« Wieder so ein Fall, dachte ich. In dem Gedicht von Darwisch klang dieser Satz schön, doch in einer Rede vor einem deutschen Publikum ergab er nicht den gewünschten Sinn. »Das werde ich nicht mehr übersetzen«, sagte ich zum Publikum gewandt. Der Saal lachte, und Arafat warf mir einen milde strafenden Blick zu, wohl wissend, dass er sich auf diesem für ihn fremden Parkett auf mich verlassen konnte. Und so hielten wir es in diesen beiden Tagen grundsätzlich: Wann immer er auf etwas hinauswollte, das seine deutschen

318

Zuhörer missverstehen könnten, raunte ich ihm eine kurze Warnung zu, und er schwenkte sofort um.

Alles in allem hatte Arafat aber wieder einmal bewiesen, dass er auch ein fremdes Publikum für sich einzunehmen verstand, und all jene, die früher einen Bogen um ihn gemacht hatten, zeigten sich nun, da sie ihn zum ersten Mal persönlich erlebten, durchweg beeindruckt. Wir waren daher bester Laune, als wir die Stadthalle verließen, und eine große Gesellschaft folgte meiner Einladung nach Meckenheim, wo Benita schon alles vorbereitet hatte.

Wir waren ja an lange Gästelisten gewöhnt, wir hatten in Meckenheim immer ein offenes Haus, und Benita war ohnehin die beste Gastgeberin, die man sich vorstellen konnte. Jetzt teilte sie sich diese Rolle mit ihm; Arafat ließ es sich nämlich nicht nehmen, während des Essens selbst die Schüsseln aufzutragen, den Lachs zu servieren, von einem zum anderen zu gehen, einige Worte mit Johannes Rau oder mit Hans-Dietrich Genscher zu wechseln, sich wie mein Vater früher um jeden Einzelnen am Tisch zu kümmern und mir das Zeichen zu geben, Wein nachzuschenken, sobald er ein leeres Glas entdeckte. Er selbst rührte nie einen Tropfen Alkohol an, doch durfte in seiner Anwesenheit getrunken werden. Er selbst war ja ein geradezu begnadeter Gastgeber, aufgrund seiner Großzügigkeit, aber auch aufgrund seiner großen Begabung als Unterhalter.

Seine Fähigkeiten als Erzähler wurden, wenn er sich auf Englisch verständigen musste, nur durch einen brutalen ägyptischen Akzent geschmälert, der ihn für seinen Gesprächspartner indes nicht unsympathischer machte (er war ja in Ägypten aufgewachsen und hatte dort auch studiert). Leider stieß er im Englischen gelegentlich an seine Grenzen, sodass ich einspringen und aus dem Arabischen übersetzen musste, was in der Regel dann der Fall war, wenn er einen Witz erzählen oder besonders charmant sein wollte. Dennoch stand

Arafat, an diesem ersten wie an allen weiteren Abenden bei uns, natürlich unangefochten im Mittelpunkt – seine Lebensgeschichte und seine Ausstrahlung machten ihn eigentlich in jeder Gesellschaft zur herausragenden Figur.

Am folgenden Tag ging es ohne Pause von einem Termin zum anderen. Auf das Frühstück mit Entwicklungshilfeminister Carl-Dieter Spranger folgte ein Gespräch mit Vertretern der deutschen Wirtschaft, dann ein Empfang bei der Deutsch-Arabischen-Gesellschaft durch Jürgen Möllemann, anschließend eine Sondersitzung des Auswärtigen Ausschusses des Bundestags, die Bundespressekonferenz im Hotel Tulpenfeld und ein Besuch bei der Friedrich-Ebert-Stiftung, dem sich ein großes Abendessen anschloss, sodass es 22 Uhr wurde, bevor Arafat seinen Rückflug antrat.

Mit Genugtuung zogen wir nach diesem ersten Staatsbesuch Bilanz. Zu jeder öffentlichen Veranstaltung hatten sich Hunderte eingefunden, viele junge Deutsche darunter, der Saal der Friedrich-Ebert-Stiftung war brechend voll gewesen, und auch die Vertreter der Wirtschaft hatte Arafat für sich einzunehmen gewusst, indem er immer wieder den Zusammenhang zwischen wirtschaftlichem Aufbau und Frieden herausstellte. Etwas salopp formuliert könnte man sagen: Arafat hatte nun seine Affäre mit den Deutschen – und die Deutschen ihre Affäre mit ihm. Bezeichnend war für mich ein Bild, das sich uns wenige Monate später vom Hubschrauber aus bot: Die Begegnung mit den Wirtschaftsvertretern hatte Arafat eine Einladung des Autobauers Daimler-Benz nach Stuttgart eingetragen, die ihn schon im Mai des folgenden Jahres wieder nach Deutschland führte, und beim Anflug auf das Mercedes-Werksgelände sahen wir kaum ein Fenster, an dem nicht winkende Menschen gestanden hätten. Wie aus dem Gedächtnis gelöscht schien der Terrorist, der hässliche Palästinenser, der einmal die Vorstellung der Deutschen beherrscht hatte. Der ganze Besuch war in einer nahezu familiären Atmosphäre verlaufen, und die Presse hatte ihn mit Wohlwollen, ohne gehässigen Unterton, kommentiert.

Arafat seinerseits hatte diese beiden Tage genossen. Er hegte ohnehin eine Vorliebe für Deutschland, das ihm seit jeher als bewundertes Vorbild vor Augen stand, wegen des Wiederaufbaus nach dem Zweiten Weltkrieg vor allem, nicht zuletzt aber auch wegen des Aufbaus Ost. Jetzt, nach diesem Empfang, rechnete er fest mit deutscher Hilfe und wurde nicht enttäuscht.

»Ich brauche dich in Deutschland«

Mit dem Oslo-Abkommen hatte sich Israel verpflichtet, als
ersten Schritt den Gazastreifen und die Stadt Jericho im Westjordanland zu räumen und beide Gebiete der PLO zu übergeben. In absehbarer Zeit würde Arafat dort einziehen, und ich
hatte ihn gleich nach der Abstimmung im Zentralkomitee
wissen lassen, dass ich Wert darauf legte, ihn auf seiner Reise
nach Palästina zu begleiten. Ich war im Gazastreifen aufgewachsen, hatte die Orte meiner Jugend, das Haus meines Vaters und den Orangenhain unserer Familie seit dem Sechstagekrieg 1967 nicht mehr betreten dürfen und konnte kaum
erwarten, an der Seite Arafats zurückzukehren.

Eines Nachts rief mich ein Freund aus Tunis in Meckenheim an. »Abu Amar macht sich gerade auf den Weg nach
Gaza.« Es war halb 3 Uhr morgens. Ich wählte sofort Arafats Nummer. »Abu Amar, wir haben doch ausgemacht, dass
ich dich nach Gaza begleite ...« Arafat reagierte unwirsch.
»Was meinst du, wie es hier zugeht. Meine Brüder im Zentralkomitee machen mir Vorwürfe, es hagelt Kritik von allen
Seiten ...« Tatsächlich durchlebte er ungemütliche Zeiten,
die Kämpfe im Zentralkomitee waren noch lange nicht aus-
gestanden. »Vergiss die anderen«, unterbrach ich ihn, »ich
rede von mir.« – »Gut«, sagte er, »dann treffen wir uns in
Kairo.« – »Wann?« – »Morgen.« Also heute. Ich besorgte
mir umgehend einen Flug nach Rom und einen Anschlussflug
nach Kairo, wo ich um 11 Uhr vormittags landete, noch vor
Arafat.

Nachdem auch er eingetroffen war, folgten wir einer Essenseinladung, die Präsident Mubarak ausgesprochen hatte. Anschließend flogen wir in seiner Maschine mit ihm nach El Arish, wo wir in Autos umstiegen, die uns nach Rafah brachten, und am Nachmittag des 1. Juli 1994 betraten wir den Boden des freien Palästina. Womit ich nicht gerechnet hatte: Ein Großteil meiner Familie erwartete mich in Rafah. Sie waren in zwei Bussen angereist, um mich abzuholen, und nun konnte ich natürlich nicht anders, als den Rest der Strecke bis Gaza mit ihnen zurückzulegen.

Von nun an bewegten wir uns durch ein Spalier aus palästinensischen Fahnen und riesigen Arafat-Porträts. Erregte Menschen säumten den Straßenrand. Wer glaubte an diesem Tag nicht, zu träumen? Siebenundzwanzig Jahre lang hatte jeder mit schweren Strafen rechnen müssen, der eine palästinensische Flagge hisste; nun war der Gazastreifen in Grün, Weiß, Schwarz und Rot getaucht. Eine ganze Generation von Palästinensern erfuhr an diesem Tag zum ersten Mal in ihrem Leben, was Freiheit ist, und auch mir weitete sich das Herz, auch ich sog begierig die kostbare Luft der wiedererlangten Freiheit ein. In Gaza angekommen, besuchte ich als Erstes das Grab meines Vaters, bevor ich nachmittags zu der Großveranstaltung ging, auf der Arafat sprechen sollte.

Es war ein furchtbar heißer Tag, die Luftfeuchtigkeit außerordentlich und der Andrang gewaltig – schätzungsweise 100 000 Menschen hatten sich unter der glühenden Sonne auf der riesigen Freifläche am Stadtrand von Gaza versammelt. Als Arafat erschien, gab es für sie kein Halten mehr, die Menge durchbrach die Absperrungen, ließ sich auch von dem Polizeicordon vor der Tribüne nicht aufhalten und machte ihrer Begeisterung ein ums andere Mal in Sprechchören Luft. Ich hielt mich am Rande. Durchgeschwitzt und übermüdet, wie ich war, bekam ich von Arafats Rede wenig mit, schloss mich aber Arafats Mannschaft an, als man anschließend zur ersten Sitzung in ein Hotel fuhr.

An der Stirnseite des Saales waren Tische hufeisenförmig aufgestellt. In der Mitte, flankiert von den Mitgliedern des Zentralkomitees, saß Arafat. Ich nahm rechts außen Platz. Etwa 150 Fatah-Funktionäre füllten den Saal. Als Arafat zu sprechen begann, wirkte er euphorisch, berauscht von der Aussicht auf einen Neubeginn. Er stand auf, lief gestikulierend hinter dem Tisch auf und ab, erinnerte in beschwörenden Worten an das Schicksal seines Volkes, rekapitulierte die atemberaubende Entwicklung der letzten Monate, brachte seine Freude darüber zum Ausdruck, nach so vielen Jahren endlich dem Ziel so nahegekommen zu sein, ging dann zu den Herausforderungen der Zukunft über und ließ eine kühne Vision auf die andere folgen. »Die Zeit ist gekommen«, sagte er. »Wir werden aus Gaza ein zweites Singapur machen! Wir werden uns mit aller Kraft dem Aufbau des Westjordanlandes widmen! Wir werden zu einem Staat kommen, um den uns andere arabische Völker beneiden werden!« Und wie er so auf und ab ging, auf seine Zuhörer einredend, beinahe deklamierend, musste ich an Napoleon Bonaparte denken. Ich sah Napoleon vor mir, wie er in einem historischen Augenblick große Worte für die neuen Aufgaben einer neuen Zeit findet.

Als Arafat zum Schluss gekommen war, meldete sich unter den Zuhörern ein junger Mann zu Wort, ein groß gewachsener, sportlicher Typ, der nun mit beträchtlichem rhetorischem Talent die Fortschritte der jüngsten Vergangenheit so auslegte, als hätten wir Israel mit Waffengewalt zum Nachgeben gezwungen, als wäre das Oslo-Abkommen ein Ergebnis unserer militärischen Erfolge. Er erhielt großen Beifall dafür, und mit einem Mal entstand im Saal eine Stimmung zugunsten der Fortsetzung des militärischen Widerstands, was im krassen Widerspruch zu Arafats Absicht stand, die Leute auf Frieden und eine diplomatische Vorgehensweise einzuschwören. Arafat unterbrach ihn. Der Mann war aber nicht zu beirren, woraufhin einige Sicherheitsoffiziere Anstalten machten, ihn vor die Tür zu setzen. Es kam Unruhe auf – hinderte man uns etwa daran, frei zu reden? Im nächsten Moment schritt Arafat ein und warf seine eigenen Sicherheitsleute hinaus. Damit waren die Sympathien wieder auf seiner Seite, und nun redete er weiter, griff den Vorfall auf und machte den Frieden innerhalb der Bewegung zu seinem Thema. Er appellierte an die Versöhnungsbereitschaft jedes Einzelnen, rief zur Einigkeit auf, erinnerte an das ungeschriebene Gesetz der Fatah, Kontroversen nie so weit zu treiben, bis es zur Spaltung kommt. »Wir sind Brüder!«, rief er aus, holte die nach draußen verbannten Sicherheitsleute in den Saal zurück und wies sie in scharfem Ton an, sich bei Meinungsverschiedenheiten künftig herauszuhalten.

Es war eine Herkulesaufgabe, vor der Arafat an diesem Tag stand, die sich ihm auch weiterhin stellte, denn der nun eingeschlagene Weg verlangte von ihm, Menschen für eine friedliche Politik und wirtschaftliche Anstrengungen zu gewinnen, die siebenundzwanzig Jahre unter israelischer Besatzung gelebt und gelitten hatten. Er selbst war frei von Verbitterung, umso tiefer saß sie in den Herzen des palästinensischen Volkes. Doch wenn einer sich darauf verstand, Menschen so anzusprechen, dass sie ihren inneren Widerstand aufgaben und ihm folgten, dann Arafat. Ohne ihn wäre die Umstellung der palästinensischen Politik vom militärischen Widerstand auf eine konstruktive Politik wahrscheinlich gescheitert.

Bei aller Liebe zu Deutschland – ich empfand meine Rückkehr nach Gaza als eine Heimkehr. Bald nach meiner Ankunft suchte ich den Orangenhain auf, den mein Vater 1956 gekauft hatte. Er gehörte immer noch meiner Familie. An seinem östlichen Rand steigt das Grundstück an, und von dieser Anhöhe aus ist in der Ferne das Mittelmeer zu sehen. Da oben habe ich in den nächsten Wochen oft gesessen. Es gibt alle Sorten von Apfelsinen, Zitronen und Clementinen dort, die man nur von den Bäumen zu pflücken braucht, und zwischen den Orangenbäumen war es herrlich kühl, unablässig wehte eine frische Brise vom Meer herüber. Am äußersten Rand, zur israelischen Grenze hin, standen mächtige Zedern, die den kleineren Orangenbäumen Schatten spendeten; mein Vater hatte sie gepflanzt. Bei einem ihrer letzten Angriffe 2009 sind israelische Soldaten mit Bulldozern gekommen und haben diese Zedern umgerissen, eine nach der anderen. Warum? Weil sie ihnen zu nahe an der Grenze standen, weil sie befürchteten, Terroristen könnten sich in ihrem Schatten verstecken, weil … ach, die Israelis brauchen eigentlich keinen Grund.

Das Haus, das mein Vater gebaut hatte, stand noch; ein Monument der Unverwüstlichkeit aus dem Geist eines Mannes, der in endlosen Generationenfolgen dachte. In den nächsten Jahren stockten wir es um vier Etagen auf – die zweite baute mein Bruder Mohammed, die dritte ich, die vierte der Sohn meines jüngeren Bruders Abdel Samia. Und mit der fünften und letzten erfüllte ich mir den Wunsch, ein Penthouse mit geräumiger Küche und weitläufigem Salon zu haben, in dem man leicht sechzig, siebzig Leute bewirten kann. Benita reiste an, blieb für ein paar Wochen, und wir träumten von einem Leben, das sich zwischen den beiden Polen Gaza und Meckenheim abspielen würde – zumindest für mich, der ich an das Hin- und Herreisen gewöhnt war, hätte es keine große Umstellung bedeutet.

Damals, im Juli 1994, stand jedenfalls für mich fest: Ich würde in Gaza bleiben. Gleich nach Arafats großer Rede hatte ich mich an der Vorbereitung der ersten Konferenz der Fatah beteiligt und war überzeugt, Arafat mit meiner Erfahrung auf dem Gebiet der Organisation beim Aufbau solider, demokratischer Strukturen von Nutzen sein zu können. Hatte ich nicht all die Jahre auch für meine eigene Rückkehr gekämpft? Ich war immer noch Palästinenser – die deutsche Staatsbürgerschaft zu beantragen habe ich nie in Erwägung gezogen. Ich hatte lange genug in Deutschland gelebt, jetzt waren wir fast am Ziel, und ich wollte beim Zieleinlauf dabei sein.

Anfang September rief Arafat mich spätabends noch in sein Büro, das, direkt am Strand gelegen, tagsüber den Blick aufs Mittelmeer freigab. Unser Gespräch zog sich bis 2 Uhr morgens hin. »Ich brauche dich in Deutschland«, sagte er, »nicht hier.« Deutschland sei ein großes, wichtiges Land, das uns obendrein alle Türen geöffnet habe – wir müssten nur noch hindurchgehen. Die Unterstützung der deutschen Politiker sei uns zwar sicher, jetzt gehe es aber in erster Linie um die Unterstützung seitens der deutschen Wirtschaft. »Die wirst *du* organisieren«, sagte er. Ich war nicht begeistert. Entziehen konnte ich mich dem Auftrag Arafats indes nicht. Also besprachen wir im Einzelnen, wie unter den neuen Verhältnissen von Bonn aus vorzugehen wäre, und kamen zu dem Ergebnis: Wir ergreifen auch den kleinsten Finger, der uns gereicht wird. Jeder, der in Deutschland Interesse an Palästina bekundet, von jeder Partei, jeder Hilfsorganisation, jeder Kirche, jeder Stiftung, wird nach Palästina eingeladen und von Arafat empfangen. Er, Arafat, werde sich für jeden Gast aus Deutschland Zeit nehmen.

Arafats strategische Überlegungen leuchteten mir ein. Wir brauchten unter den Europäern verlässliche Partner – vor allem angesichts der Herausforderung, ein funktionierendes Staatswesen gewissermaßen aus dem Boden zu stampfen. Ich teilte Arafats Einschätzung, dass die Deutschen bereit wären, die Rolle eines zuverlässigen Partners zu übernehmen; dann würde man auch jemanden brauchen, der die deutsch-palästinensische Zusammenarbeit ankurbelt und koordiniert.

Natürlich brach ich meine Zelte in Gaza, die ich eben erst aufgeschlagen hatte, wieder ab und ging zurück nach Deutschland. Schließlich konnte ich jederzeit für Tage oder Wochen in Gaza Zwischenstation machen – und tat es auch. Mit Benita, die mal Baschar, mal Muna mitbrachte, mit deutschen Freunden, mit Staatsgästen vor allem.

Tatsächlich waren es von allen Europäern die Deutschen, die sich nach 1994 am häufigsten in Palästina sehen ließen.

Als hätten sie nur darauf gewartet. Und selbstverständlich wollte jeder, der kam, Arafat treffen, der nun auch wirklich jeden empfing. Das galt genauso für Gäste aus anderen Ländern, doch mit deutschen Besuchern hatte Arafat bei Weitem am häufigsten zu tun. Vielleicht war das auch historisch zu erklären, denn schon zu Beginn des 20. Jahrhunderts hatten die Deutschen im alten Palästina zahlreiche Einrichtungen ins Leben gerufen und Kirchen, Krankenhäuser und Schulen wie die Schmidt-Schule oder die Talita-Kumi-Schule, beide in Ost-Jerusalem, gebaut. Jedenfalls unterhielt die palästinensische Verwaltung schon bald zu keinem Land der westlichen Welt bessere und intensivere Beziehungen als zur Bundesrepublik.

Die Deutschen nahmen sich der jahrzehntelang vernachlässigten Infrastruktur des Gazastreifens und des Westjordanlands an und bauten in den folgenden Jahren Klärwerke, Tiefbrunnen, Müllverbrennungsanlagen und Straßen. Die Städte Ramallah und Hebron verdanken ihre Trinkwasserversorgung der Bundesrepublik. Deutsche Experten halfen, die Verwaltung der Autonomiebehörde aufzubauen, schulten Beamte, bildeten Polizisten aus. GIZ (Gesellschaft für internationale Zusammenarbeit, früher GTZ) und KfW (Kreditanstalt für Wiederaufbau) engagieren sich bis heute stark in Palästina, die SPD-Politikerin Heidemarie Wieczorek-Zeul ließ als Bundesministerin für wirtschaftliche Zusammenarbeit und Entwicklung auf ihren ersten Besuch in Palästina einen zweiten folgen. Und ich hatte das Gefühl, dass meine Arbeit in Deutschland bisher lediglich ein Vorspiel gewesen war, dass sich nun alle Erfahrungen auszahlten, die ich seit 1962 gesammelt hatte. Viele Besucher nahm ich persönlich in Palästina in Empfang, flog ein paar Tage vorher hin, besprach mit unseren Leuten das Programm, und dann konnten sich beide Seiten darauf verlassen, dass es zu einer herzlichen und fruchtbaren Begegnung kommen würde.

Obwohl mittlerweile über siebzig, ließ Hans-Jürgen Wischnewski in seinem leidenschaftlichen Engagement für die palästinensische Sache nicht nach. Schon bei Arafats erstem Besuch in Bonn hatte er aus dem Hintergrund Regie geführt,
war allgegenwärtig, blieb einfach sitzen, wenn die eine Besu-
chergruppe ging, und saß schon da, wenn die nächste kam.
Nach 1994 nutzte er jede Gelegenheit, sich in Palästina umzu-
sehen, als Mitglied offizieller Delegationen oder als mein persönlicher Gast in Gaza.

Eines Tages lud er den Bürgermeister von Bethlehem nach
Deutschland ein und stellte ihn Norbert Burger vor, dem
Oberbürgermeister seiner Heimatstadt Köln. Aus dieser Begegnung ergab sich 1996 die Idee einer Städtepartnerschft
zwischen Bethlehem und Köln, der die Israelis allerdings niemals ihr Plazet erteilt hätten, wäre Tel Aviv nicht einbezogen
worden. Viele europäische Staaten hatten damals die Absicht,
solche Dreiecksbeziehungen anzuknüpfen, doch nur in diesem einen Fall kam sie zustande. Bald entwickelte sich ein leb-
hafter Austausch zwischen Bethlehem und Köln, die Bläck
Fööss traten im Geburtsort Jesu auf, und als dort eine Fuß-
gängerzone angelegt wurde, stiftete die Stadt Köln einen Ge-
denkstein, der ins Pflaster eingelassen wurde. 2003 wurde
dieser Stein, dessen Inschrift von der Freundschaft einer deutschen und einer palästinensischen Stadt kündete, von den
Ketten eines israelischen Panzers zermalmt.

Irgendwann nahmen die Israelis eine ablehnende Haltung
gegenüber Wischnewski ein, auch die Politiker der Arbeiterpartei, weil sie den Eindruck gewonnen hatten, er halte es mit
den Palästinensern. Umso enger wurden seine Beziehungen zu
Arafat. Bereits schwer krank und an den Rollstuhl gefesselt,
nahm Wischnewski nach Arafats Tod 2004 sogar den Flug
nach Kairo auf sich, um an der offiziellen Trauerzeremonie
teilzunehmen, doch war es ihm nicht vergönnt, seinem Freund
die letzte Ehre zu erweisen, weil die Maschine der deutschen

Delegation wegen des Andrangs von Flugzeugen aus aller Welt im Luftraum über Kairo nicht rechtzeitig landen konnte. Im Jahr darauf starb auch Ben Wisch.

Es herrschte nun eine allgemeine Aufbruchstimmung in den deutsch-palästinensischen Beziehungen. Noch im selben Jahr 1994 eröffnete die Bundesrepublik – vor allen anderen Staaten – eine Vertretung bei der Autonomiebehörde in Jericho. Ihr erster Chef war Martin Kobler, ein ungemein engagierter Mann. Selbst wenn es Probleme mit palästinensischen Waren in israelischen Häfen gab, wenn Importe nicht hereingelassen wurden, wenn palästinensische Schnittblumen auf den Hafenkais von Jaffa zu vertrocknen drohten, war Martin Kobler zur Stelle, und während der Bauarbeiten am Flughafen in Rafah war er ständiger Gast auf der Baustelle. Er legte einen Eifer an den Tag, als ginge es um sein eigenes Land; mit ihm zu arbeiten war die reine Freude. Ähnliche Erfahrungen machten wir auch mit seinen Nachfolgern.

Rasch machte es sich jede deutsche Delegation, die sich in Israel aufhielt, zur Gewohnheit, auch die palästinensischen Autonomiegebiete zu besuchen. Außenminister Kinkel kam nach Gaza, wo er in einem Flüchtlingslager mit Schülern am Strand Basketball spielte. Er galt als proisraelisch, bezeichnete dennoch die israelische Siedlungspolitik in seinen Pressekonferenzen als eine Gefahr, war voll guten Willens und tat alles, was in seinen Kräften stand, um die Umsetzung des Oslo-Abkommens zu unterstützen. Johannes Rau (der Arafat vor dessen Eheschließung den freundschaftlichen Rat erteilt hatte, zu heiraten) besuchte Palästina sowohl als Ministerpräsident von Nordrhein-Westfalen als auch als Bundespräsident. Rau ließ sich dabei auch von einem persönlichen Beweggrund leiten. Wie jeder andere absolvierte er ein politisches Programm, legte zum Beispiel in Jenin den Grundstein zu einem Industriegebiet, wandelte als frommer Christ in Palästina aber auch auf den Spuren Jesu Christi und zeigte sich tief beeindruckt von seinem Besuch in der Geburtskirche zu Bethlehem.

Im Sommer 1995 reiste Bundeskanzler Kohl mit einer 70-köpfigen Delegation an und wurde von Arafat in Jericho mit ausgesuchter Freundlichkeit empfangen und bewirtet. Kohl kam aus Israel, war vorher mit Peres und Rabin zusammengetroffen, und Rabin hatte ihm bei dieser Gelegenheit ans Herz gelegt, Arafat nach Möglichkeit zu unterstützen. Vielleicht hatte es dieser Empfehlung bedurft, jedenfalls war Kohl wie ausgewechselt, legte seine frühere Reserviertheit vollständig ab und zeigte sich als guter Pfälzer, jovial und genussfreudig – fast hatte ich Angst, Arafat könnte ihn zu sehr umschmeicheln. Der »Weihnachtsmann« stand zwar immer noch in seinem Notizbuch, aber aus seinem Herzen hatte Arafat ihn getilgt.

Besondere Erwähnung verdient an dieser Stelle Carl-Dieter Spranger, damals Bundesminister für wirtschaftliche Zusammenarbeit und Entwicklung. Es war nämlich Spranger zu verdanken, dass die neuen palästinensischen Briefmarken wie auch die palästinensischen Pässe in Deutschland hergestellt wurden. Das Projekt ging auf eine Idee von Wischnewski und mir zurück, aber Spranger zögerte mit seiner Zusage nicht eine Minute, als ich ihm unseren Plan unterbreitete, obwohl sich die Kosten für die deutsche Regierung auf nicht weniger als 3 Millionen DM beliefen. Wischnewski sprach daraufhin mit Rüdiger Bock und Hans Zerbel von der Bundesdruckerei, ich bemühte mich um Künstler, die die Briefmarken gestalten sollten, und schließlich machten sich vier deutsche und drei palästinensische Künstler an die Arbeit. Das Ergebnis waren die schönsten Briefmarken der arabischen Welt, nicht zuletzt deshalb, weil die unbezahlbare Erfahrung der Bundesdruckerei auf technischem und künstlerischem Gebiet in unsere Briefmarken eingeflossen war.

Pässe und Briefmarken waren also ein Geschenk des deutschen Volkes an das palästinensische Volk, und ein großartiges

Geschenk, weil beides die Souveränität und Unabhängigkeit jenes Staates symbolisierte, der im Entstehen begriffen war. Arafat war über alle Maßen erfreut. Und wir revanchierten uns mit den »Freunden Palästinas«, einer Briefmarkenserie, die Arafat in einer Bildmontage mit den deutschen Politikern Gerhard Schröder, Johannes Rau sowie Hans-Jürgen Wischnewski zeigte. Der einzige nicht-deutsche Politiker, der auf diese Weise als Freund gewürdigt wurde, war der französische Staatspräsident Jacques Chirac. Die Zusammenarbeit mit der Bundesdruckerei war eines der erfolgreichsten deutsch-palästinensischen Projekte überhaupt, sie währte über Arafats Tod hinaus bis zum Jahr 2005.

Leider kam es bei der Auslieferung der Pässe 1996 zu einem Zwischenfall. Damals wurden nicht nur 1,5 Million Pässe in Lastwagen von Kairo nach Gaza transportiert, sondern auch die dazugehörigen Lesegeräte für die Überprüfung dieser Pässe, und während ich die Lieferung in Gaza-Stadt erwartete, hielten die Israelis den Transport in der Grenzstadt Rafah fest und zwangen die Fahrer, die gesamte Ladung von den Fahrzeugen herunterzuholen und in einem Gebäude der israelischen Armee unterzustellen. Als die Israelis die Ladung anderntags wieder freigaben, waren sämtliche Lesegeräte so stark demoliert, dass sie nicht mehr zu gebrauchen waren. Die Israelis gaben den Ägyptern die Schuld. Joachim Demitter von der Bundesdruckerei, der den Transport begleitete, war indes sicher, dass die Ägypter mit den Lesegeräten gar nicht in Berührung gekommen waren – er hatte die Ladung auf dem Flughafen von Kairo keinen Augenblick aus den Augen gelassen.

Der CSU-Mann Spranger, sicherlich kein Arafat-Freund der ersten Stunde, zeigte sich uns gegenüber jedenfalls außerordentlich hilfsbereit. Als er 1995 nach Gaza kam, gehörten seiner Delegation auch zahlreiche Vertreter der deutschen Wirtschaft an. Viele deutsche Konzerne sahen damals ihre Chance in Palästina, und etliche ließen sich bei ihren Angeboten sogar von offener Sympathie für das Projekt einer palästinensischen Staatsgründung leiten. So entwickelte Mercedes etwa kostenlos ein Konzept für die Verkehrsplanung in den Autonomiegebieten, und Thyssen-Krupp wurde bei Arafat mit einem Entwurf für kleine Industrieparks vorstellig, durch die, übers ganze Land verteilt, Arbeitsplätze geschaffen werden sollten; Siemens wiederum lieferte die Technik für den Flughafen in Rafah, und RWE (Rheinisch-Westfälisches Elektrizitätswerk) bildete Palästinenser in Kraftwerkstechnik aus. Mitte der 90er-Jahre ging es wirklich mit großen Schritten voran. Die Aufbruchstimmung teilte sich damals jedem Besucher mit, der Staat Palästina schien zum Greifen nahe, Baustellen bestimmten in Gaza das Bild. Arafat war zuversichtlicher denn je, fuhr unablässig von einem Projekt zur anderen und begutachtete zufrieden die Fortschritte. Seinerzeit sagte Spranger zu mir: »Sie haben sich durch einen Felsen aus Granit gebohrt.«

Arafat übrigens reiste noch mehrmals nach Deutschland – in den Jahren 1994, 1995, 1998 und 2000 als Gast der Bundesregierung, bei anderen Gelegenheiten auf private Einladung hin. Dazu noch eine Begebenheit, die Arafats Popularität in Deutschland illustriert.

Arafat hatte 1995 den Deutschen Medienpreis zugesprochen bekommen und in Baden-Baden entgegengenommen. Diese international anerkannte Auszeichnung wurde an Personen verliehen, die im Vorjahr für erfreuliche Schlagzeilen gesorgt hatten. François Mitterrand hatte sie als Erster erhalten, danach waren Helmut Kohl und Nelson Mandela, später auch Bill Clinton damit bedacht worden. 1996 folgte König Hussein auf Arafat als Preisträger, und diesmal war nicht nur Arafat erneut in Baden-Baden anwesend, sondern auch Peres, damals israelischer Ministerpräsident. Arafat wohnte in Brenner's Park-Hotel, wo 1963 schon Adenauer und de Gaulle abgestiegen waren und sich der Direktor Richard Schmitz nun persönlich um sein Wohlbefinden kümmerte.

Nach einem Gespräch unter sechs Augen hatte Arafat darauf bestanden, König Hussein zu seinem Auto zu begleiten, Peres schloss sich den beiden an, und als sie gemeinsam das Hotel verließen, sahen sie sich trotz der späten Stunde einer dichten Menschenmenge gegenüber, die bei ihrem Anblick prompt in Arafat!-Arafat!-Rufe ausbrach. Die einseitigen Sympathiekundgebungen brachten Arafat vielleicht nicht gerade in Verlegenheit, ließen ihm aber doch – wenigstens König Hussein gegenüber – eine Geste diplomatischen Feingefühls geraten erscheinen. Er nahm seinen alten Widersacher König Hussein also bei der Hand und machte mit ihm ein paar Schritte auf die Menge zu. Hussein, der Arafat an Charisma nicht viel nachstand, ließ sich diese brüderliche Geste gefallen, wandte sich ihm dann zu und sagte lächelnd: »Abu Amar, mir scheint, dich kennt hier wirklich jeder ...« Arafat winkte ab. »Nein, nein«, entgegnete er in seiner typischen Art, also durchaus herzlich, aber eben auch mit unverkennbarem Vergnügen an einer Situation, in der er seinen Charme ausspielen konnte, »all diese Menschen sind gekommen, um *dich* zu sehen.«

Die drei gingen dann, sehr zum Missfallen der Sicherheitsleute, gemächlichen Schrittes durch die freudig-erregte Menge, bis die Wagenkolonne Husseins erreicht war – Peres übrigens mit einer Miene, die verriet, dass er von den anhaltenden Arafat!-Rufen nicht sonderlich erbaut war.

Erez Israel

Die Zeit des Hoffens und Träumens währte ganze zwei Jahre, von der Unterzeichnung des Oslo-Abkommens bis zu dem Tag, als Rabin auf einem nächtlichen Parkplatz in Tel Aviv von drei Schüssen in den Rücken getroffen wurde. Der Albtraum war nur unterbrochen, aber nicht von uns genommen. Nach Rabins Tod drängten in Israel Kräfte an die Oberfläche, in denen der alte Geist eines militanten Zionismus lebendig war, Kräfte, denen Frieden wenig und Land alles bedeutete. Sicher, auch Arafat machte Fehler – ich werde darauf zu sprechen kommen. Entscheidender für das Scheitern unserer Hoffnungen aber war, dass Israel von nun an nicht mehr den guten Willen aufbrachte, den wir bei den Verhandlungen in Oslo vorausgesetzt hatten. Stattdessen erlebten wir Regierungen, die ausschließlich in den militärischen Kategorien der Feindschaft, ja der Todfeindschaft dachten.

Aber der Reihe nach. Das Jahr 1994 endete mit der Verleihung des Friedensnobelpreises an Arafat, Rabin und Peres. Ich bedauerte, dass Abu Mazen, der Vater des Vertrags von Oslo, übergangen worden war, maß dem Preis aber keine große Bedeutung bei. Größere Aufmerksamkeit verdienten meiner Ansicht nach die israelischen Reaktionen auf die Preisverleihung: Rabin und Peres würden Schande über das Volk Israel bringen, indem sie sich den Preis mit einem Mörder teilen, ließ sich der Likud vernehmen. Mit dem »Mörder« war natürlich Arafat gemeint, der Mann, dessen Friedenspolitik von manchem im eigenen Lager als waghalsig, zumindest als vertrauensselig beurteilt wurde.

Rabin sah sich von nun an einer Hetzkampagne ausgesetzt. Die Anhänger Groß-Israels bezeichneten ihn als »Lakaien Arafats«, verglichen ihn mit Hitler und riefen dazu auf, ihn zu ermorden. Rabins Privathaus in Tel Aviv wurde Abend für Abend von militanten Nationalisten belagert, die in Sprechchören damit drohten, ihn aufzuhängen. Einmal wurde das Auto, in dem Rabin saß, von einer wütenden Menschenmenge angegriffen und durchgeschüttelt – ich sehe noch die Fernsehbilder vor mir, die Rabins versteinertes Gesicht hinter der Scheibe zeigten. Zu den schlimmsten Hasstiraden aber verstiegen sich zwei Männer, die schon bald die Regierungsgeschäfte in Israel übernehmen sollten, Benjamin Netanjahu und Ariel Scharon. In ihren Reden öffnete sich der Schlund der Hölle wie auf mittelalterlichen Darstellungen des Jüngsten Gerichts: Ein neues Auschwitz drohe, die Liquidation der israelischen Juden stehe bevor. Auf Demonstrationen führten ihre Anhänger Plakate mit, die den »Verräter« Rabin mal in der Uniform des SS-Führers Himmler, mal mit dem Palästinensertuch Arafats zeigten.

Wenn man verstehen will, welche Gefühle sich im Israel dieser Monate Bahn brachen, muss man die Argumentation der Rabin-Gegner näher in Augenschein nehmen. Da war zunächst das Wortpaar »Mörder – Verräter«, das sich nahtlos in den Kontext des Holocausts fügte, der wiederum mit den Reizwörtern »Auschwitz« und »Liquidation« beschworen wurde. Eine Strategie bestand also darin, die düsterste Vergangenheit als Modell für ebenso düstere Zukunftsvisionen zu benutzen und das Oslo-Abkommen als Vorboten der drohenden Auslöschung Israels zu interpretieren. Gleichzeitig aber bediente man sich eines weiteren Arguments, das die Holocaust-Assoziation völlig außer Acht ließ: Es sei ein frevelhafter Verrat an der historischen Bestimmung der Juden, Land an Nichtjuden abzutreten, das Gott dem Volk Israel verheißen und mithin zum ewigen Besitz gegeben habe. Die irrationale Dimension springt hier noch deutlicher ins Auge, denn die Bezugnahme auf einen göttlichen Willen verwandelt einen Flecken gewöhnlicher Erde buchstäblich in heiliges Land, das mit allen Mitteln gegen profane Rechtsansprüche verteidigt werden muss. Die zweite Strategie bestand mithin darin, aus einem höheren Recht eine unbedingte politische Verpflichtung abzuleiten.

Man bewegt sich hier offenkundig in einem Bereich, der sich jeder rationalen Auseinandersetzung entzieht, in dem gewissermaßen Himmel und Hölle in Bewegung gesetzt werden, um einen Zustand zu legitimieren, der sich im Licht der Vernunft betrachtet als ungerecht, ja, unheilvoll darstellt. Wer, wie die israelischen Friedensfreunde, mit sachlichen Argumenten dagegenzuhalten versucht, hat keine Aussicht auf Erfolg, weil die neuen Zionisten sich eines Arsenals von Bildern und Assoziationen bedienten, die brisanteste Seelenzustände ansprechen. Sie trafen mit ihrer Propaganda die beiden wunden Punkte der israelischen Mentalität, den der Vernichtungsangst und den der Daseinsberechtigung. Gekoppelt riefen beide Argumente die Vorstellung einer Verschwörung gegen Israel hervor, und in dem Maße, in dem sich diese Vorstellung durchsetzte, wurden die Stimmen der Vernunft in Israel leiser.

Noch gab es sie ja, die Stimmen der Vernunft, noch verschafften sie sich auch Gehör. So versammelten sich am Abend des 4. November 1995 rund 150 000 Menschen in Tel Aviv zu einer Friedenskundgebung auf dem Platz der Könige Israels, auf der auch Rabin als Redner auftrat. Es ist sicherlich kein Zufall, dass der Mörder diesen Augenblick wählte, in dem sich der Verständigungswille vieler Israelis so machtvoll aussprach. Jedenfalls lauerte er Rabin nach dieser Demonstration auf und ermordete ihn mit drei Schüssen in den Rücken.

Wir – ich und etwa dreißig weitere Führer der PLO, Zentralkomiteemitglieder, Funktionäre, Sicherheitsleute – hatten uns gerade zu einer Besprechung in Arafats Büro in Gaza getroffen, als uns die Nachricht von der Ermordung Rabins erreichte. Arafat reagierte für einen Moment fassungslos und brach dann in Tränen aus. Nie hatte ich Arafat so weinen gesehen. Er weinte hemmungslos. Die Tränen liefen ihm über die Wangen und blieben in seinen Bartstoppeln hängen oder tropften von seinem Kinn, und obwohl er der Einzige war, der weinte, schämte er sich dafür nicht, zog sich nicht zurück, weinte vor allen Leuten, unbekümmert darum, dass die Anwesenden ihn beinahe als höheres Wesen betrachteten, jedenfalls nicht als einen gewöhnlichen Sterblichen ansahen. Es schien, als könne er nie wieder aufhören zu weinen. Ich war tief gerührt. Allein für diese Tränen hatte Arafat schon den Friedensnobelpreis verdient.

Am liebsten hätte ich ihn umarmt und getröstet, was die öffentliche Situation natürlich nicht zuließ, was aber auch Unmut heraufbeschworen hätte, denn abgesehen davon, dass alle bedrückt waren, alle besorgt waren, reagierten nicht wenige auf Arafats Tränen verständnislos, ja, ausgesprochen verärgert. »Wie kannst du nur um Rabin weinen?«, bekam er zu hören. »Ich habe meinen Partner für den Frieden verloren«, hielt Arafat diesen Leuten entgegen. »Ich weiß, was ich sage. Es kommen schwere Zeiten auf uns zu.« Dann schwieg er und beteiligte sich auch nicht an der erregten Diskussion, die Rabins Tod unter den PLO-Führern an diesem Abend auslöste.

Im ersten Moment war unsere größte Sorge, der Täter könnte ein Palästinenser sein. Das hätte all unsere Hoffnungen im Nu zunichtegemacht. Die ersten Bilder des verhafteten Mörders schienen unsere Befürchtungen sogar zu bestätigen, denn der Mann sah tatsächlich wie ein Araber aus; umso erleichterter waren wir, dass sich der Attentäter als ein Jude aus dem Jemen herausstellte. So konnte Arafat es wagen, eine Woche später der Ehefrau des Ermordeten einen Besuch in ihrer Wohnung in Tel Aviv abzustatten. Bei dieser Gelegenheit betrat er zum ersten Mal israelisches Gebiet. Lea Rabin empfing ihn, Arafat nannte sie »meine Schwester«, und bis zu seinem Tod blieben beide einander freundschaftlich zugetan.

Der Mörder, Jigal Amir, gehörte einer ultraorthodoxen Richtung an, die sich Anfang der 90er-Jahre herausgebildet hatte. Von radikalen Rabbinern dazu ermuntert, begannen deren Anhänger damals in immer größerer Zahl, als Siedler im Westjordanland Fuß zu fassen. Das Oslo-Abkommen bezeichneten diese fanatischen Vorkämpfer eines Großisrael als Verrat an ihrer Vision, und der Mörder Rabins handelte in der festen Überzeugung, einen Verräter seiner gerechten Strafe zuzuführen. Seine Eltern waren aus dem Jemen nach Israel eingewandert, und der Täter war im Geist eines aggressiven Nationalismus erzogen worden. Auf keinen Fall handelte es sich bei ihm um einen verwirrten Einzelgänger, und auf jeden Fall gelang es ihm, mit drei Schüssen den Gang der Geschichte zu ändern.

Nicht, dass Arafat es mit Rabin leicht gehabt hätte. Anfangs weigerte sich Rabin einfach, die Abmachungen von Oslo umzusetzen. Arafat drängte, bat, bettelte, insistierte, und Rabin stellte sich taub. Dann kam es durch Vermittlung der USA und einiger europäischer Länder zu einem Treffen zwischen Rabin, Arafat und Mubarak sowie Vertretern der USA und Europas, und offenbar ließ sich Rabin auf dieser Zusammenkunft dazu überreden, Arafat ernst zu nehmen. Erstaunlich aber war, dass Rabin und Arafat sich im Lauf des Jahres 1995 auch menschlich näherkamen, jedenfalls legte der israelische Ministerpräsident seine herablassende Haltung nach und nach ab, und zum Zeitpunkt seiner Ermordung war das Verhältnis der beiden beinahe freundschaftlicher Natur.

Im Übrigen machte Rabin tatsächlich Anstalten, den Verpflichtungen nachzukommen, die sich für Israel aus dem Oslo-Abkommen ergaben. Ende September 1995 unterzeichneten Arafat und er in Washington ein Folgeabkommen, das die Erweiterung der palästinensischen Autonomie im Westjordanland über Jericho hinaus und den Rückzug der Israelis aus den Ballungsgebieten vorsah. Bei dieser Gelegenheit wurde eine Regelung getroffen, die bis auf den heutigen Tag beinahe unverändert gültig ist und das Schicksal der Palästinenser im Westjordanland bestimmt: die Aufteilung des Westjordanlands in drei Zonen unterschiedlicher Souveränität. In Zone A sollte die palästinensische Autonomiebehörde das alleinige Sagen haben – sie machte nicht mehr als 3 Prozent des Gebiets aus. Zone B sollte unter gemeinsamer palästinensisch-israelischer Kontrolle stehen – diese Regelung betraf 24 Prozent des Gebiets. Und Zone C, die alle jüdischen Siedlungen und israelischen Militärstützpunkte oder 73 Prozent des Gebiets umfasste, sollte weiterhin allein der israelischen Verwaltung unterstellt bleiben. Diese Aufteilung war als erster Schritt gedacht – für eine endgültige Übergabe sämtlicher Gebiete wurde in Washington das Jahr 1999 ins Auge gefasst. Es war ein zaghafter Anfang, doch noch sah es so aus, als ob Geduld belohnt würde. Nach und nach würden C-Zonen in B-Zonen und B-Zonen in A-Zonen umgewandelt werden ...

Nach der Ermordung Rabins übernahm sein Stellvertreter Schimon Peres die Regierungsgeschäfte. Den Schneid, die Wut der Siedler durch neue Impulse für den Friedensprozess auf sich herabzubeschwören, besaß er nicht, Peres war offensichtlich eingeschüchtert. Immerhin setzte er Rabins Politik schrittweiser Erleichterungen für die Palästinenser fort: Die Städte Jenin, Nablus und Bethlehem waren noch unter Rabin der Autonomiebehörde übergeben worden, Peres beorderte die israelische Armee auch aus Ramallah zurück. Dann setzte sich in den Wahlen vom Mai 1996 der Likud-Vorsitzende Benjamin Netanjahu gegen Schimon Peres durch, und damit siegten jene Kräfte, von denen wir einen kurzen Moment lang glauben durften, sie seien überwunden.

Arafats Tränen waren prophetische Tränen gewesen. Er hatte nicht nur einen Partner verloren, er war mit Rabins Tod, wie sich zeigen sollte, auch um die Früchte seines Lebenskampfes gebracht worden. Aus dem Abstand von sechzehn Jahren muss man sagen: Danach behandelte die israelische Politik die Palästinenser nur noch als ein Problem, das es mit Gewalt zu lösen galt. Danach erlebten wir nur noch die Überheblichkeit von Menschen, denen wir dankbar sein mussten, wenn sie überhaupt mit uns redeten. Wie hatte es Arafat genannt, als Rabin noch lebte? Den »Frieden der Mutigen«. Und zweifellos, angesichts der Anfeindungen, denen beide innerhalb des eigenen Lagers ausgesetzt waren, brauchte es mehr Mut zum Frieden als zum Krieg. Rabins Nachfolger brachten diesen Mut zum Frieden nicht mehr auf. Oder sollte man sagen: Sie brachten das Interesse am Frieden nicht mehr auf?

Die drei Ministerpräsidenten, die nun nacheinander die israelische Politik prägten, Benjamin Netanjahu (1996–1999), Ehud Barak (1999–2001) und Ariel Scharon (2001–2006), verfolgten jedenfalls ein einziges Ziel: alle Ansätze zu einem Staat Palästina im Keim zu ersticken. Für alle drei war das Abkommen von Oslo nur noch ein Aushängeschild, unter dem sie eine Politik betrieben, die in allen Punkten gegen dieses Abkommen verstieß. Und auch ihre Strategie war dieselbe: In allen öffentlichen Bekundungen bejahten sie einen Palästinenserstaat, da es in einer Welt, die diesen Staat seit Jahren forderte, nicht gut ankam, ihn rundweg abzulehnen – sobald es aber um Schritte zur Verwirklichung dieses Staates ging, stellten sie Bedingungen, die auf seine Verhinderung hinausliefen. Und unterdessen bemächtigten sie sich Quadratmeter um Quadratmeter jenes Bodens, auf dem wir unseren Staat gründen wollten. Mit ihrer Siedlungspolitik betrieben sie eine schleichende Eroberung des Westjordanlands, die viel weniger Empörung auslöste, als Militäraktionen hervorgerufen hätten, und daher bedeutend effektiver war. Bis zum heutigen Tag hat sich nichts daran geändert. Weiterhin verfolgt Netanjahu die Taktik, sich einerseits mit einem Palästinenserstaat einverstanden zu erklären und ihn andererseits an unannehmbare Bedingungen zu knüpfen, weiterhin treibt er die Landnahme unter der euphemistischen Bezeichnung des Siedlungsbaus voran. Das »Ja, aber« Netanjahus bedeutete zu keiner Zeit etwas anderes als ein »Nein, niemals«.

Die Schwierigkeiten, denen sich die palästinensische Politik von nun an gegenübersah, müssen vor dem Hintergrund der Ideologie gesehen werden, der sich diese drei Männer veschrieben hatten. Netanjahu ist in dieser Hinsicht ein besonders aufschlussreicher Fall, denn sein Vater war ein enger Freund und Weggefährte von Wladimir Zeev Jabotinsky, dem unerbittlichen Ultra-Zionisten und Chef-Ideologen von Erez Israel, dem Gründer der Jüdischen Legion im Ersten Weltkrieg, für den wir Palästinenser schlichtweg nicht existierten. Wie Jabotinsky träumte man im Elternhaus Benjamin Netanjahus von einem Großreich Israel in den Grenzen eines legendären Vorgängerreichs, das vor knapp drei Jahrtausenden untergegangen war. Netanjahu wuchs also im Klima eines aggressiven jüdischen Nationalismus auf, und dem Vernehmen nach fungiert sein Vater Benzion Netanjahu, der als über Hundertjähriger in Amerika lebt, bis auf den heutigen Tag als der wichtigste Ratgeber seines Sohnes.

In der Welt der radikalen Zionisten dreht sich alles um Erez Israel. Ursprünglich ist damit das Gelobte Land gemeint, dessen Besitz den Erzvätern von Gott selbst in Aussicht gestellt worden war. Wie wir schon mehrfach gesehen haben, begründet diese Verheißung die zionistische Vorstellung eines Staatsgebiets, das als Geschenk Gottes betrachtet wird und daher für alle Zeiten von Juden beansprucht werden darf. Heute ist Erez Israel die Chiffre für einen israelischen Staat in seiner größtmöglichen Ausdehnung. Ein Staat Palästina ist in dieser

Vorstellungswelt nicht vorgesehen, ja, im Grunde genommen haben nicht einmal Palästinenser darin Platz. Letzlich begegnen wir hier demselben Denken, das zur Kolonialisierung Afrikas und Asiens, zur Auslöschung der indianischen Kultur Amerikas und zur Entmündigung der Ureinwohner Australiens geführt hat. Das Weltbild der Zionisten war von der europäischen Arroganz des 19. Jahrhunderts geprägt, und wenn sie die Bewohner Palästinas überhaupt zur Kenntnis nahmen, dann nicht als Volk, sondern allenfalls als rückständige, unterentwickelte Bevölkerung, die sich bald mit einem Staat Israel abfinden würde – oder der überlegenen Zivilisation zu weichen hätte.

Barak und Scharon teilten die Position Netanjahus gegenüber den Palästinensern, hatten im Unterschied zu ihm aber eine militärische Karriere absolviert und waren schon als junge Offiziere an Kommandounternehmen gegen Palästinenser beteiligt gewesen. Beide waren bereits in Erscheinung getreten – Scharon unter anderem als Feldherr im Libanonkrieg von 1982, Barak vor allem als Chefplaner diverser Mordaktionen. Während Scharon unverhohlen feindlich auftrat – auch in der israelischen Öffentlichkeit überwog bei ihm der Eindruck der Brutalität –, verstand es Ehud Barak, sich als Mitglied der Arbeiterpartei lange Zeit ein liberales Mäntelchen umzuhängen. Tatsächlich hatte Barak in der Arbeiterpartei jedoch schon immer eine extremistische Außenseiterposition eingenommen und beispielsweise als Einziger gegen das Oslo-Abkommen gestimmt. Darum war es nur folgerichtig, dass er 2010 die Arbeiterpartei verließ und eine neue Partei gründete, die sich umgehend Netanjahu als Koalitionspartner andiente. Ich habe Barak in Interviews gelegentlich als Mini-Scharon bezeichnet, weil beide in ihrer Haltung gegenüber den Palästinensern keinen Unterschied erkennen ließen. Beide kannten nur die eiserne Faust; für beide spielte die Zahl der Opfer überhaupt keine Rolle, solange es sich nicht um Israelis handelte; beide waren, was Rücksichtslosigkeit angeht, vom selben Schlag.

Die politische Praxis Netanjahus ist hinreichend beschrieben, wenn man sagt, dass er jede Hoffnung auf Zusammenarbeit zunichtemachte. Im Folgeabkommen zum Oslo-Vertrag sah er eine »tödliche Falle für den jüdischen (!) Staat«. Formal daran gebunden, entwickelte er einen enormen Einfallsreichtum, sich seinen Verpflichtungen zu entziehen, stellte die Treffen mit Arafat ein und trieb den Siedlungsbau voran. Um eine Vorstellung davon zu geben, was das bedeutete, nur eine Zahl: Die 5000 jüdischen Siedler im Gazastreifen verbrauchten 40 Prozent des Wassers, eine Million Palästinenser teilten sich den Rest. Von den Amerikanern zu Gesten des Entgegenkommens gedrängt, ließ sich Netanjahu schließlich auf eine Begegnung mit Arafat im Grenzort Erez ein, an der ich teilnahm – sie verlief in eisiger Atmosphäre. Selbst der stets zuversichtliche Arafat war danach niedergeschlagen. Als wir später beisammensaßen, fasste er seinen Eindruck kopfschüttelnd in den Worten zusammen: «Er ist kein Partner für uns.«

Auch die Deutschen machten jetzt ihre Erfahrungen mit Netanjahu. An dieser Stelle seien zwei Beispiele dafür angeführt, wie Israel nun gegenüber Ausländern verfuhr, die durch ihr Engagement für Palästina auffielen.

Im ersten Fall hatte das Verteidigungsministerium den großzügigen Entschluss gefasst, die vollständige Ausstattung des Bundeswehrkrankenhauses Gießen im Wert von 7 Millionen DM den Palästinensern zu schenken. Sie sollte einem Krankenhaus in Khan Yunis im Gazastreifen zugute kommen und umfasste wirklich alles, vom Verbandsstoff über Krankenwagen bis zu Röntgen- und Ultraschallgeräten. Das Auswärtige Amt erklärte sich sogar bereit, die Frachtkosten zu übernehmen, die noch einmal mit 3,1 Millionen DM zu Buche schlugen. Das Ganze sollte in zwei Tranchen auf dem Seeweg nach Israel geschafft und dann über Land nach Khan Yunis transportiert werden.

Die erste Lieferung im Herbst 1996 verlief glatt. Bei der zweiten im Frühjahr 1998, die sich durch israelischen Widerstand ohnehin verzögert hatte, bestanden die Israelis bei der Einfuhr auf einer »Sicherheitsprüfung«. Als Nächstes machte sich der israelische Zoll daran, die Verpackungen mit Brecheisen zu zerstören und den Inhalt herauszureißen. Die deutschen Transportbegleiter erhielten die entnommenen Teile zwar zurück, aber zerlegt und wild durcheinandergewürfelt, sodass Fachkräfte eingeflogen werden mussten, die dann eine Woche lang damit beschäftigt waren, die demontierten Einzelteile zu identifizieren, zu sortieren und wieder zusammenzusetzen.

Die Israelis, die es auf dem Gebiet der kleinlichen Schikane gegenüber den Palästinensern längst zur Meisterschaft gebracht hatten, verschonten jetzt nicht einmal mehr europäische Lieferanten von Hilfsgütern mit ihrer Politik der Einschüchterung. Derselben Abschreckungslogik hatte schon die Zerstörung der Lesegeräte für palästinensische Pässe zwei Jahre zuvor gehorcht. Immerhin ging es in diesem Fall schließlich gut aus: Was wir von der Bundeswehr geschenkt bekommen hatten, reichte sogar für zwei Krankenhäuser – eines in Khan Yunis und eines in Gaza-Stadt. Am meisten verdankten die Patienten dieser Krankenhäuser Willibald Herchenbach (Bundesministerium für Verteidigung), Dr. Günter Mullak (Auswärtiges Amt) und Dr. Volker Beck (BMV).

Wer als Ausländer nach Palästina kam, musste damit rechnen, von den Israelis wie ein Palästinenser behandelt zu werden. Im zweiten Fall flog ich 1999 mit Karlheinz Kögel, dem Ausrichter des Medienpreises, nach Gaza. Seit geraumer Zeit spendete der Unternehmer Kögel großzügig für Kindergärten und Jugendclubs im Gazastreifen; ich hatte dafür gesorgt, dass seine Spenden bei den vorgesehenen Empfängern in einem Flüchtlingslager auch ankamen, und ihn eingeladen, sich anzuschauen, was wir von seinem Geld angeschafft hatten. Wir reisten in seinem Privatjet mit Kögel als Pilot. Nun ist der Gazastreifen schmal wie ein Handtuch, und wenn man bei der Landung auf dem Flughafen in Rafah auf Nummer sicher gehen wollte, musste man ihn in einer Kurve anfliegen, wobei es sich nicht vermeiden ließ, für kurze Zeit etwa 100 Meter tief in den israelischen Luftraum einzudringen.

Wir hatten den israelischen Luftraum noch nicht ganz erreicht, da tauchte links und rechts von uns je eine israelische F-16 auf, und im nächsten Moment hörten wir sie über unseren Lautsprecher brüllen: »Go West! Go West!« Karlheinz Kögel glaubte, mit ihnen reden zu können, und setzte zu einer Erklärung an, wurde aber sofort von noch lauterem Gebrüll unterbrochen: »Go West! Go West!« Ich flehte ihn an, auf der Stelle abzudrehen. Gott sei Dank reagierte er sofort. Hätte er weiter diskutiert, wären wir tot gewesen. Vor nicht allzu langer Zeit hatten die Israels eine libysche Verkehrsmaschine abgeschossen, die sich in den Luftraum über dem Sinai verirrt hatte.

Netanjahu schreckte vor absolut nichts zurück. Des amerikanischen Drucks überdrüssig, fuhr er in die USA und hetzte die jüdischen Organisationen gegen Clinton auf. Fassungslos und persönlich verletzt, setzte sich Clinton daraufhin für Ehud Barak ein, den Kandidaten der Arbeiterpartei, um eine neuerliche Regierung Netanjahu zu verhindern. Barak seinerseits stellte den Arabern Israels Zugeständnisse in der Frage der Unabhängigkeit in Aussicht – und gewann die Wahl des Jahres 1999.

Von Stund an blockierte Barak den Friedensprozess mit der gleichen Sturheit wie Netanjahu. Die Überführung von B-Zonen in A-Zonen, die Umwandlung von C-Zonen in B-Zonen, die Festlegung der Grenzen, die Klärung der Jerusalem-Frage, die Siedlungspolitik – in keinem Bereich gab es irgendeinen

Fortschritt. Es rächte sich jetzt, dass das Oslo-Abkommen die Klärung aller Fragen von grundlegender Bedeutung späteren Verhandlungsrunden überlassen hatte. Eigentlich hätte schon unter Netanjahu eine Lösung für folgende sechs Streitpunkte gefunden werden müssen:

- der Status Ost-Jerusalems
- die Rückkehr bzw. Entschädigung der Flüchtlinge
- die Festlegung des Grenzverlaufs
- die Hoheitsrechte
- das Problem der Wasserversorgung
- das Problem der illegalen jüdischen Siedlungen

Darüber hinaus waren längst Gespräche über die rund 10 000 Palästinenser fällig, die in israelischen Gefängnissen festgehalten wurden. Arafat war bereit, über alles mit sich reden zu lassen, von zwei Ausnahmen abgesehen: Nicht nur für ihn kam es keinesfalls infrage, Ost-Jerusalem als Hauptstadt aufzugeben oder Kompromisse in der Frage des Grenzverlaufs zu machen – kein Muslim dieser Welt hätte ihm verziehen, wenn er Ost-Jerusalem an Israel abgetreten hätte, kein Palästinenser wäre mit einem Gebietsverzicht einverstanden gewesen.

Als sich im siebten Jahr nach dem Oslo-Abkommen immer noch keine Fortschritte abzeichneten, unternahm Präsident Clinton im Sommer 2000 einen letzten Versuch, den Friedensprozess wiederzubeleben, und lud Arafat und Barak zu Gesprächen nach Camp David. Arafat war skeptisch. Aber nicht einmal er rechnete mit einem Bluff, wie Barak ihn jetzt inszenierte.

Clinton war überzeugt, Barak zu Kompromissen bewegen zu können. Und tatsächlich – vor seiner Abreise nach Amerika verkündete Barak seine Bereitschaft, 97 Prozent der besetzten Gebiete zurückzugeben, sogar über Ost-Jerusalem wolle er mit sich reden lassen! Und dann brachte es Barak in

Camp David fertig, Arafat, solange die Fernsehkameras liefen, mit ausgesuchter Höflichkeit zu behandeln, ihm auch noch den Vortritt beim Betreten der Tagungsstätte zu lassen – und von diesem Augenblick an kein Wort mehr mit ihm zu wechseln. Kaum war die Tür hinter den drei Delegationen der Amerikaner, Palästinenser und Israelis ins Schloss gefallen, behandelte er Arafat wie Luft und schickte Clinton vor. Zu verhandeln gab es allerdings nichts. Von einem Rückzug aus den besetzten Gebieten war keine Rede mehr, nicht einmal eine Umwandlung von C-Zonen in B-Zonen ließ er sich abringen, ein Siedlungsstopp wurde rundherum abgelehnt, und bezüglich Ost-Jerusalems machte er Arafat das Angebot, die Al-Aksa-Moschee auf dem Tempelberg behalten zu dürfen – der Boden, auf dem die Moschee stehe, gehöre allerdings Israel.

Barak hatte Arafat eine Falle gestellt, und Arafat war hineingetreten. Vor der Weltöffentlichkeit stand er jetzt als derjenige da, an dem die Verhandlungen gescheitert waren. Und Clinton, der sich nicht traute, Barak bloßzustellen, unternahm nichts, um den Irrtum aufzuklären. Das ganze Gipfeltreffen entpuppte sich als ein Komplott. Meines Erachtens liegt hier ein Versagen Clintons und ein Verrat an Arafat vor, der große Stücke auf Clinton gehalten hatte.

Wenige Monate später wurde Bill Clinton von George W. Bush als Präsident der Vereinigten Staaten abgelöst. Es sah so aus, als würden wir das Oslo-Abkommen in alle Ewigkeit vor uns herschieben.

Die Nahostpolitik der USA

Die Welt hat sich längst daran gewöhnt, dass Israel und die USA in einem einzigartigen Verhältnis zueinander stehen. Aber so vertraut das Zusammenspiel zwischen beiden Ländern ist – in der UNO, im Weltsicherheitsrat, eigentlich bei jeder Gelegenheit –, gibt die Natur dieses Verhältnisses doch Rätsel auf. Nicht nur als Palästinenser hofft man immer wieder auf ein Machtwort der USA, und immer vergeblich. Woran liegt es, dass sich die Supermacht USA angesichts des israelischen Vorgehens bisweilen windet, ihren Verbündeten aber selten zur Ordnung ruft und ihm letztlich stets freie Hand lässt? Und wie konnte der Eindruck entstehen, dass es sich bei Israel nicht nur um einen treuen, sondern auch um einen außerordentlich selbstbewussten und eigenmächtigen Verbündeten handelt? Diese Frage verdient schon deshalb eine eingehendere Untersuchung, weil wir Palästinenser nie allein mit Israel zu tun hatten. Spätestens seit dem Suezkrieg 1957 fand die gesamte Entwicklung im Nahen Osten im Schatten der USA statt, seither betrachten die USA den Nahostkonflikt gewissermaßen als ihre ureigenste Domäne.

Man kann mit Fug und Recht sagen: Ohne das Wohlwollen der USA wäre Israel nicht entstanden. Die USA und die Sowjetunion waren die beiden entscheidenden Mächte, auf deren Unterstützung Israel in der Anfangszeit angewiesen war. Allerdings hatte man sich die weitere Entwicklung anders vorgestellt, denn beide Weltmächte setzten sich zunächst auch für die Araber Palästinas ein und plädierten gleichzeitig für einen unabhängigen Staat Palästina.

Interessant ist in diesem Zusammenhang der Vorbehalt, mit dem Präsident Harry Truman auf die Proklamation des Staates Israel am 14. Mai 1948 reagierte: In dem Schreiben, mit dem die israelische Regierung um Anerkennung des »neuen jüdischen Staates« durch die USA nachsuchte, ersetzte er »Jewish State« eigenhändig durch »State of Israel«. Truman war also nur zur Anerkennung eines – wie man heute sagen würde – multikulturellen Staates bereit, der Arabern wie Juden die gleichen Rechte einräumt.

Man darf Trumans Korrektur als den Versuch verstehen, wenigstens den Geist der Balfour-Deklaration zu retten, in der der britische Außenminister 1917 den Juden lediglich eine »Heimstatt« in Palästina zugesagt hatte. Von einem Staat war in diesem Dokument, das die rechtliche Grundlage für die jüdische Einwanderung schuf, nicht die Rede gewesen; auch Balfour war davon ausgegangen, dass das zionistische Projekt auf ein multiethnisches Gemeinwesen hinauslaufen würde. Truman beugte sich 1948 mit seiner Anerkennung Israels den Fakten, nicht aber der Forderung nach einem exklusiv jüdischen Staat.

Ich sehe drei Ursachen dafür, dass die amerikanische Haltung in der Folgezeit immer mehr auf eine einseitige Parteinahme zugunsten Israels hinauslief. Die erste und offensichtlichste ist der Einfluss der jüdischen Lobby auf die Politik der USA. Jeder amerikanische Präsidentschaftskandidat ist auf die Wahlkampfspenden, die publizistische Unterstützung und die Stimmen der jüdischen Amerikaner angewiesen. Wer sich ihre Gunst verscherzt, hat keine Chance, Präsident der USA zu werden beziehungsweise zu bleiben.

Die Macht der jüdischen Lobby reicht als Erklärung allein jedoch nicht aus. Die zweite Ursache liegt in einem Versäumnis der PLO. Es rächt sich eben, dass es Arafat nie gelungen ist, in den USA eine auch nur annähernd ähnlich wirksame palästinensische Interessenvertretung aufzubauen. Was in Europa gelang, scheiterte in Amerika trotz der großen Zahl palästinensischer Einwanderer. Dieses Feld haben wir Palästinenser der hervorragend organisierten jüdischen Lobby fast kampflos überlassen. Ausschlaggebend aber ist wahrscheinlich die dritte Ursache: Die Grundstimmung der amerikanischen Gesellschaft ist zutiefst proisraelisch, denn die USA sind dasjenige Land, in dem die Israelis vom Nimbus des Gottesvolkes in besonderem Maße profitieren.

Schauen wir uns die Entstehungsgeschichte der USA an. Schon die frühen protestantischen Einwanderer lasen mehr im Alten als im Neuen Testament, wenn sie die Bibel studierten. Und von Anfang an ergab sich für diese Einwanderer eine Geistesverwandtschaft mit den Israeliten, die auf dem gemeinsamen Schicksal der Landsuche und der Landnahme beruhte. Der amerikanische Kontinent erschien den einwandernden Europäern im selben Licht wie den Israeliten das verheißene Land Kanaan, und sich selbst verglichen sie mit den Kindern Israel, die sich ihren von Gott zugewiesenen Platz erkämpfen und erarbeiten müssen – dort das Gelobte Land, hier »God's own country«. Die Identifikation mit dem biblischen Volk Israel bildete sich schon früh heraus, und die Vorstellungswelt der bibeltreuen und bibelfesten Evangelikalen Nordamerikas ist bis heute von solchen Assoziationen geprägt.

Doch nicht nur die weißen Amerikaner griffen am liebsten auf das Volk Israel zurück, wenn sie eine historische Parallele für ihr Schicksal und ihren historischen Auftrag suchten. Ähnlich verfuhren auch die Schwarzen Amerikas, als sie begannen, gegen die Rassentrennung aufzubegehren. Martin Luther King bediente sich in seiner bilderreichen Sprache immer wieder des Alten Testaments, wo er in dem Befreier Moses und dem Zug der Kinder Israel durch die Wüste zum Gelobten Land ein Vorbild für die Entwicklung der Schwarzen von Sklaven zu gleichberechtigten Bürgern fand, wo er mithin eine Schicksalsverwandtschaft zwischen Israeliten und schwarzen Amerikanern entdeckte.

Mit anderen Worten: Gegen die kulturell begründete Vorliebe seiner Landsleute für Israel kann ein amerikanischer Präsident genauso wenig Politik betreiben wie gegen die Interessen seiner jüdischen Wähler. Gleichwohl hing die amerikanische Nahostpolitik bis zu einem bestimmten Grad natürlich immer auch vom jeweiligen Präsidenten ab. Clinton arbeitete zum Beispiel zeitweilig durchaus ernsthaft auf eine Verständigung zwischen Palästinensern und Israelis hin (auch wenn er nicht bereit war, dafür den Preis der Aufrichtigkeit zu zahlen). Auch Eisenhower, Kennedy und Bush senior zählen für mich zu jenen Präsidenten, die in ihrer Nahostpolitik zumindest auf einen gewissen Abstand zu Israel bedacht waren.

Zunächst zu Dwight D. Eisenhower (1953–1961): Als England, Frankreich und Israel im Suezkrieg 1957 Ägypten überfielen, hatten sie die Amerikaner nicht über ihr Vorgehen informiert. Eisenhower fühlte sich von den Israelis, die erhebliche finanzielle und militärische Unterstützung aus den USA erhielten, hintergangen und ausgenutzt, und gemeinsam mit der Sowjetunion erwirkte er einen Beschluss im Weltsicherheitsrat, der den Angriff auf Ägypten verurteilte. Israel war daraufhin gezwungen, sich zurückzuziehen. Sein Nachfolger John F. Kennedy (1961–1963) wiederum war entschlossen, die Israelis am Bau einer Atombombe zu hindern. Um das israelische Atomprogramm schon im Anfangsstadium zu unterbinden, schickte er sogar eine Untersuchungskommission nach Israel. Zwar verstanden es die Israelis, Kennedy zu täuschen, doch hatte er immerhin den Versuch gemacht, sich aus dem Würgegriff der Israelis zu befreien. Dann wurde er erschossen. Bis heute konnten die Hintergründe dieses Mordes nicht aufgeklärt werden.

Kennedys Nachfolger Lyndon B. Johnson (1993–1969) schwenkte dann ganz auf die israelische Linie ein, als er sich an der Planung des Sechstagekriegs von 1967 beteiligte und Israel jede Art von Beistand leistete, weil er Nasser loswerden wollte. Von da an stützten sich die USA in ihrer Nahostpolitik durchweg auf die tatkräftige Hilfe ihres Verbündeten Israel.

Es war George Bush senior (1989–1993), der als Erster wieder Anstrengungen unternahm, eine Balance zwischen Israel und den arabischen Ländern herzustellen, weil die USA nach dem Einmarsch der Sowjets in Afghanistan auf die Unterstützung der Araber gegen die Rote Armee angewiesen waren. Bin Laden gehörte damals zu den Kräften, die in den Genuss amerikanischer Finanzhilfe kamen. Diese Politik des Ausgleichs fand ein Ende, als Saddam Hussein Kuwait besetzte, doch begrenzte Bush im ersten Irakkrieg das Kriegsziel der USA auf die Befreiung Kuwaits. Saddam verjagen wollte er nicht, weil er ihn als Gegengewicht zum Iran der Ajatollahs brauchte. Auf Ausgleich bedacht, versuchte Bush aber auch jetzt, der arabischen Welt Kompensation zu bieten, indem er sich auf der Madrider Konferenz für einen Palästinenserstaat stark machte.

Bill Clinton (1993–2001) war zumindest bestrebt, die ausbalancierte Politik seines Vorgängers fortzusetzen, ließ sich am Ende seiner Amtszeit jedoch von Ehud Barak dazu benutzen, Arafat zu brüskieren. Völlig aus dem Ruder lief die amerikanische Nahostpolitik dann unter George Bush junior (2001–2009). Dieser Präsident ist das beste Beispiel für die Neigung der nordamerikanischen Evangelikalen, die Interessen Israels zu ihrer Herzensangelegenheit zu machen, denn zu seiner Zeit diktierte die Regierung Israels das amerikanische Handeln. Es waren die Israelis, die das Ziel verfolgten, den Irak als Militärmacht zu zerstören, und es war der Wunsch der Israelis, auf den hin der amerikanische Angriff auf den Irak erfolgte. Bush junior betrieb tatsächlich nichts anderes, als die Politik Scharons auszuführen. Der Irakkrieg war überflüssig, und vor allem: Der Sieger heißt Iran – nicht die USA, der Iran übt heute den stärksten Einfluss auf die irakische Politik aus. Bush junior verrichtete also nicht nur die Arbeit für Scharon, er erledigte sie gleichzeitig für den Iran. Seine Nahostpolitik war eine Katastrophe, übrigens auch für die Palästinenser.

Auf Präsident Obama werde ich später eingehen. Aber ich will jetzt schon gestehen, dass ich skeptisch bin, ob die USA aus sich heraus jemals die Kraft aufbringen werden, eine faire und gerechte Lösung im Israel-Palästina-Konflikt durchzusetzen. Da die Allianz zwischen Israel und den USA weniger auf einer realen Gemeinsamkeit politischer Interessen als vielmehr auf einer einzigartigen kulturellen Affinität beruht, sind jedem amerikanischen Präsidenten die Hände gebunden. Der frenetische Applaus für Benjamin Netanjahu im amerikanischen Kongress während seiner USA-Reise 2011 bestärkt mich in meiner Skepsis: Dass die Rede eines Politikers 29-mal von Ovationen unterbrochen wird, kommt eigentlich nur in Staaten vor, deren politische Linie ideologisch festgelegt ist.

Das System Arafat

Freier in ihren Entscheidungen waren allerdings auch die Europäer nicht. Die europäische Nahostpolitik war und blieb ein diplomatischer Slalom zwischen den Geboten des Rechts, den Erfordernissen der Moral und der Rücksicht auf den großen Verbündeten jenseits des Atlantiks. Wie gering der Spielraum der Europäer tatsächlich war, zeigte sich in den Jahren 1998/99.

Arafat hielt damals die Zeit für gekommen, den palästinensischen Staat auszurufen. Bei der ersten Proklamation zehn Jahre zuvor in Algier hatte es sich um einen symbolischen Akt, um die Absichtserklärung eines Volkes im Exil, gehandelt. Diesmal hätte die Staatsgründung eine solide Grundlage in dem Territorium gehabt, das die Israelis den Palästinensern bereits überlassen hatten, und in den genauso realen Verwaltungsstrukturen, die inzwischen aufgebaut worden waren. Fünf Jahre hatte sich der israelische Ministerpräsident Rabin für die Regelung aller anstehenden Fragen ausbedungen, auf fünf Jahre Übergangszeit hatten sich die Palästinenser eingestellt. Spätestens 1999 hätte also in allen Punkten Klarheit herrschen und der Staat Palästina proklamiert werden müssen – mit Zustimmung Israels, wohlgemerkt. Diese fünf Jahre waren verstrichen, ohne dass seither viel geschehen wäre, aber noch glimmte die Hoffnung, dass die Israelis das Oslo-Abkommen, wenn auch schleppend und widerwillig, in die Tat umsetzen würden.

Arafat ahnte, dass sich ihm die letzte Chance zur Staatsgründung bot, nur hätte er die Rückendeckung der Europäer und der USA gebraucht. Er fragte mich, wie die Deutschen reagieren würden, und ich lotete in Berlin die Bereitschaft der rot-grünen Koalitionsregierung aus, das Projekt zu unterstützen. Das Ergebnis meiner Sondierungen war niederschmetternd. Auf keinen Fall, hieß es in Berlin. Deutschland wollte um jeden Preis eine Konfrontation mit Israel und den USA vermeiden. Von allen Seiten wurde Arafat daran gehindert, den Staat Palästina auszurufen – Clinton riet ihm dringend davon ab, Bundeskanzler Schröder drang in ihn, es sein zu lassen, und die übrigen Europäer bliesen in dasselbe Horn. Warte noch ein Jahr, hieß es, dann wird sich eine günstigere Gelegenheit ergeben. Sie ergab sich nicht. Es folgten die Camp-David-Gespräche mit Ehud Barak, und Arafat wurde schmerzhaft bewusst, dass der beste Zeitpunkt zur Staatsgründung verpasst war.

In welcher Verfassung präsentierte sich nun dieser Torso von einem Staatswesen im Jahr 2000?

Seit der Präsidentschaftswahl vom Januar 1996 hatte Arafat eine demokratische Legitimation: Mit 88,1 Prozent der Stimmen hatte er sich gegen seine Gegenkandidatin Samiha Khalil durchgesetzt, eine entschiedene Gegnerin des Abkommens von Oslo. Am selben Tag war die Nationalbehörde gewählt worden, wo al Fatah seither 65 der 88 Sitze einnahm. Beide Urnengänge hatten unter den Augen von 660 Wahlbeobachtern aus aller Welt stattgefunden; Jimmy Carter als Vorsitzendern der Beobachterkommission sprach anschließend von der seriösesten Wahl in der arabischen Welt. Um die Staatsgründung vorzubereiten, wurde sodann eine Kommission mit der Ausarbeitung einer Verfassung beauftragt. Sie sollte nach der Proklamation des Staates verkündet werden; bis dahin fungierte die überarbeitete Charta der PLO als provisorische Verfassung.

Auf Arafat warteten nach seiner Rückkehr andere Aufgaben und eine andere Rolle als bisher. Eine Verwaltung so zu organisieren, dass sie effektiv und möglichst reibungslos arbeitet, ist ohnehin eine hohe Kunst, und Arafat stand nun vor der noch größeren Herausforderung, einen quasi-staatlichen Verwaltungsapparat beinahe aus dem Nichts zu erschaffen. Und jetzt offenbarte er Schwächen. Er stellte seine Art, Politik zu betreiben, nicht auf die neue Situation ein; er blieb einem Verfahren treu, mit dem er bis dahin erfolgreich gewesen war, das aber unter den geänderten Bedingungen wachsende Probleme verursachte.

Salopp ausgedrückt: Das außerordentliche Vermögen Arafats bestand darin, einen Flohzirkus zusammenzuhalten. Nur ihm konnte es gelingen, die heterogenen und auseinanderstrebenden Kräfte der in alle Winde zerstreuten palästinensischen Gesellschaft unter dem einen Dach der PLO zu versammeln – die Kommunisten, die Nationalisten, die Unabhängigen. Er machte die PLO zu der allein maßgeblichen Plattform, auf der über die Zukunft Palästinas verhandelt wurde. Im täglichen politischen Geschäft bewies er darüber hinaus eine Eigenschaft, die bei Politikern höchst selten anzutreffen ist: Er vermochte es, seine Person, seine Eitelkeit, seinen Stolz, sogar seine Selbstachtung der Sache unterzuordnen. Wenn es seinen politischen Zielen diente, konnte Arafat bis zur Selbstverleugnung gehen. So überwand er alle innerarabischen Konflikte. Wenn Gaddafi ihn beschimpfte, flog er am nächsten Tag nach Tripolis. Wenn Gaddafi ihn warten ließ, dann wartete er eben. Und gleich nach dem Massaker in Jordanien brachte er es über sich, König Hussein die Hand zur Versöhnung zu reichen. Die Palästinenser fluchten und schimpften, aber Arafat ließ sich nie von persönlichen Gefühlen leiten, wenn es darum ging, das Klügste zu tun. Heidemarie Wieczorek-Zeul brachte es einmal auf den Punkt, als sie sagte, Arafat sei der geistig beweglichste Politiker gewesen, der ihr je begegnet sei.

Doch bei aller Selbstverleugnung – Arafat war seit jeher der Dreh- und Angelpunkt der palästinensischen Politik. Eine andere Rolle ließ sich mit seinem Selbstverständnis nicht vereinbaren. Die Folge war, dass er als Politiker einen autokratischen Regierungsstil pflegte, den er bis zu seinem Tod nicht korrigierte.

Er wollte alles selbst machen. Er konnte nicht delegieren. Er mischte sich in alles ein. Auf seinem Schreibtisch stapelten sich die Briefe, die Dokumente, und alles musste er persönlich unterschreiben. Und dann die Unmenge von Leuten, die in seinen Diensträumen in Gaza auf einen Termin bei ihm warteten. Es lief ja alles über ihn. Deshalb konnte er seine Mitarbeiter nach Feierabend auch nicht einfach entlassen. Von 19 bis 21 Uhr gab es eine gemeinsame Sitzung, dann ließ er gegen 22 Uhr einen langen Tisch für dreißig bis vierzig Leute decken und nahm mit allen zusammen ein spätes Abendessen ein. Das war ein Ritual. Er selbst legte zwar keinen großen Wert aufs Essen, aber er liebte es, seine Mitarbeiter zu verwöhnen, sie nach arabischer Sitte womöglich selbst zu füttern. Natürlich schuf es Verbundenheit, wenn einer dann stolz nach Hause gehen und sagen konnte: Abu Amar hat mir einen Bissen gereicht. Das war schon ein Erlebnis. Dieses Abendessen dauerte bis kurz vor 23 Uhr, und wenn endlich alle gegangen waren, kehrte Arafat an seinen Schreibtisch zurück. Es machte ihm nichts aus, bis morgens um 1, 2 Uhr zu arbeiten. Kurzum: Er war ein guter Führer in harten Zeiten, aber im friedlichen Normalzustand brachte er mit seiner hyperaktiven Art alles durcheinander. Es war zwar von Vorteil, dass alle wichtigen Leute direkten Kontakt zu ihm hatten, doch für den geordneten Aufbau eines Staates war das System Arafat ein Nachteil. Jeder verließ sich auf ihn – man brauchte ja nur die abendliche Sitzung abzuwarten.

Und dann ... Als ich dem Oslo-Abkommen zustimmte, hatte ich erwartet, dass keine weiteren Geheimdokumente unterschrieben würden. In Zukunft wollte ich vorher informiert werden. Offenheit, demokratische Verfahren, aktive

Teilhabe an Entscheidungsprozessen – das alles wünschte ich mir von einer PLO, mit der wir in unsere Heimat zurückkehren konnten. Schließlich würde es der PLO obliegen, den entscheidenden Einfluss auf die Bildung eines Verwaltungsapparats, auf die Auswahl des Führungspersonals, auf die gesamte politische und wirtschaftliche Entwicklung des Landes zu nehmen.

Was ich dann erlebte, war das Gegenteil eines planvollen, besonnenen Aufbaus. Vieles lief überstürzt, die wenigsten waren auf die Übernahme von Regierungsverantwortung vorbereitet. Jetzt kamen die verdienten Kämpfer zurück, die seit 1982/83 im Jemen, in Libyen, in Algerien gelebt hatten – sie liefen bei uns unter der Sammelbezeichnung »tunesische Palästinenser«. Arafat hätte diese Männer schon in Tunis auf ihre künftigen Verwaltungsaufgaben vorbereiten und selbst im Sudan eine Akademie für Führungskräfte gründen müssen. Es erwartete diese Männer ja eine enorme Umstellung – nach der Rückkehr in die Heimat würden sie keine militärische Funktion mehr haben, und die Arbeit der Sicherheitskräfte würde auf einen gewöhnlichen Polizeidienst hinauslaufen. Aber die Leute, die aus dem Exil kamen, waren Kämpfer, keine Politiker, keine Beamten. Nun wurden sie mit Posten versorgt und durften drauflosexperimentieren.

Außerdem hätte man palästinensische Wirtschaftsexperten und Verwaltungsfachleute von außen hinzuziehen müssen – was in manchen Fällen daran scheiterte, dass die Israelis diesen Fachleuten keine Einreisegenehmigung erteilten. Die Schlüsselpositionen in den Ministerien hätten mit Kräften besetzt werden müssen, die sich durch ihre Qualifikation auszeichneten, ohne Rücksicht auf ihre Parteizugehörigkeit oder ihre Verdienste in der Vergangenheit. Arafat hat, aus nachvollziehbaren Gründen, anders gedacht. Tausende von Menschen, die in israelischen Gefängnissen gesessen hatten, wurden im Verwaltungsapparat eingesetzt, ohne durch irgendeine

Ausbildung darauf vorbereitet worden zu sein. Gleichgültig, wie intelligent und fähig sie sein mochten, sie hatten Jahre, Jahrzehnte hinter Mauern verbracht. Einige hatten dort studiert, einige sogar promoviert, aber längst nicht jeder. Doch alle beriefen sich auf ihre Verdienste als Kämpfer und Befreier, wenn sie denselben Anspruch auf einen gehobenen Verwaltungsposten erhoben wie jemand, der jahrzehntelange Erfahrung in London, Rom oder Bonn gesammelt hatte. Es dauerte dann auch nicht lange, bis es zu Rivalitäten zwischen tunesischen Palästinensern und jenen kam, die in Europa gearbeitet hatten, die als Freiwillige am Aufbau Palästinas mitwirkten, nachdem sie in den palästinensischen Ärzte-, Arbeiter-, Ingenieurs- und Studentenvereinen Europas Erfahrung gesammelt hatten.

Es war selbstverständlich, dass die Palästinenser aus dem arabischen Exil bei der Ämtervergabe berücksichtigt wurden. Aber es war nicht normal, dass man die damit verbundenen Probleme ignorierte. Seine alten Mitarbeiter und Mitkämpfer zufriedenzustellen hatte jedoch für Arafat oberste Priorität. Die einfachste Lösung dafür war, sie mit Ämtern zu versorgen. Natürlich, wenn sie erst einmal hinter ihren Schreibtischen saßen, war es für eine Schulung zu spät. Jahre vergingen, bevor wir die Versäumnisse der Anfangszeit wettzumachen versuchten und zum Beispiel mithilfe der Deutschen Gesellschaft für Internationale Zusammenarbeit (GTZ, heute GIZ) Verwaltungspersonal schulen ließen.

Arafat dachte und handelte patriarchalisch. Er honorierte Wohlverhalten mit Wohltaten, ließ seiner Großzügigkeit aber auch ohne jedes Kalkül freien Lauf. Eine Unterschrift von ihm, und wieder war jemandem geholfen – ob es einen Würdigen oder Unwürdigen traf, spielte oft keine Rolle. Es war in der Tat unbestreitbar: Hätte eine Familie in Not den Rechtsweg eingeschlagen, hätte sie sich auf den verschlungenen Pfaden der Verwaltung wahrscheinlich verirrt. Deshalb fragte

Arafat nicht lange nach einem Rechtsanspruch auf Unterstützung oder einem dafür vorgesehenen Budget, er unterschrieb einfach den nächsten Scheck, wenn ihm die Notlage eines Menschen glaubhaft erschien. Aus der Vielzahl der Fälle sei hier eine Episode aus dem Jahr 1999 herausgegriffen.

Schon mehrmals hatte ich Menschen mit Arafats Hilfe zur medizinischen Versorgung nach Deutschland geholt, Kinder und Jugendliche mit schwersten Verletzungen als Folge israelischer Bombardierungen. Keiner dieser Fälle war über den Schreibtisch des Gesundheitsministers gelaufen, alles hatte Arafat mit seiner Unterschrift geregelt. Eines Tages – ich hielt mich gerade in unserem Haus in Gaza auf – kam mein Bruder zu mir. »Wir haben einen Gast«, sagte er mit jenem Schmunzeln, das er immer aufsetzte, wenn etwas Merkwürdiges vorgefallen war. »Er möchte in Deutschland behandelt werden.« – »Was fehlt ihm denn?«, wollte ich wissen. »Das fragst du ihn lieber selbst«, antwortete er, immer noch verschmitzt lächelnd.

Es war ein junger Mann. Ich setzte mich zu ihm. »Du bist mein Bruder«, hob er an. »Überall wirst du gelobt, und deine Mildtätigkeit ist weithin bekannnt ...« Nun gut, also? Aber er rückte nicht mit der Sprache heraus. Es dauerte eine Weile, bis er mir zögernd eröffnete, dass er im Gefängnis gewesen sei, wo ihn die Israelis durch Stockschläge auf sein Geschlechtsteil gefoltert hätten. Nach seiner Freilassung habe er geheiratet und feststellen müssen, dass seine Manneskraft versiegt sei. Während er mir das gestand, wand er sich in Krämpfen, so peinlich war ihm die Geschichte, aber er ging fest davon aus, dass ich ihm helfen könnte. Ich erklärte mich bereit, ihm einen deutschen Arzt zu vermitteln, wenn er die Kosten aufbrächte. Er sei völlig mittellos, entgegnete er. Es blieb also nur, uns an Arafat zu wenden.

Wir gingen hin. Ich nahm Arafat beiseite und erklärte ihm den Fall, und als wir zurückkamen, klopfte Arafat ihm auf die

Schulter und sagte: »Du gehst mit Abdallah nach Deutschland.« Der Ärmste war außer sich vor Freude, und Arafat überwies mir 16 000 Dollar auf das Konto meines Bonner Büros. In Deutschland schickte ich den Mann zu einem befreundeten syrischen Arzt nach Hannover. Zwei Tage später läutete bei mir das Telefon. Es war der Arzt. »Glück gehabt«, sagte er hörbar vergnügt. »Er ist auferstanden!« – »Wie hast du das so schnell geschafft?«, fragte ich ihn. »Ich habe ihm zwei Viagra-Tabletten gegeben«, lautete die Antwort – in Wirklichkeit rühre sein Problem nämlich nicht von den Folterungen her, sondern von einer quälenden Schüchternheit, die ihn im entscheidenden Augenblick regelmäßig außer Gefecht setze …

Wieder in Bonn, rief der Mann als Erstes seine Frau an und dann Arafat. Der gratulierte und nahm ihm das Versprechen ab, nun eine stattliche Zahl von Knaben und Mädchen in die Welt zu setzen, worauf der junge Mann gelobte, Arafat nicht zu enttäuschen. So weit, so gut. Nur waren da immer noch die 16 000 Dollar, und dieser Mann war bettelarm und wollte Kinder in die Welt setzen. Als sein Gespräch mit Arafat beendet war, übernahm ich den Hörer und schlug Arafat vor, die 16 000 Dollar unserem Patienten als Startkapital zu schenken. Für Arafat war das gar keine Frage – selbstverständlich, sagte er, eine gute Investition. Als ich dem Glücklichen das Geld aushändigte, stiegen ihm Tränen in die Augen.

So lief es in Hunderten von Fällen. Auf diese Weise hat Arafat schätzungsweise 35 Millionen Dollar zugunsten bedürftiger Palästinenser ausgegeben. Diejenigen, die ihn später dafür kritisierten, ließen außer Acht, dass seine Großzügigkeit für viele die letzte Rettung war. Das Budget, aus dem Arafat schöpfte, war für niemanden sonst zugänglich. Dieses Geld stammte auch nicht von den Geberländern. Arafat verfügte über einen eigenen Etat, der aus Steuergeldern gespeist wurde. Die Unterstützungsfonds der Geberländer hat er nie angetastet – die mit diesen Fonds bestrittenen Ausgaben wur-

den ohnehin von der Weltbank und den Geberländern über-
wacht.

Unklugerweise war Arafat auch in anderen Fällen spendabel. Seine Tür stand jedem jederzeit offen, und wenn irgendein Bezirksvertreter finanziell in Schwierigkeiten war, wandte er sich ebenfalls direkt an Arafat. Man kannte seine Schwäche, er sprang gern ein, er war mit Hilfe schnell bei der Hand, und das wurde von vielen ausgenutzt, auch von Leuten, die es weder verdient noch nötig hatten. Das Resultat waren anhaltende und keineswegs gegenstandslose Gerüchte über die Korruption der palästinensischen Autonomieverwaltung. Wie oft habe ich in Deutschland zu diesem Thema in Interviews Stellung nehmen müssen! Aber es war ja etwas dran. Insbesondere jene, die sich das Monopol für Zigaretten, Benzin, Zement und Kies verschafft hatten, verstanden sich zu bereichern. Und diese Leute wären natürlich nie so weit gekommen, hätte Arafat nicht seine Hand über sie gehalten. Kein Zweifel – sein Patronagesystem war kritikwürdig.

Fragwürdig war allerdings auch die Rolle diverser Nichtregierungsorganistationen (NGOs). Denn durch die NGOs versuchten die Geberländer, Einfluss auf das innere Gefüge unserer Institutionen zu nehmen. Die NGOs saßen dabei oft am längeren Hebel, weil sie über beträchtliche Geldmittel verfügten und viel größere Erfahrung als wir besaßen; bald traten sie als die eigentlichen Experten auf, mischten sich auch in institutionelle Fragen ein und gerieten irgendwann mit der Regierung in Konflikt. Die NGOs hatten in den europäischen Hauptstädten Zugang zu allen Ministerien, wurden aber weder von unserer Seite noch von den Geldgebern kontrolliert oder zur Rechenschaft gezogen – ein Unding.

Was die Anfangsphase der Autonomie betrifft, ergab sich also folgendes Bild: Wir hatten Leute, die acht, fünfzehn, zwanzig Jahre im Gefängnis gesessen hatten, zwar verdiente Kämpfer, doch als Verwaltungskräfte hoffnungslos überfordert.

Wir hatten Arafat, der überall mitreden wollte und sein Regierungssystem auf persönlicher Loyalität begründete. Wir hatten Ministerialdirigenten, die von ihrem Job deutlich weniger verstanden als ihre Untergebenen. Und wir hatten NGOs, die sich als eine Art Ersatzregierung aufführten. Mit anderen Worten: Es fehlte allenthalben an Kontrolle, an Koordination, an Erfahrung.

Natürlich darf man nicht vergessen, wie groß die objektiven Schwierigkeiten waren. Man bedenke nur, welchen Verwandlungsprozess die Fatah in vier Jahrzehnten durchlaufen hatte – aus einer Untergrundorganisation war eine Befreiungsbewegung geworden, und diese Befreiungsbewegung sollte nun staatliche Institutionen bilden. Wahr ist aber auch, dass Arafat die Schwierigkeiten der Aufbauphase völlig unterschätzt hatte. Von der Verwaltung eines Staates verstand er wenig, und die Entwicklung entglitt ihm zusehends. Allerdings muss man, bevor man ein Urteil fällt, auch die Geschichte und Mentalität der Palästinenser berücksichtigen.

Es machte sich eben bemerkbar, dass wir in unserer Vergangenheit nie eine eigene, nationale Regierung gekannt hatten. Wir waren Fremdherrschaft gewohnt: die Fremdherrschaft der Pharaonen, der Römer, Byzantiner, Osmanen, Briten und Israelis. Regierungsverantwortung gehört nicht zum historischen Erfahrungsschatz der Palästinenser, und vielen mangelte es an Respekt, viele reagierten rebellisch auf die eigene Regierung. Man stelle sich vor: Jeder kennt jeden. Jeder weiß, aus welcher Familie einer kommt, wie sein Vater heißt, wer seine Mutter ist – warum, fragt sich da mancher, soll man sich etwas sagen lassen von Leuten, die man mehr oder weniger als seinesgleichen betrachtet? Wir sind keine Ägypter mit einer staatlichen Verwaltungstradition, die bis in die Pharaonenzeit zurückreicht, wir sind keine Iraker mit ihren Jahrtausenden staatlicher Geschichte. Was wir seit 1994 betreiben, ist etwas völlig Neues in der 10 000-jährigen Geschichte Palästinas als Schlachtfeld des Vorderen Orients, als Durchzugsgebiet und Beute zahlloser Eroberer. Es ist ein ganz großes Experiment.

Ob die Aufbauphase reibungsloser verlaufen wäre, wenn Abu Dschihad, Abu Iyad und Hayel noch gelebt hätten? Ganz gewiss. Ich bin sicher, dass es zu dem beschriebenen Durcheinander nicht gekommen wäre, wenn diese drei Arafat nach Palästina begleitet hätten. Sie hätten für eine straffe Organisation gesorgt und eine Führung durchgesetzt, die einer durchgängigen Logik verpflichtet gewesen wäre. Sie wären ein Garant für eine effektive Verwirklichung der Autonomie gewesen. Das zu verhindern war meiner Ansicht nach einer der Gründe für ihre Ermordung. Diese drei Männer aus dem Weg zu räumen, bevor es zur Selbstverwaltung der besetzten Gebiete käme – der Gedanke muss sich den Israelis aufgedrängt haben.

Scharons Stern geht auf

Seit Jahrzehnten kannte ich nichts anderes als Rastlosigkeit. Autobahnen und Flughäfen waren mir längst zur eigentlichen Heimat geworden. Wenn man nicht warten will, bis einem die Hand gereicht wird, wenn man, wie es Arafat und ich in unserem Nachtgespräch in Gaza vereinbart hatten, nach jedem kleinen Finger greift, dann heißt das: keine Einladung ausschlagen, auch wenn zu einer Ausstellungseröffnung in Hamburg nur sechs Leute erscheinen, oder wenn man in Erlangen vor einer Handvoll Zuhörer spricht. Ich hatte es immer so gehalten, auch schon vor unserer Vereinbarung. Ganze zweimal habe ich in all den Jahren Urlaub gemacht: mit der ganzen Familie in Spanien und später mit Benita in New York.

Der Spanienurlaub bestand in einer einwöchigen Rundreise von Meckenheim über Barcelona und Madrid nach Andalusien und entlang der Mittelmeerküste zurück nach Meckenheim – meinen Sohn hatte die Fahrerei so verrückt gemacht, dass er träumte, die Erde sei in zwei Hälften zerfallen und unser Haus läge unerreichbar auf der anderen Welthälfte, Heimkehr ausgeschlossen. Viel geruhsamer verliefen auch die zehn Tage mit Benita in New York nicht; jeden Abend sind wir ins Theater gegangen und haben uns tagsüber die Füße wund gelaufen – ein unvergessliches Erlebnis, aber kein Erholungsurlaub. Und an jedem dieser zehn New Yorker Tage habe ich unter der Vorstellung gelitten, dass die Befreiung Palästinas nicht vorankommt, solange ich mich bei Musicals und Theateraufführungen in New York amüsiere. Zugegeben, das

366

ist eine besondere Form von Besessenheit. Daran zeigt sich, welche Macht mein Lebensthema über mich gewonnen hatte.

Meine innere Unruhe hat mir nie erlaubt, mich zu schonen und mit halber Kraft zu arbeiten. Davon abgesehen richteten sich seit 1994 zu viele Hoffnungen auf Deutschland, als dass ich es über mich gebracht hätte, auch nur kurze Pausen einzulegen. Und mit dem Umzug der Bundesregierung von Bonn nach Berlin 1999 nahm die Belastung weiter zu, weil ich jetzt gezwungen war, zwischen der alten und der neuen Hauptstadt zu pendeln und zusätzlich zu meinen Abstechern nach Gaza – oder anderswohin – jede Woche drei bis vier Tage in Berlin einzulegen. Wenn Benita mich nicht genötigt hätte, zum Arzt zu gehen, wäre ich Anfang 2001 tot zusammengebrochen. »Eine Woche länger«, sagte der Arzt zu mir, »und Sie wären gestorben, ohne zu wissen, woran.«

Ich war mir der Veränderung, die mit mir um diese Zeit vorging, selbst nicht bewusst, ich habe an die entscheidenden Tage auch nur unklare Erinnerungen, deshalb will ich an dieser Stelle Benita zu Wort kommen lassen.

Benitas Erzählung

Schon im Sommer 2000 kam Abdallah mir merkwürdig vor. Er hörte nicht mehr zu, bekam immer weniger mit, zog sich zurück, wurde zusehends einsilbiger und mürrischer. Aber wie immer gab es auch jetzt eine plausible Erklärung dafür: der Stress. Er hatte ja seit Langem kein freies Wochenende mehr, und von einem Familienleben konnte kaum noch die Rede sein. Dann wurde seine Fahrweise immer aggressiver. Er überholte wild, schnitt andere Autofahrer und ignorierte, wenn sie mit der Lichthupe protestierten.

Im Januar 2001 machten wir einen Sonntagsspaziergang. Abdallah ging langsamer und unsicherer als sonst, stolperte, hielt alle paar Schritte an, um Kräfte zu sammeln, und als wir nach Hause kamen, war er völlig durchgeschwitzt. Ich musste ihm beim Auskleiden helfen. Er schlief zwei Stunden, danach war alles wie immer, und wir gingen essen und lachten an diesem Abend viel. Trotzdem führte kein Weg mehr an einem Arztbesuch vorbei. Er wollte davon nichts wissen – »so gut, wie es mir heute Abend geht …« –, aber ich bestand darauf.

Regelrechte Auffälligkeiten konnte unser Hausarzt nicht an ihm feststellen, überwies Abdallah aber, um mich zu beruhigen, an einen Neurologen. Der diagnostizierte Ausfallerscheinungen und schickte uns zur Computertomografie nach Bonn. Wir fuhren hin, die Aufnahmen wurden gemacht, und der dortige Arzt überreichte uns die Bilder in einem verschlossenen Umschlag mit der Aufforderung, umgehend den Neurologen wieder aufzusuchen. Da wusste ich, dass etwas nicht stimmte, immerhin war es schon halb sieben Uhr abends. Der Neurologe erwartete uns. Auf den Bildern war ein großer Tumor zu sehen, der bereits aus der rechten Hirnhälfte in die linke hineingewachsen war und auch dort alles weggedrückt hatte. Es sei keine Zeit zu verlieren, sagte der Neurologe. Abdallah müsse so schnell wie möglich operiert werden.

Am nächsten Morgen fuhren wir zur Klinik am Venusberg in Bonn. Die Ärztin schaute sich die Bilder an und meinte, der Tumor sei zu groß, um ihn sofort zu operieren, er müsse zunächst durch hohe Kortisondosen zum Schrumpfen gebracht werden. Wenige Tage später stand fest, dass der Tumor nicht auf das Kortison reagierte, und Abdallah hatte mittlerweile Besorgnis erregende Ausfallerscheinungen, konnte nicht mehr selbstständig essen und litt zunehmend unter Sehstörungen. Da entschloss sich der Chirurg Prof. Schramm, nicht länger zu warten. An diesem Tag rief Arafat an. Er war sehr besorgt und schlug vor, Abdallah in London operieren zu lassen. Ich beruhigte ihn, lehnte aber ab, weil Prof. Schramm unser Vertrauen genoss.

Im letzten Gespräch abends vor der Operation war Prof. Schramm ganz offen zu mir. Für das Gelingen der Operation

Treue Wegbegleiter: Abu Khalil (rechts mit Sonnenbrille) 1973 in Algier
kurz nach der Genesung von einem Briefbombenanschlag, dem er
zusammen mit Frangi zum Opfer fiel.

Abu Said (links) mit Frangi 1974.

Mit Isam Sartawi in Bonn anlässlich eines Treffens mit Bundeskanzler Helmut Schmidt und Nahum Goldmann. 1983 wurde Sartawi von einem palästinensischen Terroristen erschossen.

Abu Iyad, Mitbegründer von al Fatah und Mitglied des Zentralkomittees zu Besuch in Meckenheim 1983. Iyad wurde 1990 in Tunis ermordet.

Mit Nabil Nassar, Freund und Mitarbeiter noch aus Frankfurter Studententagen. Hier bei einem Empfang mit Ehefrauen in Bonn 2000.

Zum ersten Mal wird offiziell die palästinensische Flagge vor dem Büro Palästinas in Bonn gehisst, in Anwesenheit des Generalsekretärs der Arabischen Liga Ismat Abdal Maguid, 7.12.1993.

Empfang von der deutsch-arabischen Gesellschaft im Dezember 1993 auf dem Petersberg in Bonn, Arafat mit Hans-Jürgen Wischnewski.

Familie Frangi richtete häufig Empfänge in ihrem Privathaus in Meckenheim aus. Hier anlässlich des Besuchs von Arafat 1994. Arafat ließ es sich nicht nehmen, die Gäste, hier Johannes Rau, am Buffet persönlich zu versorgen.

Arafat im Gespräch mit Hans Eichel (links), Hans-Jürgen Wischnewski (Mitte) und Hans-Dietrich Genscher (rechts).

Joschka Fischer (links), Arafat (Mitte) und Hans-Jürgen Wischnewski (rechts).

Erstes Treffen Arafats mit der jüdischen Gemeinde in Deutschland 1999 im Privathaus von Hans Eichel: Ignatz Bubis (links), Arafat (Mitte), der palästinensische Finanzminister Muhammad al-Nashashibi; in der hinteren Reihe Michel Friedman, Abdallah Frangi und Hani el-Hassan.

Arafat mit Passanten auf dem Römer in Frankfurt bei seinem Deutschlandbesuch 1999.

Letzter Besuch Arafats in Deutschland, Abschied auf dem
Flughafen, 2000.

Rechte Seite oben
Verabschiedung in seinem Amt als Generaldelegierter Palästinas
in Deutschland 2005. Hier mit Hans-Dietrich Genscher.

Rechte Seite unten
Benita und Abdallah Frangi mit Heidemarie Wieczorek-Zeul,
der damaligen Bundesministerin für wirtschaftliche Zusammenarbeit
und Entwicklung.

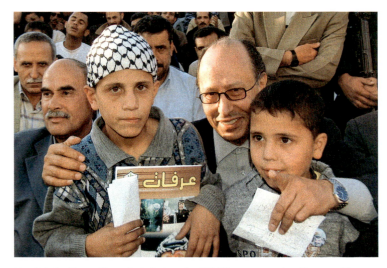

Zurück in Gaza: Frangi als Leiter der Wahlkampagne im Gazastreifen für Mahmud Abbas 2005.

Frangi mit Mahmud Abbas im August 2009.

könne er nicht garantieren. Es könnten Lähmungen und Sehstörungen zurückbleiben, die bis zum Verlust der Sehfähigkeit gingen. »Und wundern Sie sich nicht«, sagte er. »Ihr Mann wird sich nach der Operation verändern, weil sich der verdrängte Teil des Gehirns erst wieder zurechtfinden muss. Erschrecken Sie nicht.« Dann erklärte er mir, dass Abdallah vor der Operation ein Beruhigungsmittel erhalten werde – er hätte also nichts davon, wenn ich vorher vorbeikäme.

Ich konnte die ganze Nacht nicht schlafen, schlug den Rat des Chirurgen am nächsten Morgen in den Wind und fuhr um 5.30 Uhr in die Klinik. Abdallah war trotz des Beruhigungsmittels wach und hatte mich tatsächlich erwartet. Auf dem Weg zum Aufzug hielt ich ihm bis zum letzten Augenblick die Hand. Nach sechs Stunden war die Operation immer noch nicht beendet, aber am Eingang wimmelte es schon von seinen Freunden. Dann rief Prof. Schramm an der Pforte an und verband mich direkt mit meinem Mann auf der Intensivstation. Ich hörte seine Stimme … und zum ersten Mal in diesen Tagen weinte ich. Ich hatte dem lieben Gott allerhand Versprechungen gemacht, die ich bestimmt nie einhalten würde, aber es hatte geholfen.

Als ich eintrat, war Abdallah ein Häufchen Elend. Er redete viel – im Gegensatz zu anderen werden Gehirnoperierte nach der Operation wachgehalten. Ich blieb bei ihm, bis die Nachtschicht eintraf. Anderntags setzten die angekündigten Veränderungen ein. Er beschimpfte das Personal, war extrem reizbar, und am übernächsten Tag war er zu meinem wie zum Entsetzen aller nicht wiederzuerkennen: sein Kopf angeschwollen, die Augen winzig, der Mund nur noch ein Strich. Die Freunde, die ihn an diesem Tag besuchten, verließen weinend das Zimmer. Ununterbrochen ging das Telefon. Ich bat darum, die Anrufe nicht mehr durchzustellen. Als mir Arafat gemeldet wurde, machte ich eine Ausnahme. Auch die Anrufe von Joschka Fischer, Johannes Rau und dem Bonner Polizeipräsidenten Dirk Schnitzler nahmen wir entgegen.

Vom siebten Tag an ging es Abdallah besser, und dann erholte er sich sehr schnell. Hätte Johannes Rau nicht auf ihn eingeredet, hätte er wahrscheinlich die Reha verweigert. Ganze zehn Tage hielt er es dort aus. Und plötzlich nahm er wieder am Leben Anteil, staunte über die Farben der Früchte auf dem Bonner Markt, bemerkte das Blau des Winterhimmels, registrierte die Gesichter der Menschen. Abdallah war wieder wie früher. Ein halbes Jahr hatten wir durch den Tumor verloren. Umso mehr Zeit nahmen wir uns jetzt füreinander …

Vor der Operation hatte Arafat auch mit mir gesprochen. »Warte nicht«, sagte er, »triff deine Entscheidung und vertraue auf Gott.« Sechs Wochen nach der Operation reiste er zu einem offiziellen Besuch nach Belgien. Ich setzte mich ins Auto, fuhr mit meinen Begleitern bis zur Grenze und fuhr dann nach Brüssel allein weiter. Ich war noch schwach, ich hatte fünfzehn Kilo abgenommen, aber ich wollte ihn unbedingt sehen. Die Situation in Palästina spitzte sich bereits zu, wenig später machten ihn die Israelis tatsächlich zu ihrem Gefangenen, indem sie ihn in seinem eigenen Regierungsgebäude festsetzten. Arafat umarmte mich mit großer Herzlichkeit, wir nahmen das Mittagessen zusammen ein, und nachmittags fuhr ich zurück. Bonn erwartete mich. Berlin erwartete mich. Ich war wieder im Einsatz.

Nach beinahe drei Jahrzehnten in Bonn verlangte mir Berlin eine beträchtliche Umstellung ab. In Bonn konnte ich an einem einzigen Tag fünf, sechs oder auch zehn Termine wahrnehmen, und wenn es an einem Abend zwei Empfänge gab, war es möglich, an beiden nacheinander teilzunehmen. In Berlin ging das nicht, weil die Entfernungen zu groß sind. Ich hatte dort auch kein richtiges Heim, ich wohnte in einem Appartement in der Chausseestraße neben meinem Büro, und dieses Büro war auch kein Schmuckstück. Es war schwierig, sich unter diesen Umständen vernünftig zu präsentieren. In

Berlin konnte ich keine Essenseinladungen mehr geben. Sechzig, siebzig Leute bei mir zu Hause? In Berlin war nicht daran zu denken. Und solche Abendeinladungen sind etwas anderes, als wenn man sich mit einem Journalisten auf einen Cappucino in einem Restaurant trifft.

Aber ich war mir bewusst, dass sich die Deutschen nicht länger mit Bonn zufriedengeben konnten. Sie brauchten eine Stadt, die mit London und Paris mithalten kann. Auch die Hinwendung zum Osten war für Deutschland wichtig. Letztlich versöhnen einen dann das Flair von Berlin und die schiere Größe der Stadt. Davon abgesehen ist Berlin eine Hochburg der Palästinenser: 25 000 waren es damals, heute dürften es an die 30 000 sein. Wenn wir in Bonn einen palästinensischen Abend veranstalteten, mussten wir auch alle anderen Araber einladen, damit sich der Saal füllte. In Berlin hatten wir diese Sorge nicht. Wir brauchten auch keine Folkloregruppe aus Damaskus oder Beirut einfliegen zu lassen, weil die Berliner Palästinenser ihre eigenen Musik- und Tanzgruppen hatten.

Als Arafat im Jahr 2000 zu seinem letzten Deutschlandbesuch nach Berlin kam, erwartete ihn dort eine rot-grüne Regierung, die ihn mit allen militärischen Ehren empfing, und eine Bevölkerung, die ihn belagerte, wo immer er sich sehen ließ – Arafat brachte nicht weniger Leute auf die Straße als der US-Präsident Bill Clinton, der kurz zuvor Berlin besucht hatte. Mit Gerhard Schröder als Bundeskanzler und Joschka Fischer als Außenminister hätte ihm eigentlich größeres Wohlwollen denn je entgegenschlagen müssen, schließlich kannte und schätzte man sich seit Langem, und Schröder behandelte Arafat auch wie einen alten Freund. Eine Überraschung hingegen erlebten wir mit Joschka Fischer.

Ich wusste, dass er jetzt staatsmännisch auftrat, mit Anzug und Weste. Doch die Veränderungen beschränkten sich nicht auf sein Erscheinungsbild ... Klaus Kinkel und Helmut Kohl hatten Arafat vor ihrem Amtssitz begrüßt und beim Abschied bis zum Auto begleitet. Auch der amtierende Bundeskanzler Schröder nahm Arafat am Eingang des Kanzleramts in Empfang und verabschiedete sich erst am Auto von ihm. Joschka Fischer hingegen ließ Arafat zu sich hochkommen und erwartete ihn wie ein Großfürst oben vor seinem Büro. Schon dieser Byzantinismus verstimmte Arafat. Dann hielt ihm Fischer seine Hand zur Begrüßung an einem ausgestreckten, steifen Arm entgegen – die zweite Brüskierung. Und während des Gesprächs flegelte sich Fischer in seinem Sessel, lag mehr als er saß mit lässig übereinandergeschlagenen Beinen und gab das Bild eines Menschen ab, der sich mühsam einige Aufmerksamkeit für seinen Gast abringt. In Arafats Delegation wurde getuschelt und von »Überheblichkeit« gesprochen. Arafat selbst hingegen ließ sich, wie üblich, nichts anmerken und brachte seine murrenden Begleiter mit einem Wink zum Schweigen.

Ich musste an Fischers ersten Besuch als Außenminister in Palästina denken. Wie zuvorkommend hatte Arafat ihn damals empfangen! Nach dem Gespräch war Fischer eingeladen gewesen, in unserem Gästehaus zu übernachten, der ehemaligen Residenz des ägyptischen Gouverneurs von Gaza, wunderschön gelegen über einem Tal mit Blick aufs Meer. Arafat war, von Fischers Auto gefolgt, persönlich vorausgefahren, hatte den deutschen Außenminister selbst durch die verschiedenen Räume des Gästehauses geführt und ihm zum Abschied eine gute Nacht gewünscht. »Er ist mein Gast«, sagte Arafat, als ich ihm anschließend meine Bewunderung für seine Souveränität gestand. »Mehr gibt es nicht zu sagen.«

Auf dem Rückflug saß ich Joschka Fischer in seinem Jet gegenüber. Ich musste mit ihm sprechen. »Lieber Joschka«, sagte ich, »du hast dich verändert.« – »Inwiefern?«, wollte er wissen. Ich machte ihm geduldig den Unterschied zwischen seinem Verhalten und Arafats Gastfreundschaft klar. Ich hatte die Absicht, ernsthaft mit ihm zu reden – was die Körpersprache über einen Menschen aussagt, vielleicht sogar, wie die

Macht einen Menschen verändern kann –, doch bevor es dazu kam, unterbrach er mich. »Lieber Abdallah, auch du hast dich verändert«, sagte er. »Früher hattest du volles Haar, und jetzt hast du fast eine Glatze.« Damit war das Gespräch beendet. Er wollte nicht darüber reden.

Im Fernsehen hatte ich gesehen, wie er den israelischen Außenminister Scharon empfangen hatte – sehr freundlich, sehr zuvorkommend. Als deutscher Außenminister hatte Fischer die besten Beziehungen zu Israel entwickelt. Und 2003, als Arafat von den Israelis belagert wurde, drängte sich mir der Eindruck auf, dass der Palästinenser ihm mittlerweile peinlich war. Fischer wollte Karriere machen, was sollte ihm ein machtloser Arafat noch nützen? Er umgab sich ungern mit Verlierern.

Gerhard Schröder war da ganz anders. Er mochte Arafat, und er zeigte es auch.

Der Besuch des 71-jährigen Arafat in Berlin war sein letzter Auftritt in Deutschland. Im selben Jahr 2000 explodierte das nahöstliche Pulverfass.

Am 28. September beging Scharon die größtmögliche Provokation: Von Polizisten und Soldaten geschützt, begab er sich auf den Tempelberg, um den jüdischen Besitzanspruch auf Ost-Jerusalem in einer spektakulären Aktion zu bekräftigen. Arafat und Abu Mazen hatten Ministerpräsident Barak vorher in seiner Privatwohnung aufgesucht und ihn beschworen, Scharon an seinem Vorhaben zu hindern – vergeblich. Die Palästinenser waren außer sich. Nicht nur, dass der Tempelberg mit dem Felsendom und der Al-Aksa-Moschee das zweitgrößte Heiligtum der muslimischen Welt darstellt – die eigentliche Provokation bestand in der Person Scharons, der in den Augen der Palästinenser seit dem Libanonkrieg die Grausamkeit schlechthin verkörperte. Am folgenden Tag kam es in Jerusalem zu einer großen Demonstration, bei der ein Aufgebot von mehr als tausend israelischen Soldaten mit

Gummigeschossen gegen Steinewerfer vorging; unter den Palästinensern gab es sieben Tote und Hunderte von Verletzten. Das war der Auftakt zur Zweiten Intifada.

Wie schon bei der Ersten Intifada war der Auslöser nicht der Grund. Wie hatte Ami Ayalon, der ehemalige Leiter des israelischen Inlandsgeheimdienstes, gesagt? »Der Tag eines Palästinensers, der zu seiner Arbeit will, ist ein Albtraum voller Demütigungen, an denen er schier verzweifelt.« Ayalon wird das nicht als Kritik gemeint haben, eher als Erfolgsmeldung, jedenfalls kann ich seine Einschätzung nur bestätigen. Die Checkpoints der Israelis bedeuteten für jeden Palästinenser die Erniedrigung schlechthin. Am Kontrollpunkt Abu Holi südlich von Gaza-Stadt habe ich einmal in glühender Hitze mit dem Auto für anderthalb Kilometer vier Stunden gebraucht, weil die Israelis die Fahrzeuge nur in großen Abständen durchließen. Am Haltepunkt saß ein junger israelischer Soldat mit Sonnenbrille und Zigarette im Mundwinkel lässig auf dem Turm seines Panzers und zeigte uns die Erlaubnis zur Weiterfahrt durch ein Wippen seines rechten Fußes an, und der Soldat am eigentlichen Checkpoint machte nichts anderes, als einen Blick auf das Gesicht des Fahrers zu werfen und ihn durchzuwinken. Für Menschen in zivilisierten Ländern ist es unvorstellbar, was wir an genüsslich ausgekosteter Macht erlebt haben, Macht über Leben und Tod. Gegenüber Palästinensern ist den Israelis alles erlaubt; die Grundregeln des menschlichen Umgangs, die selbst im Krieg noch gelten, sind außer Kraft gesetzt.

Mit anderen Worten: Im Jahr 2000 waren wir wieder da angekommen, wo wir vor dem Oslo-Abkommen gestanden hatten. Die Israelis setzten die Enteignungen fort, riegelten weiterhin palästinensische Gebiete ab, schnitten Menschen von ihren Arbeitsstätten, Schulen und Krankenhäusern ab, und in den sieben Jahren seit 1993 hatten sich noch einmal ebenso viele jüdische Siedler im Westjordanland festgesetzt wie in den sechsundzwanzig Jahren zuvor. Hoffnungslosigkeit verbreiten und dann bis zur Weißglut reizen – das war seit jeher die wirkungsvollste Waffe der Israelis. Scharon hatte genau gewusst, was er tat.

Und jetzt hieß es Auge um Auge, Zahn um Zahn. Diesmal hielten die jungen Leute nicht geduldig ihre Knochen hin. Diesmal bewaffneten sie sich und schlugen zurück. Die Fatah-Jugend organisierte sich in den Al-Aksa-Brigaden und verübte Anschläge, auch auf Zivilisten. Arafat versuchte von Ramallah aus, mäßigend auf diese Jugendlichen einzuwirken, war damit aber nicht sonderlich erfolgreich, schon weil die Israelis ihn nicht mehr nach Gaza ließen. Er bewegte sich ja mit dem Hubschrauber zwischen Gaza und dem Westjordanland, und Israel verweigerte ihm die Fluggenehmigung, sodass er schon vor seiner Belagerung in Ramallah festsaß, der Stadt, die mittlerweile als heimliche Hauptstadt Palästinas galt. Es kam zu Selbstmordattentaten in Israel, überwiegend von Hamas-Mitgliedern verübt, aber auch unsere Al-Aksa-Brigaden drangen nachts auf israelisches Gebiet vor und griffen israelische Soldaten und Zivilisten an.

Gleichzeitig flogen die Israelis Luftangriffe. Jenin im Westjordanland wurde fast vollständig zerbombt, Ramallah wurde unter Beschuss genommen, und im Gazastreifen machten sich die Israelis an die gezielte Zerstörung sämtlicher Fatah-Einrichtungen. Alles, was wir bis 2000 aufgebaut hatten, wurde systematisch bombardiert: Straßen, Brücken, Polizeistationen, die Bürogebäude der Selbstverwaltung. Der Plan dahinter war, den Palästinensern durch militärische Gewalt zu nehmen, was sie durch Verhandlungen seit 1993 erreicht hatten. »Wehrt euch!«, riefen sie uns zu, »damit wir euch die Schuld an eurem Schicksal geben können.« Seit Rabins Tod war diese Logik zur Grundlage der israelischen Politik geworden.

Mit Raketen machten sie Arafats Residenz dem Erdboden gleich, aus der Luft griffen sie den Hafen von Gaza an. Es war ein primitiver Hafen, nicht viel mehr als eine Mole aus dem Schutt abgerissener Häuser, aber er konnte wenigstens Fischerbooten Schutz bieten. In meiner Jugendzeit lagen die Frachter einen Kilometer weit draußen auf Reede, und die Waren wurden in kleinen Booten an Land gebracht. Mit meinem Freund Mahmud Ayyad war ich damals oft bis zu einem dieser Schiffe hinausgeschwommen, dann hatte uns die Mannschaft mit der Ladevorrichtung hochgezogen, und wir waren von Deck ins Meer gesprungen. Dieser kleine Hafen wurde gleich zu Beginn der Zweiten Intifada zerstört, und danach nahm sich die israelische Luftwaffe unseren Flughafen vor.

Dieser Flughafen war der Stolz Arafats und jedes Palästinensers. Endlich brauchten wir nicht mehr von Tel Aviv aus zu fliegen! Marokkanische Arbeiter hatten im Flughafengebäude ein Mosaik angelegt, ein Geschenk Marokkos an Arafat und das palästinensische Volk, und Martin Kobler, der Chef der deutschen Vertretung, hatte durch seinen persönlichen Einsatz den Bau dieses Flughafens immer wieder vorangetrieben. 2002 wurde dieser Flughafen durch Luftangriffe zerstört; anschließend ließ Scharon Bagger und Bulldozer auffahren, die nicht nur das Flughafengebäude vollständig abrissen, sondern sogar den Asphalt der Zufahrtsstraßen wegschaufelten.

Sieben Jahre hatte der Flughafen von Rafah Bestand. Die Maschinen von Johannes Rau, Bill Clinton, Heidemarie Wieczorek-Zeul und Rudolf Scharping hatten ihn angeflogen, auch Karlheinz Kögel und ich waren dort gelandet. Heute ist er, wie die gesamte Infrastruktur von Gaza, eine Trümmerlandschaft. Wie hätten wir ihn wiederherstellen sollen, wenn es im Gazastreifen mehr als zwanzigtausend zerstörte Häuser gibt? Keines davon wurde wieder aufgebaut, weil Israel bis heute die Einfuhr von Eisen und Zement verbietet. Gaza leidet und leidet, bis heute.

Alles in allem belief sich der Schaden dieser Zerstörungsorgie auf 10 Milliarden Dollar. Da das Geld hauptsächlich von den Geberländern stammte, hatten die Israelis also amerikanische und europäische Steuergelder vernichtet.

In dieser Situation ging der Stern von Ariel Scharon auf. Barak hinterließ einen Scherbenhaufen, bei der Wahl vom 6. Februar 2001 erhielt Scharon 64,2 Prozent der Stimmen. Ich hatte damit gerechnet. Die Entwicklung war folgerichtig. Als Minister hatte Scharon so lange Öl ins Feuer gegossen, bis die Sache explodierte, jetzt genoss er es, mit anzusehen, wie die Saat des Unfriedens aufging. In der Zeit der Apartheitspolitik war Scharon nach Südafrika gereist, um die Ghettoisierung der schwarzen Afrikaner zu studieren – sie erschien ihm nachahmenswert. Arafat wiederum war für Scharon nur eine lebende Zielscheibe. In Beirut hätte er den Abschied nehmenden Arafat noch im Hafen am liebsten durch einen Kopfschuss erledigen lassen – nur ein Machtwort von Ronald Reagan konnte ihn davon abhalten. Seine Anhänger bezeichneten ihn als »König Israels«, und als solcher imponierte er dem neuen amerikanischen Präsidenten Bush junior dermaßen, dass er sich Scharons politische Ziele zu eigen machte.

Der Auslöser für diese Entwicklung war der 11. September 2001 – ein wahrhaft schwarzer Tag für die Weltgeschichte, aber auch für uns, denn der Angriff auf das World Trade Center führte eine katastrophale Wende in der gesamten Region herbei. Ich hielt mich an diesem Tag in Berlin auf und war in Deutschland der Erste, der im Fernsehen zu den Ereignissen Stellung bezog. Arafat seinerseits war der Erste in der arabischen Welt, der diesen Anschlag verurteilte – und sogar Blut für die Opfer spendete. Es war umsonst. An dem Tag, als die Zwillingstürme einstürzten, begann die Zusammenarbeit zwischen Scharon und George W. Bush.

Der 11. September war für Scharon ein Glücksfall. Er scherte sofort alles über einen Kamm: die Fatah und Al-Qaida,

Afghanistan und Palästina, Arafat und Bin Laden. Das passte in George W. Bushs Weltbild, das gab ihm freie Hand zuzuschlagen, und Scharon brauchte jetzt nur noch die antiarabischen und antiislamischen Ressentiments der Amerikaner für seine Politik auszubeuten. Obwohl Saddam Hussein in einem Brief an Bush seine Unschuld beteuert und den Amerikanern seine Hilfe angeboten hatte, ließ sich der US-Präsident die Gelegenheit nicht entgehen, außer Afghanistan auch den Irak anzugreifen. Was Arafat anging, übernahm er die Sprachregelung des israelischen Geheimdienstes – »feindlicher Terrorist« – und ließ Arafat fallen.

Damit hatte Scharon zwei wichtige Ziele erreicht: Die berohlich guten Beziehungen zwischen Palästinensern und Amerikanern waren ruiniert, und die Armeen der Alliierten standen im Begriff, den Irak als Machtfaktor auszuschalten. In einem Interview hatte sich Scharon einmal zur strategischen Interessensphäre Israels geäußert und in diesem Zusammenhang einen Raum von der Türkei bis Pakistan genannt, inklusive Irak natürlich – niemand in Israel hatte das bis dahin so deutlich ausgesprochen. Jetzt machten sich die USA zum Erfüllungsgehilfen der israelischen Politik, zerstörten den Irak und änderten damit das Kräfteverhältnis in der ganzen Region. Scharon ging unterdessen daran, sich seinen Lebenstraum zu erfüllen und Arafat aus dem Weg zu räumen.

Arafats Belagerung und Tod

Mahmud Abbas war gegen gewaltsame Aktionen, er hätte es lieber gesehen, wenn sich die Aufständischen, wie bei der Ersten Intifada, auf passiven Widerstand beschränkt hätten. Auch Arafat war klar, dass die Attentate der Hamas und der Fatah in Israel Wasser auf die Mühlen der israelischen Hardliner waren, sah sich aber außerstande, die Wut seines Volkes zu steuern. Auf Drängen des deutschen Außenministers Fischer, der im Juni 2001 nach Ramallah kam, verurteilte Arafat den Bombenanschlag auf die Tel Aviver Diskothek und forderte eine Feuerpause sowie die Rückkehr zu Verhandlungen. Nach intensiven Gesprächen mit beiden Seiten insistierte Fischer, die Palästinenser sollten alles unterlassen, was Israel provozieren könnte. Die Brigaden der Hamas und der Fatah stellten daraufhin ihre Aktionen auf israelischem Staatsgebiet ein, lehnten aber ein Ende des bewaffneten Widerstands in den palästinensischen Gebieten ab. Ein halbes Jahr später erklärte Israel Arafat den Krieg.

Die permanente Klage der Israelis lautete: Wir haben keinen Partner für den Frieden. George W. Bush plapperte diese Phrase der Israelis nach. Um die Richtigkeit ihrer Behauptung zu demonstrieren, mussten sie Arafat kaltstellen. Im Dezember 2001 rasselten Scharons Panzer durch die Straßen von Ramallah, durchbrachen die Umfassungsmauern seines Regierungssitzes und bezogen vor den Gebäuden Stellung. Von nun an durfte keiner mehr hinein und keiner mehr heraus. Das Essen für die Eingeschlossenen wurde vom Roten Kreuz und vom Roten Halbmond geliefert, und die Schikanen der

Israelis gingen so weit, auch noch im Brot herumzustochern und nach Waffen zu suchen. Von zwei kurzen Unterbrechungen abgesehen, war Arafat für die nächsten drei Jahre ein Gefangener der Israelis. In den besetzten Gebieten herrschte derweil ein regelrechter Krieg, in dem Panzer und F 16 Jagdbomber auf Halbwüchsige und bewaffnete Zivilisten trafen. Die Israelis hätten das Recht, sich zu verteidigen, lautete der Kommentar des US-Präsidenten. Eine einzige Spielregel sollte gelten: Bush forderte von Scharon die Zusage, Arafat nicht zu töten.

Arafats Amtssitz, die Mukata, war nicht zur Beherbergung von dreihundert und mehr Menschen konzipiert. Arafat selbst belegte dort nur drei Räume im zweiten Stock: Ein Zimmer diente ihm als Büro, eins als Gästezimmer und eins als Schlafzimmer. Nach einer langen Sitzung verbrachte er nicht selten die Nacht in diesem spartanisch eingerichteten Zimmer von etwa fünfundzwanzig Quadratmetern. Die meisten anderen Räume in der Mukata waren Büros, die nun in provisorische Quartiere für seine Begleiter, seine Schutztruppe und seine Mitarbeiter umgewandelt wurden. Außerdem hatten sich auch Journalisten mit Arafat zusammen einsperren lassen sowie Leute, die aus Solidarität mit ihm in der Mukata ausharrten, darunter viele Europäer, aber auch einige Israelis – menschliche Schutzschilde für den Fall, dass die Belagerer angreifen sollten.

Zum ersten Mal in seinem Leben war Arafat mattgesetzt. Er konnte immer noch Interviews geben, aber es war ihm verwehrt zu reisen, und sein Einfluss auf den Gang der Dinge schwand. Wer erwartet hatte, dass er den Kampf jetzt aufgeben würde, sah sich allerdings getäuscht. Weil die Israelis den Strom abgeschaltet hatten, arbeitete Arafat bei Kerzenlicht; weil sie das Wasser abgedreht hatten, waren er und alle anderen auf Nachschub aus Kanistern und Flaschen angewiesen. Das Schlimmste aber war die verpestete Luft. Man stelle sich vor: etwa 370 Menschen auf kleine Räume verteilt, ohne Klimaanlage, ohne Ventilatoren, ohne Wasser für die Toiletten, bei verschlossenen Fenstern, die zum Schutz gegen israelische Scharfschützen durch schusssichere Metallläden gesichert waren – Gestank und Hitze müssen entsetzlich gewesen sein. Irgendwann war es nötig, Sauerstoff in Sauerstoffflaschen herbeizuschaffen. Arafats tägliches Fitnesstrainig bestand darin, um einen Tisch herumzulaufen.

Ich telefonierte oft mit Arafat und erfuhr so vom Leiden der Eingeschlossenen. Viel gab es nicht zu sagen, aber ich war froh, seine Stimme zu hören. In dieser Zeit musste ich unentwegt Interviews geben und merkte, dass die Freunde der Amerikaner sich die Hände rieben. Andere wiederum waren tief betroffen, und jene, die seine Gefangenschaft teilten, waren voller Bewunderung für ihn – Arafat lehnte jede Vorzugsbehandlung ab, rührte nichts an, bevor nicht der Letzte gegessen und getrunken hatte, und schlief wie alle anderen auf einer Matratze am Boden. Irgendwann bereiteten die Israelis einen Sturm auf die Mukata vor, vermutlich in der Absicht, Arafat doch zu liquidieren, und nun setzte eine regelrechte Völkerwanderung aus allen Teilen des Westjordanlands nach Ramallah ein. Zehntausende mischten sich unter die Panzer vor seinem Amtssitz und schlugen auf Kochtöpfen Krach, um die Weltöffentlichkeit wachzurütteln. Daraufhin sagten die Israelis ihren Sturmangriff ab. Gleichwohl stellt die Belagerung Arafats den Verantwortlichen in Israel das schlechteste Zeugnis aus. Die Demütigungen, denen sie Arafat aussetzten, sind nicht einmal unter Feinden üblich. Selbst im Krieg respektieren sich Feinde, die noch einen Rest von militärischem Ehrgefühl besitzen, und achten – egal, wie verbissen man kämpft – einander als ihresgleichen. Die Israelis aber peinigten Wehrlose, als gehörten diese Menschen einer minderwertigen Rasse an.

Nach drei Jahren, am 24. Oktober 2004, hoben sie ihre Belagerung auf. Sie hatten alle Ziele erreicht. Das Land lag in Trümmern, Ramallah glich einer Ruinenlandschaft, die Mukata war zu großen Teilen gesprengt und Arafat nur noch ein Schatten seiner selbst. Sein Gesundheitszustand hatte sich dermaßen verschlechtert, dass Amerikaner, Israelis und Franzosen übereingekommen waren, ihn zur Behandlung nach Paris auszufliegen. Als ich an diesem Tag die Fernsehbilder sah, erkannte ich Arafat nicht wieder – der Mann, der da auf Freunde gestützt seinen zerbombten Amtssitz verließ, war ein gespenstisch anmutender Greis, der mit müdem Arm noch einmal das Victory-Zeichen zu machen versuchte. Ich konnte nicht hinschauen, mir stiegen Tränen in die Augen. Und selbst als Todkranker erregte Arafat noch die Mordlust Scharons: George W. Bushs Aufforderung, Arafat unbehelligt ausfliegen zu lassen, da dessen Schicksal nun in Gottes Hand liege, konterte Scharon mit der Bemerkung, man könne dem lieben Gott ja auch nachhelfen.

Eine französische Militärmaschine brachte Arafat nach Paris, wo er in das Militärkrankenhaus im Pariser Stadtteil Bercy eingeliefert wurde. Nur Stunden später fuhr ich mit dem Wagen in die französische Hauptstadt und suchte als Erstes das Hotel auf, in dem seine Begleiter abgestiegen waren. »Du kannst nicht zu ihm gehen«, hieß es dort. »Tu dir das nicht an.«

Ich nahm mir ein kleines Hotel in unmittelbarer Nähe des Krankenhauses, in dem Arafat lag. Wir waren übereingekommen, ihn nicht zu besuchen, aber unsere Botschafterin in Frankreich ging täglich zu ihm und hielt uns auf dem Laufenden. Einmal gelang es mir, bis zu seinem Zimmer auf der Intensivstation vorzudringen, doch im letzten Moment wurde ich von einem Arzt daran gehindert, einzutreten. Ich telefonierte mit Mahmud Abbas in Ramallah. Er war zwar noch nicht zum Vorsitzenden der PLO gewählt, aber de facto bereits an Arafats Stelle gerückt, und ich riet ihm, sofort nach Frankreich zu kommen.

Am 7. November traf er ein, und die palästinensische Delegation begab sich als Erstes ins französische Außenministerium, wo uns neben dem Außenminister auch Präsident Jacques Chirac und sein Ministerpräsident Jean-Pierre Raffarin erwarteten. Chirac, dem Arafats Schicksal besonders nahe zu gehen schien, griff die Spekulationen über eine Vergiftung Arafats auf und empfahl uns, bei den behandelnden Ärzten genauere Informationen einzuholen. Daraufhin trafen wir uns mit dem Ärzteteam des Militärkrankenhauses. Man erklärte uns, dass sich die Blutplättchen bei Arafat in einem raschen, unaufhaltsamen Auflösungsprozess befänden und nicht ersetzbar seien – die wahrscheinlichste Ursache dafür sei in den katastrophalen Lebensbedingungen zu suchen, die während der israelischen Belagerung in seinem Amtssitz geherrscht hatten. Sicherheitshalber aber seien Blutproben an neunzehn Labore in Frankreich geschickt worden. Die Untersuchungen hätten zu dem übereinstimmenden Ergebnis geführt, dass kein »uns bekanntes Gift« nachgewiesen werden könne – eine Formulierung, die die Möglichkeit einer Vergiftung mit einem unbekannten Gift nicht ausschloss.

Selbstverständlich hatten wir die Absicht, Arafat zu besuchen, unser Wunsch stieß bei seiner Frau Suha jedoch auf Widerstand. Vor allem zwischen Abbas und Suha herrschte seit jeher eine herzliche Abneigung, und wie viele Palästinenser fand auch Abu Mazen, dass Suha während der schweren Zeit seiner Gefangenschaft an die Seite ihres Mannes gehört hätte, nicht nach Paris. Suha behielt sich jetzt jedenfalls das Recht vor, Besucher nach Gutdünken zuzulassen oder abzuweisen, und Abbas war derjenige, den sie am Krankenbett ihres Mannes auf keinen Fall sehen wollte. Schließlich erreichten wir einen Kompromiss: Einer von uns, Abu Ala, solle zu Arafat gehen und danach entscheiden, ob ein gemeinsamer Besuch sinnvoll sei. Abu Ala begab sich also in den Raum, in dem Arafat lag, und als er wieder herauskam, war er kreidebleich, so als würde kein Tropfen Blut mehr in seinen Adern fließen. »Ich empfehle keinem, dort hineinzugehen«, sagte er. »Der Mensch, den ich gesehen habe, war nicht Arafat.« Offenbar stand Abu Ala unter Schock.

Das war drei Tage, bevor Arafat starb.

In den frühen Morgenstunden des 11. November, kurz vor 4 Uhr, erreichte uns die Nachricht von seinem Tod. Ich hielt mich gerade im Krankenhaus auf, wir hatten damit gerechnet. Der Mufti, der die rituellen Waschungen an Arafats Leichnam vornehmen sollte, bot mir an, ihn zu begleiten, aber ich lehnte ab. Ich wartete, bis Arafat zum letzten Abschied aufgebahrt war.

Als ich den Raum betrat, umstanden schon seine Frau, unsere Botschafterin in Paris und andere den Toten. Eine palästinensische Flagge hüllte ihn ein, und was diese Fahne bedeckte war ein kleiner, zusammengeschrumpfter Körper, ein geradezu winziges Häufchen Haut und Knochen, ein erschütternd kläglicher Überrest des Menschen Yassir Arafat. Kurz nach mir trat Präsident Chirac ein. Unter Tränen sprach er mit erstickter Stimme den Toten an: »Es wäre mir lieber gewesen, Sie gesund in Ihre Heimat zurückschicken zu können …«

Kaum hatte ich den Raum verlassen, kam ein Reporter auf mich zu, und einem Reflex folgend, gab ich, gegen die Tränen ankämpfend, mein erstes und letztes Interview zu Arafats Tod. Danach schaltete ich mein Mobiltelefon aus und war für keinen Reporter mehr zu sprechen. Ich musste über den Tod des Menschen hinwegkommen, in dessen Schatten wir alle großgeworden waren, von dessen Siegeszuversicht wir alle gezehrt, von dessen Kompromissbereitschaft wir alle gelernt hatten und von dessen ehrlichem Willen, Frieden zu schließen, wir alle angesteckt waren.

Schüsse im Zelt

Angesichts des Todes neigt man zu irrationalen Reaktionen, und mir kam es so vor, als bereite Chirac seinem Freund Arafat ein letztes Vergnügen, indem er ihn wie einen Staatsgast verabschiedete. Chirac hatte nämlich Anweisung gegeben, den Toten auf dem Militärflughafen von Paris wie ein Staatsoberhaupt mit dem größten zeremoniellen Aufwand zu ehren, und ich stand dabei und freute mich für ihn, denn Arafat hatte den militärischen Pomp der Staatsbesuche immer geliebt. Chirac ging in seiner Noblesse aber noch weiter und stellte seine eigene Maschine zur Verfügung. Der kranke Arafat war mit einer französischen Militärmaschine nach Paris geflogen, der tote Arafat trat den Rückweg von Paris nach Kairo in der Maschine des französischen Staatspräsidenten an. Auf Wunsch des Zentralkomitees begleitete ich den Leichnam.

Mir war nicht nach Reden zumute. Mich beschäftigte, wie es jetzt, nach Arafats Tod, weitergehen sollte. War meine Aufgabe in Deutschland nicht erfüllt? Die Frage, wohin ich gehöre, hatte sich mir ja bereits zweimal gestellt, 1967 und 1994, und beide Male war Deutschland die Antwort gewesen. An Bord des Flugzeugs, das den toten Arafat seiner verwüsteten Heimat entgegentrug, stellte sie sich mir erneut, und diesmal lautete die Antwort Palästina.

Die Entscheidung fiel mir insofern leicht, als ich nun in Palästina zweifellos mehr als in Deutschland ausrichten konnte. In Palästina erwartete uns der vollständige Neuaufbau eines geschundenen Landes. Ich hielt es für meine Aufgabe, Arafats

Lebenswerk an der Seite von Mahmud Abbas fortzusetzen, in dessen Händen nun die Zukunft Palästinas lag. Was hingegen meine Familie anging …

Ein normales Familienleben hatten wir nie geführt. Die alltägliche Sorge um die Kinder hatte ich durchgehend Benita überlassen müssen. Kurze und auch lange Phasen der Abwesenheit kannte sie von mir seit unserer Hochzeit. Bevor wir die Ehe eingingen, hatten wir darüber gesprochen und eine Art Abkommen geschlossen: zusammenzubleiben, egal, wo ich gebraucht würde, egal, welche Strapazen wir uns dadurch aufbürden würden. Mittlerweile waren die Kinder groß, arbeiteten, führten ihr eigenes Leben, und vielleicht würde sich die Lage in Gaza in absehbarer Zeit so weit entspannen, dass Benita lange Aufenthalte im Haus meiner Familie einlegen könnte. Solange das nicht der Fall wäre, würde ich von Zeit zu Zeit nach Deutschland kommen. Bei meinem einsamen Entschluss durfte ich jedenfalls davon ausgehen, dass meine Familie ihm zustimmen würde. Was auch der Fall war. Vor allem Baschar bestärkte mich in meiner Absicht.

Die offizielle Abschiedsfeier für Arafat fand in einem Zelt auf dem Gelände des Militärflughafens von Kairo statt. Abertausende von Menschen hatten sich eingefunden, dazu ein Strom von Ministern, Präsidenten und Königen, deren Beileidsbekundungen wir – Abbas, Kadumi, die anderen und auch ich – Stunde um Stunde entgegennahmen. Zur Mittagszeit wurde Arafats Leichnam für den Weiterflug nach Ramallah in eine ägyptische Maschine verladen. Als ich den Ansturm auf diese Maschine sah, verließ mich die Lust, mitzufliegen, und ich disponierte um. »Nach Gaza« sagte ich einem Taxifahrer und streckte mich hinten in seinem Wagen aus – es war die Pullmanversion eines alten Mercedestaxis.

Im Sinai lebte ich auf. Wie wunderschön, aus dem fahrenden Auto heraus diese Landschaft aus strahlendem Gold vorübergleiten zu sehen! Ich erinnerte mich an die Monate in El

Arish nach unserer Flucht aus Gaza – damals hatte ich alle Warnungen vor Tretminen in den Wind geschlagen und war mit meinem Freund losgelaufen, hinaus aus der Stadt, hinein in die Wüste. Damals waren die Straßen noch Pisten, und das Land hatte einen noch wilderen Eindruck auf mich gemacht.

Zum ersten Mal erlebte ich den Sinai frei, nicht von Israelis besetzt, und erklärte Sadat im Nachhinein zum Genie. Wie alle hatte ich seinen Separatfrieden mit Israel in den 70er-Jahren verurteilt, doch als ich jetzt durch den ägyptischen Sinai fuhr – kein israelischer Kontrollpunkt, kein israelischer Panzer weit und breit –, leistete ich Sadat im Stillen Abbitte. Hätte er seine Chance nicht genutzt, hätten Millionen Israelis dieses Land mit ihren Siedlungen und Plantagen entzaubert. Zu einem späteren Zeitpunkt hätte Sadat den Sinai ohne Krieg nie zurückbekommen.

In El Arish stieg ich in einem Hotel am Strand ab und stürzte mich ins Meer. Ich war gierig aufs Schwimmen, und das Wasser war kristallklar. Abends verfolgte ich Arafats Beerdigung im Fernsehen, als Wiederholung, denn das Begräbnis war schon vorbei. Später erfuhr ich, dass einige Trauergäste Sand aus Jerusalem auf seinen Sarg gestreut hatten, damit er in Ramallah die Erde Jerusalems nicht missen musste, in der er am liebsten beerdigt worden wäre. Anderntags fuhr ich nach Gaza und besuchte, wie üblich, als Erstes das Grab meines Vaters – für mich war damit stets das beglückende Gefühl verbunden, heimgekehrt zu sein. Am frühen Abend begab ich mich dann in das Trauerzelt, das auf Arafats ehemaligem Hubschrauberlandeplatz aufgeschlagen worden war.

Es war ein sehr großes Zelt voller Menschen, die an dem Begräbnis in Ramallah nicht hatten teilnehmen können. Halb Gaza strömte hier zusammen, Menschen aus allen Bevölkerungsschichten, die nach langem Warten eintraten, sich auf Plastikstühlen niederließen, einen arabischen Kaffee tranken, ein paar Worte mit ihren Nachbarn wechselten und wieder gingen. Nach einer Weile betrat Abbas das Zelt, gefolgt von Mohammed Dahlan, dem Chef der Präventiven Sicherheit, und mit einem Mal schlug die gedämpfte Trauerstimmung in lautstarken Protest um. Vor allem das Auftauchen Dahlans löste Empörung aus – die Anwesenden verstanden seinen Auftritt als Zeichen dafür, dass er künftig in Gaza das Sagen haben würde, und nicht nur seine geschworenen Feinde waren entschlossen, das zu verhindern.

Umringt von meinen Sicherheitsleuten schaute ich von einem Stuhl aus zu, wie Abbas ungerührt die Hände der Notabeln schüttelte, als ein Tumult entstand. Mit Rufen wie »Dahlan, Verräter!« und »Weg mit Abbas!« stürmten Bewaffnete das Zelt. Im nächsten Moment hörte ich Schüsse, und dann sah ich, wie leere Plastikstühle, von Kugeln getroffen, durch die Luft flogen und Menschen aufsprangen, davonliefen oder in Deckung gingen. Der Chef meines Begleitschutzes drückte mich zu Boden, aber ich wehrte mich, ich wollte mich vor diesen Revolverhelden nicht auf der Erde wälzen, ich wollte nur hinaus, Abbas folgen, der jetzt auf den Ausgang des Zeltes zulief, während einer seiner Leibwächter seinen Rückzug deckte und die Attentäter aufzuhalten oder abzudrängen versuchte, bis er in den Kopf getroffen tot niedersank. Hätte er sich geduckt, wäre Abu Mazen getroffen worden, so aber erreichte Abbas heil den Ausgang und entkam in einem Taxi.

Es war ein unglaubliches Durcheinander, unentwegt wurde geschossen, trotzdem schaffte ich es ins Freie. Dahlan war, von seinen Leuten gedeckt, diesem Hexenkessel ebenfalls entronnen. Draußen wimmelte es von jungen Männern mit Maschinenpistolen, einige schleppten sogar Panzerfäuste mit sich herum. Ich fragte einen dieser Jungen, warum er eine Waffe trage. Er wusste mir keine Antwort darauf zu geben.

Verwirrt, verstört davon, wie plötzlich es zu diesem Ausbruch von Gewalt gekommen war, schlug ich, gefolgt von meinen Begleitern, die Richtung meines Hauses ein, als mein Blick auf die Autos von Dahlan am Rand des Platzes fiel. Vier oder fünf gepanzerte Limousinen standen dort, alle waren demoliert, wie mit Vorschlaghämmern bearbeitet. Ich hätte nie gedacht, dass man gepanzerte Fahrzeuge mit Stangen oder Knüppeln so zurichten könnte. Wie groß musste der Zorn sein, der sich hier entladen hatte! Mein Herz presste sich zusammen. Dergleichen hatte ich noch nicht erlebt. Um ein Haar wäre Abu Mazen erschossen worden. Mit knapper Not waren wir einer nationalen Katastrophe entgangen. Abbas' Tod hätte einen Bruderkrieg nach sich gezogen, und wir Palästinenser hätten jede Glaubwürdigkeit verloren.

Anderntags wurde ich mit der Untersuchung des Vorfalls beauftragt. Eine Woche später legte ich meinen Bericht vor. Drei Menschen waren getötet, sieben verletzt worden – nicht von Hamas-Leuten, sondern von verärgerten, zornigen jungen Fatah-Anhängern, die Abbas nicht akzeptieren und den bewaffneten Kampf unbedingt fortsetzen wollten. In der Vergangenheit hatte Arafat den Deckel auf diesem Topf gehalten, in dem es so gefährlich brodelte, jetzt waren die inneren Gegensätze unserer Bewegung gewaltsam aufgebrochen.

Dazu kam das Problem Dahlan. Mohammed Dahlan kam aus einfachsten Verhältnissen, hatte als Sicherheitschef die richtigen Leute protegiert und war in kurzer Zeit zu sehr viel Geld gekommen. Früher waren wir befreundet gewesen, seit geraumer Zeit aber stellte ich Züge rücksichtsloser Selbstherrlichkeit an ihm fest, und in der Bevölkerung war er als Symbolfigur für die Korruption, die unter Arafat um sich gegriffen hatte, unbeliebt, ja, verhasst.

Ich empfahl Abbas, einen Versöhnungsprozess in die Wege zu leiten. Ich selbst trug meinen Teil dazu bei, indem ich die Vertreter aller Strömungen zu einem Versöhnungsessen in mein Haus einlud, für das mein Bruder die Schafe beisteuerte. Doch obwohl Abu Arab, der Chef meiner Leibwächter und ein begnadeter Koch dazu, das Küchenpersonal anwies und alle Speisen, die aufgetragen wurden, den Stempel seiner Meisterschaft trugen, blieb der erhoffte Erfolg aus. Schon im Verlauf dieses Abends war der Widerwille zu spüren gewesen, den einer für den anderen hegte; die Rivalitäten setzten sich fort, der Konflikt innerhalb der Fatah schwelte weiter.

Bevor es wieder zu einem normalen Parteileben kommen konnte, war auf jeden Fall eine gründliche Reform der Fatah fällig. Wahlen mussten stattfinden – innerparteiliche Wahlen, Kommunalwahlen, vor allem Parlaments- und Präsidentschaftswahlen. Das Zentralkomitee bestimmte mich zum Fatah-Vorsitzenden von Gaza, Abbas ernannte mich zum Leiter seiner Wahlkampagne, und ich ging an die Arbeit.

Der Bruderkampf

Es gab keine Tür, an die ich nicht geklopft hätte, kein Zelt, in dem ich mich nicht hätte sehen lassen. Der Gazastreifen ist nicht groß, und wenn wir ein Flüchtlingslager besuchten, lief alles zusammen, Männer, Frauen, Kinder. Die Kunst bestand nun darin, Menschen, die die Hölle erlebt hatten, die ihr Dasein zwischen Trümmern fristeten, für das politische Programm von Abbas zu gewinnen, und das hieß: Verzicht auf Gewalt, Fortsetzung der Verhandlungen mit Israel, konsequente Friedenspolitik. Ich verlangte ihnen viel ab, aber ich war von Abu Mazens Programm genauso überzeugt wie von seiner Person. Abbas hatte die Bewegung mitbegründet und gehörte seither kontinuierlich dem Zentralkomitee an. Er war in seiner Haltung immer eindeutig gewesen, glaubte an den Weg absoluter Friedfertigkeit und hatte sich nie davon abbringen lassen, er war – nicht nur in meinen Augen – von uns allen der Geeignetste, nach Arafats Tod die Präsidentschaft zu übernehmen. Ich baute auf seine langjährige Beziehung zu Arafat, seine internationalen Kontakte, seine Geradlinigkeit, seine Aufrichtigkeit. Abbas hätte den Leuten in seinen eigenen Wahlkampfreden nicht unbedingt reinen Wein einschenken müssen, aber er tat es, und ich machte es nicht anders.

Wer von einem Ende der Gewalttätigkeiten und geordneten Verhältnissen überhaupt nichts wissen wollte, waren die Al-Aksa-Brigaden, jene Kampfeinheiten, die sich nach den gescheiterten Verhandlungen von Camp David im Jahr 2000 gebildet und während der Zweiten Intifada als bewaffneter Arm der Fatah fungiert hatten. Ich verstand diese jungen Leute, auch ich hatte als junger Mensch an den bewaffneten Kampf geglaubt und mich nur allmählich davon abgewandt, aber gewähren lassen durfte man sie nicht. Vor allem den Süden des Gazastreifens hatten sie in einen Zustand versetzt, der mit Anarchie am treffendsten zu beschreiben war. Diese Kampfeinheiten waren nicht zu umgehen, nichts konnte ohne ihre Zustimmung unternommen werden, dabei gab es nicht einmal eine einheitliche Führung, der sie gehorcht hätten. Es reichte, dass sich fünf, sechs junge Männer zusammentaten und sich den Namen eines Märtyrers gaben – schon hatte sich die Gruppe Abu Rich, die Gruppe Abu soundso gebildet. Auf diese Weise waren im Gazastreifen insgesamt 57 Al-Aksa-Brigaden entstanden, die alle unabhängig voneinander agierten, gut bewaffnet waren und die Straße beherrschten.

Ich will diese 16-, 17-, 18-Jährigen nicht verurteilen. Ihre Entschlossenheit, gegen die Israelis zu kämpfen, war aus ihrer Erfahrung als Zeugen der brutalen Einsätze der israelischen Armee erwachsen; hinzu kam das Gefühl, bei den Osloer Verhandlungen verraten worden zu sein. Dabei war ihnen durchaus bewusst, dass sie Israel niemals besiegen könnten. Sie verfügten weder über das erforderliche Geld noch über die nötigen Waffen, obendrein mussten sie auf die politische Rückendeckung durch die Fatah verzichten, weil ihr Kampf nicht mit der offiziellen Politik vereinbar war, aber sie waren nicht gewillt, die Angriffe der Israelis fatalistisch hinzunehmen, sie wollten sich zumindest verteidigen.

Ich empfand es in jenen Tagen beinahe als meine wichtigste Aufgabe, auf diese verzweifelten jungen Leute einzuwirken, damit sie ihr Leben nicht in Kämpfen verlören, die nicht das Geringste an ihrem Schicksal zu ändern vermochten. Ich traf mich mit diesen Gruppen, sprach offen mit ihnen, legte ihnen unsere Gründe für das Oslo-Abkommen dar, erklärte ihnen, dass wir nach vielen Jahren opferreicher Kämpfe einsehen mussten, militärisch gegen Israel nichts ausrichten zu können, hielt ihnen vor Augen, dass wir mit Gewaltaktionen selbst unsere arabischen Nachbarn verärgern würden. Wer würde uns schwere Waffen verkaufen?, fragte ich sie, und wo würden wir diese Waffen in Gaza lagern? Unsere einzige Chance bestehe darin, einen Frieden durch Verhandlungen anzustreben; im Übrigen könne uns nur die Sympathie der Welt gegen Israel helfen.

Es war nicht leicht, sie zu überzeugen. Ich hielt Vorträge, diskutierte, ging sogar mit ihnen hinaus, wenn geschossen wurde, um ihnen zu beweisen, dass ich nicht aus Feigheit in dieser Art mit ihnen redete, und gewann mit der Zeit ihr Vertrauen. Irgendwann erwarteten uns die Al-Aksa-Brigaden bei Wahlkampfveranstaltungen schon am Ortseingang, bereiteten uns einen freundlichen Empfang und begleiteten uns bis zu dem Saal, in dem Abbas sprechen sollte – alle bewaffnet, aber keiner feindselig.

Zu unserer großen Erleichterung ging Abbas aus der Wahl vom 9. Januar 2005 als Sieger hervor. Ich fuhr an diesem Tag nach Ramallah, um seinen Erfolg mit ihm zu feiern. »Weißt du«, sagte mir ein Freund, »im Grunde war es deine Zunge, die Abu Mazen den Sieg beschert hat. Wenn *du* nicht mehr redest, wer soll dann die Straße zügeln?« Abbas muss ähnliche Überlegungen angestellt haben, jedenfalls bestätigte er mich anderntags als Fatah-Vorsitzender von Gaza. Ich wusste, was das bedeutete. In Deutschland hatte man mich die »Stimme Palästinas« genannt, nun wollte ich die Stimme der Fatah in Gaza werden und meine ganze Kraft daransetzen, durch den Aufbau neuer, stabiler Strukturen einen Zerfall der Partei dort zu verhindern.

Offen gesagt: Unsere Organisationen im Gazastreifen befanden sich in einer erbärmliche Verfassung. Es gab kein ordentliches Parteileben mehr, es wurden keine Sitzungen mehr abgehalten, in manchen Orten redete man nicht einmal mehr miteinander, und wer seinen Mitgliedsbeitrag schuldig blieb, der hatte nichts zu befürchten: Es war üblich, dass die Beiträge der Säumigen aus der Parteikasse der Fatah bezahlt wurden. Die Sitten waren verroht – kein Wunder. Diese Leute waren jahrelang ohne Führung gewesen, mittlerweile herrschte das Gesetz des Dschungels, die starke Hand Arafats fehlte an allen Ecken und Enden. Oder hatte Arafat diese Zustände geduldet, vielleicht sogar verschuldet?

Als Gefangener der Israelis am persönlichen Eingreifen gehindert, hatte er sie zwangsläufig dulden müssen. Er telefonierte während dieser drei Jahre zwar regelmäßig mit den Verantwortlichen, doch Arafats Machtausübung beruhte auf einem System physischer Präsenz, und als Abwesender war sein Einfluss auf Gaza gering. Das Chaos dort war deshalb viel größer als im Westjordanland, und aus diesem Grund beschlossen wir, mit den innerparteilichen Wahlen in Gaza zu beginnen. Unser Ziel waren neue, durch Wahlen legitimierte Vorstände im ganzen Gazastreifen. Der Widerstand, dem ich begegnete, war allerdings enorm.

Meine Parteifreunde in Rafah zum Beispiel, unter denen ich als Erstes für diese Wahlen werben wollte, belehrten mich in einem Fax darüber, dass ich nur über ihre Leichen bei ihnen auftreten könnte. Ich las die Drohung, griff zum Hörer, rief den Sekretär der Fatah in Rafah an und fragte ihn, worum es gehe. »Ihr habt uns alles Mögliche versprochen, aber nichts davon gehalten«, schimpfte er. »Du darfst hier erst reden, wenn alle diese Versprechen erfüllt sind.« – »Aber ich werde morgen bei euch sein, dann können wir darüber sprechen«, schlug ich vor. »Nein«, sagte er, »wir wollen, dass ihr eure Zusagen vorher einhaltet.« – »Richte dich darauf ein, dass ich morgen komme«, entgegnete ich ihm und wies Abu Arab an, dafür zu sorgen, dass uns keine böse Überraschung erwartete.

Inzwischen hatte ich auch in Rafah zahlreiche Freunde gewonnen, wohl nicht zuletzt deshalb, weil ich nicht der übliche lautstarke, heißblütige Fatah-Funktionär war. Als wir gegen

11 Uhr vormittags in Rafah eintrafen, wurden wir von vierhundert Leuten erwartet, die alle auf meiner Seite standen, Waffen trugen und als Erstes wissen wollten, wer mich bedroht hatte ... Die zwei, die mir das Fax geschickt hatten, waren plötzlich kleinlaut – ein Blick aus dem Fenster hatte sie über das Kräfteverhältnis belehrt. Eine solche Demonstration der Stärke gehört sonst nicht zu meinen Mitteln, aber unter diesen Umständen hatte sie die gewünschte Wirkung. »So«, sagte ich, »wir haben hier heute eine Veranstaltung, zu der fünftausend Menschen erwartet werden. Und ihr beide setzt euch neben mich aufs Podium, einer links und einer rechts von mir. Damit jeder sieht: Wir sind uns einig. Es gibt keine Flügelkämpfe innerhalb der Fatah. Wir dulden keine Alleingänge.« Sie nickten betreten. Meinem Vortrag stand nichts mehr im Wege.

Ein weiteres Problem bereitete mir mehr Sorgen: Ich stellte fest, dass mancher mir mein Leben in Deutschland als einen bequemen Ausweg vorwarf, gewissermaßen als Feigheit vor dem Feind, und sich Einmischung »von außen« verbat. Natürlich konnte ich mich auf Arafats Wunsch berufen, die Interessen Palästinas in Deutschland zu vertreten, doch änderte das wenig am Widerwillen der etablierten Zirkel und Seilschaften gegen jemanden, den sie als Außenseiter und Störenfried empfanden – es ist ja immer schwer, in Machtverhältnisse einzugreifen, die nicht auf regulären Strukturen beruhen, sondern sich sozusagen konspirativ gebildet haben. Dennoch gelang es mir bis 2007, die innerparteilichen Wahlen im Gazastreifen zu 90 Prozent durchzuführen, und die Reorganisation der Partei hätte sicherlich zu einem Neuanfang geführt, wäre nicht unterdessen eine wahrhaft tragische Entwicklung eingetreten: Der Gegensatz zwischen der Fatah und der Hamas nahm mit der Zeit Züge eines Bürgerkriegs an, den wir unmöglich gewinnen konnten.

Die Politik der Hamas war von Anfang an auf Obstruktion hinausgelaufen. Bereits die Präsidentschaftswahlen von 1996 hatte sie boykottiert. Schon damals bereitete sie sich auf eine militärische Auseinandersetzung mit uns vor, indem sich ihre Mitglieder mit Waffen auf dem Schwarzmarkt eindeckten, der von israelischen Waffenhändlern beliefert wurde. Schon 1994 konnte man nachts junge Hamas-Mitglieder in Gruppen von fünf oder zehn durch die Straßen von Gaza joggen sehen – das war Teil ihrer militärischen Ausbildung, so lernten sie, sich blind in der Stadt zurechtzufinden. Und nicht nur militärisch war die Hamas uns überlegen. Bereits 1987 hatte sie damit begonnen, Krankenhäuser, Altenheime und Kindergärten zu bauen, alles Einrichtungen, die unter dem wohlwollenden Blick der Israelis entstanden waren, alles Wohltaten, mit denen wir nicht aufwarten konnten, weil Fatah-Mitglieder in Gaza bis 1994 allein aufgrund ihrer Mitgliedschaft umgehend verhaftet worden wären. Die Hamas besaß ein Vorsprung von sieben Jahren, und die Spenden, die sie aus aller Welt erhielt, liefen über die Konten europäischer und amerikanischer Banken.

Während der Zweiten Intifada war die Hamas der Hauptunruhestifter gewesen und die Fatah der Prügelknabe. Immer, wenn die Hamas gegen Israel zuschlug, fasste die israelische Armee die Fatah ins Auge und führte ihre Schläge gegen die Autonomiebehörde. Nach Arafats Tod gingen wir also geschwächt in die Auseinandersetzung mit der Hamas. Und Abu Mazen weigerte sich, geschmuggelte Waffen auf dem Schwarzmarkt zu kaufen; ich bin kein Bandenchef, sagte er – entweder, wir bekommen unsere Waffen offiziell von den Ägyptern, den Jordaniern oder den Amerikanern, oder wir müssen mit den vorhandenen auskommen. Er hoffte natürlich, eine bewaffnete Auseinandersetzung mit der Hamas vermeiden zu können. Die Fatah war jedenfalls nicht in der Lage, der Hamas im Ernstfall Widerstand zu leisten. Und dann zog Scharon die israelische Armee aus dem Gazastreifen ab.

Scharons Schritt kam für uns überraschend, er war nicht mit Abbas abgesprochen. Am 18. August 2005 begann der

Rückzug der Israelis, verbunden mit einer Auflösung jüdischer Siedlungen im Gazastreifen, und alle Welt glaubte an eine Geste des Entgegenkommens gegenüber den Palästinensern, als wäre Scharon plötzlich zu besserer Einsicht gelangt. Das Gegenteil war der Fall. Der israelische Geheimdienst wusste, wie schlecht die Fatah organisiert war, wie abträglich sich die Korruptionsfälle auf das Image der Fatah auswirkten und auch, dass die Hamas inzwischen stark genug war, uns größten Ärger zu bereiten. Tatsächlich schlug mit dem Abzug der Israelis die Stunde der Hamas. Jetzt konnte sie ungehindert ihre militärische Überlegenheit ausspielen und besetzte umgehend die verlassenen Bunker der israelischen Armee. Ich bin überzeugt, dass Scharon dieses Szenario vorhergesehen und herbeigewünscht hatte. Jedenfalls stand einem Bürgerkrieg in Gaza nun nichts mehr im Wege.

Der Ton der Hamas wurde unverhohlen aggressiv. In ihren Publikationen beschuldigte sie uns, Palästina an Israel zu verkaufen, machte gegen das Oslo-Abkommen Stimmung und predigte offen Gewalt – Raketen und Sprengstoff seien die einzige Sprache, die die Israelis verstünden. Solche radikalen Ideen trafen den Geschmack all jener, die sich nach klaren Verhältnissen und schnellen Lösungen sehnten, und bald kam es zu den ersten Mordanschlägen auf unsere Sicherheitskräfte. Und unsere Leute schauten zu. Niemand war bereit, seinen Kopf für Dahlan hinzuhalten. Diese Morde wurden – vielleicht sogar mit einer gewissen Schadenfreude – hingenommen, einfach weil unsere Polizei erschöpft, schlecht geführt, schlecht ausgerüstet, kurz: demoralisiert war.

Eines Tages saß ich mit Besuchern in einem Empfangsraum meines Büros in Gaza, als ich Schüsse hörte. Wie sich zeigte, hatte man unser Haus von außen beschossen. Die Einschusslöcher fanden sich allerdings nicht im Fenster meines Arbeitszimmers, sondern eine Etage höher, dort, wo meine Sekretärin genau über mir ihr Büro hatte. Der Attentäter musste sich im Stockwerk geirrt haben. Wir hatten beide großes Glück gehabt. Hätte meine Sekretärin an ihrem Platz gesessen, wäre *sie* tot gewesen. Und bei einem besser informierten Attentäter wäre *ich* tot gewesen. Der Anschlag war der deutschen Presse eine Meldung wert, auf diese Weise erfuhr auch meine Familie davon.

Nach den Kommunalwahlen im Mai 2005 nahmen die Spannungen weiter zu. In meinen Wahlkampfreden war ich auf die Attacken der Hamas eingegangen, was unsere Leute bis dahin vermieden hatten. Bei der Wahl brachte die Hamas keinen ihrer Kandidaten durch und warf uns Wahlfälschung vor; dergleichen wäre mit Abbas allerdings nicht zu machen gewesen, und mit mir auch nicht – der Hamas ging es einfach um eine weitere Provokation. Auf der anschließenden Pressekonferenz trat der Hamas-Chef Mahmud Zahar wie ein Feldherr vor der Schlacht auf, als stünde ein großes Blutbad bevor. Innerhalb einer Stunde berief ich eine Gegen-Pressekonferenz ein – in Gaza kann man innerhalb von fünf Minuten leicht an die zweihundert Journalisten zusammentrommeln – und hielt sachlich, aber unmissverständlich dagegen: Die Hamas ziele mit ihrer Politik auf einen Putsch im Gazastreifen ab; es stehe eine Machtergreifung bevor, die auf die Abschaffung der Demokratie hinauslaufe.

Am nächsten Tag war die Hölle los.

Im ganzen Gazastreifen tauchten Plakate mit meinem Konterfei auf, in allen Moscheen wurde mein Bild aufgehängt, und immer war da das Gleiche zu lesen: Längst sei ich kein Muslim mehr, mein halbes Leben hätte ich in europäischen Bars verbracht, nicht einmal mein Name sei arabisch – »Frangi, geh zurück ins Land der Franken!« Kurzum, für die Hamas war ich jetzt ein Verräter, der Feind Nr. 1. Meine Anhänger drangen daraufhin in eine Moschee im Zentrum von Deir el Balah ein, holten die Plakate herunter, zerrissen sie und starteten eine Gegenkampagne. Es war das erste Mal, dass unsere Leute der Hamas die Stirn boten. Endlich begann die Fatah, sich zu wehren.

Eines Tages geriet ich vor meinem Haus in eine Demonstration junger Leute, ausgerüstet mit Hunderten grüner Fahnen. Ich fuhr mit meinem Jeep langsam durch die Demonstranten hindurch, hielt an, stieg aus und begrüßte sie. »Was macht ihr hier?«, wollte ich wissen. Sie würden demonstrieren, meinte einer schmunzelnd. »Gegen wen?« – »Gegen dich«, sagte er. »Und warum?« Achselzucken. Ich bat sie, ihre Kundgebung das nächste Mal vor meinem Büro abzuhalten, ging ins Haus und rief unseren Sicherheitchef an. Er war nicht da. Ich versuchte, unseren Innenminister zu erreichen. Er war nicht da. Ich konnte anrufen, wen ich wollte, niemand war da. Daraufhin telefonierte ich mit meinen Bruder Abdel Halim, und innerhalb von drei Stunden strömten bei mir fünfhundert bewaffnete Männer zusammen, Freunde der Familie und Verwandte. Ohne dass ein Schuss gefallen wäre, traten die Demonstranten daraufhin den Rückzug an. Militärisch gesehen stand unsere Zusammenkunft übrigens meiner Jordandurchquerung an Dummheit nicht nach, denn alle »Verteidiger« hatten es sich in meinem Diwan im Erdgeschoss bequem gemacht, der obendrein unmittelbar an der Straße lag – eine Rakete oder drei Handgranaten hätten gereicht, meine Familie weitgehend auszulöschen. Sinnlos war diese Demonstration der Stärke dennoch nicht: Für kurze Zeit hatte sie abschreckende Wirkung.

Auf die Kommunalwahlen sollten im Januar 2006 die Parlamentswahlen folgen. Es fanden Gespräche mit der Hamas statt, in die sich die Ägypter vermittelnd einschalteten, und diesmal erklärte sich die Hamas zur Teilnahme bereit. Ihre Zusage war allerdings rein taktisch begründet – bei den Präsidentschaftswahlen vom Januar 2005 wäre ihr Kandidat chancenlos gewesen, von der bevorstehenden Parlamentswahl hingegen versprach sie sich einen leichten Sieg. Ich war entschieden gegen diese Wahlen und erläuterte meinen Standpunkt in einem handschriftlichen Brief an Präsident Abbas: 1. Angesichts der Zwistigkeiten innerhalb der Fatah seien unsere Erfolgschancen gleich null – bevor wir uns zur Wahl stellten, müssten wir unseren eigenen Laden in Ordnung bringen. Deshalb empfahl ich ihm 2., die Parlamentswahlen zu verschieben, oder, sollte ein Aufschub unmöglich sein, der Hamas vorher wenigstens die Bestätigung aller Abmachungen, die wir mit Israel und anderen Ländern getroffen hatten, abzufordern, sodass, würde Hamas die Wahl gewinnen, die Kontinuität der palästinensischen Außenpolitik einigermaßen gesichert wäre. Meine Überlegung war: Würde Hamas diese Abkommen tatsächlich bestätigen, schwänden ihre Siegchancen, denn ihre Popularität beruhte ja gerade auf ihrer rigorosen Ablehnung des Oslo-Abkommens.

Das Problem war nur, dass die Amerikaner, von den Europäern unterstützt, auf diese Wahl zum vorgesehenen Zeitpunkt drängten. Sie passte in das Konzept von George W. Bush, die Demokratie im Nahen Osten mit der Brechstange einzuführen. Abbas hätte nichts gegen eine Verschiebung gehabt, doch der Druck der Amerikaner bewog ihn, beim festgelegten Termin zu bleiben – er wollte vor der Weltöffentlichkeit nicht als schlechter Demokrat dastehen.

Die Wahl vom 26. Januar 2006 offenbarte das ganze Ausmaß des Chaos. Allerorten kandidierten unsere Leute eigenmächtig, ohne Absprache mit der Führung, ohne aufgestellt zu sein. In einem Fall traten sogar vier Fatah-Vertreter gegen einen der Hamas an, und das Resultat spiegelte die Verhältnisse: Die Hamas errang einen überwältigenden Sieg. Unsere Niederlage war vernichtend – und wurde dadurch besiegelt, dass etliche von uns eine Koalition mit der Hamas ablehnten, zu der ich geraten hatte. Meiner Ansicht nach hätten wir die Hamas von innen bekämpfen müssen; Kompromisslosigkeit bedeutete in diesem Fall lediglich, der Hamas den Gazastreifen auf einem

Silbertablett zu servieren. Mein Vorschlag war allerdings höchst unpopulär, denn die Fatah hatte sich daran gewöhnt, als stärkste Fraktion innerhalb der PLO auch die Regierung zu stellen, und viele empfanden es als Zumutung, einer Hamas-Regierung als Juniorpartner beizutreten. Jetzt waren wir doppelt bestraft – bestraft durch den völligen Machtverlust, bestraft aber auch durch den Beschluss der Geberländer, die Finanzhilfe für Gaza einzustellen (was den Wahlsieger kaum berührte, der sein Geld seit jeher aus anderen Quellen bezog und sich im übrigen vieles durch Schmuggel beschaffte). Die Hamas bildete jedenfalls die Regierung allein, und kaum hatten ihre Minister den Amtseid auf den Koran abgelegt, gingen sie daran, alle Behörden von Fatah-Mitgliedern zu säubern und unsere Leute durch ihre eigenen zu ersetzen.

Fortan schaukelte sich die Gewalt hoch, bis wir uns ohne Übertreibung in einer Art Kriegszustand befanden. Ausländer wurden entführt – ein absolutes Novum in unserer Geschichte –, ein regelrechter Partisanenkrieg gegen die Polizeistationen und Stützpunkte der Fatah entbrannte, auch mein Haus wurde mehrfach beschossen. In einer der schlimmsten Nächte meines Lebens hielten die Kämpfe vor meinem Haus bis morgens gegen 3 Uhr an. Die Kämpfer der Hamas rückten an wie eine Armee, Bänder mit der Aufschrift »Al Kasam-Brigade« um die Stirn gebunden, und hätten mein Haus gestürmt, hätten sich meine Sicherheitsleute und Verwandten nicht wahre Feuergefechte mit den Angreifern geliefert – die Salven und Einschläge waren sogar für Benita zu hören, mit der ich in dieser Nacht telefonierte. Ich hatte Verständnis dafür, dass unsere offiziellen Sicherheitskräfte einem Kampf aus dem Weg gingen – alle Organisationen der Fatah waren in dieser Zeit so mürbe und zerrüttet, dass sie gegen die Hamas nichts hätten ausrichten können, selbst wenn sie gewollt hätten.

Im November 2006 gab ich einem französischen Fernsehteam ein Interview in meinem Büro, und nachdem die Journalisten gegangen waren, entdeckte einer meiner Mitarbeiter auf dem Boden einen kleinen, schwarzen Gegenstand. Er sah aus wie ein winziges Mikrofon. Ich steckte ihn ein; mir war sofort klar, dass es sich nicht um ein gewöhnliches Ansteckmikrofon handelte. Später bat ich meinen Sicherheitschef Abu Arab, unsere Büroräume zu untersuchen, und seine Nachforschungen förderten Abhörgeräte in meinem Schreibtisch, im Konferenzraum, im Arbeitszimmer meines Bürochefs zutage. Ich überlegte. Präsident Abbas war eine Woche zuvor in ein neues Bürohaus umgezogen – möglich, dass unser Nachrichtendienst auch dort fündig würde. Er wurde fündig. Alles war verwanzt.

Wer steckte dahinter? Nicht die Hamas. Hamasmitglieder wären nie unbemerkt in unsere Büroräume eingedrungen. Ich war um eine Illusion ärmer. Ich wusste jetzt, dass nicht einmal die eigenen Leute vor schmutzigen Mitteln zurückschreckten.

Endzeit in Gaza

Die Zeit der Wirren in Gaza lässt sich hier nur skizzieren, eine Begebenheit aber darf in diesem Bild nicht fehlen: Im Sommer 2006 veröffentlichten die palästinensischen Häftlinge in Israel ein Kommuniqué, das sowohl von Hamas-Gefangenen als auch von Fatah-Gefangenen unterzeichnet war. Es war ein Aufruf zur Beendigung des Bürgerkriegs und zur Bildung einer gemeinsamen Regierung. Als Gefangene der Israelis war man einander also nahegekommen, und ich begrüßte dieses Dokument dankbar und erleichtert. Saudi-Arabien warf daraufhin noch einmal sein Gewicht in die Waagschale und lud die führenden Köpfe beider Parteien zu einer Friedenskonferenz nach Mekka – an der ich nicht teilnahm, weil jemand in Gaza bleiben musste, der die Verhandlungen gegen Kritik aus den eigenen Reihen verteidigte. In Mekka kam es tatsächlich zu einem Abkommen, an das sich die Hamas nach ihrer Rückkehr jedoch nicht mehr gebunden fühlte.

Wir, die wir im Geist der Fatah aufgewachsen waren, standen dem Phänomen Hamas, offen gesagt, fassungslos gegenüber. Es offenbarte sich in diesen Jahren ein fundamentaler Mentalitätsunterschied, denn für uns galt es als schwerwiegende Sünde, das Blut von Palästinensern zu vergießen – ich hatte die Verteidiger meines Hauses sogar angewiesen, nicht gezielt zurückzuschießen – während für die Hamas die Zugehörigkeit zum eigenen Volk nicht zählte. Was zählte war, wie sich einer kleidete, welchen Grad an Verwestlichung er erkennen ließ, mit anderen Worten: wie gottlos er in ihren Augen war. Schon durch unsere Krawatten zogen wir uns ihren Zorn zu – ein passender Koranvers fand sich immer, zur Not griffen sie auf den Spruch eines Kalifen zurück –, und nicht einmal Verwandtschaft war ihnen heilig. Eines Tages wurde ein Fatah-Anhänger in seinem Haus von Hamas-Kämpfern belagert. Sein eigener Schwager leitete den Angriff und erschoss ihn ungerührt. Angesichts solcher Untaten standen unsere Leute geradezu unter Schock.

Für mich persönlich erreichten Ärger und Enttäuschung am 23. Dezember 2006 ihren Höhepunkt, als ich einen Bescheid von Abu Mazen in seiner Eigenschaft als Generalkommandant der Fatah erhielt, aus dem hervorging, dass ich abgesetzt sei. Diese Handlung war eigentlich inakzeptabel, weil ihm kein Beschluss des Zentralkomitees vorausgegangen war. Mein gesamter Tätigkeitsbereich wurde auf andere verteilt, und Mohammed Dahlan übernahm den Kernbereich meiner Aufgaben. Ich stand jetzt vor der Wahl, meine Entlassung entweder anzufechten – dann wäre ich in Gegnerschaft zu Präsident Abbas geraten – oder stillschweigend hinzunehmen. Natürlich lag mir nichts ferner, als mein Lebenswerk mit einem Machtkampf innerhalb der Fatah zu krönen. Also unternahm ich nichts und räumte meinen Posten.

Offenbar hatten sich diejenigen durchgesetzt, die meine hartnäckigen Bemühungen um innerparteiliche Reformen als Profilierungssucht, als die Eitelkeit eines Menschen interpretierten, der nach jahrelangem Aufenthalt im Ausland partout den Beweis seiner Überlegenheit erbringen wollte. Doch was auch immer sich hinter den Kulissen abgespielt haben mochte – zum ersten Mal in meinem Leben war ich kaltgestellt und mitten in der Katastrophe zur Untätigkeit gezwungen. Die nächsten fünf Monate erledigte ich nur noch administrative Aufgaben, suchte mal dieses, mal jenes Büro auf, hörte mir die Sorgen der Menschen an und tat mein Bestes, so vielen wie möglich zu helfen. Es waren die schrecklichsten Monate, die ich bis dahin erlebt hatte.

Warum blieb ich? Warum nahm ich die Angriffe auf mein Haus, warum nahm ich die offenkundigen Intrigen nicht zum Anlass, nach vierundvierzig Jahren aufreibender politischer Arbeit aus der ganzen Sache auszusteigen? In Deutschland besaß ich ein Haus, eine Familie, Freunde. Ich hätte mich jederzeit aus der Gefahrenzone in jenes Land zurückziehen können, das mir zur zweiten Heimat geworden war … Infrage kam diese Möglichkeit für mich nicht. Ich will zu erklären versuchen, warum.

Der Inhalt meines Lebens ist Palästina. Seit meiner Jugend gab es für mich nur ein Ziel, dem ich alles andere untergeordnet habe: die Gründung eines Palästinenserstaates. Mein ganzes Denken und Handeln ist als Kampf für dieses Ziel zu verstehen, angefangen mit meiner Arbeit im Studentenverein über meinen Einsatz mit der Waffe nach dem Sechstagekrieg und meine Bemühungen, den Palästinensern unter den Deutschen Freunde zu gewinnen bis hin zu dem Versuch, das Werk Arafats mit anderen zusammen in Palästina fortzusetzen. Was mich zu diesem rastlosen Leben antrieb, war die Aussicht, mein Volk eines Tages im Besitz seiner Rechte und seiner Würde zu erleben. Ich habe dafür auf Bequemlichkeit, auf die Befriedigung eines Berufs, auf ein normales Familienleben verzichtet. Aber ich kann mir ein anderes Leben nicht vorstellen. Meine Frau und meine Kinder haben darunter gelitten, und ich hätte in meinem Privatleben nie Frieden gefunden, wenn sie mich nicht verstanden hätten, wenn sie in diesen Kampf nicht einbezogen gewesen wären und an seiner Notwendigkeit gezweifelt hätten.

Vielleicht unterwerfe ich mich auch den Forderungen und Herausforderungen einer Familientradition, der ich mich nicht zu entziehen vermag. Ich muss das fortführen, was mein Vater begonnen und abgebrochen hat. Was mein leiblicher Bruder Mohammed begonnen und abgebrochen hat. Was meine geistigen Brüder Abu Dschihad und Hayel Abdel-Hamid begonnen und nicht vollendet haben. Was mein geistiger Vater Yassir Arafat begonnen und nicht vollendet hat. Ich fühle mich diesen Menschen genauso verpflichtet wie ihrem großen Ziel. Sollte ich schaffen, was ihnen zu erreichen nicht vergönnt war, wäre ich der glücklichste Mensch der Welt. Sollte ich über diesem Versuch sterben, wäre es ein gutes Leben gewesen. Aber ich würde in Deutschland keine Ruhe finden, solange meine Arbeit in Palästina und für Palästina nicht getan und abgeschlossen ist, solange ich nicht zusammen mit meinem Volk aufatmen kann. Möglich, dass ich dennoch und trotz allem aufgegeben hätte, wenn mich Benita und Muna, ganz besonders aber Baschar nicht wieder und wieder angespornt hätten, durchzuhalten.

Im Übrigen fühlte ich mich mit vierundsechzig Jahren zu jung, um das Leben eines Rentners zu führen, und ebendies hätte mich in Deutschland erwartet, nachdem ich mich 2005 mit einem großen Fest von der Berliner Bühne verabschiedet und die Generaldelegation Palästina meinem Nachfolger übergeben hatte. Gottlob fand der Zustand erzwungener Untätigkeit im Mai 2007 ein Ende. Nach einem klärenden Gespräch bat mich Abbas, einen letzten Vermittlungsversuch zu unternehmen und die Waffenstillstandsverhandlungen mit der Hamas zu leiten.

Ich kam seiner Bitte nach, merkte aber rasch, dass der Hamas nicht das Geringste an einer Verständigung lag. Ihre Taktik war einfach, aber effektiv: Wann immer wir auf ihre Angriffe zu sprechen kamen, drehte sie den Spieß um und gab uns die Schuld – stets hatte es sich bei ihren Überfällen bloß um Reaktionen auf Provokationen unsererseits gehandelt. Wir kannten diese Argumentationsstrategie von den Israelis. So führen Menschen eine Verhandlung, die sich keiner Schuld bewusst und ihrer militärischen Überlegenheit absolut sicher sind. Nach ihrem Wahlsieg hätte die Hamas unangefochten regieren können, ohne unsere Leute zu behelligen und ohne von ihnen behelligt zu werden. Der Umstand, dass sie uns weiterhin verfolgte, ließ nur einen Schluss zu: Ihr wahrer Feind hieß nicht Israel. Ihr wahrer Feind hieß Fatah. Wir brachen die Gespräche ab, ohne zu einem Ergebnis gekommen zu sein.

Ich informierte Abbas und beschloss, Gaza umgehend zu verlassen. Einen Tag nach dem letzten, ergebnislosen Treffen, am Abend des 14. Mai 2007, ließ ich mich ohne Begleitschutz in einem gewöhnlichen Taxi zum Grenzübergang Erez fahren. Nur drei Personen befanden sich in meiner Gesellschaft: außer Abu Arab auch ein ehemaliger Taxichauffeur, der jeden Winkel in Gaza-Stadt kannte, sowie ein guter Freund, der zur Not allein eine kleine Armee aufgehalten hätte – er nahm im Auto zwei Sitzplätze ein und war so stark, dass er mit einem freundlichen Schulterklopfen die Knochen eines Menschen zerbrechen konnte. In ihrer Gesellschaft fühlte ich mich einigermaßen sicher.

Dieser Freund machte mich unterwegs darauf aufmerksam, dass sich alle strategisch wichtigen Punkte von Gaza, Gebäude wie Kreuzungen, unter der Kontrolle der Hamas befanden. Über dem Sitz der Präventiven Sicherheit wehte die Fahne der Hamas, ebenso auf dem Dach unseres Polizeigebäudes. Ich fuhr durch Israel nach Ramallah, wo ich sofort zu Präsident Abbas ging. »Gaza ist nicht mehr zu halten«, sagte ich ihm.

Abbas tritt aus dem Schatten Arafats

So verwirrend, aufwühlend und niederschmetternd die Ereignisse im Gazastreifen für den waren, der ihr Augenzeuge wurde, so knapp und klar lässt sich das Geschehene im Rückblick zusammenfassen. Was wir erlebt hatten, war der von mir vorhergesagte Putsch. Was uns schlimmstenfalls drohte, war der Zerfall Palästinas in ein Hamas- und ein Fatah-Land und damit das Ende aller Träume von einem eigenen Staat.

Denn angesichts der Aussicht, die Macht mit uns teilen zu müssen, zog die Hamas es vor, den Gazastreifen vom Westjordanland abzutrennen. Da sie den Ministerpräsidenten, den Innenminister, den Außenminister und so weiter stellte, hätte die Hamas ihren Einfluss ebenfalls auf das Westjordanland geltend machen können, aber das wollte sie nicht, dort verfügte sie nicht über genügend Streitkräfte, dort musste sie sich zurückhalten. Im Gazastreifen hingegen konnte die Hamas ihren Machtanspruch nach dem Rückzug der Israelis aggressiv vertreten. Die strategische Ausgangslage war für sie im Gazastreifen also wesentlich günstiger als im Westjordanland.

Präsident Abbas hatte sich nach dem Wahlsieg der Hamas wie ein Gentleman verhalten und der Hamas alle Ministerien überlassen. Er ging davon aus, dass wir uns nun eben in Demokratie zu üben hätten. Und mussten wir nicht froh sein, überhaupt noch eine gemeinsame Regierung zu haben? Abbas war allerdings nicht zu beneiden. Sein Handlungsspielraum war minimal, überdies musste er sich – wie es jedem Nachfolger ergangen wäre – an der charismatischen wie autokratischen Führer- und Vatergestalt Arafats messen lassen. Auch die enttäuschten Fatah-Abgeordneten, die durch die Wahl ihr Mandat verloren hatten, und die kaltgestellten Fatah-Beamten verweigerten ihm ihre Unterstützung. Und wie stand Abbas mit einer Hamas-Regierung vor den Israelis, den Amerikanern, den Europäern da? Eigentlich kämpfte er auf verlorenem Posten.

Dann putsche die Hamas und erklärte – nicht anders, als es die Israelis in der Vergangenheit gemacht hatten – die Fatah zur verbotenen Organisation. Abbas erklärte die Hamas-Regierung daraufhin für illegitim und abgesetzt und bildete eine Übergangsregierung aus ungebundenen Fachleuten und Vertretern kleinerer Parteien für Gaza und das Westjordanland, die wiederum von der Hamas nicht anerkannt wurde. Er verband die Einsetzung dieser Regierung mit dem Versprechen, baldmöglichst Neuwahlen abzuhalten, denen sich die Hamas bis zum Jahr 2011 ebenfalls verweigerte. Natürlich kamen nur Wahlen in beiden Landesteilen infrage. Wahlen allein im Westjordanland durchzuführen, hätte die endgültige Spaltung Palästinas in Hamas- und Fatah-Land bedeutet, und unser Hauptziel war selbstverständlich, der geografischen Teilung nicht die politische Trennung folgen zu lassen.

Unter Berufung auf ihren Wahlsieg bildete die Hamas daraufhin eine eigene Regierung im Gazastreifen, die, mit Ausnahme des Irans und Syriens, von keinem Staat der Welt anerkannt wurde. Abbas war übrigens klug genug, keinen einzigen Fatah-Minister in die Übergangsregierung aufzunehmen, um sich nicht dem Vorwurf auszusetzen, die Fatah nach der verlorenen Parlamentswahl auf kaltem Weg erneut zur Macht zu verhelfen. Beliebter machte ihn das bei seinen eigenen Leuten nicht, doch Abbas setzte sich durch – und leistete in der Folgezeit unermüdliche Kärrnerarbeit. Auf jeder Sitzung des Zentralkomitees stellten wir uns die Frage: Welche Reformen sind nötig? und konzentrierten uns vor allem darauf, die Erneuerung der Fatah von der untersten Parteiebene bis zur

Spitze durch innerparteiliche Wahlen voranzutreiben. Die Wahlkampagne, mit der ich in Gaza begonnen hatte, wurde jetzt also im Westjordanland fortgeführt. Niemand anders als mein alter Freund Hani Hassan leitete sie – und stieß dabei auf ebenso viel Ablehnung wie ich zuvor im Gazastreifen.

Was mich selbst angeht – Enttäuschung und Verbitterung hatten mich in einen Zustand tiefer Niedergeschlagenheit versetzt, und so traf ich in der Nacht des 14. Mai 2007 in Ramallah ein – als Vertriebener im eigenen Land, womöglich als Persona non grata in der eigenen Partei. Die Aussicht, Gaza auf unabsehbare Zeit nicht mehr betreten zu können, war mir unerträglich, und die damit verbundene Vorstellung, ebenso lange nach Ramallah verbannt zu sein, war nicht gerade tröstlich. Sicher, Ramallah hatte sich von der Verwüstung durch die israelische Armee rasch erholt, war eine Stadt im Aufbruch und Aufbau, doch das planlos über das steinige Hügelland nördlich von Jerusalem gewürfelte Häusermeer fernab der Küste hatte für mich wenig Einladendes. Meine Zwei-Zimmer-Wohnung in Ramallah blieb immer ein Provisorium.

Gleichwohl lebte ich bald wieder auf. Nach einer Aussprache mit Präsident Abbas und dem Zentralkomitee wurde ich zum Vorsitzenden der Abteilung für internationale Beziehungen ernannt und war damit für die Außenpolitik der Fatah zuständig, eine Position, die Hani lange Zeit innegehabt hatte. Und noch einmal konnte ich meinem Steckenpferd frönen, Hässliches in Schönes zu verwandeln. Das Büro, das mir zugewiesen wurde, entpuppte sich als düsteres Loch, aber im selben Haus gab es eine Souterrainwohnung mit Hof und Garten, ebenfalls in einem furchtbaren Zustand, mit altem Gerümpel vollgestellt, doch vielversprechend. Dreißig Studenten machten sich darüber her, und als sie den Teppichboden herausrissen, kam ein wunderschöner palästinensischer Marmorboden zum Vorschein. Mithilfe eines Architekten verwandelten wir diese Abstellkammern in gediegene Büroräume, deren Wände ich mit Gemälden deutscher und palästinensischer Künstler schmückte.

Jetzt ließ sich hier arbeiten, und das taten wir. Ich engagierte neunundzwanzig Freiwillige, alles Palästinenser, die im Ausland studiert hatten, sodass wir in unserer Abteilung über einen außerordentlichen Sprachenreichtum verfügten, und in den nächsten zwei Jahren bereisten wir sämtliche Länder, die Palästina unterstützten: Südafrika, Deutschland, Frankreich, China, Belgien, Malaisia – manche Delegation wurde sogar von diesen freiwilligen Mitarbeitern geleitet. Unsere Arbeit gipfelte 2009 in der Vorbereitung des ersten Parteitags der Fatah seit 1989.

Mir lag daran, die bisherige politische Arbeit von Präsident Abbas durch einen Fatah-Kongress auf dem Boden Palästinas zu krönen – am besten in Bethlehem. Ich konnte mir dabei des Einverständnisses von Abu Mazen sicher sein, doch die Mehrheit des Zentralkomitees sowie der Bevölkerung war dagegen. Ihr Argument lautete: Keine Konferenz unter den Augen der israelischen Besatzungsarmee! Gerade deswegen, hielt ich diesen Kritikern entgegen – vor ihren Nasen, vor ihren Augen! Und Bethlehem wäre der ideale Ort für eine solche Demonstration unseres Selbstbewusstseins. Welche Partei dieser Erde erhält schon die Chance, ihren Parteitag am Geburtsort Jesu Christi abzuhalten?

Am 4. August 2009 versammelten sich in Bethlehem 2700 Parteimitglieder und 139 Gäste aus dem Ausland – keine arabische Partei hatte jemals eine derartige internationale Resonanz gefunden wie wir, und für jede ausländische Delegation konnten wir wenigstens einen Betreuer aufbieten, der ihr Herkunftsland kannte und ihre Sprache beherrschte. Nicht weniger beispielhaft war die Organisation dieses Parteitags: Wir hatten allen Gästen Hotelzimmer besorgt und Autos bereitgestellt, und selbst für Begleitung zu den Flughäfen von Tel Aviv und Amman war gesorgt. Für mich endete der Kongress trotzdem mit einer Enttäuschung. Am zweiten Tag fanden die Neuwahlen zum Zentralkomitee statt, und gegen Mitternacht sickerte durch, dass ich es nicht geschafft hatte.

Was hatte ich falsch gemacht? Wahrscheinlich hätte ich mir mehr Zeit für meine Kritiker nehmen sollen. Ich hatte es unter meiner Würde gefunden, auf Dahlans absurde Unterstellungen einzugehen, der die alten, seit meiner Freilassung aus israelischer Gefangenschaft kursierenden Vorwürfe wieder aufgewärmt und eine regelrechte Internetkampagne gegen mich inszeniert hatte, und viele hatten mir mein Schweigen als Überheblichkeit ausgelegt, so als hätte ich es nicht nötig, um Stimmen zu buhlen. Früher hatte Hayel die Arbeit übernommen, für mich zu werben, und ich hatte sie ihm mit großer Erleichterung überlassen, doch Hayel lebte nicht mehr … Am nächsten Morgen fuhr ich in aller Frühe nach Ramallah zurück, weil ich mich nicht von wohlmeinenden Freunden bemitleiden lassen wollte. Wichtiger war, dass meine Abteilung hervorragende Arbeit geleistet hatte. Noch wichtiger war, dass Abbas gestärkt aus diesem Parteitag hervorging.

Denn bis dahin war Abbas allgemein unterschätzt worden. Selbst Klaus Burkhardt, der Repräsentant der Bundesrepublik Deutschland bei der Palästinensischen Autonomiebehörde in Ramallah, hatte mir gegenüber bemerkt, er halte Abbas für eine schwache Figur. Gerade in dieser Fehleinschätzung liege seine Stärke, hatte ich ihm geantwortet. Was wie Schwäche wirke, sei in Wirklichkeit die unbeirrbare Überzeugung, dass es zur Politik des leisen und beharrlichen Aushandelns und Verhandelns keine Alternative gebe. Ich habe diese Politik von Anfang an bedingungslos unterstützt und war über den Ausgang unseres Kongresses trotz meiner Niederlage sehr froh – zum einen, weil die Fatah nach einer langen Phase des Niedergangs neue Geschlossenheit demonstriert hatte, zum anderen, weil Präsident Abbas sich in den Diskussionen behauptet und die Wertschätzung des Auslands erfahren hatte.

Seither erfreute er sich wachsender internationaler Anerkennung.

In Bethlehem war Abbas aus dem Schatten Arafats herausgetreten. In einem Punkt allerdings hatte sich nach Bethlehem nichts geändert: Die Probleme, vor die sich Abbas durch die Politik Israels gestellt sah, erschienen unüberwindbar – und erscheinen es bis auf den heutigen Tag.

Eine griechische Tragödie?

Wir hatten all unsere Hoffnung auf Barack Obama gesetzt. Nach George W. Bush erschien er als die Rettung, für uns wie für die Welt. Und unsere Hoffnungen schienen endlich berechtigt. 2009 stellte Obama seine Rede an der Universität von Kairo – begierig aufgenommen von allen Arabern – unter die Losung »Versöhnung mit der islamischen Welt«. Die Beilegung des Israel-Palästina-Konflikts bezeichnete er darin als Schlüssel zum Frieden in den Ländern des Nahen und Mittleren Ostens. Mit Worten, die an Deutlichkeit nichts zu wünschen übrigließen, verurteilte er die israelische Siedlungspolitik als größtes Hindernis auf dem Weg zu einer gerechten Lösung, forderte die Gründung eines palästinensischen Staates in den Grenzen von 1967 und betonte, dass ein souveränes Palästina auch im Interesse Amerikas liege. Ein Aufatmen ging durch die arabischen Länder. Auf solche Sätze aus dem Mund eines amerikanischen Präsidenten hatten wir lange gewartet. Endlich jemand, der nicht nur die Macht besaß, sondern auch den Willen bekundete, dem fruchtlosen Hickhack um Palästina ein Ende zu setzen! Ein Jahr später, in seiner Rede vor der Vollversammlung der Vereinten Nationen, zerstreute Obama die letzten Zweifel an seiner Entschlossenheit, als er seiner Hoffnung Ausdruck verlieh, der nächste neue Mitgliedsstaat der UNO möge Palästina heißen.

Gleich nach seiner Rede in Kairo ging Obama an die Arbeit. Nachdem Netanjahu, nun zum zweiten Mal israelischer Ministerpräsident, zugesagt hatte, den Siedlungsbau für neun Monate einzufrieren, willigte Abbas in Verhandlungen ein, und Obama schickte seinen Sonderbeauftragten für den Nahen Osten, George Mitchell, im Frühjahr 2009 zu Gesprächen nach Jerusalem. Kaum war Mitchell eingetroffen, wurde er von Bürgermeister Nir Barakat über den geplanten Bau von 1200 neuen israelischen Wohneinheiten in Ost-Jerusalem unterrichtet – ein Schlag ins Gesicht des amerikanischen Präsidenten. Dann entsandte Obama seinen Stellvertreter Joe Biden. Der war noch nicht gelandet, als derselbe Bürgermeister das israelische Bauprogramm weiter aufstockte.

Nichts hatte sich geändert. Netanjahu tat, was alle israelischen Ministerpräsidenten nach Rabin getan hatten: Er ließ alle, denen an ernsthaften Verhandlungen lag, ins Leere laufen und schuf unterdessen vollendete Tatsachen. Und Obama tat, was die meisten amerikanischen Präsidenten früher oder später getan hatten: Er machte einen Rückzieher. In diesem Fall heißt das: Er übernahm Netanjahus Position und verlangte von den Palästinensern die Aufnahme indirekter Gespräche ungeachtet der israelischen Blockadepolitik. Die Israelis kosteten ihren Sieg mit einer spektakulären Aktion aus. Vor den laufenden Kameras der internationalen Fernsehstationen rissen israelische Bagger am 9. Januar 2011 das Shepard's Hotel in Ost-Jerusalem ab, den ehemaligen Familiensitz der Familie Husseini, der auch Faisal Husseini entstammte. Das traditionsreiche Bauwerk war im 19. Jahrhundert errichtet worden und diente nach 1949 als Hotel. Binnen drei Stunden hatten die Bagger dieses Wahrzeichen des arabischen Jerusalems zu großen Teilen dem Erdboden gleichgemacht. Die Außenministerin der USA, Hillary Clinton, protestierte, die Außenbeauftragte der EU, Catherine Ashton, protestierte. Das war's.

Nur die Sympathie der Welt könne uns gegen Israel helfen, hatte ich den Heißspornen von den Al-Aksa-Briganden erklärt. Vielleicht war das falsch. Vielleicht kann uns gar nichts gegen Israel helfen. Vielleicht behält eine kleine, radikale, zu allem entschlossene und für keine Vernunft der Welt zugängliche Gruppe von Israelis tatsächlich das letzte Wort: die militanten Siedler, die orthodoxen Eiferer und jene Politiker, die ihnen dankbar die Schmutzarbeit bei der schleichenden Annexion der palästinensischen Gebiete überlassen. Da diese Möglichkeit nicht von der Hand zu weisen ist, möchte ich an dieser Stelle noch einmal näher auf die Siedler eingehen.

Im Sommer 1994 kam es in Aschdod (Israel) zu einem ausführlichen Gespräch mit meinem langjährigen jüdischen Freund Dan Diner, Historiker an der Hebräischen Universität in Jerusalem und Leiter des Simon Dubnow Instituts für jüdische Geschichte in Leipzig, über die Zukunft Palästinas. Er sagte mir damals: »Die Siedlungen werden sich als eines der größten Probleme herausstellen. Die Siedler werden von Tag zu Tag radikaler. Ihre Ideologie ist intolerant und aggressiv. Ich mache mir Sorgen. Nicht, dass sie einen Anschlag auf Arafat verüben ...« Er sollte mit seiner Einschätzung grundsätzlich Recht behalten. Ein Jahr nach Rabins Ermordung blies Scharon, seinerzeit Bauminister, zum Angriff und rief die Siedler auf, alle Anhöhen und Gipfel des Westjordanlands zu besetzen. Und als 2005 infolge des israelischen Rückzugs aus dem Gazastreifen die dortigen Siedlungen aufgegeben werden mussten, geschah das mit dem Plan, sie durch neue Siedlungen im Westjordanland zu ersetzen. Mittlerweile ist die Zahl illegaler Siedler auf eine halbe Million angewachsen; 200 000 von ihnen haben sich in Ost-Jerusalem festgesetzt, 300 000 im Westjordanland. Auf einer Landkarte würde man sehen, dass sie mit ihren Bastionen alle Höhenzüge besetzt halten, dass die Inseln der Feindseligkeit das Westjordanland regelrecht durchwuchern, sodass ein Staat Palästina gar nicht lebensfähig wäre, sollten die Siedlungen bestehen bleiben. Was man auf einer Landkarte nicht sähe: die über 500 Straßensperren, durch die Israel mehr als die Hälfte des palästinensischen Territoriums kontrolliert.

Wie gehen die Siedler vor? Sie suchen sich einen Platz in strategisch günstiger Berglage und stellen dort ihre Wohnwagen auf (meist handelt es sich um Juden aus Russland oder den USA). Da die israelische Armee verpflichetet ist, allen Juden – wo auch immer – Schutz und Sicherheit zu bieten, ziehen israelische Soldaten nun einen Zaun um den vorerst provisorischen Lagerplatz und verhindern so, dass aufgebrachte Palästinenser die Ankömmlinge vertreiben. Man kann diese Menschen natürlich nicht ohne Wasser lassen, also verschafft ihnen die Armee Zugang zu Trinkwasser. Genauso wenig kann man sie ohne Elektrizität lassen, also besorgt ihnen die Armee einen Anschluss ans Stromnetz. Es dauert dann nicht mehr lange, bis sich Wohnwagen und Zelte in feste Häuser, Häuser in Dörfer und Dörfer in Städte verwandeln.

Jeder Jude, der dazu Lust hat, kann sich auf diese Art in den Besitz palästinensischen Bodens bringen. Damit nicht genug, greifen die Siedler seit 2009 ihre palästinensischen Nachbarn an und zerstören deren Brunnen, Olivenhaine und Obstbaumgärten. Setzen sich die Bauern zur Wehr, schreitet die israelische Armee zugunsten der Siedler ein. Und dies alles geschieht mit dem Segen orthodoxer Rabbiner und dem stillschweigenden Einverständnis israelischer Politiker.

Zur palästinensischen Wirklichkeit gehört heute darüber hinaus eine brutale Ungeheuerlichkeit, die denselben Köpfen entsprungen ist wie die kontinuierliche Unterwanderung der Autonomiegebiete: die Mauer. Gerechtfertigt wird sie, wie üblich, mit dem Sicherheitsbedürfnis Israels. Tatsache ist, dass auch die Mauer der Logik des Landraubs folgt.

Ihr Verlauf hält sich nämlich nicht an die Grenze von 1967. Sie windet sich vielmehr wie eine Schlange durch unser Gebiet und schneidet wie nebenbei 10 Prozent aus der Fläche des Westjordanlands heraus. Diese Sperranlage zerteilt Städte, schneidet palästinensische Bauern von ihren Feldern und Olivenhainen, palästinensische Dörfer von ihren Schulen und

Krankenhäusern ab, verleibt C-Zonen dem israelischen Staatsgebiet ein und kassiert gleichzeitig jene Landstriche, unter denen sich erhebliche Grundwasserreserven befinden. Nach ihrer Vollendung wird sich eine haushohe, schmutzig graue Betonwand, nur von Wachtürmen und Checkpoints unterbrochen, auf einer Länge von 760 Kilometern von Norden nach Süden ziehen. Der Käfig für zweieinhalb Millionen Palästinenser wäre fertig.

So stellt sich die Gegenwart Palästinas dar. Wie denkt sich Israel die Zukunft?

Der palästinensische Staat, dem Israel gegebenenfalls seine Zustimmung erteilen würde, sähe folgendermaßen aus: 40 Prozent seines Territoriums, und zwar die gesamte Grenzregion entlang des Jordans, verbleibt unter israelischer Kontrolle. Seine Grenzen mit Jordanien und Ägypten werden von israelischen Grenzbeamten bewacht, das westliche Jordanufer bleibt von der israelischen Armee besetzt. Dieser Staat ist entmilitarisiert – wozu wir im Prinzip bereit wären –, muss darüber hinaus aber auch auf die Lufthoheit wie auf die Hoheit über seine Küstengewässer verzichten. Mit anderen Worten: Die Israelis denken nicht daran, Palästina aus ihrem Machtbereich zu entlassen. Das Palästina, dem sie zustimmen könnten, wäre ein Staat von Israels Gnaden, ein kraftloses Gebilde, seinem übermächtigen Nachbarn auf Gedeih und Verderb ausgeliefert.

Verhandlungen sind unter diesen Bedingungen sinnlos. Klarheit tut not. Daran hat es bisher gemangelt. Wir Palästinenser wollen nun alles versuchen, Klarheit zu schaffen. Recht und Unrecht, Unterdrücker und Unterdrückte müssen benannt werden. Wir zählen auf die Unterstützung der Weltgemeinschaft, wenn wir im September 2011 den Antrag stellen, von der Generalversammlung der UNO als Mitgliedstaat anerkannt zu werden. Wir hoffen, Israel auf diesem Wege dazu zu bringen, endlich seine Grenzen festzulegen. Und wir bestehen darauf, dass sich die Grenzziehung zwischen Palästina und Israel am Zustand vom 4. Juni 1967 orientiert, dem Tag vor dem Beginn des Sechstagekriegs. Sobald in diesem Punkt Klarheit herrscht, wäre verbindlich festgestellt, dass sich die jüdischen Siedler auf fremdem Staatsgebiet niedergelassen haben, dass ihre Siedlungen folglich gegen internationales Recht verstoßen und geräumt werden müssen. Dann kann über die Rückkehr der Siedler nach Israel gesprochen werden.

Die Ausgangslage für eine internationale Anerkennung Palästinas war noch nie so günstig. Zum einen deshalb, weil es im Frühjahr 2011 durch ägyptische Vermittlung zu einer Einigung zwischen der Fatah und der Hamas gekommen ist. Die palästinensische Aussöhnung – Teil des großen Wandels im Nahen Osten – ist die notwendige Voraussetzung für die Bildung eines lebensfähigen palästinensischen Staates; sie macht den Weg für Parlaments- und Präsidentschaftswahlen in beiden Landesteilen frei; sie erlaubt uns endlich wieder, mit einer Stimme zu sprechen; sie stabilisiert die ganze Region, denn der Frieden mit Israel, den wir anstreben, kann nun im Namen aller Palästinenser geschlossen werden. Seit meiner Rückkehr nach Gaza im Frühjahr 2011 kämpfe ich daher für diese Versöhnung – mit den Mitteln, derer ich mich stets bedient habe: öffentliche Reden, Interviews, persönliche Gespräche. Und zweitens: Im Westjordanland sind mittlerweile alle Bedingungen für einen lebensfähigen Staat erfüllt. Anders als in der Anfangszeit, gibt es dort heute solide demokratische Strukturen, eine funktionierende Verwaltung, eine zuverlässige Polizei – auch die Weltbank, der Internationale Währungsfonds und die Vereinten Nationen bescheinigen der Autonomiebehörde, reif für die Unabhängigkeit zu sein. Bei unvoreingenommer Betrachtung steht der Ausrufung eines palästinensischen Staates also nur eins im Wege: Israels Weigerung, die Palästinenser in die Freiheit zu entlassen.

Auf die Unterstützung der USA scheinen wir bei unserem Vorhaben allerdings nicht mehr zählen zu dürfen. Obamas Worte haben sich als leere Versprechungen erwiesen, der mächtigste Mann der Welt hat seine Ohnmacht eingestehen müssen. Während ich dies schreibe, droht er damit, im Sicherheitsrat vom Vetorecht der USA Gebrauch zu machen. Es wäre ein Veto gegen sich selbst, gegen die eigene Politik, ein Veto wider besseres Wissen. Gleichzeitig setzt der amerikanische Kongress die Palästinenser mit der Ankündigung unter Druck, die amerikanischen Zahlungen an die Autonomiebehörde einzustellen, sollten sie an ihrem Antrag auf Anerkennung festhalten. Von einer eigenständigen amerikanischen Nahostpolitik sind wir mithin so weit wie eh und je entfernt.

Doch auch Stimmen der Vernunft wurden in diesen Tagen laut. In einem offenen Brief warnten 32 ehemalige deutsche Botschafter vor einer bedingungslosen Solidarität mit Israel. Sie forderten die Bundesregierung auf, sich für die Zwei-Staaten-Lösung einzusetzen und, wenn nötig, die Anwendug von Druckmitteln gegen ein widerstrebendes Israel zu unterstützen – den wahren Interessen Israels erweise man damit einen größeren Dienst als mit der bisherigen Politik, jeder israelischen Regierung freie Hand zu lassen. Im Übrigen könne von einer Existenzbedrohung Israels nicht mehr ernsthaft gesprochen werden. Und, um eine Stimme aus Israel zu zitieren: In der Zeitschrift *haGalil* erklärte die Journalistin Judith Bernstein, die Proklamation eines palästinensischen Staates biete den einzigen Ausweg aus dem tagtäglichen Desaster der Palästinenser. Die förmliche Aufnahme in die Weltgemeinschaft, schreibt sie, schaffe eine neue Lage, weil sie Palästina zahlreiche völkerrechtliche Optionen eröffne, zum Beispiel die Anrufung des internationalen Gerichtshofs in Den Haag.« »Nach jahrzehntelangen ergebnislosen Bemühungen ... haben sich die Palästinenser selbst auf den Weg gemacht, aus eigener Kraft auf eine Endstatus-Regelung zu dringen.«

Genau darum geht es. Nichts liegt Präsident Abbas ferner, als die Konfrontation mit den USA und Europa zu suchen. Aber wie sonst könnte er dem Willen seines Volkes entsprechen, das nicht mehr von der Gnade der Unfähigen und Unwilligen abhängig sein will? Das sich sein Schicksal nicht länger vorschreiben lassen möchte? Wieder einmal schwebt Palästina zwischen Hoffen und Bangen …

Auf mein Leben zurückblickend kann ich sagen: Es war anstrengend, gefährlich und gut. Vierzig Jahre davon habe ich in Deutschland verbracht, und ich hätte wahrhaft keinen besseren Ersatz für die verlorene Heimat finden können. Ich habe die größte Freundlichkeit und echte Freundschaft seitens der Deutschen erfahren, in und außerhalb der Politik. Und wenn es zunächst nicht danach aussah, als ließe sich die palästinensische Sache in Deutschland mit Aussicht auf Erfolg vertreten, so muss ich im Nachhinein feststellen: Die Deutschen haben es mir nach anfänglichem Zögern leichtgemacht. Durch den Mut, mit dem sich die 68er-Generation vom Zwang der herrschenden Meinung befreit und im Nahostkonflikt für die Unterdrückten Partei ergriffen hat. Durch das diskrete Wohlwollen, mit dem deutsche Politiker schon vor dem Oslo-Abkommen die Palästinenser unterstützt haben. Durch die entschlossene Großzügigkeit, mit der die deutschen Regierungen seit 1994 zum Aufbau Palästinas beigetragen haben.

Wenn ich die deutschen Außenminister, mit denen ich zu tun hatte, Revue passieren lasse – Hans-Dietrich Genscher, Klaus Kinkel, Joschka Fischer und Frank-Walter Steinmeier –, ist keiner dabei, der nicht das Selbstbestimmungsrecht der Palästinenser gefordert, nicht für die Zwei-Staaten-Lösung plädiert, nicht gegen die israelische Siedlungspolitik protestiert hätte. Alle deutschen Außenminister waren in diesen Punkten völlig eindeutig, und den Aufbau Palästinas hat sich Deutschland von allen europäischen Staaten am meisten kosten lassen. Auch einen der schönsten Augenblicke meines politischen Lebens verbinde ich mit Deutschland – jenen Moment, als Außenminister Kinkel mich im Dezember 1993 anrief und bat, ihn als PLO-Vertreter im Auswärtigen Amt aufzusuchen, und wir dann in seinem Büro standen ... Alle Enttäuschungen, das jahrzehntelange Abwarten und Sich-Gedulden, alles war vergessen, alles war gut.

Ich habe mich in Deutschland nie heimatlos gefühlt, aber ich war auch in Frankfurt und Bonn, in Meckenheim und Berlin mit dem Herzen in Palästina. Damals, als wir die palästinensische Flagge vor unserem Bonner Büro hissten, schien der palästinensische Staat in erreichbarer Nähe zu sein, und ich war berauscht vom Glück eines Menschen, der sein Ziel erreicht hat. Seither treten wir auf der Stelle. Mein Optimismus hat darunter gelitten, zum Pessimisten bin ich dennoch nicht geworden. Israel wird sich nicht ewig seine Politik von Orthodoxen und militanten Siedlern diktieren lassen. Niemals die Hoffnung fahren zu lassen, das ist die große, unvergessliche Lektion, die Arafat uns erteilt hat, die ich aber genauso von meinem Vater gelernt habe, der uns den unerschütterlichen Glauben an den letztendlichen Sieg des Rechts und der Gerechtigkeit mitgegeben und uns gelehrt hat, nicht vorher aufzugeben. Arafat hat diese Zuversicht für alle sichtbar demonstriert, mein Vater hat sie als stille Gewissheit in sich getragen. Arafats zur Schau gestellte Zuversichtlichkeit war deshalb keineswegs weniger authentisch. Sie machte seine Kraft aus, seine Fähigkeit, sich wie ein Phönix aus der Asche nach jeder Niederlage wieder zur Größe seines Glaubens an Palästina zu erheben. Wer für diese Sache kämpft, muss an den Sieg glauben, sonst zerbricht er.

Wir haben ja nicht wenig erreicht. Als Arafat starb, hinterließ er seinem Nachfolger ungeachtet der Fehler, die ihm anzulasten sind, doch ein großes Erbe. Ihm ist es zu verdanken, dass den Palästinensern das Schicksal der amerikanischen Ureinwohner erspart geblieben ist. Ihm ist es gelungen, eine neue palästinensische Identität zu schaffen. Er hat die zerrütteten Lebenskräfte der Palästinenser stimuliert und aus armseligen Flüchtlingen ein Volk gemacht. Er hat uns die Vision einer Versöhnung zwischen Palästinensern und Israelis hinterlassen, deren Verwirklichung Präsident Abbas allen Widerständen zum Trotz weiterhin unbeirrt anstrebt. Nichts wäre dem Frieden auf der Welt zuträglicher als das. Die Auswirkungen eines echten Friedens mit Israel wären im großen Umkreis zu spüren. Der gesamte arabische Raum würde eine neue Entwicklung nehmen, der Irak, Pakistan, selbst Afghanistan würden zur Ruhe kommen. Eine Lösung dieses Konflikts würde in allen muslimischen Ländern die Kräfte der Vernunft und des Friedens stärken. Vieles deutet darauf hin, dass wir uns diesem Ziel unaufhaltsam nähern, jetzt, da die arabischen Völker sich im Aufbruch befinden.

Ich wurde in diesen Konflikt hineingeboren. Ich schlug die Augen auf – und befand mich im Krieg mit Israel. Nichts hat sich bis heute daran geändert, nach wie vor sind wir Palästinenser hinter Mauern, Kontrollpunkten und Stacheldraht gefangen. Ich fühle mich immer noch nicht frei. Deshalb sehe ich meine Aufgabe nicht als erfüllt an, deshalb werde ich auch künftig auf ein unabhängiges Palästina hinarbeiten, bis die israelische Unterdrückungspolitik ein Ende hat, bis der Staat Palästina mit Ost-Jerusalem als Hauptstadt von der Staatengemeinschaft anerkannt ist. Dieses Versprechen bin ich meinem Sohn Baschar schuldig, der meinen Traum geteilt hat, ich bin es auch allen meinen Freunden schuldig, die auf dem Weg in die Freiheit ihr Leben verloren haben. Und ich bin überzeugt, dass ein Ende der Tragödie absehbar, dass die Lösung des Nahostkonflikts bereits in Sicht ist.

Personenglossar

Abu Amar	Yassir Arafat, PLO-Chef
Abu Arab	Chef meines Begleitschutzes
Abu Dschihad	Khalil el-Wazir, Mitbegründer der Fatah, Mitglied des Zentralkomitees, ermordet in Tunis am 16.4.1988
Abu Hassan	Ali Salameh, Mitbegründer der Fatah, Chef von Arafats Sicherheitsdienst, ermordet in Beirut am 22.1.1979
Abu el Hool	Hayel Abdel-Hamid, Sicherheitschef von Gaza, ermordet in Tunis am 14.1.1990
Abu Iyad	Salah Khalaf, Mitbegründer der Fatah, Mitglied des Zentralkomitees, ermordet in Tunis am 14.1.1990
Abu Khalil	Achmed Wafi, Mitglied des Revolutionsrats und PLO-Vertreter in Algier, verletzt in Algier am 27.10.1972
Abu Lutuf	Faruk Kadumi, Mitbegründer der Fatah, Mitglied des Zentralkomitees
Abu Mazen	Mahmud Abbas, Mitbegründer der Fatah, Mitglied des Zentralkomitees, Präsident der Autonomiebehörde
Abu Tarek	Hani el-Hassan, Bruder von Abu Said
Abu Said	Khaled el-Hassan, Mitbegründer der Fatah, Mitglied des Zentralkomitees
Abu Yusef	Yusef el-Najjar, Mitbegründer der Fatah, Mitglied des Zentral-

	komitees, ermordet in Beirut am 9.4.1973
Kamal Adwan	Mitglied des Zentralkomitees, ermordet in Beirut am 9.4.1973
Mahmud Ala-Eddin	mein Freund und langjähriger Stellvertreter in Deutschland
Said Hamami	mein Freund und Kollege, PLO-Vertreter in London, ermordet am 4.1.1978
Mahmud Hamschari	mein Freund und Kollege, PLO-Vertreter in Paris, ermordet am 8.12.1972
Amin el-Hindi	mein Freund aus Gaza, Chef der Sicherheitsorgane in Gazastreifen und Westbank
Said el-Lakta	mein Freund und Mitkämpfer 1967
Ez Eldin Kalak	mein Freund und Kollege, PLO-Vertreter in Paris, ermordet am 3.8.1978
Naim Khader	mein Freund und Kollege, PLO-Vertreter in Brüssel, ermordet am 1.6.1982
Kamal Nasser	Mitglied des Exekutivkomitees der PLO und Dichter, ermordet in Beirut am 9.4.1973
Nabil Nassar	mein Freund und Mitarbeiter in Frankfurt
Zuhair el-Manasreh	mein Freund und Mitkämpfer 1967
Issam Sartawi	mein Freund, Vertreter der PLO bei der Sozialistischen Internationale, ermordet in Albufeira am 10.4.1983
Majed Abu Scharar	Mitglied des Zentralkomitees, ermordet in Rom am 6.10.1981
Ali Yasin	mein Freund und Kollege, PLO-Vertreter in Kuwait, ermordet am 15.6.1979
Wael Zueter	mein Freund und Kollege, PLO-Vertreter in Rom, ermordet am 17.10.1972

Personenregister

Bildnachweis